CONTEÚDO DIGITAL PARA ALUNOS

Cadastre-se e transforme seus estudos em uma experiência única de aprendizado:

1 Entre na página de cadastro:
https://sistemas.editoradobrasil.com.br/cadastro

2 Além dos seus dados pessoais e dos dados de sua escola, adicione ao cadastro o código do aluno, que garantirá a exclusividade do seu ingresso à plataforma.

3228695A3620872

3 Depois, acesse: **https://leb.editoradobrasil.com.br/**
e navegue pelos conteúdos digitais de sua coleção :D

Lembre-se de que esse código, pessoal e intransferível, é valido por um ano. Guarde-o com cuidado, pois é a única maneira de você acessar os conteúdos da plataforma.

SÉRIE BRASIL
Ensino Médio

ENSINO MÉDIO

MATEMÁTICA
Padrões e relações

1

Adilson Longen

Licenciado em Matemática, doutor e mestre em Educação Matemática pela Universidade Federal do Paraná. Autor de livros didáticos de Matemática do Ensino Fundamental e do Ensino Médio. Foi professor universitário e atualmente é professor de Matemática em escolas da rede particular.

2ª edição
São Paulo – 2016

Editora do Brasil

© Editora do Brasil S.A., 2016
Todos os direitos reservados

Direção geral: Vicente Tortamano Avanso
Direção adjunta: Maria Lúcia Kerr Cavalcante Queiroz

Direção editorial: Cibele Mendes Curto Santos
Gerência editorial: Felipe Ramos Poletti
Supervisão editorial: Erika Caldin
Supervisão de arte, editoração e produção digital: Adelaide Carolina Cerutti
Supervisão de direitos autorais: Marilisa Bertolone Mendes
Supervisão de controle de processos editoriais: Marta Dias Portero
Supervisão de revisão: Dora Helena Feres
Consultoria de iconografia: Tempo Composto Col. de Dados Ltda.
Licenciamentos de textos: Cinthya Utiyama, Jennifer Xavier, Paula Harue Tozaki, Renata Garbellini
Coordenação de produção CPE: Leila P. Jungstedt

Concepção, desenvolvimento e produção: Triolet Editorial e Mídias Digitais
Diretora executiva: Angélica Pizzutto Pozzani
Diretor de operações: João Gameiro
Gerente editorial: Denise Pizzutto
Editora de texto: Carmen Lucia Ferrari
Assistente editorial: Tatiane Pedroso
Preparação e revisão: Amanda Andrade, Carol Gama, Érika Finati, Flávia Venezio, Flávio Frasqueti, Gabriela Damico, Juliana Simões, Leandra Trindade, Mayra Terin, Patrícia Rocco, Regina Elisabete Barbosa, Sirlei Pinochia
Projeto gráfico: Triolet Editorial/Arte
Editora de arte: Daniela Fogaça Salvador
Assistentes de arte: Wilson Santos, Beatriz Landiosi (estag.), Lucas Boniceli (estag.)
Ilustradores: Adilson Secco, Dawidson França, Felipe Rocha, Suryara Bernardi
Cartografia: Allmaps
Iconografia: Pamela Rosa (coord.), Erika Freitas
Tratamento de imagens: Fusion DG
Capa: Beatriz Marassi
Imagem de capa: Graham Lucas Commons/Getty Images/© CALATRAVA VALL.S, SANTIAGO/AUTVIS, Brasil, 2016.

Dados Internacionais de Catalogação na Publicação (CIP)
(Câmara Brasileira do Livro, SP, Brasil)

Longen, Adilson
  Matemática : padrões e relações, 1 : ensino médio / Adilson Longen. – 2. ed. – São Paulo : Editora do Brasil, 2016. – (Série Brasil : ensino médio)

  Componente curricular: Matemática
  ISBN 978-85-10-06469-9 (aluno)
  ISBN 978-85-10-06470-5 (professor)

  1. Matemática (Ensino médio) I. Título.
  II. Série.

16-05820   CDD-510.7

Índice para catálogo sistemático:
1. Matemática : Ensino médio 510.7

Reprodução proibida. Art. 184 do Código Penal e Lei n. 9.610 de 19 de fevereiro de 1998.
Todos os direitos reservados

2016
Impresso no Brasil

2ª edição / 5ª impressão, 2024
Impresso no Parque Gráfico da FTD Educação

Editora do Brasil

Avenida das Nações Unidas, 12901 – Torre Oeste, 20º andar
São Paulo, SP – CEP: 04578-910 – Fone: +55 11 3226-0211
www.editoradobrasil.com.br

Imagem de capa:
Palácio das artes Rainha Sofía, projetado por Santiago Calatrava, na Espanha.

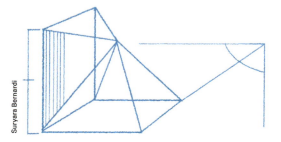

Suryara Bernardi

APRESENTAÇÃO

Uma coleção de livros destinados à formação de conhecimentos matemáticos exige de todos os envolvidos certo grau de comprometimento. Ao autor, fica a tarefa de transmissão de conteúdos elencados normalmente para o grau de ensino a que se destina, procurando dar um encaminhamento claro, objetivo e didático. Seu papel também compreende a busca de procedimentos que possibilitem um desenvolvimento adequado das aulas a serem ministradas, tendo o cuidado de levar em conta dois outros personagens extremamente importantes para que o processo de ensino e aprendizagem ocorra: professor e aluno.

Quanto à Matemática que o aguarda nas próximas páginas, não posso dizer que será um caminho com um acesso imediato e veloz. Antes, prefiro acreditar que é uma trajetória lenta, mas necessária, rica de saberes construídos ao longo de nossa evolução e carregada de dúvidas necessárias, de etapas a serem ultrapassadas. Não pense na Matemática como uma ciência exata, pois antes das certezas, estudamos nela os acasos; antes de termos as medidas precisas, temos as aproximações, que são muito mais reais.

A proposta de nossa coleção de Matemática para o Ensino Médio contempla diversos aspectos importantes que devem ser levandos em conta. Entre eles destacamos a necessidade de ter na matemática um conhecimento historicamente construído, que permite desenvolver habilidades de pensamento importantes na formação do cidadão. Outro aspecto considerado também fundamental e que aqui procurou ser levando em conta, é o de permitir um trabalho voltado à autonomia, pois é desejável cada vez mais pessoas que busquem e construam conhecimentos.

Um bom trabalho!

O Autor

Conheça o livro

Abertura de Unidade
Ao iniciar um tema, convida o aluno a envolver-se no assunto. Isso é realizado por meio contextos diversos, que podem ser do cotidiano ou do desenvolvimento histórico da Matemática, e explora curiosidades a respeito do próprio tema da unidade.

Abertura de capítulo
É apresentado o assunto do capítulo.

Questões e reflexões
Perguntas aplicadas ao longo do desenvolvimento da teoria para abordar conhecimento prévio e reflexões sobre o conteúdo.

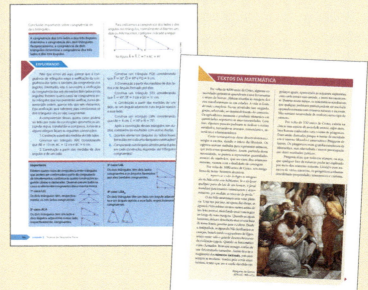

Explorando
Seção que aparece ao longo da teoria com o objetivo de explorar determinado conteúdo ou a situação com o uso de calculadoras ou programas de computador.

Textos na Matemática
Nessa seção é utilizada a forma textual para abordar explicações necessárias para a compreensão de conteúdos diversos.

História da Matemática
Aqui são abordados a história da Matemática, no decorrer do tempo, e seus personagens.

Algumas conclusões
Similar a um roteiro, onde é proposta uma reflexão sobre o que foi desenvolvido na unidade.

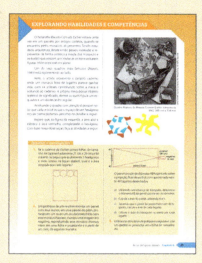

Explorando habilidades e competências
Situações elaboradas para explorar conhecimento utilizando um contexto diferente.

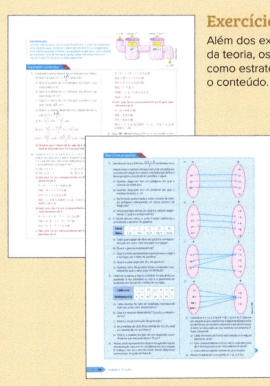

Exercícios resolvidos
Além dos exemplos ao longo da teoria, os exercícios servem como estratégia para explorar o conteúdo.

Exercícios propostos
Exercícios para fixação, no final de cada tema.

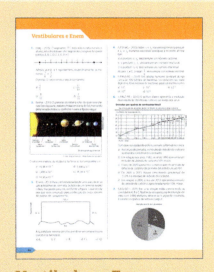

Vestibular e Enem
No final de cada unidade, exercícios relacionados a vestibulares de todo Brasil e questões do Enem.

Desafio
Exercício relacionado a Unidade, com nível mais complexo.

Sumário

UNIDADE 1 — NÚMEROS E CONJUNTOS

Capítulo 1 – Números reais 10
    Números naturais 10
    Números inteiros 11
    Números racionais 12
    Números irracionais 14
    Números reais 18
    Notação de intervalos 18

Capítulo 2 – Noções básicas de conjuntos 25
    Noções de conjuntos 25
    Igualdade de conjuntos 26
    Conjuntos unitário, vazio e universo 27
    Subconjunto e relação de inclusão 27
    Propriedades da relação de inclusão 28
    Conjunto das partes de um conjunto 29

Capítulo 3 – Operações entre conjuntos 34
    União de conjuntos 34
    Interseção de conjuntos 35
    Propriedades da união e da interseção
    de conjuntos 36
    Diferença entre conjuntos 36
    Complementar de um conjunto 37
    Número de elementos da união de conjuntos 38
    Vestibulares e Enem 44
    Explorando habilidades e competências 47

UNIDADE 2 — TÓPICOS DE GEOMETRIA PLANA

Capítulo 4 – Figuras geométricas planas 50
    Ângulos 52
    Soma das medidas dos ângulos internos
    e externos de um triângulo 54
    Número de diagonais de um
    polígono convexo 60

Capítulo 5 – Semelhança de figuras planas 63
    Teorema de Tales 65
    Semelhança de triângulos 66
    Semelhança de polígonos 68

Capítulo 6 – Áreas de figuras planas 74
    Áreas: quadrado e retângulo 75
    Áreas: Paralelogramo, triângulo, losango
    e trapézio 77
    Áreas de polígonos regulares e área
    do círculo 80
    Vestibulares e Enem 85
    Explorando habilidades e competências 89

UNIDADE 3 — FUNÇÕES

Capítulo 7 – Relação de dependência entre
    grandezas 92
    Conceito de função 92
    Função e conjuntos 95

Capítulo 8 – Introdução à Geometria Analítica 100
    Sistema de coordenadas cartesianas 100
    Distância entre dois pontos 102
    Gráficos de funções no plano cartesiano 104
    Aspectos importantes em gráficos e funções .. 107

Capítulo 9 – Função afim 116
    Taxa de variação da função afim 117
    O gráfico de uma função afim 118
    Crescimento de uma função afim 120
    Sinal de uma função afim e inequações
    do 1º grau 124
    Aplicações de função afim 128

Capítulo 10 – Função quadrática 134
    Resolução de equações de 2º grau 134
    Propriedades das raízes 135
    Função quadrática 137

Gráfico de uma função quadrática 139
Interseção com o eixo das ordenadas.............. 141
Interseção com o eixo das abscissas 141
Vértice da parábola 142
Determinação da concavidade da parábola 143
Aplicações relacionadas à função quadrática... 147
Forma fatorada e forma canônica 149
Sinal da função e inequações 153
Vestibulares e Enem 160
Explorando habilidades e competências..... 162

UNIDADE 4 TRIGONOMETRIA NO TRIÂNGULO

Capítulo 11 – Trigonometria no triângulo retângulo 166
Seno, cosseno e tangente 168
Razões trigonométricas de ângulos de medidas 30°, 45° e 60° 170

Capítulo 12 – Trigonometria em um triângulo qualquer 177
Lei dos senos 177
Lei dos cossenos 178
Aplicações de trigonometria em triângulos 184
Vestibulares e Enem 190
Explorando habilidades e competências..... 194

UNIDADE 5 FUNÇÕES EXPONENCIAIS

Capítulo 13 – Potenciação nos reais 198
Potenciação 198
Notação científica 202

Capítulo 14 – Função exponencial 205
Função exponencial 205
Equações e inequações exponenciais 207
Aplicações relacionadas a funções exponenciais 212

Capítulo 15 – Logaritmos 218
Logaritmos 218
Logaritmo de um número real positivo 219
Consequências da definição de logaritmo 220
Propriedades operatórias 221
Mudança de base e equações exponenciais ... 225

Capítulo 16 – Função logarítmica 230
Funções inversas e funções compostas 231
Função logarítmica 233
Gráfico de uma função logarítmica 234
Equações e inequações logarítmicas 236
Aplicações de logaritmos 239
Vestibulares e Enem 245
Explorando habilidades e competências..... 248

UNIDADE 6 SEQUÊNCIAS NUMÉRICAS

Capítulo 17 – Sequências 252
Sequências numéricas 253

Capítulo 18 – Progressão aritmética 260
Termo geral de uma progressão aritmética 261

Capítulo 19 – Progressão geométrica 269
Termo geral de uma progressão geométrica ... 270
Vestibulares e Enem 282
Explorando habilidades e competências..... 285
Bibliografia 287

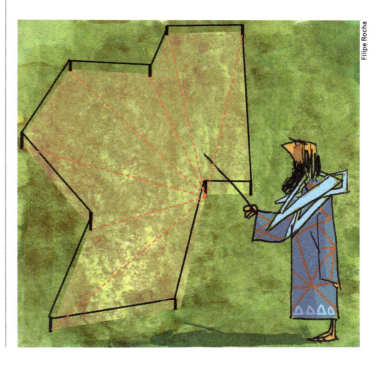

UNIDADE 1

NÚMEROS E CONJUNTOS

"Os números governam o mundo." Essas palavras foram proferidas na época dos pitagóricos, e ainda hoje poderiam ser ditas.

Utilizamos os números com variadas finalidades: para medir, fazer contagens, estabelecer códigos e até mesmo para transmitir informações.

Nesta unidade, retomaremos as aplicações no campo numérico desde os números naturais até os números reais. Além disso, conheceremos um pouco da teoria dos conjuntos.

A imagem, criada por meio de computação gráfica, permite observar a utilização do sistema binário "envolvendo" o nosso mundo na era da informação.

CAPÍTULO 1

NÚMEROS REAIS

Existem diferentes aplicações dos números, como contagem e apresentação de medidas, por exemplo. Observe aqui duas possibilidades de utilização de números:

- Na contagem de dias, que são grandezas discretas, utilizamos um número natural.

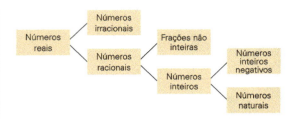

DEZEMBRO

DOMINGO	SEGUNDA	TERÇA	QUARTA	QUINTA	SEXTA	SÁBADO
						1
2	3	4	5	6	7	8
9	10	11	12	13	14	15
16	17	18	19	20	21	22
23	24	25	26	27	28	29
30	31					

- Em medições, que são grandezas contínuas, utilizamos um número real.

Assim, ao contarmos os dias do mês de dezembro, um número natural representará o resultado. Mas, se precisarmos obter a medida da temperatura do corpo de uma pessoa, o resultado será representado por um número real.

No Ensino Fundamental, os números foram o principal objeto de estudo. Agora, vamos retomar alguns conjuntos numéricos estudados: os números naturais, os inteiros, os racionais, os irracionais e os reais. O esquema a seguir nos auxiliará a compreender como o campo numérico está subdividido.

Números naturais

São utilizados para contagem de elementos em conjuntos quaisquer, como pessoas, objetos e animais. O conjunto dos números naturais é representado por $\mathbb{N}$ sendo:

$$\mathbb{N} = \{0, 1, 2, 3, 4, 5, ..., n, ...\}$$

Nessa notação, n representa um elemento genérico do conjunto. O conjunto $\mathbb{N}$ é formado por infinitos elementos. Quando queremos excluir o zero desse conjunto, utilizamos a notação $\mathbb{N}^*$.

Além de o conjunto dos números naturais ser infinito, ele também é ordenado, isto é, dados quaisquer dois números naturais distintos a e b, temos que:

$$\begin{cases} a > b & \text{(lê-se } a \textbf{ maior } \text{que } b\text{)} \\ \text{ou} \\ a < b & \text{(lê-se } a \textbf{ menor } \text{que } b\text{)} \end{cases}$$

OBSERVAÇÃO:
Quando um número é elemento de um conjunto, dizemos que ele **pertence** ao conjunto. Caso contrário, dizemos que ele **não pertence** ao conjunto.

A sequência formada pelos números naturais pode ser representada em uma reta orientada chamada de **reta numérica**. Iniciamos indicando um ponto O (chamado **origem** e representando a posição do zero) e, a partir dele, da esquerda para direita, marcamos um ponto que corresponde ao 1. A distância entre 0 e 1 é chamada de **unidade**. Em seguida à direita do 1, marcam-se pontos tais que a distância entre duas marcas consecutivas seja sempre igual a unidade. Cada marca assim determinada corresponde aos demais números naturais.

Quando efetuamos uma adição ou uma multiplicação entre dois números naturais, o resultado também será um número natural. Isso significa que ℕ é **fechado** em relação à adição e à multiplicação. Já no caso da subtração e da divisão entre dois números naturais quaisquer, nem sempre o resultado será um número natural.

Exemplo:
$1470 - 2000 = ?$

Surge então a necessidade de ampliação do campo numérico com o conjunto dos números inteiros.

Números inteiros

O conjunto dos números inteiros, representado por ℤ, é formado por todos os números naturais e seus opostos, isto é:

$$\mathbb{Z} = \{..., -5, -4, -3, -2, -1, 0, 1, 2, 3, 4, 5, ...\}$$

Observe que qualquer número natural também é inteiro. Uma forma de representar essa relação é utilizando um diagrama. Dizemos que o conjunto dos números naturais é subconjunto do conjunto dos números inteiros.

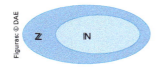

O conjunto dos números inteiros, assim como o conjunto dos números naturais, é infinito e ordenado.

> **OBSERVAÇÃO:**
> O diagrama apresentado é chamado de diagrama de Venn. Utilizaremos esse tipo de diagrama no estudo de conjuntos no próximo capítulo.

Além do conjunto dos números naturais, também são subconjuntos dos números inteiros:

$\mathbb{Z}^* = \{..., -5, -4, -3, -2, -1, 1, 2, 3, 4, 5, ...\}$

$\mathbb{Z}_- = \{..., -5, -4, -3, -2, -1, 0\}$

$\mathbb{Z}_+^* = \{1, 2, 3, 4, 5, ...\}$

$\mathbb{Z}_-^* = \{..., -5, -4, -3, -2, -1\}$

> **OBSERVAÇÃO:**
> $\mathbb{Z}_+ = \{0, 1, 2, 3, 4, 5, ...\}$, que é o conjunto dos números inteiros não negativos, é o próprio ℕ (conjunto dos números naturais).

Assim como fizemos com os números naturais, os números inteiros podem ser representados na reta numérica. Observe que agora teremos dois sentidos: o positivo e o negativo.

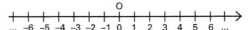

Observe que à direita do zero estão os números inteiros positivos, e à esquerda, seus opostos. Assim, -6 é o oposto de 6, e 6 é o oposto de -6. Note que, adicionando um número a seu oposto, o resultado é igual a zero: $6+(-6)=6-6=0$. Podemos dizer que dois números opostos são representados na reta numérica por pontos que distam igualmente da origem.

Quando efetuamos uma adição, uma subtração ou uma multiplicação entre dois números inteiros, o resultado também é um número inteiro. Isso significa que ℤ é **fechado** em relação à adição, à subtração e à multiplicação. Já no caso da divisão entre dois números inteiros quaisquer, nem sempre o resultado será um número inteiro.

Exemplos:

(−150) : (+10) = −15 (número inteiro)

(−20) : (−3) = ?

> **Questões e reflexões**
>
> **1.** Todo número inteiro é também natural?
> **2.** Todo número inteiro tem sucessor?

Uma nova ampliação do campo numérico se fez necessária com a introdução do conjunto dos números racionais.

Números racionais

A palavra *racional* deriva da palavra *razão*. Na Matemática, quando falamos em razão, associamos à ideia de quociente, de divisão.

O conjunto dos números racionais é representado por $\mathbb{Q}$ e é formado pelos quocientes entre dois números inteiros quaisquer, sendo o segundo diferente de zero.

Exemplos:

$0, \pm\dfrac{1}{5}, \pm\dfrac{1}{4}, \pm\dfrac{1}{3}, \pm\dfrac{1}{2}, \pm 1, \pm\dfrac{3}{4}, \pm\dfrac{3}{2}, \pm 3, \pm\dfrac{13}{2}, ...$

Uma maneira de representarmos o conjunto dos números racionais é:

Assim: $\mathbb{Q} = \left\{ x = \dfrac{p}{q} \,/\, p \text{ e } q \text{ inteiros e } q \neq 0 \right\}$

Assim, o conjunto dos números racionais é formado por todos os números que podem ser escritos na forma $\dfrac{p}{q}$, com p e q inteiros e $q \neq 0$. Um número é dito racional quando pode ser escrito como a razão de dois números inteiros.

Como todo número inteiro pode ser obtido a partir da razão de dois números inteiros (basta tomarmos como denominador o número 1), podemos afirmar que qualquer número inteiro também é um número racional. Assim, temos o seguinte diagrama, que nos permite relacionar os três conjuntos numéricos.

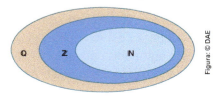

Figura: © DAE

O conjunto dos números racionais, assim como o conjunto dos números inteiros e o conjunto dos números naturais, é infinito e ordenado.

> **Questões e reflexões**
>
> Com base no que definimos para $\mathbb{Z}$, explique o que representa cada um dos seguintes conjuntos:
> $\mathbb{Q}^*, \mathbb{Q}_+, \mathbb{Q}_+^*, \mathbb{Q}_-$ e $\mathbb{Q}_-^*$

Quando efetuamos uma adição, uma subtração ou uma multiplicação entre dois números racionais, o resultado também é um número racional. Isso significa que $\mathbb{Q}$ é **fechado** em relação à adição, à subtração e à multiplicação. Como não podemos dividir o conjunto $\mathbb{Q}$ por zero, ele não é fechado em relação à divisão. Entretanto, o conjunto $\mathbb{Q}^*$ é fechado em relação à divisão.

Representação decimal dos números racionais

Quando consideramos um número racional $\dfrac{p}{q}$, em que p não é múltiplo de q, podemos escrevê-lo na forma decimal, efetuando a divisão do numerador pelo denominador. Nessa divisão, podemos ter duas situações:

Decimais exatos: o quociente obtido tem, após a vírgula, uma quantidade finita de algarismos.

Exemplos:

$\dfrac{17}{4} = 4{,}25$

$-\dfrac{308}{5} = -61{,}6$

$\dfrac{1}{80} = 0{,}0125$

$-\dfrac{305}{16} = -19{,}0625$

OBSERVAÇÃO:
Quando acrescentamos, na parte decimal de um número, uma quantidade finita ou infinita de zeros à direita do último algarismo diferente de zero, seu valor não se altera.
Exemplo:
$\dfrac{7}{5} = 1{,}4 = 1{,}40 = 1{,}400 = 1{,}4000 = 1{,}4000...$

Unidade 1 Números e conjuntos

Dízimas periódicas: o quociente obtido tem, após a vírgula, uma quantidade infinita de algarismos, nem todos iguais a zero. Nesse caso, um algarismo ou um grupo de algarismos se repetem infinitamente.

Em uma dízima periódica, o algarismo ou o grupo de algarismos que se repetem infinitamente é chamado de **período** da dízima periódica, e é indicado por um traço sobre ele.

Exemplos:

$\dfrac{17}{6} = 2{,}8333333\ldots = 2{,}8\overline{3}$

$-\dfrac{10}{99} = -0{,}1010101010\ldots = -0{,}\overline{10}$

$\dfrac{247}{999} = 0{,}247247247\ldots = 0{,}\overline{247}$

$-\dfrac{500}{3} = -166{,}666\ldots = -166{,}\overline{6}$

A fração correspondente a essa dízima periódica é chamada de **fração geratriz**.

Observe, nos exemplos a seguir, como podemos escrever na forma fracionária um número racional a partir de sua representação decimal.

Exemplos com decimais exatos:

$4{,}25 = \dfrac{425}{100} = \dfrac{17}{4}$

$0{,}0125 = \dfrac{125}{10\,000} = \dfrac{1}{80}$

Exemplos com dízimas periódicas:

- $0{,}777\ldots$

  $x = 0{,}777\ldots$

  $10x = 7{,}777\ldots$

  $10x = 7 + 0{,}777\ldots$

  $10x = 7 + x$

  $9x = 7$

  $x = \dfrac{7}{9}$

- $3{,}24\overline{57}$

  $x = 3{,}24575757\ldots$

  $100x = 324{,}575757\ldots$

  $100x = 324 + 0{,}575757\ldots$

  $100x = 324 + \dfrac{57}{99}$

  $9\,900x = 32\,076 + 57$

  $x = \dfrac{32\,133}{9\,900}$

Observações:

1. Qualquer número racional pode ser associado a um ponto na reta numérica. Observe alguns números racionais representados na reta numérica:

2. Embora tenhamos representado apenas alguns números racionais na reta, é importante observar que entre dois números inteiros consecutivos existem infinitos números racionais, assim como entre dois números racionais quaisquer (inteiros ou não) há infinitos números racionais.

Exemplo:

Observe o intervalo entre os números 9 e 10.

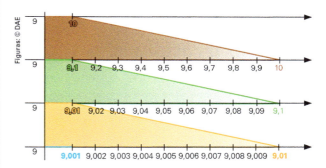

Na ilustração, dividindo o intervalo entre os números racionais 9 e 10 (racionais inteiros) em 10 partes iguais (o número de partes poderia ser outro) e, ampliando-o, podemos visualizar, conforme indicado, os números 9,1, 9,2, 9,3, ... e 9,9. Repetindo esse processo para o intervalo entre 9 e 9,1, encontramos 9,01, 9,02, 9,03, ... e 9,09. Já entre 9 e 9,01, encontramos os números 9,001, 9,002, 9,003, ... e 9,009.

3. Um procedimento para encontrarmos um número racional compreendido entre dois outros racionais é calcular a média aritmética entre eles.

Exemplo:

$\dfrac{0{,}7 + 1{,}8333\ldots}{2} = \dfrac{2{,}5333\ldots}{2} = 1{,}2666\ldots = 1{,}2\overline{6} = \dfrac{19}{15}$

EXPLORANDO

Em uma calculadora, sabemos que a quantidade de dígitos que o visor apresenta é limitada. Dessa forma, quando efetuamos a divisão de 2 por 3, por exemplo, o visor da calculadora exibe aproximações, truncando ou arredondando o resultado. Na ilustração a seguir, temos o resultado dessa divisão feita numa calculadora.

Note que o resultado apresentado é um arredondamento, pois sabemos que:

$$\frac{2}{3} = 0{,}666666666\ldots = 0{,}\overline{6}$$

Caso a calculadora apresentasse o resultado com o último algarismo à direita também 6, diríamos que a calculadora truncou o resultado.

1. Explore uma calculadora comum para verificar se ela trunca ou arredonda o resultado.

2. Utilizando uma calculadora científica (pode ser de aplicativos de celulares ou computadores), verifique o resultado de $\sqrt{2}$. O número apresentado no visor da calculadora é racional?

Números irracionais

Vimos anteriormente que existem números decimais que podem ser escritos como a razão entre dois números inteiros. Esses números são classificados como racionais. Entretanto, há números decimais que não admitem essa representação, isto é, não podem ser obtidos como a razão entre dois números inteiros. Nesse caso, eles são classificados como **irracionais**.

A representação decimal de um número irracional possui infinitos algarismos e não é periódica.

Exemplos:

- O número 0,34344344434444… , após a vírgula, tem infinitos algarismos que não se repetem periodicamente, isto é, esses algarismos não formam uma dízima periódica.

- O número 7,1010010001000…, após a vírgula, tem infinitos algarismos que não se repetem periodicamente, isto é, esses algarismos também não formam uma dízima periódica.

Na história da Matemática acredita-se que houve um episódio, envolvendo os pitagóricos, que parece ser o início da crença de que nem sempre era possível expressar um número como a razão entre dois inteiros. Nesse episódio, um quadrado com medida unitária de lado precisava ser duplicado.

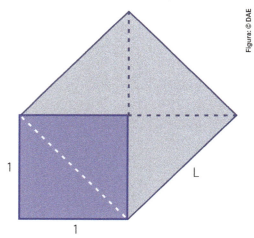

Na figura anterior, a partir do quadrado de lado unitário construímos um quadrado maior. Observe que, se o quadrado menor tem como medida de lado a unidade, a área dele é 1 unidade de área. Já o quadrado maior tem como área o dobro da área do quadrado menor, isto é, 2 unidades de área. Utilizando o teorema de Pitágoras no triângulo retângulo do quadrado menor, sendo L a medida da diagonal desse quadrado (mesma medida do lado do quadrado maior), temos que:

$$L^2 = 1^2 + 1^2$$
$$L^2 = 1 + 1$$
$$L^2 = 2$$

Esse número representa a área do quadrado maior (dobro da área do quadrado menor). Assim, a medida do lado do quadrado maior é:

$$L = \sqrt{2}$$

Hoje, com o auxílio da calculadora, podemos rapidamente obter uma representação decimal aproximada desse número:
$$L = 1,4142135623...$$

Analisando os algarismos após a vírgula, aparentemente não é uma dízima periódica e, portanto, não é um número racional. Como todo número racional pode ser representado como a razão entre dois inteiros, vamos demonstrar que o número $\sqrt{2}$ não pode ser obtido dessa forma.

Demonstração

Utilizaremos nesta demonstração um método conhecido como **redução ao absurdo**.

- Vamos supor que $\sqrt{2}$ é um número racional. Assim, existem dois números inteiros p e q ($q \neq 0$) tais que:

$\sqrt{2} = \dfrac{p}{q}$, sendo p e q números primos entre si, isto é, a fração $\dfrac{p}{q}$ é irredutível.

- Elevando ambos os membros ao quadrado, temos:

$$\sqrt{2} = \frac{p}{q}$$

$$\left(\sqrt{2}\right)^2 = \left(\frac{p}{q}\right)^2 \Rightarrow 2 = \frac{p^2}{q^2} \Rightarrow p^2 = 2q^2 \quad (I)$$

- Como um número par pode ser escrito na forma $2k$ (em que k é um número inteiro), temos, conforme a igualdade (I), que p^2 é um número par. Se p^2 é um número par, então p também é um número par. Assim, existe um número inteiro m tal que:

$$p = 2m \quad (II)$$

- Substituindo (II) em (I), temos:
$$p^2 = 2q^2$$
$$(2m)^2 = 2q^2$$
$$4m^2 = 2q^2 \Rightarrow q^2 = 2m^2 \quad (III)$$

- Assim, como já concluímos em relação a p, temos que q é um número par. Dessa forma, existirá um número inteiro n tal que $q = 2n$ (IV).

- As conclusões (II) e (IV), de que p e q são números pares, entram em contradição com a nossa suposição inicial, de que eram números primos entre si. Chegamos assim a um absurdo. Dessa forma, a suposição de que $\sqrt{2}$ era um número racional é incorreta.

Logo, $\sqrt{2}$ é um número irracional.

Observações:

1. Existem infinitos números irracionais. O conjunto dos números irracionais é representado por I, e, além de infinito, também é ordenado. Observe alguns exemplos de números irracionais:

$$\sqrt{3} = 1,7320508...$$
$$-\sqrt{5} = -2,2360679...$$
$$\frac{\sqrt{2}}{2} = 0,7071067...$$
$$-13\sqrt{5} = -29,06888370...$$

2. O número π (lê-se "pi") é um importante número irracional. Ele corresponde à razão entre o comprimento de uma circunferência e a medida do seu diâmetro:
$$\pi = 3,14159265...$$

3. Também podemos associar a cada número irracional um ponto na reta numérica. Entretanto, é comum utilizarmos aproximações racionais para isso.
Observe como podemos localizar os números irracionais $-\sqrt{2}$ e $\sqrt{2}$ na reta numérica:

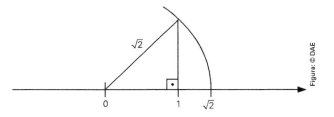

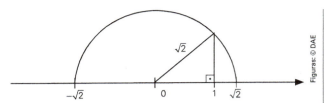

Após construir, sobre uma reta numérica, um triângulo retângulo com catetos medindo 1 unidade de comprimento, a hipotenusa terá $\sqrt{2}$ unidade de comprimento e você poderá representar, com a ajuda de um compasso, o ponto correspondente a esse número irracional na reta numérica da seguinte maneira:

Com a ponta seca do compasso em O e a abertura igual à medida da hipotenusa, descreva um arco com o compasso até encontrar a reta numérica à direita do número 1. Para encontrar o seu oposto $\left(-\sqrt{2}\right)$, descreva o arco para a esquerda do ponto O.

Podemos utilizar aproximações até mesmo para os números irracionais que podem ser localizados pela construção geométrica. Assim, para determinar o valor aproximado do número irracional $\sqrt{5}$, consideramos que:

$$4 < 5 < 9$$
$$\downarrow$$
$$\sqrt{4} < \sqrt{5} < \sqrt{9}$$
$$\downarrow$$
$$2 < \sqrt{5} < 3$$

Essa é uma aproximação ($\sqrt{5}$ está entre dois números inteiros consecutivos). Para conseguirmos uma aproximação melhor, podemos escolher alguns números entre 2 e 3, elevando-os ao quadrado com o auxílio de uma calculadora, para observar quais se aproximam de 5, isto é:

$$2{,}1^2 = 4{,}41$$
$$2{,}2^2 = 4{,}84$$
$$2{,}3^2 = 5{,}29$$

Podemos dizer que $\sqrt{5}$ está representado na reta numérica por um ponto situado entre 2,2 e 2,3. Caso queiramos uma aproximação melhor, podemos continuar:

$$2{,}21^2 = 4{,}8841$$
$$2{,}22^2 = 4{,}9284$$
$$2{,}23^2 = 4{,}9729$$
$$2{,}24^2 = 5{,}0176$$

Assim, conseguimos uma aproximação melhor: $\sqrt{5}$ está entre 2,23 e 2,24.

Portanto, a partir desse procedimento, podemos associar um número irracional a um ponto na reta numérica, localizando-o de forma aproximada.

EXPLORANDO

A compreensão a respeito dos números irracionais não é imediata. Vimos que, ao duplicarmos a área de um quadrado de lado medindo 1 unidade de comprimento, apareceu o número irracional $\sqrt{2}$. Vimos também que o número irracional π é a razão entre o comprimento e a medida do diâmetro de uma circunferência. Vamos explorar um pouco mais essas ideias. Utilize uma calculadora para responder a cada questão a seguir.

1. Arquimedes chegou à conclusão de que a razão entre o comprimento de uma circunferência e seu diâmetro seria um valor compreendido entre os números racionais $\dfrac{223}{71}$ e $\dfrac{22}{7}$. Qual deles está mais próximo do número irracional π?

2. O nosso planeta tem a forma aproximada de uma esfera. Considere que uma pessoa pesquisou e encontrou que o comprimento da circunferência correspondente à Linha do Equador é de, aproximadamente, 40 075 km, e a medida do seu raio é cerca de 6 378 km.

a) Determine, com seis casas decimais, o valor aproximado para o número π, com base nas medidas do comprimento da circunferência e do raio correspondentes à Linha do Equador.

b) Aumentando esse raio em 1 m, em quantos metros aumentaria o comprimento dessa circunferência? (Considere que o comprimento da circunferência é o produto do número π pelo número que indica a medida do diâmetro.)

3. Antônio obteve com a calculadora as raízes quadradas de alguns números naturais, representados na tabela a seguir, sendo que os irracionais foram representados com aproximação de 8 casas decimais.

n	$\sqrt{n}$
1	1
2	1,41421356
3	1,73205081
4	2
5	2,23606798
6	2,44948974
7	2,64575131
8	2,82842712
9	3
10	3,16227766

É correto afirmar que $\sqrt{n+1} - \sqrt{n}$, sendo n um número natural, vai diminuindo à medida que aumentamos os valores de n?

HISTÓRIA DA MATEMÁTICA

A história do número π teve muitos capítulos e diversos personagens envolvidos. No Oriente Antigo, tomava-se o número 3 como valor para π. No papiro de **Rhind**, o valor do número π consta como:

$$\pi < \left(\frac{4}{3}\right)^4 < 3,1605$$

Porém, na história da Matemática, o grande personagem relacionado à busca desse importante número foi **Arquimedes**, conforme texto a seguir.

Para simplificar a questão, suponhamos que se tome um círculo de diâmetro unitário. Então, o comprimento da circunferência do círculo situa-se entre o perímetro de qualquer polígono regular inscrito e o de qualquer polígono regular circunscrito. Uma vez que é uma questão simples calcular os perímetros dos hexágonos regulares, inscrito e circunscrito, facilmente se obtêm limites para π. Mas há fórmulas que nos dizem, a partir de um par dado de polígonos regulares, inscrito e circunscrito, como se podem obter os perímetros dos polígonos regulares, inscrito e circunscrito com o dobro do número de lados. Por aplicações sucessivas desse processo, podemos calcular os perímetros dos polígonos regulares, inscrito e circunscrito, de 12, 24, 48 e 96 lados e, dessa forma, obter limites cada vez mais próximos de π. Foi isso essencialmente o que fez Arquimedes, chegando à conclusão de que π está entre $\frac{223}{71}$ e $\frac{22}{7}$ ou que, até a segunda casa decimal, π é dado por 3,14. Esse trabalho se encontra num tratado de Arquimedes constituído de três proposições apenas e que se intitula *A medida de um círculo*. Esse tratado não chegou a nós em sua forma original e pode tratar-se apenas de um fragmento de uma discussão mais ampla. Considerando-se as limitações enormes do sistema de numeração de sua época, uma conclusão inevitável é que Arquimedes era um exímio calculista. Encontram-se no trabalho algumas aproximações racionais de raízes quadradas irracionais verdadeiramente notáveis.

EVES, Howard. *Introdução à história da Matemática*. Trad. de Hygino H. Domingues. Campinas: Ed. da Unicamp, 2004. p. 142.

QUESTÕES

1. Pesquise o que é um polígono regular, inscrito e circunscrito.

2. A partir do hexágono inscrito e circunscrito, foram criados outros polígonos regulares, de 12, 24, 48 e 96 lados. Quais são os nomes desses novos polígonos regulares?

3. Calcule, utilizando uma calculadora, os valores para π_1 e π_2, encontrados por Arquimedes:

   a) $\pi_1 = \dfrac{223}{71}$ b) $\pi_2 = \dfrac{22}{7}$

4. Compare π_1 e π_2 até a segunda casa decimal. O que você observa?

5. Determine a diferença $(\pi_2 - \pi_1)$ dos resultados encontrados, com 9 casas decimais.

Números reais

Já estudamos o conjunto dos números racionais e o conjunto dos números irracionais. O conjunto formado pela reunião do conjunto dos números racionais com o conjunto dos números irracionais é chamado de conjunto dos números reais, representado por $\mathbb{R}$.

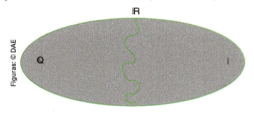

OBSERVAÇÃO:
Podemos representar a reunião do conjunto dos números racionais com o conjunto dos números irracionais por meio de símbolos da teoria dos conjuntos (veremos no próximo capítulo): $\mathbb{R} = \mathbb{Q} \cup \mathbb{I}$.

O conjunto dos números reais é infinito e ordenado. São subconjuntos dos números reais:

$\mathbb{R}^* \rightarrow$ conjunto dos números reais não nulos

$\mathbb{R}_+ \rightarrow$ conjunto dos números reais não negativos

$\mathbb{R}^*_+ \rightarrow$ conjunto dos números reais positivos

$\mathbb{R}_- \rightarrow$ conjunto dos números reais não positivos

$\mathbb{R}^*_- \rightarrow$ o conjunto dos números reais negativos

No conjunto dos números racionais, associamos a cada número um ponto na reta numérica. Entretanto, aqueles números não eram suficientes para "esgotar" os pontos da reta numérica. Agora, unindo os números racionais com os irracionais, ou seja, adotando o conjunto dos números reais, cada ponto da reta pode ser associado a um número. Dizemos que a cada ponto da reta corresponde um número real e a cada número real corresponde um ponto na reta.

OBSERVAÇÃO:
Quando dizemos que a cada número real associamos um ponto na reta e, reciprocamente, a cada ponto da reta associamos um número real, temos uma correspondência biunívoca entre os números reais e os pontos da reta.

Temos, assim, a reta **real**, em que à direita da origem (ponto associado ao zero) está o sentido positivo, representando os pontos correspondentes aos números reais positivos, e à esquerda, o sentido negativo, representando os números reais negativos.

Assim, quando queremos comparar dois números reais quaisquer a e b, temos as seguintes possibilidades:

$a < b$ ou $a = b$ ou $a > b$

Como associamos cada número real a um ponto na reta real, temos que as desigualdades $a < b$ e $a > b$ podem ser assim interpretadas:

- $a < b$
- $a > b$

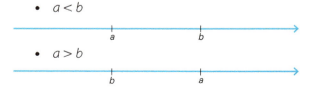

Notação de intervalos

Entre dois números reais distintos quaisquer representados na reta real, podemos associar infinitos números reais. Assim, quando queremos representar essa infinidade de números, utilizamos a notação de intervalos. Tais intervalos são indicados por meio de desigualdades.

Observe a seguir os diferentes tipos de intervalos reais a partir de dois números reais *a* e *b* quaisquer tais que $a < b$.

Intervalo fechado:

Todos os números reais *x* tais que $a \leq x \leq b$ ou $[a, b]$.

Intervalo aberto:

Todos os números reais *x* tais que $a < x < b$ ou $]a, b[$.

Intervalo fechado à esquerda e aberto à direita:

Todos os números reais *x* tais que $a \leq x < b$ ou $[a, b[$.

Intervalo aberto à esquerda e fechado à direita:

Todos os números reais *x* tais que $a < x \leq b$ ou $]a, b]$.

Intervalo fechado à esquerda e ilimitado à direita:

Todos os números reais *x* tais que $x \geq a$ ou $[a, +\infty[$.

Intervalo aberto à esquerda e ilimitado à direita:

Todos os números reais *x* tais que $x > a$ ou $]a, +\infty[$.

Intervalo ilimitado à esquerda e fechado à direita:

Todos os números reais *x* tais que $x \leq b$ ou $]-\infty, a]$.

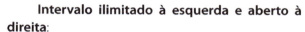

Intervalo ilimitado à esquerda e aberto à direita:

Todos os números reais *x* tais que $x < a$ ou $]-\infty, a[$.

OBSERVAÇÃO:
A "bolinha cheia" representada na reta real indica que o número correspondente deve ser incluído no intervalo. Já a "bolinha vazia" significa que ele deve ser excluído.

Exercícios resolvidos

1. Represente as seguintes dízimas periódicas em frações:
   a) 0,222...   b) 3,474747....   c) 5,1454545...

   a) Seja $x = 0{,}222...$ (1)
   Fazemos $10x = 2{,}222...$ (2)
   Subtraindo membro a membro (1) e (2), temos:
   $10x - x = 2{,}222... - 0{,}222...$
   $9x = 2 \Rightarrow x = \dfrac{2}{9}$

   b) Seja $y = 3{,}474747...$ (1)
   Fazemos $100y = 347{,}4747...$ (2)
   Subtraindo membro a membro (1) e (2), temos:
   $100y - y = 347{,}474747... - 3{,}474747...$
   $99y = 344 \Rightarrow y = \dfrac{344}{99}$

   c) Seja $z = 5{,}1454545...$
   Fazemos $10z = 51{,}454545...$ (1).
   Fazemos $1\,000z = 5145{,}4545...$ (2).
   Subtraindo membro a membro (1) e (2), temos:
   $1\,000z - 10z = 5145{,}454545... - 51{,}454545...$
   $990z = 5\,094 \Rightarrow z = \dfrac{5\,094}{990}$

2. Classifique cada número seguinte como racional ou irracional.
   a) $\sqrt{25}$
   b) $\sqrt{27}$
   c) $\dfrac{22\pi}{12\pi}$
   d) $7\pi - 4\pi$

   a) $\sqrt{25} = 5$, que é racional.
   b) $\sqrt{27} = 3\sqrt{3}$, que é irracional.
   c) $\dfrac{22\pi}{12\pi} = \dfrac{11}{6}$, que é racional.
   d) $7\pi - 4\pi = 3\pi$, que é irracional.

3. Quais das afirmações a seguir são verdadeiras? Para as falsas, dê um contraexemplo.
   a) Todo número racional é irracional.
   b) Todo número racional é real.
   c) Todo número inteiro é racional.
   d) A subtração de dois racionais é um racional.
   e) A soma de dois irracionais é sempre irracional.
   f) O produto de dois números reais é sempre racional.

a) Falsa.
   72 é racional e não irracional.
b) Verdadeira.
c) Verdadeira.
d) Verdadeira.
e) Falsa.
   $\sqrt{2}+\left(-\sqrt{2}\right)=0$, que é racional.
f) Falsa.
   $\sqrt{2}\cdot\sqrt{3}=\sqrt{6}$, que é irracional.

4. Represente, na reta real, os seguintes intervalos:
   a) $[-2,4]$
   b) $]-4,0]$
   c) $\left[-\sqrt{2},\sqrt{2}\right[$
   d) $]4,7[$

a)
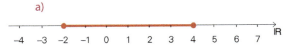

b)

c)
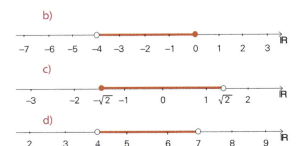

d)
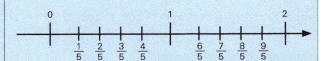

Exercícios propostos

1. Responda em seu caderno:
   a) Todo número natural também é número inteiro?
   b) Todo número que é inteiro é natural?
   c) Um número que é inteiro pode ser escrito como razão de dois números inteiros?
   d) Um número que é racional pode ser também natural?
   e) A adição entre dois números naturais quaisquer resulta sempre em um número natural?
   f) A adição entre dois números inteiros quaisquer resulta sempre em um número inteiro?
   g) A subtração entre dois números naturais quaisquer resulta sempre em um número natural?
   h) A subtração entre dois números inteiros quaisquer resulta sempre em um número inteiro?
   i) A multiplicação entre dois números naturais quaisquer resulta sempre em um número natural?
   j) A multiplicação entre dois números inteiros quaisquer resulta sempre em um número inteiro?

2. Observe parte de uma reta numérica:

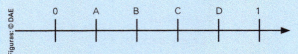

Quais números devem ser associados aos pontos A, B, C e D, considerando que esses pontos, juntamente aos pontos 0 e 1, estão igualmente espaçados?

3. Observe, na reta numérica abaixo, os números racionais representados na forma fracionária:

Represente esses números na forma decimal.

4. Utilize o algarismo de divisão para examinar se os números racionais a seguir – apresentados na forma fracionária – têm infinitas casas decimais (dízimas periódicas) ou são decimais com representação exata. Escreva esses números em seu caderno, separando-os em dois grupos: racionais com representação exata e racionais com infinitas casas decimais. Dica: confira suas divisões com uma calculadora.

a) $\dfrac{5}{3}$
b) $\dfrac{3}{8}$
c) $\dfrac{2}{5}$
d) $\dfrac{3}{7}$
e) $\dfrac{5}{9}$
f) $\dfrac{4}{15}$
g) $\dfrac{6}{25}$
h) $\dfrac{7}{24}$

5. Considere, na reta numérica, os números −2 e 2:

   a) Quantos números naturais estão entre esses dois números? Quais são?
   b) Quantos números inteiros estão entre esses dois números? Quais são?
   c) E quantos são os números racionais entre esses dois números?

6. Construa em seu caderno uma reta numérica e represente nela os seguintes números:

   | −7 | 1,5 | 0,8 | −0,25 | 3 | 4,5 | −2 | 10 | −5,5 | 7 |

7. Dos números representados no exercício anterior, quais são considerados:

   a) naturais?   b) inteiros?   c) racionais?

8. As afirmações a seguir estão todas incorretas. Leia-as atentamente para descobrir por que estão erradas e depois escreva em seu caderno afirmações corretas com base nelas.

   a) Todo número inteiro também é um número natural.
   b) −7 é maior que −3.
   c) A divisão entre dois números naturais sempre resulta em um número natural.
   d) O produto entre dois números inteiros negativos também é negativo.
   e) Todos os números racionais também são números inteiros.

9. Os números abaixo estão escritos na forma decimal. Represente-os na forma fracionária.

   a) 0,5   d) 0,1   g) 2,5
   b) 0,34   e) 0,345
   c) 1,2   f) 0,056

10. Verifique qual é a única afirmação verdadeira e escreva em seu caderno alguns contraexemplos das afirmações falsas.

    a) A metade de um número natural é sempre um número natural.
    b) Quanto mais à esquerda um número estiver na reta numérica, menor ele será.
    c) Quanto mais à direita um número estiver na reta numérica, menor ele será.
    d) A adição entre dois números inteiros nem sempre resulta em um número inteiro.

11. Observe este exemplo de determinação de fração geratriz dessa dízima periódica cujo período é 4:

    $x = 0,4444...$

    ↓ multiplicamos os dois lados da igualdade por 10

    $10x = 4,4444...$

    ↓ subtraímos as duas igualdades, membro a membro

    $10x - x = 4,4444... - 0,4444...$

    $9x = 4$

    ↓ isolamos x, obtendo a fração geratriz

    $x = \dfrac{4}{9}$

    Da mesma forma, obtenha as frações geratrizes das seguintes dízimas periódicas considerando que os algarismos que se repetem não mudam após as reticências.

    a) 0,7777...   d) 0,353535...
    b) 0,2222...   e) 0,237237237...
    c) 0,212121...   f) 0,341341341...

12. Considere que b e c são as medidas dos catetos de triângulos retângulos.

    Utilizando o teorema de Pitágoras, obtenha a medida da hipotenusa a em cada caso.

    a) $b = 1$ cm e $c = 1$ cm.
    b) $b = 1$ cm e $c = \sqrt{2}$ cm.
    c) $b = 1$ cm e $c = \sqrt{3}$ cm.
    d) $b = 1$ cm e $c = 2$ cm.
    e) $b = 1$ cm e $c = \sqrt{5}$ cm.
    f) $b = 1$ cm e $c = \sqrt{6}$ cm.
    g) $b = 1$ cm e $c = \sqrt{7}$ cm.

    Na figura abaixo estão representados esses triângulos retângulos formando uma espécie de caracol.

    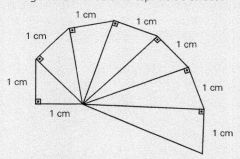

13. Um importante número irracional é o número π. É possível obter esse número dividindo a medida do comprimento de uma circunferência pelo seu diâmetro.

    $$\dfrac{\text{comprimento}}{\text{diâmetro}} = \pi = 3,1415926535...$$

    Sendo um número irracional, a sua representação decimal não é exata e nem uma dízima periódica, por mais que se obtenham milhares de algarismos.

    Responda:

    a) O arredondamento de π para 3,14 representa um número racional ou irracional?
    b) Se o comprimento medido de uma circunferência de raio 6 cm for igual a 37,2 cm, qual valor será encontrado para π?

Números reais   Capítulo 1   21

14. Os números abaixo representam aproximações para o número irracional $\sqrt{70}$:

- 8
- 8,2
- 8,31
- 8,34
- 8,361
- 8,366
- 8,3
- 8,4
- 8,36
- 8,37
- 8,367
- 8,368

a) Como o auxílio de uma calculadora, eleve cada um desses números ao quadrado e anote os resultados.

b) Qual desses números representa uma melhor aproximação para $\sqrt{70}$?

15. Considerando que, para uma circunferência de comprimento C e diâmetro igual a 2r, vale a relação $\frac{C}{2r} = \pi$, utilize uma calculadora para determinar:

a) o comprimento de uma circunferência de raio 5 cm, sendo $\pi \cong 3,14$.

b) qual seria o comprimento da circunferência do item **a**, caso utilizássemos a aproximação $\pi \cong 3$.

c) a diferença entre os comprimentos das circunferências conforme as aproximações feitas nos itens **a** e **b**.

16. Outra forma de determinar a raiz quadrada de um número é por meio do processo geométrico. A partir de um triângulo retângulo, construímos uma espiral formada por sucessivos triângulos retângulos, tendo sempre um dos catetos iguais a 1, conforme mostram as figuras a seguir. O primeiro possui os dois catetos iguais a 1 e, utilizando o teorema de Pitágoras, determinamos sua hipotenusa de $\sqrt{2}$. A hipotenusa desse triângulo será um dos catetos do próximo triângulo e o outro cateto é determinado a partir de uma perpendicular, de medida igual a 1. Novamente, aplicando o teorema de Pitágoras, a hipotenusa desse segundo triângulo é $\sqrt{3}$. Basta repetir o processo sucessivamente para obter as demais raízes.

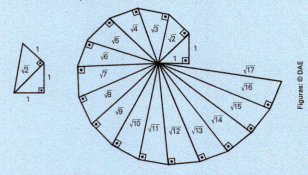

Em seu caderno, reproduza esse processo de construção até chegar ao quarto triângulo retângulo, cuja hipotenusa medirá $\sqrt{5}$. Em seguida, determine sua medida com a régua e compare com a aproximação $\sqrt{5} \cong 2,24$. O grau de precisão na sua construção é muito importante para obter uma aproximação razoável.

17. Observe os números no quadro abaixo e responda às questões:

$$4,8 \quad -2 \quad 3,4 \quad \sqrt{9} \quad 0,333... \quad -25 \quad \sqrt{15}$$

a) Quais são números inteiros?

b) Quais os números inteiros que também são naturais?

c) Quais são números racionais?

d) Qual número é irracional?

18. Represente, numa reta numérica, os números que estão no quadro da atividade anterior. Quando necessário, faça aproximações.

19. Escreva os intervalos a seguir utilizando a notação com colchetes.

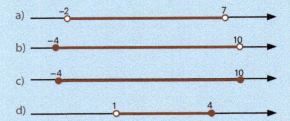

20. Escreva todos os números inteiros que estão em cada intervalo real abaixo.

a) $[-1, 4]$ c) $[-\pi, 2[$

b) $]4, 10]$ d) $]-\pi, \pi[$

21. Você já ouviu falar em IMC (Índice de Massa Corporal)? Esse índice permite a uma pessoa adulta saber se está com o "peso" adequado. O cálculo desse índice é feito por meio da seguinte fórmula:

$$IMC = \frac{m}{h^2}$$

m é a massa ou "peso" (em kg) e h é a altura (em m). Segundo esse índice, tem-se:

IMC ≤ 18,5	18,5 < IMC ≤ 25	25 < IMC ≤ 30	IMC > 30
abaixo do normal	normal	pré-obeso	obeso

Utilize uma calculadora para determinar o IMC e a faixa em que se encontra uma pessoa com as seguintes características:

a) Altura 1,76 m e massa 76 kg.

b) Altura 1,76 m e massa 77 kg.

c) Altura 1,80 m e massa 90 kg.

d) Altura 1,80 m e massa 100 kg.

22. Marcos recebeu a tarefa de construir um quadrado numa cartolina de tal forma que a área poderia variar de 16 cm² até 900 cm².

a) Qual é a medida mínima do lado do quadrado que Marcos teria de construir?

b) E a medida máxima?

c) Represente, na forma de intervalo, as possíveis medidas dos lados do quadrado.

TEXTOS DA MATEMÁTICA

Por volta de 4000 antes de Cristo, algumas comunidades primitivas aprenderam a usar ferramentas e armas de bronze. Aldeias situadas às margens dos rios transformavam-se em cidades. A vida ia ficando mais complexa. Novas atividades iam surgindo, graças, sobretudo, ao desenvolvimento do comércio. Os agricultores passaram a produzir alimentos em quantidades superiores às suas necessidades. Com isso, algumas pessoas puderam se dedicar a outras atividades, tornando-se artesãos, comerciantes, sacerdotes e administradores.

Como consequência desse desenvolvimento, surgiu a escrita, dando o início da História. Os egípcios usavam símbolos para representar números, que indicavam quantidades. Assim, partindo dessa necessidade, se passou a representar quantidades através de símbolos, que no caso dos números naturais, vieram com a finalidade de contagem.

Por volta de 3000 antes de Cristo, um antigo faraó de nome Sesóstris decretou:

"... reparte-se o solo do Egito às margens do rio Nilo entre seus habitantes. Se o rio levar qualquer parte do lote de um homem, o faraó mandará funcionários examinarem e determinarem, por medida, a extensão da perda."

O rio Nilo atravessava uma vasta planície. Uma vez por ano, na época das cheias, as águas do Nilo subiam muitos metros acima do seu leito normal, inundando uma vasta região ao longo de suas margens. Quando as águas baixavam, deixava descoberta uma estreita faixa de terras férteis, prontas para o cultivo. Desde a Antiguidade, as águas do Nilo fertilizavam os campos, beneficiando a agricultura do Egito, sendo neste vale o grande desenvolvimento da civilização egípcia. Quando os funcionários eram chamados, levavam consigo cordas de um determinado tamanho. Assim deu-se o surgimento dos **números racionais**, pois nem sempre as medidas tiradas pela corda eram inteiras, tendo que ser a corda dividida em pedaços iguais, aparecendo as seguintes expressões: uma corda inteira mais metade, e assim sucessivamente. Durante muito tempo, os matemáticos acreditavam que qualquer problema prático poderia ser resolvido operando somente com números naturais e racionais. Não sentiam necessidade de nenhum outro tipo de número.

Por volta de 530 antes de Cristo, existia na Grécia uma espécie de sociedade secreta, cujos membros ficaram conhecidos com o nome de pitagóricos. Eram assim chamados porque o mestre da sociedade era o famoso filósofo e matemático Pitágoras de Samos. Os pitagóricos eram grandes estudiosos da Matemática, mas não tinham a menor preocupação em obter resultados práticos.

Pitágoras dizia que tudo era número, ou seja, que qualquer fato da natureza podia ser explicado por meio dos números naturais. Lidando com números de várias maneiras, os pitagóricos acabaram descobrindo propriedades interessantes e curiosas.

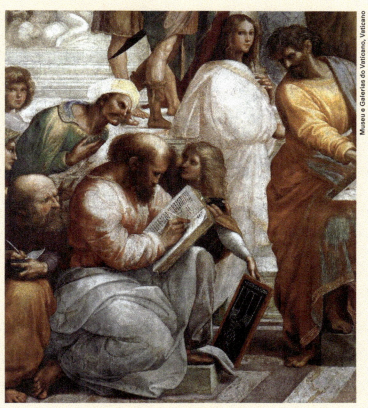

Pitágoras de Samos (570 a.C.-495 a.C.).

Segundo Pitágoras, dependendo da soma de seus fatores, um número poderia ser: perfeito, deficiente ou excessivo, dando início ao famoso teorema de Pitágoras e, assim, aos números irracionais.

Na passagem da Idade Média para a Idade Moderna, os países da Europa Ocidental sofreram profundas transformações. Era o grande desenvolvimento do comércio e das cidades. A expansão da atividade comercial fez com que os europeus procurassem novas terras, nas quais encontrassem novas mercadorias para vender na Europa. Paralelamente a essas mudanças econômicas, políticas e sociais houve o florescimento da arte, da cultura e das ciências. Essa revolução cultural ficou conhecida como Renascimento.

Em meio a essas grandes mudanças, a Matemática e em geral as Ciências Naturais também se desenvolveram. A partir do Renascimento, o conceito de número evoluiu muito. Pouco a pouco, o número foi deixando de ser associado somente à prática pura e simples do cálculo. O grande desenvolvimento científico da época do Renascimento exigia uma linguagem matemática que pudesse expressar também os fenômenos naturais que estavam sendo estudados. Até então, já se conheciam os números naturais, racionais e os irracionais, que os matemáticos chamavam de números reais.

Cada vez mais era sentida a necessidade de um novo número para enfrentar os problemas colocados pelo desenvolvimento científico do Renascimento. Discutia-se muito sobre esse novo número. Mas ele era tão difícil de enquadrar-se nos números já conhecidos que os matemáticos o chamavam de número absurdo, porém os chineses já entendiam que o número poderia ser compreendido por excessos ou faltas, utilizando palitos na resolução de problemas. Também os matemáticos da Índia trabalhavam com esses "números estranhos".

O grande matemático Brahmagupta, nascido em 598, dizia que os números podiam ser entendidos como pertences ou dívidas.

A partir daí, os matemáticos começaram a escolher uma melhor notação para expressar o novo número, que não indicasse apenas quantidade, mas também representasse o ganho ou a perda, surgindo assim o número com sinal, positivo ou negativo, conhecido como número inteiro.

Com base nos estudos desenvolvidos pelos matemáticos da época, surge o Conjunto dos Números Reais, onde todos os números vistos acima fazem parte, ou seja, todo número natural, racional, irracional e inteiro é também um número real.

Disponível em: <http://matematica-na-veia.blogspot.com.br/2008/03/conjuntos-numricos-histria.html>.
Acesso em: 25 fev. 2016.

QUESTÕES

1. Faça uma pesquisa sobre o sistema de numeração egípcio para representar quantidades. Dê um exemplo.

2. Segundo o texto, a quem é atribuída a descoberta dos números irracionais?

3. Quais são os conjuntos numéricos que estão contidos conjunto dos números reais?

NOÇÕES BÁSICAS DE CONJUNTOS

CAPÍTULO 2

Uma pesquisa foi encomendada entre certo número de pessoas sobre os sucos que normalmente tomam em determinada rede de lanchonetes. Nessa pesquisa, cada pessoa podia indicar mais de um suco entre os três que eram feitos: laranja, uva e abacaxi.

O resultado está apresentado no quadro:

Sucos	Número de pessoas
laranja	48
uva	45
abacaxi	50
laranja e uva	18
uva e abacaxi	25
laranja e abacaxi	15
laranja, uva e abacaxi	10

Sabendo-se que ao final cada pessoa escolheu pelo menos um dos sucos, como podemos determinar o número total de pessoas entrevistadas? Pense num procedimento para responder a essa questão.

Noções de conjuntos

A noção básica de conjunto é aceita intuitivamente. Consideramos conjunto uma coleção de objetos bem definidos e discerníveis, chamados de **elementos** do conjunto. Podemos, também, estabelecer a pertinência entre elemento e conjunto. Para conjunto, elemento e pertinência, utilizamos os seguintes símbolos:

- **Conjunto** – representamos, de modo geral, por meio de uma letra maiúscula: A, B, C, ..., X, Y, Z.
- **Elemento** – representamos, de modo geral, por meio de uma letra minúscula: a, b, c, ..., x, y, z.
- **Pertinência** – representamos pelo símbolo $\in$, que se lê "pertence a".

Assim, se um elemento m qualquer pertencer a um conjunto A qualquer, dizemos que "m pertence a A" e representamos por "$m \in A$". Caso m não represente um elemento do conjunto A, dizemos que "m não pertence a A" e representamos por "$m \notin A$".

Exemplo:

O conjunto dos estados da Região Norte do Brasil.

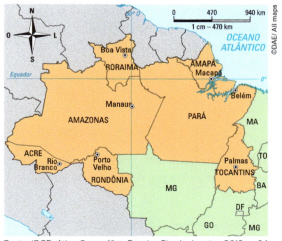

Fonte: IBGE. *Atlas Geográfico Escolar*. Rio de Janeiro, 2012. p. 94.

Para representar esse conjunto, vamos utilizar a letra maiúscula N e, entre chaves e separados por vírgula – ou ponto e vírgula –, os estados:

N = {Amazonas, Pará, Acre, Amapá, Rondônia, Roraima, Tocantins}

Note que:

Amazonas ∈ N e Goiás ∉ N.

Outro exemplo:

O conjunto dos números naturais primos (números naturais que apresentam apenas dois divisores naturais). Vamos utilizar a letra A para representar esse conjunto:

A = {2, 3, 5, 7, 11, 13, 17, 19, ...}

Nesse caso, temos:

2 ∈ A e 10 ∉ A

Além de representarmos um conjunto enumerando um a um seus elementos (como procedemos nos dois exemplos anteriores), também podemos representá-lo a partir de uma propriedade característica de seus elementos. Dessa forma, utilizando os exemplos anteriores, temos:

N = {x | x é um estado brasileiro da Região Norte}

A = {x | x é um número natural primo}

Observações:

1. Quando utilizamos uma propriedade p que caracteriza os elementos de um conjunto A, pode-se dizer que determinado elemento x desse conjunto possui a propriedade p ou simplesmente que $x \in A$;

2. Nos exemplos anteriores, temos que o conjunto N é finito (possui uma quantidade finita de elementos), enquanto o conjunto A é infinito (possui uma quantidade infinita de elementos).

Devemos ao matemático e lógico John Venn (1834-1923) uma maneira simples de representar os elementos de um conjunto: uma região plana limitada por uma linha fechada (e não entrelaçada), com os elementos do conjunto indicados em seu interior. Tal representação é conhecida por **diagrama de Venn**.

Exemplo:

Vamos representar o conjunto B, sendo B = {x | x é um número natural ímpar menor que 10}.

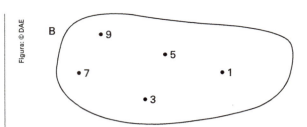

Retome a situação apresentada no início do capítulo sobre a pesquisa dos sucos e procure representar, por meio do diagrama de Venn, os três conjuntos que representam as escolhas dos sucos.

Igualdade de conjuntos

Quando dois conjuntos A e B são iguais?

Essa pergunta pode ser respondida da seguinte maneira: quando eles possuem os mesmos elementos.

Sendo mais formal:

Dizemos que dois conjuntos A e B são iguais quando todo elemento do conjunto A pertence ao conjunto B e, reciprocamente, todo elemento do conjunto B pertence ao conjunto A.

O que normalmente dizemos ser mais formal no estudo da Matemática está ligado ao rigor necessário para que os conceitos sejam compreendidos sem contradições. Acompanhe a seguir exemplos em que verificamos a igualdade entre conjuntos.

- Os conjuntos A = {m, n, p} e B = {n, p, m} são iguais?

Como todo elemento de A é elemento de B e todo elemento de B é elemento de A, temos que os dois conjuntos são iguais. Escrevemos: A = B.

- Os conjuntos C = {$x \in \mathbb{R}$ | $x^2 - 4 = 0$} e D = {2, –2} são iguais?

Resolvendo a equação de segundo grau, temos que o conjunto C = {2; –2}. Assim, todo elemento de C é elemento de D e, reciprocamente, todo elemento de D é elemento de C. Escrevemos: C = D.

- Os conjuntos P = {1, 4, 9, 16} e Q = {0, 1, 4, 9, 16} são iguais?

Como existe um elemento de Q que não é elemento de P, dizemos que os conjuntos P e Q são diferentes. Escrevemos: P ≠ Q.

Observações:

1. Dentro de um mesmo conjunto não precisamos repetir elementos. Assim, por exemplo, se quisermos representar o conjunto formado pelas letras da palavra **arara**, temos que:

$\{a, r, a, r, a\} = \{a, r\}$

Note que todo elemento do primeiro conjunto é elemento do segundo conjunto e, reciprocamente, todo elemento do segundo conjunto é também elemento do primeiro conjunto.

2. Para representar a quantidade de elementos de um conjunto P qualquer, utilizamos $n(P)$, que se lê "número de elementos do conjunto P".

Conjuntos unitário, vazio e universo

Para alguns conjuntos, que possuem características próprias, damos denominações especiais:

- **Conjunto unitário** – aquele que possui um único elemento.

Exemplos:

$A = \{10\}$

$B = \{x \mid x$ é a cidade que é a capital do Brasil$\}$

Nos dois casos, o número de elementos é igual a 1, isto é, $n(A) = 1$ e $n(B) = 1$.

- **Conjunto vazio** – conjunto que não possui elementos.

Exemplos:

$A = \{x \mid x$ é um mês com mais de 35 dias$\}$

$B = \{x \mid x$ é um número natural, solução da equação $2x = 7\}$

Como não existe mês com mais de 35 dias e a equação $2x = 7$ apresenta um número não natural como solução, dizemos que esses conjuntos não possuem elementos, isto é, $n(A) = 0$ e $n(B) = 0$.

Observações:

1. Um conjunto vazio pode ser representado por $\{\ \}$ ou por $\varnothing$.

2. Note que $\varnothing$ é diferente de $\{\varnothing\}$, pois enquanto $\varnothing$ representa um conjunto vazio, $\{\varnothing\}$ representa um conjunto unitário formado pelo elemento $\varnothing$.

3. Podemos representar um conjunto vazio por meio de uma propriedade que nenhum elemento possui. Exemplo: $\{x \mid x$ é um número primo e par diferente de 2$\}$.

- **Conjunto universo** – utilizando o exemplo de conjunto vazio dado anteriormente, apresentamos o conjunto B tal que:

$B = \{x \mid x$ é um número natural solução da equação $2x = 7\}$

Observe que a equação não apresenta solução no conjunto dos números naturais, pois x deve ser um número natural, e $x = 3,5$ não o é. Ao especificar que x deve ser um número natural, estamos definindo qual o contexto numérico que está sendo considerado. Quando isso ocorre, estamos indicando o **conjunto universo**. Normalmente, representamos esse conjunto por U. Assim, no exemplo, temos que $U = \mathbb{N}$.

Subconjunto e relação de inclusão

Até aqui, vimos que podemos representar um conjunto discriminando seus elementos, como também podemos expressar um conjunto a partir de uma propriedade que caracteriza esses elementos. No Capítulo 1, estudamos os conjuntos numéricos dos naturais, dos inteiros, dos racionais, dos irracionais e dos reais. Vimos, por exemplo, que todo número que é natural é também número inteiro. Como podemos representar tal relação entre esses conjuntos?

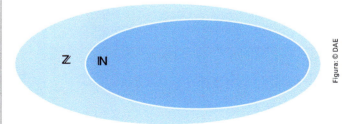

Pelo diagrama de Venn, podemos observar que todo elemento do conjunto $\mathbb{N}$ é também elemento do conjunto $\mathbb{Z}$. Sendo assim, dizemos que o conjunto $\mathbb{N}$ é subconjunto de $\mathbb{Z}$. De modo geral, considerando A e B dois conjuntos, temos que:

Se todos os elementos de A forem elementos de B, dizemos que A é um subconjunto ou uma parte de B. Representamos essa relação por A ⊂ B (lê-se: A está contido em B, ou A é uma parte de B, ou A é um subconjunto de B).

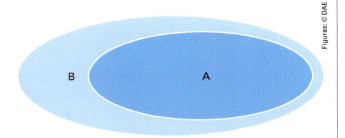

Assim, podemos dizer que:

A ⊂ B, sendo todo elemento de A também elemento de B.

Observações:

1. Outra maneira de dizer que A é subconjunto de B é dizer que B contém A. Em símbolos: B ⊃ A.

2. O símbolo ⊂ é chamado **sinal de inclusão**. Ele estabelece uma relação entre dois conjuntos.

3. Quando há pelo menos um elemento de A que não é elemento de B, dizemos que A não está contido em B ou que B não contém A. Representamos por A ⊄ B ou B ⊅ A.

> **Questões e reflexões**
>
> **1.** Considerando os conjuntos numéricos dos naturais, dos inteiros, dos racionais e dos reais, verifique se é verdadeira a relação: $\mathbb{N} \subset \mathbb{Z} \subset \mathbb{Q} \subset \mathbb{R}$.
>
> **2.** Qual é a relação entre os conjuntos dos racionais e o conjunto dos irracionais? E entre o conjunto dos irracionais com o conjunto dos reais?

Propriedades da relação de inclusão

Quando consideramos quaisquer três conjuntos A, B e C, temos as seguintes propriedades:

- ∅ ⊂ A: o conjunto vazio é subconjunto de qualquer conjunto A.

Essa relação de inclusão pode ser justificada por redução ao absurdo:

Vamos supor que ∅ ⊄ A.

Por essa suposição, existe algum elemento do conjunto ∅ que não pertence ao conjunto A.

Como o conjunto ∅ não possui elementos, chegamos a uma contradição. Essa contradição vem do fato de supormos que ∅ ⊄ A.

Portanto, concluímos que ∅ ⊂ A.

- **Propriedade reflexiva**: A ⊂ A

Um conjunto A é subconjunto dele mesmo. Qualquer elemento de um conjunto A é elemento dele mesmo.

- **Propriedade antissimétrica**: se A ⊂ B e B ⊂ A, então A = B.

Observe que:

se A ⊂ B, então todo elemento de A é elemento de B;

se B ⊂ A, então todo elemento de B é elemento de A.

Dessa forma, se A ⊂ B e B ⊂ A, conclui-se que A = B.

- **Propriedade transitiva**: se A ⊂ B e B ⊂ C, então A ⊂ C.

Observe no diagrama essa relação de inclusão, em que x é um elemento de A.

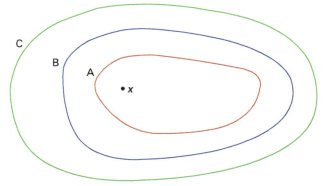

Assim, para qualquer que seja x ∈ A, então x ∈ B, pois temos que A ⊂ B.

Como B ⊂ C, então x ∈ C e, consequentemente, A ⊂ C.

Essa propriedade transitiva, na Lógica, é conhecida como uma forma de raciocínio chamada **silogismo**, sendo de grande importância em deduções. Normalmente, a partir de duas premissas utilizamos o silogismo para chegar a uma conclusão. Vamos exemplificar. Considere as seguintes premissas:

Premissa I – Uma pessoa que nasce em Recife (R) é pernambucana (P):

R ⊂ P

Premissa II – Toda pessoa pernambucana (P) é brasileira (B):

P ⊂ B

Conclusão – Por silogismo, uma pessoa que nasce em Recife é brasileira:

R ⊂ B

Fonte: IBGE. *Atlas Geográfico Escolar*. Rio de Janeiro, 2012. p. 90.

> **Questões e reflexões**
>
> Pense no seguinte exemplo de dedução:
> Premissa I: Todo número inteiro é racional.
> Premissa II: Todo número racional é real.
> Qual é a conclusão?

Conjunto das partes de um conjunto

Vimos que, para dois conjuntos A e B, se A ⊂ B, então A é um subconjunto de B. Vamos examinar como podemos obter todos os subconjuntos de um conjunto dado, isto é, vamos obter o conjunto das partes de um conjunto.

> Denomina-se **conjunto das partes** de um conjunto A o conjunto P(A), formado por todos os subconjuntos de A.

Dado o conjunto A = {r, s, t} podemos formar o conjunto P(A):

P(A) = { ∅, {r}, {s}, {t}, {r, s}, {s, t}, {r, s, t}}

Observe que há uma relação entre o número de elementos das partes de um conjunto A e o número total de elementos desse conjunto. Na tabela a seguir, vamos considerar alguns conjuntos e o conjunto das partes de cada um deles.

Conjunto	Conjunto das partes	Número de elementos do conjunto das partes
∅	P(∅) = {∅}	$n(P(\emptyset)) = 1 = 2^0$
A = {r}	P(A) = {∅, {r}}	$n(P(A)) = 2 = 2^1$
B = {r, s}	P(B) = {∅, {r}, {s}, {r, s}}	$n(P(B)) = 4 = 2^2$
C = {r, s, t}	P(C) = {∅, {r}, {s}, {t}, {r, s}, {r, t}, {s, t}, {r, s, t}}	$n(P(C)) = 8 = 2^3$

> **Questões e reflexões**
>
> 1. É correto afirmar que ∅ ∈ {∅} e que {1} ∈ {{1}}?
> 2. Escreva o conjunto das partes de D = {r, s, t, u}.
> 3. Se n(D) = 4, quanto é n(P(D))?

> **OBSERVAÇÃO:**
> Se um conjunto A qualquer tem x elementos, então P(A) tem 2^x elementos, isto é, se $n(A) = x$, então $n(P(A)) = 2^x$.
>
> Embora esse resultado possa ser exemplificado por meio da tabela acima, vamos demonstrá-lo no Volume 2 desta coleção, quando estudaremos análise combinatória.

Noções básicas de conjuntos   Capítulo 2

Exercícios resolvidos

1. Indique se cada um dos números -16, $\dfrac{7}{9}$, 25 e $-4,2$ pertence ou não a cada um dos seguintes conjuntos:

a) $A = \{x \mid x$ é um número positivo$\}$

b) $B = \{y \mid y$ é um número quadrado perfeito$\}$

c) $C = \{z \mid z < 1\}$

d) $D = \{k \mid -1 < k < 0\}$

a) $-16 \notin A$,

$\dfrac{7}{9} \in A$, $25 \in A$ e $-4,2 \notin A$

b) $-16 \notin B$,

$\dfrac{7}{9} \notin B$, $25 \in B$ e $-4,2 \notin B$

c) $-16 \in C$, $\dfrac{7}{9} \in C$, $25 \notin C$ e $-4,2 \in C$

d) $-16 \notin D$, $\dfrac{7}{9} \notin D$, $25 \notin D$ e $-4,2 \notin D$

2. Sendo $A = \{0; 1; 3\}$, $B = \{0; 1; 2; 3; 4\}$, $C = \{0; 3\}$, $D = \{1; 2; 3; 4; 5; 6\}$ e $E = \{\}$, classifique em verdadeira (V) ou falsa (F) cada uma das sentenças:

a) $C \subset A$ c) $C \subset B$ e) $E \subset D$ g) $B = A$

b) $A \subset B$ d) $D \subset B$ f) $A \not\subset D$

a) Verdadeira, pois $0 \in A$ e $3 \in A$.

b) Verdadeira, pois $0 \in B$, $1 \in B$ e $3 \in B$.

c) Verdadeira, pois $0 \in B$ e $3 \in B$.

d) Falsa, pois $5 \notin B$ e $6 \notin B$.

e) Verdadeira, pois o vazio é subconjunto de todos os conjuntos.

f) Verdadeira, pois $0 \notin D$.

g) Falsa, pois, por exemplo, $2 \notin A$ e $4 \notin A$.

3. Considere o conjunto $C = \{0; 1; 2\}$.

a) Obtenha todos os subconjuntos de C, ou seja, escreva os elementos de P(C).

b) Quantos elementos tem P(C)?

c) Se acrescentarmos o elemento 5 ao conjunto C, quantos elementos passa a ter P(C)?

a) $P(C) = \{\varnothing; \{0\}; \{1\}; \{2\}; \{0; 1\}; \{0; 2\}; \{1; 2\}; \{0; 1; 2\}\}$

b) Como $2^3 = 8$, P(C) tem 8 elementos.

c) Como $2^4 = 16$, P(C) terá 16 elementos.

4. Considere que o conjunto $S = \{S_1, S_2, S_3, S_4\}$ represente o conjunto de sintomas de uma determinada moléstia. Se, em geral, um portador de uma moléstia apresenta apenas um subconjunto não vazio de S, determine o número total de subconjuntos de S que poderão apresentar os pacientes portadores desta moléstia.

• *Pelo enunciado, do total de subconjuntos de S deveremos excluir apenas o conjunto vazio. Assim, sendo x o número procurado, temos:*

$x = 2^4 - 1$

$x = 16 - 1 \rightarrow x = 15$

5. Obtenha todos os subconjuntos do conjunto $A = \{a, b, c, d\}$:

• Como o conjunto A possui 4 elementos, admitirá 16 subconjuntos, isto é, $2^4 = 16$. Esses 16 subconjuntos são:

Com 0 elemento: $\varnothing$

Com 1 elemento: $\{a\}, \{b\}, \{c\}, \{d\}$

Com 2 elementos: $\{a,b\}, \{a,c\}, \{a,d\}, \{b,c\}, \{b,d\}, \{c,d\}$

Com 3 elementos: $\{a,b,c\}, \{a,b,d\}, \{a,c,d\}, \{b,c,d\}$

Com 4 elementos: $A = \{a,b,c,d\}$

Exercícios propostos

1. Escreva uma propriedade que descreva os elementos de cada um dos seguintes conjuntos:

a) $\{0; 1; 4; 9; 16; 25\}$

b) $\{0; 2; 4; 6; 8; 10; 12; 14; 16; 18; 20; ...\}$

c) $\{1; 3; 5; 7; 9; 11; 13; 15; 17; 19; 21; ...\}$

2. Escreva todos os elementos do conjunto que pode ser expresso pela propriedade:

a) x é um número natural par menor que 10.

b) x é um número inteiro maior que -5 e menor que 3.

c) x é um mês do ano que tem 31 dias.

d) x é letra da palavra *conjunto*.

3. Identifique os elementos de cada conjunto a partir da condição:

a) m é um número tal que $m + 2 = 0$.

b) m é um número natural tal que $m + 2 = 0$.

c) m é um número natural tal que $m^2 - 9 = 0$.

d) m é um número inteiro tal que $m^2 - 9 = 0$.

4. Estabeleça uma condição que represente cada conjunto:

a) $\{10\}$ b) $\varnothing$ c) $\{-10; 10\}$

5. Classifique os conjuntos como vazio ou unitário, considerando que o conjunto universo é o dos números naturais:

a) $A = \{x \mid x$ é número primo menor que 2$\}$

b) $B = \{x \mid x$ é número maior que 3 e menor que 5$\}$

c) $C = \{x \mid x$ é número par maior que 7 e menor que 9$\}$

d) $D = \{x \mid x$ é número par maior que 7 e menor que 8$\}$

30 **Unidade 1** Números e conjuntos

6. Dados os conjuntos A = {1; 2; 3}, B = {1; 2; 3; 4; 5; 6} e C = {1; 2; 3; 4; 5; 6; 7; 8}, responda:

   a) Todos os elementos do conjunto A são elementos do conjunto B?

   b) Todos os elementos do conjunto B são elementos do conjunto A?

   c) O conjunto A é subconjunto do conjunto B?

   d) O conjunto B é subconjunto do conjunto A?

   e) Os conjuntos A e B são iguais?

   f) Existe algum elemento do conjunto C que não pertence ao conjunto A?

   g) Existe algum elemento do conjunto C que não pertence ao conjunto B?

   h) O conjunto C é subconjunto do conjunto A? E do conjunto B?

7. Considere os conjuntos P = {2; 6; 8}, Q = {2; 6; 8; 11} e R = {1; 3; 5; 9}. Classifique cada afirmação a seguir em verdadeira ou falsa.

   a) $P \subset Q$

   b) $P \not\subset Q$

   c) $P \subset R$

   d) $\varnothing \subset Q$

   e) $R \subset Q$

   f) $Q \subset Q$

   g) $\varnothing \not\subset R$

8. Escreva os elementos de um conjunto A, considerando que ele é subconjunto de B = {1; 3; 5}.

9. Sendo o conjunto A formado por todas as pessoas que moram na Região Sul, B o conjunto de todas as pessoas que moram no estado de Santa Catarina e C o conjunto de todas as pessoas que moram no Brasil, responda:

   a) Os elementos do conjunto A pertencem ao conjunto B?

   b) Os elementos do conjunto B pertencem ao conjunto C?

   c) Os elementos do conjunto A pertencem ao conjunto C?

   d) Todo elemento de C pertence ao conjunto A?

   e) Existem elementos de C que não pertencem ao conjunto B?

10. Escreva elementos para os conjuntos não vazios A, B e C, considerando que $A \subset B$ e $B \subset C$.

11. Invente dois conjuntos A e B de tal forma que $A \not\subset B$. Depois, mostre aos colegas como ficaram seus conjuntos.

12. Considere o conjunto A = {a; e; i; o}. Obtenha todos os subconjuntos de A, isto é, escreva os elementos de P(A). Depois, responda:

   a) Quantos são os subconjuntos de A que contêm apenas um elemento?

   b) Quantos são os subconjuntos de A que contêm exatamente dois elementos?

   c) Quantos elementos tem P(A)?

13. Para cada conjunto abaixo, escreva todos os subconjuntos.

   a) A = {3}

   b) B = {−1; 1}

   c) C = {2; 3; 4}

   d) D = {5; 6; 7; 8}

14. Responda:

   a) Se P(A) possui ao todo 32 elementos, quantos elementos tem o conjunto A?

   b) Se P(B) possui ao todo 64 elementos, quantos elementos tem o conjunto B?

   c) Qual é o valor de x na equação $2^x = 32$?

   d) Qual é o valor de x na equação $2^x = 64$?

15. Considere o conjunto dos números naturais. Então:

   a) Escreva um subconjunto A formado por números naturais, tal que P(A) tenha 8 elementos.

   b) Escreva um subconjunto A formado por números naturais, tal que P(A) tenha 128 elementos.

16. O conjunto das partes do conjunto A = {a; b; c} é P(A) = {$\varnothing$; {a}; {b}; {c}; {a; b}; {a; c}; {b; c}; {a; b; c}}. Identifique a seguir as afirmações verdadeiras e as falsas.

   a) $\varnothing \in P(A)$

   b) $\varnothing \subset A$

   c) $a \in A$

   d) $a \subset A$

   e) {a} $\subset P(A)$

   f) {a} $\subset A$

   g) {a; c} $\in P(A)$

   h) {a; c} $\subset A$

   i) {a; b; c} $\in P(A)$

   j) {a; b; c} $\subset A$

17. Responda:

   a) Se um conjunto A tem 10 elementos, qual é o número total de subconjuntos que ele admite?

   b) Qual é o conjunto A que admite apenas um subconjunto?

18. Nesta unidade, você estudou sobre os números naturais, inteiros, racionais, irracionais e também os reais. Esses números formam conjuntos numéricos que podemos representar da seguinte forma:

   $\mathbb{N}$ – conjunto dos números naturais

   $\mathbb{Z}$ – conjunto dos números inteiros

   $\mathbb{Q}$ – conjunto dos números racionais

   $\mathbb{I}$ – conjunto dos números irracionais

   $\mathbb{R}$ – conjunto dos números reais

   Responda:

   a) O conjunto $\mathbb{N}$ é subconjunto de $\mathbb{Z}$?

   b) O conjunto $\mathbb{Z}$ é subconjunto de $\mathbb{Q}$?

   c) O conjunto $\mathbb{Q}$ é subconjunto de $\mathbb{I}$?

Noções básicas de conjuntos   Capítulo 2   31

d) O conjunto $\mathbb{Q}$ é subconjunto de $\mathbb{R}$?

e) O conjunto $\mathbb{I}$ é subconjunto de $\mathbb{R}$?

19. Classifique cada afirmação como verdadeira ou falsa.

a) $\mathbb{N} \subset \mathbb{R}$

b) $\mathbb{N} \subset \mathbb{I}$

c) $\mathbb{Z} \not\subset \mathbb{R}$

d) $\mathbb{Z} \subset \mathbb{N}$

e) $\mathbb{Q} \not\subset \mathbb{Q}$

f) $\mathbb{R} \subset \mathbb{R}$

20. Cada intervalo real é um subconjunto dos reais. Observe como podemos representar alguns intervalos de extremos em 3 e 5:

- $[3; 5] = \{x \in \mathbb{R} \mid 3 \leqslant x \leqslant 5\} \rightarrow$ intervalo fechado de extremos em 3 e 5.

- $]3; 5] = \{x \in \mathbb{R} \mid 3 < x \leqslant 5\} \rightarrow$ intervalo aberto à esquerda em 3 e fechado à direita em 5.

- $]3; 5[= \{x \in \mathbb{R} \mid 3 < x < 5\} \rightarrow$ intervalo aberto de extremos em 3 e 5.

- $[3; 5[= \{x \in \mathbb{R} \mid 3 \leqslant x < 5\} \rightarrow$ intervalo fechado à esquerda em 3 e aberto à direita em 5.

Represente graficamente, na reta real, cada um desses intervalos.

21. Considere os seguintes conjuntos:

$A = \{x \mid x$ é um número natural múltiplo de 2$\}$

$B = \{x \mid x$ é um número natural múltiplo de 3$\}$

$C = \{x \mid x$ é um número natural múltiplo de 6$\}$

a) O conjunto A está contido no conjunto B, isto é, $A \subset B$?

b) O conjunto C está contido no conjunto A, isto é, $C \subset A$?

c) O conjunto C está contido no conjunto B, isto é, $C \subset B$?

22. Considere os seguintes subconjuntos do conjunto dos números reais:

$A = [-10; 10]; B =]-10; 10[; C = [-10; 10[$ e $D =]-10; 10].$

Classifique as afirmações como verdadeiras ou falsas.

a) $A \subset B$

b) $B \subset A$

c) $C \subset B$

d) $D \subset A$

23. Elabore um conjunto P formado apenas por números naturais e que admite ao todo 64 subconjuntos. Depois, mostre-os para os colegas.

HISTÓRIA DA MATEMÁTICA

Georg Ferdinand Ludwig Philip Cantor, cujos pais eram dinamarqueses, nasceu em S. Petersburgo, Rússia, em 1845. Em 1856 sua família transferiu-se para Frankfurt, Alemanha. O pai de Cantor era um judeu convertido ao protestantismo e a mãe havia nascido na religião católica. O filho tomou-se de profundo interesse pela teologia medieval e seus argumentos intrincados sobre o contínuo e o infinito. Como consequência, abandonou a sugestão do pai de se preparar para a carreira de engenharia a fim de se concentrar em Filosofia, Física e Matemática. Estudou em Zurique, Göttingen e Berlim (onde recebeu a influência de Weierstrass e obteve o doutorado em 1867). A seguir, de 1869 a 1905, desenvolveu sua longa carreira no ensino da Universidade de Halle. Faleceu no hospital de doenças mentais de Halle em 1918.

Os primeiros interesses de Cantor se voltavam para a teoria dos números, equações indeterminadas e séries trigonométricas. A sutil teoria das séries trigonométricas parece tê-lo inspirado a se enfronhar nos fundamentos da análise. Criou, então, uma bela abordagem dos números irracionais, que utiliza sequências convergentes de números racionais e difere radicalmente do inspirado tratamento de Dedekind e, em 1874, começou seu revolucionário trabalho em teoria

Unidade 1 Números e conjuntos

dos conjuntos e teoria do infinito. Com este último trabalho, Cantor criou um campo novo da pesquisa matemática. Em seus artigos ele desenvolveu a teoria dos números transfinitos, baseado num tratamento matemático do infinito atual e criou uma aritmética dos números transfinitos análoga à aritmética dos números finitos.

Cantor era profundamente religioso e seu trabalho, que num certo sentido dá continuidade a argumentos ligados aos paradoxos de Zenão, reflete seu respeito por especulações escolásticas medievais sobre a natureza do infinito. Seus pontos de vista encontraram oposição considerável, principalmente da parte de Leopold Kronecker, que resolutamente se opôs aos esforços de Cantor no sentido de conseguir um cargo como professor na Universidade de Berlim, onde Kronecker lecionava. Hoje a teoria dos conjuntos de Cantor penetrou quase todos os ramos da Matemática e mostrou-se de importância especial na topologia e nos fundamentos da teoria das funções reais. Há dificuldades lógicas e surgiram paradoxos.

Georg Cantor (1845-1918).

EVES, Howard. *Introdução à história da Matemática*. Tradução de Hygino H. Domingues. Campinas, SP: Editora da Unicamp, 2004. p. 615.

[...]

Kronecker continuou seus ataques contra o hipersensitivo e temperamental Cantor e, em 1884, Cantor sofreu o primeiro dos esgotamentos nervosos que viriam a reaparecer durante os trinta e três anos restantes de sua vida. Acessos de depressão às vezes o levavam a duvidar de sua própria obra, embora fosse até certo ponto reconfortado pelo apoio de homens como o matemático Charles Hermite. Quase no fim de sua vida, ele obteve o reconhecimento de suas realizações, mas sua morte em 1918 numa instituição para doenças mentais em Halle, faz lembrar que o gênio e a loucura às vezes estão muito próximos. A tragédia de sua vida pessoal é mitigada pelo hino de elogio de um dos maiores matemáticos do começo do século vinte, David Hilbert, que descreveu a nova aritmética transfinita como "o produto mais extraordinário do pensamento matemático, uma das mais belas realizações da atividade humana no domínio do puramente inteligível". Onde almas tímidas tinham hesitado, Hilbert exclamava "Ninguém nos expulsará do paraíso que Cantor criou para nós".

BOYER, Carl B. *História da Matemática*. 2. ed. Tradução de Elza F. Gomide. São Paulo: Editora Edgard Blücher Ltda., 1996. p. 935.

QUESTÕES

1. Indique duas teorias pesquisadas por Cantor.
2. Pesquise o significado de paradoxo e dê exemplo.

CAPÍTULO 3 — OPERAÇÕES ENTRE CONJUNTOS

Neste capítulo, você vai verificar que, a partir de operações entre dois conjuntos, podemos obter outros conjuntos. Para iniciar, considere os dois conjuntos A e B a seguir:

A = {1; 3; 6; 8; 9; 10; 11; 12; 15}

B = {0; 1; 2; 3; 4; 5; 6; 7; 8; 9; 10}

A partir desses dois conjuntos, considere os conjuntos C, D, E e F:

C = {0; 1; 2; 3; 4; 5; 6; 7; 8; 9; 10; 11; 12; 15}

D = {1; 3; 6; 8; 9; 10}

E = {11; 12; 15}

F = {0; 2; 4; 5; 7}

Observando atentamente os elementos dos conjuntos A, B, C, D, E e F, pense em respostas para as seguintes questões:

- Todos os elementos do conjunto A são elementos do conjunto B?
- Existem elementos do conjunto A que são também elementos do conjunto B?
- Os elementos do conjunto A são elementos do conjunto C?
- Os elementos do conjunto B são elementos do conjunto C?
- Quais elementos dos conjuntos A e B formam o conjunto D?
- Como os conjuntos C, D, E e F foram formados?

Essas questões podem ser discutidas antes mesmo de iniciarmos as operações entre dois conjuntos. Caso queira, após o desenvolvimento do capítulo, retome essas questões para verificar as suas respostas.

União de conjuntos

Conhecendo-se dois conjuntos, A e B, podemos obter um novo conjunto, formado pelos elementos pertencentes a, pelo menos, um dos conjuntos dados, isto é, elementos que pertencem somente a A ou somente a B ou, ainda, que pertencem aos dois simultaneamente.

Assim, dados os conjuntos A e B tais que:

A = {5, 10, 15, 20, 25, 30}

B = {0, 5, 8, 10, 16, 20, 24}

Vamos formar um novo conjunto C, sendo que seus elementos pertencem ao conjunto A ou pertencem ao conjunto B ou pertencem a ambos. Dessa forma, o novo conjunto é:

C = {5, 10, 15, 20, 25, 30, 0, 8, 16, 24}

Questões e reflexões

1. No exemplo dado, todos os elementos do conjunto A são elementos do conjunto C?
2. E todos os elementos do conjunto B são também elementos do conjunto C?

Dizemos que o conjunto C é chamado **reunião** ou **união** dos conjuntos A e B. Essa reunião é representada por $A \cup B$, que se lê "A reunião B" ou "A união B" e é definida por:

$$A \cup B = \{x \mid x \in A \text{ ou } x \in B\}$$

Observações:

1. Quando empregamos "ou" na linguagem usual, normalmente o fazemos no sentido de exclusão. Se, como exemplo, falamos "neste final de semana vou viajar para a praia ou para a montanha", uma das duas possibilidades será excluída. Quando escrevemos "$x \in A$ ou $x \in B$" significa que x é um elemento de A ou x é um elemento de B ou ainda que x é elemento tanto de A quanto de B.

2. Para visualizar a reunião entre dois conjuntos, observe nos diagramas a seguir que a parte colorida representa $A \cup B$.

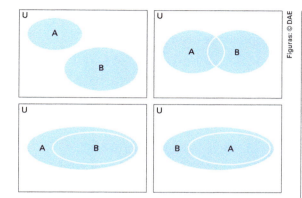

Exemplos:

• Sendo A = {−2, 3, 4, 5, 6} e B = {9, 8, 7}, temos que:

$A \cup B = \{-2, 3, 4, 5, 6, 9, 8, 7\}$

• Sendo C = {9, 10, 11, 12} e D = {11, 12, 13, 14, 15}, temos que:

$C \cup D = \{9, 10, 11, 12, 13, 14, 15\}$

• Sendo F = {2, 3, 4} um subconjunto de G = {0, 1, 2, 3, 4, 5, 6}, temos que:

$F \cup G = \{2; 3; 4; 0; 1; 5; 6\} = G$

Interseção de conjuntos

Leia a tirinha.

PARTICULARMENTE, EU GOSTO DE ASSISTIR A FILMES DE AÇÃO, DE AVENTURA, DE FICÇÃO E DE COMÉDIA.

EU GOSTO DE ROMANCE, DE DRAMA E DE COMÉDIA. É...ACHO QUE TEMOS "ALGO EM COMUM". NÓS DOIS ADORAMOS FILMES DE COMÉDIA.

A expressão "algo em comum" presente nesse diálogo se refere aos gêneros de filme de que tanto o rapaz quanto a moça gostam. Se representássemos por A o conjunto formado pelos gêneros de filmes de que o rapaz gosta e por B o conjunto formado pelos gêneros de filmes de que a moça gosta, teríamos:

A = {ação, aventura, ficção, comédia}

B = {romance, drama, comédia}

Podemos formar um novo conjunto C a partir desses dois, com os elementos que são "comuns", isto é:

C = {comédia}

Observe que o conjunto C foi formado apenas pelos elementos que estão simultaneamente em A e B. O conjunto C é chamado de **interseção** de A e B, sendo indicado por $A \cap B$, que se lê "A interseção B" ou "A inter B". Essa interseção pode ser assim definida:

$$A \cap B = \{x \mid x \in A \text{ e } x \in B\}$$

Observações:

1. Quando utilizamos o conectivo "e" entre duas sentenças, como na definição acima ($x \in A$ e $x \in B$), significa que as duas condições devem ser obedecidas.

2. Se $A \cap B = \varnothing$, os conjuntos A e B são chamados de disjuntos.

3. Para visualizar a interseção de conjuntos, observe nos diagramas a seguir a parte colorida que representa $A \cap B$.

Operações entre conjuntos Capítulo 3 35

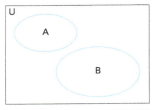
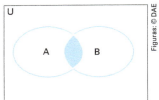
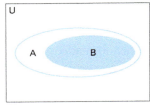
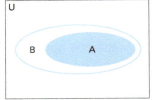

Exemplos:

- Sendo A = {−2, 3, 4, 5, 6} e B = {9, 8, 7}, temos que:
  A∩B = ∅

- Sendo C = {9, 10, 11, 12} e D = {11, 12, 13, 14, 15}, temos que:
  C∩D = {11, 12}

- Sendo F = {2, 3, 4} e G = {0, 1, 2, 3, 4, 5, 6}, temos que:
  F∩G = {2, 3, 4} = F

Questões e reflexões

1. Procure fazer um diagrama para representar os conjuntos A∩B, C∩D e F∩G dos exemplos anteriores.
2. Sendo $\mathbb{N}$ o conjunto dos naturais e $\mathbb{Z}$ o conjunto dos inteiros, qual o resultado de $\mathbb{N} \cup \mathbb{Z}$?
3. Qual o conjunto correspondente à interseção do conjunto dos números racionais com o conjunto dos números irracionais?

Propriedades da união e da interseção de conjuntos

Apresentaremos algumas propriedades da união e também da interseção de conjuntos para ampliar o conhecimento dessas operações. Podemos utilizar diagramas para a melhor compreensão.

Sendo quaisquer os conjuntos A, B e C, são válidas as seguintes propriedades:

Propriedade idempotente:

A ∪ A = A e A ∩ A = A

Propriedade comutativa:

A ∪ B = B ∪ A e A ∩ B = B ∩ A

Propriedade associativa:

A ∪ (B ∪ C) = (A ∪ B) ∪ C e

A ∩ (B ∩ C) = (A ∩ B) ∩ C

Propriedade distributiva:

A ∪ (B ∩ C) = (A ∪ B) ∩ (A ∪ C) e

A ∩ (B ∪ C) = (A ∩ B) ∪ (A ∩ C)

Observe no exemplo a seguir, com a utilização de diagramas, a ilustração da propriedade distributiva.

- Vamos representar A ∩ (B ∪ C):

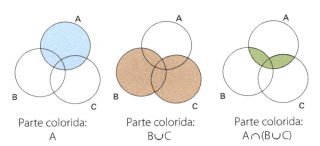

- Representaremos agora (A ∩ B) ∪ (A ∩ C):

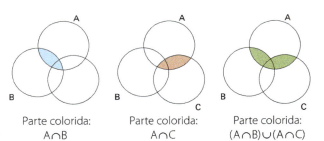

Comparando as duas figuras, observamos que A ∩ (B ∪ C) = (A ∩ B) ∪ (A ∩ C). Procure fazer diagramas para verificar as outras propriedades.

Diferença entre conjuntos

A frase "Eu gosto de todos os dias, menos segunda-feira e terça-feira" pode ser associada à operação entre conjuntos conhecida como **diferença entre conjuntos**. Observe que se representarmos por A o conjunto formado por todos os dias da semana, e por B todos os dias da semana, menos segunda-feira e terça-feira, teremos:

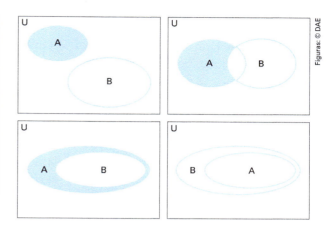

A = {domingo, segunda-feira, terça-feira, quarta-feira, quinta-feira, sexta-feira, sábado}

B = {domingo, quarta-feira, quinta-feira, sexta-feira, sábado}

Podemos formar um conjunto C com os elementos que estão no conjunto A e que não estão no conjunto B, isto é:

C = {segunda-feira, terça-feira}

Esse conjunto C representa a diferença entre os conjuntos A e B que indicamos por A − B e lemos "A menos B". De modo geral, temos:

$$A - B = \{x \mid x \in A \text{ e } x \notin B\}$$

Questões e reflexões

1. Para dois conjuntos A e B quaisquer, é correto dizer que A − B é igual a B − A?
2. Sendo A um conjunto qualquer, qual é o conjunto correspondente a A − ∅?

Observações:

1. Dizer que $x \in A$ e $x \notin B$ corresponde a dizer que x é um elemento de A, mas não é um elemento de B.

2. Para visualizar a diferença entre conjuntos, observe nos diagramas a seguir que a parte colorida representa A − B.

3. Quando A é subconjunto de B, temos que B − A = ∅.

4. Quando A ∩ B = ∅, então A − B = A e B − A = B.

Exemplo:

Dados os conjuntos A = {1, 2, 3, 4, 5, 6}, B = {3, 4, 5, 6, 7}, C = {4, 5} e D = {8, 9, 10, 11}, temos:

A − B = {1, 2}

B − A = {7}

A − C = {1, 2, 3, 6}

C − A = ∅, pois temos que C é subconjunto de A.

C − D = {4, 5} = C, pois C ∩ D = ∅.

D − C = {8, 9, 10, 11} = D, pois C ∩ D = ∅.

B − B = ∅.

Complementar de um conjunto

Vamos considerar agora que B ⊂ A, isto é, B é um subconjunto de A, conforme representado no diagrama a seguir:

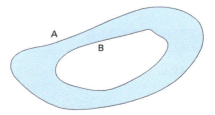

Dizemos que o conjunto A − B é o **complementar de B em relação a A**. Esse conjunto pode ser representado por $C_A B = A - B$, quando B ⊂ A.

Exemplo:

Sendo A = {1, 2, 3, 4, 5, 6, 7} e B = {3, 4, 5}, temos que B é subconjunto de A. Nesse caso, temos:

$C_A B = A - B = \{1, 2, 6, 7\}$

Quando consideramos um conjunto A em relação a um universo U, dizemos que os elementos que pertencem a U, mas que não pertencem a A, fazem parte do conjunto **complementar de A em relação a U**. Representamos esse conjunto por $\overline{A}$ ou A^c. No diagrama está representado, na parte colorida, o complementar de A em relação a U.

Em símbolos, o complementar do conjunto A em relação ao universo U pode ser assim definido:

$\overline{A} = \{x \mid x \in U \text{ e } x \notin A\}$

Exemplo:

Dados os conjuntos A = {1, 2, 3, 4, 5} e B = {4, 5, 6, 7, 8, 9} de um universo

U = {0, 1, 2, 3, 4, 5, 6, 7, 8, 9, 10, 11, 12}, representados no diagrama:

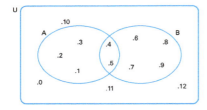

Observando o diagrama, temos:

$\overline{A} = \{0, 6, 7, 8, 9, 10, 11, 12\}$

$\overline{B} = \{0, 1, 2, 3, 10, 11, 12\}$

$\overline{(A \cap B)} = \{0, 1, 2, 3, 6, 7, 8, 9, 10, 11, 12\}$

$\overline{(A \cup B)} = \{0, 10, 11, 12\}$

Questões e reflexões

1. Em relação ao exemplo dado, obtenha $A^c \cup B^c$ e, depois, compare com $(A \cap B)^c$. Qual é a conclusão?
2. Em relação ao exemplo dado, obtenha $A^c \cap B^c$ e, depois, compare com $(A \cup B)^c$. Qual é a conclusão?
3. Sendo A um conjunto qualquer e A^c seu complementar, qual o resultado de $(A^c)^c$?

Observações:

1. Em relação ao conceito de complementar, existem duas propriedades conhecidas como leis de Morgan:

- $\overline{(A \cap B)} = \overline{A} \cup \overline{B}$

O complementar da intersecção de dois conjuntos é igual à união dos complementares desses conjuntos.

- $\overline{(A \cup B)} = \overline{A} \cap \overline{B}$

O complementar da união de dois conjuntos é igual à intersecção dos complementares desses conjuntos.

2. É possível demonstrar que é válida a seguinte propriedade:

- Se $A \subset B$, então $\overline{B} \subset \overline{A}$.

Essa propriedade, na Lógica, é conhecida como **contrapositiva**, sendo importante para deduções. Observe o exemplo:

Premissa I: Uma pessoa é nascida em Pernambuco (P).

Premissa II: Uma pessoa é brasileira (B).

Conclusão: Por silogismo, uma pessoa nascida em Pernambuco é brasileira: $P \subset B$.

Esse exemplo pode ser indicado no diagrama de Venn:

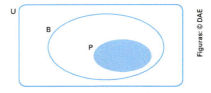

Observe, agora, as negações dessas premissas:

Premissa III (negação da premissa I): Uma pessoa não é nascida em Pernambuco ($\overline{P}$).

Premissa IV (negação da premissa II): Uma pessoa não é brasileira ($\overline{B}$).

Conclusão: Por silogismo, uma pessoa que não é brasileira não é nascida em Pernambuco ($\overline{B} \subset \overline{P}$).

Dizemos que as duas conclusões acima são equivalentes, ou seja, são duas maneiras diferentes de dizer a mesma coisa.

Número de elementos da união de conjuntos

Vamos retomar a união de dois conjuntos, A e B, observando no diagrama também os conjuntos A − B, B − A e A ∩ B:

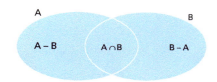

- Note a partir do diagrama que:
  A = (A − B) ∪ (A ∩ B) e A ∪ B = (A − B) ∪ B
- Como (A − B) ∩ (A ∩ B) = ∅, tem-se que:
  $n(A) = n(A − B) + n(A ∩ B)$, isto é:
  $n(A) − n(A ∩ B) = n(A − B)$ (I)
- Como (A − B) ∩ B = ∅, também podemos afirmar que:
  $n(A ∪ B) = n(A − B) + n(B)$ (II)
- Substituindo (I) em (II), vem:
  $n(A ∪ B) = n(A) − n(A ∩ B) + n(B)$ ou
  $n(A ∪ B) = n(A) + n(B) − n(A ∩ B)$

De modo geral, quando A e B são conjuntos finitos, tem-se:

$$n(A ∪ B) = n(A) + n(B) − n(A ∩ B)$$

Observações:

1. Quando dois conjuntos A e B são disjuntos, ou seja, A ∩ B = ∅, temos que n(A ∩ B) = 0 e, dessa forma:

$n(A ∪ B) = n(A) + n(B)$

2. Para a união de três conjuntos, A, B e C, a relação que permite calcular o número de elementos é:

$n(A ∪ B ∪ C) = n(A) + n(B) + n(C) − n(A ∩ B) −$
$− n(A ∩ C) − n(B ∩ C) + n(A ∩ B ∩ C)$

Utilizando as operações com conjuntos, podemos resolver diversos problemas, como apresentado nos exemplos a seguir.

Em uma pesquisa realizada com alunos de uma escola, foram feitas as seguintes perguntas para que respondessem apenas "sim" ou "não":
- Você gosta de praticar esportes?
- Você gosta de assistir a filmes?

Responderam "sim" à primeira pergunta 120 alunos; responderam "sim" à segunda pergunta 85 alunos; responderam "sim" às duas perguntas 36 alunos; responderam "não" às duas perguntas 52 alunos. Vamos determinar o número de alunos que participaram da pesquisa:

- Sendo A o conjunto dos alunos que gostam de praticar esportes, temos que n(A) = 120.
- Sendo B o conjunto dos alunos que gostam de assistir a filmes, temos n(B) = 85.

$n(A ∩ B) = 36$: alunos que gostam de praticar esportes e de assistir a filmes;

$n[A − (A ∩ B)] = 120 − 36 = 84$: alunos que só gostam de praticar esportes;

$n[B − (A ∩ B)] = 85 − 36 = 49$: alunos que só gostam de assistir a filmes.

Dessa forma, podemos determinar o número de alunos que participaram da pesquisa, isto é:

$36 + 84 + 49 + 52 = 221$

Outra maneira seria utilizando a relação que permite calcular n(A ∪ B) e acrescentar os 52 alunos que responderam "não" às duas perguntas:

$n(A ∪ B) + 52 = n(A) + n(B) − n(A ∩ B) + 52$
$n(A ∪ B) + 52 = 120 + 85 − 36 + 52$
$n(A ∪ B) + 52 = 221$

Além disso, também é possível utilizar o diagrama de Venn para resolver a questão. Inicie colocando a quantidade de elementos, conforme a seguir, na região correspondente a A ∩ B:

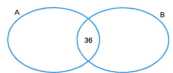

A seguir, coloque a quantidade de elementos correspondentes a A − B e B − A e, do lado de fora dos conjuntos, indique o número de elementos que não pertencem a nenhum deles:

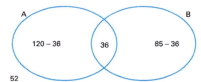

Assim, o número total de participantes da pesquisa é:
$(120 − 36) + 36 + (85 − 36) + 52 =$
$= 84 + 36 + 49 + 52$
$= 221$

Agora, vamos retomar a situação proposta no início do Capítulo 2 sobre uma pesquisa de consumo de três sabores de sucos.

(Retome o enunciado e observe o quadro)

Sucos	Números de pessoas
laranja	48
uva	45
abacaxi	50
laranja e uva	18
uva e abacaxi	25
laranja e abacaxi	15
laranja, uva e abacaxi	10

Precisamos determinar o número total de pessoas pesquisadas. Para isso, vamos considerar os seguintes conjuntos:

A – conjunto das pessoas que escolheram o suco de laranja: $n(A) = 48$.

B – conjunto das pessoas que escolheram o suco de uva: $n(B) = 45$.

C – conjunto das pessoas que escolheram o suco de abacaxi: $n(C) = 50$.

Vamos representar a situação por meio de um diagrama, indicando o número de elementos de cada conjunto, começando pela intersecção dos três conjuntos (pessoas que escolheram os três sucos):

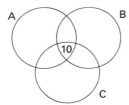

Depois, determinamos os demais valores de intersecção:

$n(A \cap B \cap C) = 10$

$n[(A \cap B) - (A \cap B \cap C)] = 18 - 10 = 8$

$n[(A \cap C) - (A \cap B \cap C)] = 15 - 10 = 5$

$n[(B \cap C) - (A \cap B \cap C)] = 25 - 10 = 15$

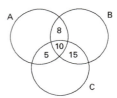

Para completar a figura com o número de elementos que pertencem somente a cada um dos conjuntos A, B e C, fazemos:

- Somente ao conjunto A:
  $48 - (8 + 10 + 5) = 25$.
- Somente ao conjunto B:
  $45 - (8 + 10 + 15) = 12$.
- Somente ao conjunto C:
  $50 - (5 + 10 + 15) = 20$.

Observando essas quantidades no diagrama, podemos agora calcular o número total de pessoas entrevistadas, isto é:

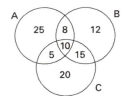

Número de pesquisados = $25 + 8 + 10 + 5 + 12 + 15 + 20 = 95$. Logo, 95 pessoas participaram da pesquisa sobre o consumo dos três sabores de suco.

A partir desse raciocínio, foi possível resolver a situação. Isso também é possível com a utilização da fórmula que dá o número de elementos da união de três conjuntos:

$n(A \cup B \cup C) = n(A) + n(B) + n(C) -$
$- n(A \cap B) - n(A \cap C) - n(B \cap C) + n(A \cap B \cap C)$
$n(A \cup B \cup C) = 48 + 45 + 50 - 18 - 15 - 25 + 10$
$n(A \cup B \cup C) = 95$

Exercícios resolvidos

1. Dados os conjuntos A = {0; 2; 4; 6; 8; 10; 12}, B = {0; 3; 6; 9; 12} e C = {0; 6; 12; 18}, determine:

a) $A \cup C$
b) $B \cap C$
c) $(A - B) \cup C$
d) $(A \cap C) - (A \cup B)$

a) $A \cup C = \{0; 2; 4; 6; 8; 10; 12; 18\}$

b) $B \cap C = \{0; 6; 12\}$

c) $(A - B) \cup C$

$(A - B) = \{2; 4; 8; 10\}$

$(A - B) \cup C = \{0; 2; 4; 6; 8; 10; 12; 18\}$

d) $(A \cap C) - (A \cup B)$

$(A \cap C) = \{0; 6; 12\}$

$(A \cup B) = \{0; 2; 3; 4; 6; 8; 9; 10; 12\}$

$(A \cap C) - (A \cup B) = \{\ \}$

Podemos também representar os conjuntos em um diagrama para determinar as operações solicitadas.

2. (Uerj) Em uma escola circulam dois jornais: *Correio do Grêmio* e *O Estudante*. Em relação à leitura desses jornais, por parte dos 840 alunos da escola, sabe-se que:
- 10% não leem esses jornais;
- 520 leem o jornal *O Estudante*;
- 440 leem o jornal *Correio do Grêmio*.

Calcule o número total de alunos do colégio que leem os dois jornais.

10% de 840 = 84 (nenhum dos jornais)

Distribuindo as informações no diagrama de Venn, temos:

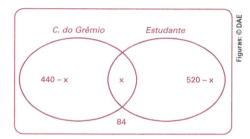

$440 - x + x + 520 - x = 840 - 84 \Rightarrow$
$\Rightarrow -x = -204 \Rightarrow x = 204$

Portanto, o número total de alunos do colégio que leem os dois jornais é 204.

3. Uma academia oferece aos seus sócios três modalidades de treinamento: natação, corrida e musculação. A distribuição dos sócios dessa academia nas modalidades é de acordo com o quadro:

Modalidade	Número de sócios
natação	51
corrida	40
musculação	43
natação e corrida	20
natação e musculação	22
corrida e musculação	16
natação, corrida e musculação	12

Com base no quadro, responda:
a) Quantos sócios fazem duas ou mais modalidades?
b) Quantos sócios não praticam musculação?
c) Quantos sócios fazem apenas corrida?
d) Quantos sócios há nessa academia?

Sendo N o conjunto dos sócios que fazem natação, M o dos sócios que fazem musculação e C o dos sócios que fazem corrida, representando os dados do problema no diagrama de Venn, temos:

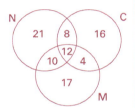

a) $8 + 4 + 10 + 12 = 34$ sócios
b) $21 + 8 + 16 = 45$ sócios
c) 16 sócios
d) $21 + 8 + 16 + 10 + 12 + 4 + 17 = 88$ sócios

Exercícios propostos

1. Considerando os conjuntos A = {2; 3; 4; 5; 6} e B = {9; 7; 5; 3; 1}, determine:
a) A ∪ B
b) A ∩ B
c) B ∪ A
d) B ∩ A
e) A − B
f) B − A
g) (B − A) ∪ (A − B)
h) (B − A) ∩ (A − B)
i) (B − A) ∪ (A ∩ B) ∪ (A − B)

2. Agora, o conjunto B é subconjunto de A, isto é, B ⊂ A. A partir dos conjuntos A = {2; 3; 4; 5; 6} e B = {2; 3; 4}, determine:
a) A ∪ B
b) A ∩ B
c) B ∪ A
d) B ∩ A
e) A − B
f) B − A
g) (B − A) ∪ (A − B)
h) (B − A) ∩ (A − B)
i) (B − A) ∪ (A ∩ B) ∪ (A − B)

3. Em relação às operações entre conjuntos A e B quaisquer, classifique as afirmações a seguir como verdadeiras ou falsas.
a) (A ∪ A) = A
b) (A ∩ A) = A
c) (A ∩ B) = (B ∩ A)
d) (A ∪ B) = (B ∪ A)
e) (A − B) = (B − A)

4. Considere o diagrama representando os conjuntos A, B e C com seus elementos. Escreva os elementos de cada um dos conjuntos indicados a seguir:
a) A ∪ B ∪ C
b) A ∩ B ∩ C
c) A − B
d) A − C
e) A − (B ∪ C)
f) (A ∪ B) ∩ C

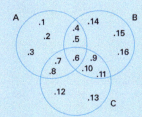

5. Considere os conjuntos A = {4; 8; 10; 12} e B = {8; 10; 12; 13; 14}.
a) Obtenha A − B.
b) Obtenha A − (A ∩ B) e compare com o resultado do item anterior.
c) Obtenha B − A.
d) Obtenha B − (A ∩ B) e compare com o resultado do item anterior.

6. Observe novamente a situação apresentada no capítulo referente (página 40) e identifique os conjuntos C, D, E e F, a partir dos conjuntos A e B dados.

7. Em relação ao problema da pesquisa sobre sucos, responda:
   a) Qual é o número de pessoas que escolheu o sabor laranja? E somente o sabor laranja?
   b) Qual é o número de pessoas que escolheu o sabor uva? E somente o sabor uva?
   c) Qual é o número de pessoas que escolheu o sabor abacaxi? E somente o sabor abacaxi?

8. Considere que o conjunto A tem 10 elementos e o conjunto B tem apenas 5 elementos. Então, responda:
   a) Qual é o número máximo de elementos que tem o conjunto $A \cap B$?
   b) Qual é o número máximo de elementos que tem o conjunto $A \cup B$?
   c) Qual é o número mínimo de elementos que tem o conjunto $A \cup B$?

9. Classifique como verdadeira ou falsa cada afirmação a seguir sobre os conjuntos A e B:
   a) Se A tem 5 elementos e B tem 6 elementos, então necessariamente $A \cap B$ tem 1 elemento.
   b) Se A tem 5 elementos e B tem 6 elementos, então necessariamente $A \cap B$ tem 11 elementos.
   c) Se A tem 5 elementos e B tem 6 elementos, então $A \cup B$ tem no máximo 11 elementos.
   d) Se A tem 5 elementos e B tem 6 elementos, então $A \cap B$ tem no máximo 5 elementos.

10. Os conjuntos A e B são tais que $n(A) = 94$, $n(B) = 60$ e $n(A \cup B) = 120$. Obtenha o número de elementos que pertencem:
   a) simultaneamente a A e a B, isto é, $n(A \cap B)$.
   b) a A e não pertencem a B, isto é, $n(A - B)$.
   c) a B e não pertencem a A, isto é, $n(B - A)$.

11. Os conjuntos A e B são ambos finitos e subconjuntos do universo U. Sabe-se que $n(A) = 15$, $n(B) = 18$, $n(U) = 34$ e $n(A \cup B) = 25$. Então, determine:
Observação: $A' = A^c = \overline{A}$
   a) $n(A \cap B)$
   b) $n(A')$
   c) $n(B')$

12. Considerando os conjuntos numéricos até aqui estudados, indique os conjuntos resultantes das operações, em cada item a seguir:

$\mathbb{N}$ – conjunto dos números naturais
$\mathbb{Z}$ – conjunto dos números inteiros
$\mathbb{Q}$ – conjunto dos números racionais
$\mathbb{I}$ – conjunto dos números irracionais
$\mathbb{R}$ – conjunto dos números reais

   a) $\mathbb{N} \cap \mathbb{Z}$
   b) $\mathbb{R} - \mathbb{I}$
   c) $\mathbb{Q} \cap \mathbb{I}$
   d) $\mathbb{R} - \mathbb{Q}$
   e) $\mathbb{Q} \cap \mathbb{R}$

13. Ainda sobre os conjuntos numéricos, observe o diagrama a seguir, que representa o conjunto dos números naturais e o dos números inteiros como subconjuntos do conjunto universo.

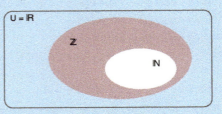

Responda:
   a) Existem números reais que não são inteiros?
   b) Todo número inteiro é também número real?
   c) Todo número natural é também número inteiro?
   d) O que representa o conjunto $\mathbb{Z} - \mathbb{N}$?
   e) Qual é o complementar de $\mathbb{N}$ em relação a $\mathbb{Z}$?

14. No diagrama abaixo, temos representado o conjunto dos números reais e também o conjunto dos números racionais.

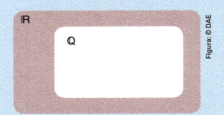

Responda:
   a) Existem números reais que não são racionais?
   b) Todo número racional é também número real?
   c) Todo número real é também número racional?
   d) O que representa o conjunto $\mathbb{R} - \mathbb{Q}$?
   e) Qual o complementar de $\mathbb{Q}$ em relação a $\mathbb{R}$?

15. Numa escola de 1 260 alunos, 700 deles estudam inglês, 420 estudam espanhol e 180 estudam os dois idiomas. Responda:
   a) Quantos alunos estudam apenas inglês, isto é, quantos alunos estudam inglês, mas não estudam espanhol?
   b) Quantos alunos estudam apenas espanhol, isto é, quantos alunos estudam espanhol, mas não estudam inglês?
   c) Quantos alunos estudam inglês ou espanhol?
   d) Quantos alunos dessa escola não estudam nenhum desses dois idiomas?

16. Uma prova com apenas duas questões foi encaminhada a 80 alunos de uma mesma série do Ensino Médio e constatou-se que:
   • 20 alunos acertaram as duas questões;
   • 50 alunos acertaram a primeira questão;
   • 40 alunos acertaram a segunda questão.
Responda:

a) Quantos alunos acertaram apenas a primeira questão?

b) Quantos alunos acertaram apenas a segunda questão?

c) Quantos alunos erraram as duas questões?

17. Em uma pesquisa feita com 200 pessoas de uma cidade sobre três jornais, A, B e C, observou-se o seguinte:

Jornal que leem	Número de pessoas
A	66
B	58
C	44
A e B	26
B e C	13
A e C	28
A, B e C	13

Responda:

a) Quantas das pessoas entrevistadas não leem nenhum desses jornais?

b) Quantas pessoas leem somente o jornal A?

c) Quantas pessoas leem somente o jornal B?

d) Quantas pessoas leem somente o jornal C?

e) Quantas pessoas leem pelo menos um jornal?

f) Quantas pessoas leem somente um jornal?

18. Em uma empresa, foi feita uma pesquisa entre os funcionários para saber qual revista costumam ler, e o resultado foi que, dos funcionários consultados:

• 40% leem a revista *Fique por dentro*;

• 37% leem a revista *Por dentro da notícia*;

• 17% leem as revistas *Fique por dentro* e *Por dentro da notícia*.

Responda:

a) Qual é o percentual de pesquisados que não leem nenhuma das duas revistas?

b) Qual é o percentual de pesquisados que leem apenas a revista *Fique por dentro*?

c) Qual é o percentual de pesquisados que leem apenas a revista *Por dentro da notícia*?

19. Considere os conjuntos A = {−2; −1; 0; 1; 2; 3} e B = {0; 2; 4; 5; 6}. Represente em seu caderno:

a) A ∪ B

b) A − B

c) B − A

20. Escreva todos os subconjuntos de A = {1; 2; 3; 4}.

21. Quantos subconjuntos admite um conjunto que possui 6 elementos?

22. Invente um problema como aquele sobre os sucos. Depois, apresente-o a um colega para que ele resolva e aproveite para resolver o problema elaborado por ele.

Algumas conclusões

Que tal verificar o que estudamos nesta unidade sobre os conjuntos numéricos e a teoria dos conjuntos? Para isso, responda às questões a seguir.

1. Como você define um número racional?

2. Todo número que é inteiro é também racional?

3. Se um número é irracional, como é sua representação decimal?

4. O que é geratriz de uma dízima periódica?

5. Se um número é racional, como pode ser sua representação decimal?

6. Entre um elemento qualquer e um conjunto, quais são as possibilidades de relação? E entre dois conjuntos?

7. Como definir o conjunto dos números reais a partir do conjunto dos números racionais e o conjunto dos números irracionais?

8. Quando um conjunto qualquer é subconjunto de outro conjunto?

9. Como obter a quantidade de subconjuntos de um dado conjunto sem escrevê-los um a um?

10. Em que situação o número de elementos da união de dois conjuntos é igual à soma dos números de elementos desses dois conjuntos?

Troque ideias com os colegas a respeito das respostas para as questões acima. Depois, liste as dificuldades encontradas e os assuntos que vocês gostariam que fossem retomados.

Operações entre conjuntos Capítulo 3 43

Vestibulares e Enem

1. (Uerj – 2015) O segmento $\overline{XY}$, indicado na reta numérica abaixo, está dividido em dez segmentos congruentes pelos pontos A, B, C, D, E, F, G, H e I.

   Admita que X e Y representem, respectivamente, os números $\frac{1}{6}$ e $\frac{3}{2}$.

   O ponto D representa o seguinte número:

   a) $\frac{1}{5}$ c) $\frac{17}{30}$

   b) $\frac{8}{15}$ d) $\frac{7}{10}$

2. (Uema – 2015) Os planetas do sistema solar, do qual nosso planeta Terra faz parte, realizam órbitas em torno do Sol, mantendo determinada distância, conforme mostra a figura a seguir.

   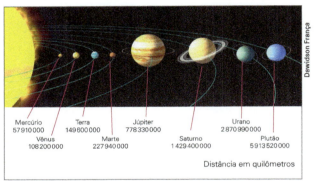

   Fonte: Disponível em: <http://webciencia.com>.

   O valor, em metros, da distância da Terra ao Sol em potência é:

   a) $14,96 \times 10^{-11}$ d) $1,496 \times 10^{11}$

   b) $1,496 \times 10^{10}$ e) $14,96 \times 10^{11}$

   c) $14,96 \times 10^{-10}$

3. (Enem –2013) Para o reflorestamento de uma área, deve-se cercar totalmente, com tela, os lados de um terreno, exceto o lado margeado pelo rio, conforme a figura. Cada rolo de tela que será comprado para confecção da cerca contém 48 metros de comprimento.

   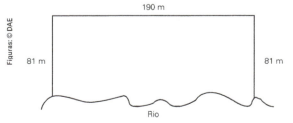

   A quantidade mínima de rolos que deve ser comprada para cercar esse terreno é:

   a) 6.   b) 7.   c) 8.   d) 11.   e) 12.

4. (UFSJ-MG – 2015) Sejam r_1 e r_2 números racionais quaisquer e s_1 e s_2 números irracionais quaisquer, é incorreto afirmar que:

   a) o produto $r_1 \cdot r_2$ será sempre um número racional.

   b) o produto $s_1 \cdot s_2$ será sempre um número irracional.

   c) o produto $s_1 \cdot r_1$ será sempre um número irracional.

   d) para $r_2 \neq 0$, a razão $\frac{r_1}{r_2}$ será sempre um número racional.

5. (UFRGS-RS – 2013) Um adulto humano saudável abriga cerca de 100 bilhões de bactérias, somente em seu trato digestivo. Esse número de bactérias pode ser escrito como:

   a) 10^9.   c) 10^{11}.   e) 10^{13}.

   b) 10^{10}.   d) 10^{12}.

6. (UFRGS-RS – 2015) O gráfico abaixo apresenta a evolução da emissão de dióxido de carbono ao longo dos anos.

   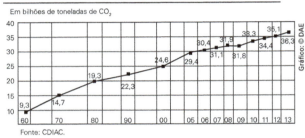

   Fonte: CDIAC.

   Com base nos dados do gráfico, assinale a alternativa correta.

   a) Ao longo do período, a emissão de dióxido de carbono apresentou crescimento constante.

   b) Em relação aos anos 1980, os anos 1990 apresentaram emissão de dióxido de carbono 30% maior.

   c) O ano de 2009 apresentou o menor valor de emissão de dióxido de carbono da primeira década do século XXI.

   d) De 2000 a 2013, houve crescimento percentual de 11,7% na emissão de dióxido de carbono.

   e) Em relação a 2000, o ano de 2013 apresentou emissão de dióxido de carbono aproximadamente 50% maior.

7. (UEG-GO – 2015) Em uma eleição estão concorrendo os candidatos A, B e C. Realizada uma pesquisa de intenção de voto com 1 000 eleitores, obteve-se o seguinte resultado, ilustrado no gráfico de setores a seguir.

   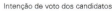

   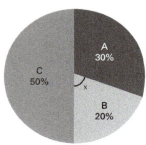

O valor do ângulo x do gráfico de setores é:
a) 18 graus
b) 36 graus
c) 60 graus
d) 72 graus

8. (UEPB – 2014) Um grão de feijão pesa $2,5 \times 10^{-2}$ g. Se um saco contém 5×10^2 g de grãos de feijão, 920 sacos contêm:
a) $1,84 \times 10^7$ grãos de feijão.
b) $1,84 \times 10^6$ grãos de feijão.
c) $1,84 \times 10^8$ grãos de feijão.
d) $1,84 \times 10^5$ grãos de feijão.
e) $1,84 \times 10^4$ grãos de feijão.

9. (Enem – 2013) Em um jogo educativo, o tabuleiro é uma representação da reta numérica e o jogador deve posicionar as fichas contendo números reais corretamente no tabuleiro, cujas linhas pontilhadas equivalem a 1 (uma) unidade de medida. Cada acerto vale 10 pontos.

Na sua vez de jogar, Clara recebe as seguintes fichas:

Para que Clara atinja 40 pontos nessa rodada, a figura que representa seu jogo, após a colocação das fichas no tabuleiro, é:

a)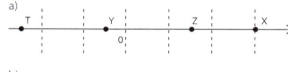

b)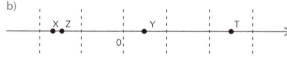

c)

d)

e)

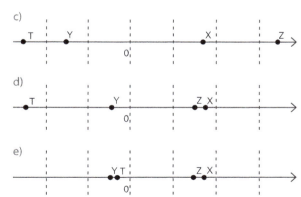

10. (FGV-SP) A raiz quadrada da diferença entre a dízima periódica 0,444... e o decimal de representação finita $0,\overline{444...4}$ (10 vezes) é igual a 1 dividido por:

a) 90 000.
b) 120 000.
c) 150 000.
d) 160 000.
e) 220 000.

11. (Fuvest) O número real x, que satisfaz $3 < x < 4$, tem uma expansão decimal na qual os 999 999 primeiros dígitos à direita da vírgula são iguais a 3. Os 1 000 001 dígitos seguintes são iguais a 2 e os restantes são iguais a zero.

Considere as seguintes afirmações:

I. x é irracional.

II. $x \geq \dfrac{10}{3}$

III. $x \cdot 10^{2\,000\,000}$ é um inteiro par.

Então:

a) nenhuma das três afirmações é verdadeira.
b) apenas as afirmações I e II são verdadeiras.
c) apenas a afirmação I é verdadeira.
d) apenas a afirmação II é verdadeira.
e) apenas a afirmação III é verdadeira.

12. (Unicamp-SP) O Código de Trânsito Brasileiro classifica as infrações, de acordo com a sua natureza, em leves, médias, graves e gravíssimas. A cada tipo corresponde uma pontuação e uma multa em reais, conforme a tabela a seguir.

Infração	Pontuação	Multa*
Leve	3 pontos	R$ 53,00
Média	4 pontos	R$ 86,00
Grave	5 pontos	R$ 128,00
Gravíssima	7 pontos	R$ 192,00

* Valores arredondados

a) Um condutor acumulou 13 pontos em infrações. Determine todas as possibilidades quanto à quantidade e à natureza das infrações cometidas por esse condutor.

Os 13 pontos em multas podem ser: 2 médias e 1 grave; 1 leve e 2 graves; 2 leves e 1 gravíssima; ou 3 leves e 1 média.

b) O gráfico de barras abaixo exibe a distribuição de 1 000 infrações cometidas em certa cidade, conforme a sua natureza. Determine a soma das multas aplicadas.

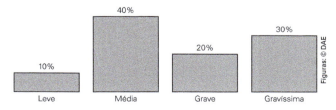

Vestibulares e Enem

13. (PUC-RS) Se A, B e A ∩ B são conjuntos com 90, 50 e 30 elementos, respectivamente, então o número de elementos do conjunto A ∪ B é:

a) 10. c) 85. e) 170.

b) 70. d) 110.

14. (Ufal) O conjunto A tem 20 elementos, A ∩ B tem 12 elementos e A ∪ B tem 60 elementos. O número de elementos do conjunto B é:

a) 28. c) 40. e) 52.

b) 36. d) 48.

15. (Enem) Imagine uma eleição envolvendo 3 candidatos A, B e C e 33 eleitores (votantes). Cada eleitor vota fazendo uma ordenação dos três candidatos. Os resultados são os seguintes:

Ordenação	Número de votantes
ABC	10
ACB	4
BAC	2
BCA	7
CAB	3
CBA	7
Total de votantes	33

A primeira linha do quadro descreve que 10 eleitores escolheram A em 1º lugar, B em 2º lugar, C em 3º lugar, e assim por diante. Considere o sistema de eleição no qual cada candidato ganha 3 pontos quando é escolhido em 1º lugar, 2 pontos quando é escolhido em 2º lugar e 1 ponto se é escolhido em 3º lugar. O candidato que acumular mais pontos é eleito. Nesse caso:

a) A é eleito com 66 pontos.

b) A é eleito com 68 pontos.

c) B é eleito com 68 pontos.

d) B é eleito com 70 pontos.

e) C é eleito com 68 pontos.

16. (Uerj) Em um posto de saúde foram atendidas, em determinado dia, 160 pessoas com a mesma doença, apresentando, pelo menos, os sintomas diarreia, febre ou dor no corpo, isoladamente ou não. A partir dos dados registrados nas fichas de atendimento dessas pessoas, foi elaborada a tabela abaixo.

Sintomas	Frequência
diarreia	62
febre	62
dor no corpo	72
diarreia e febre	14
diarreia e dor no corpo	8
febre e dor no corpo	20
diarreia, febre e dor no corpo	x

Na tabela, x corresponde ao número de pessoas que apresentaram, ao mesmo tempo, os três sintomas. Pode-se concluir que x é igual a:

a) 6. b) 8. c) 10. d) 12.

17. (UnB-DF) De 200 pessoas que foram pesquisadas sobre suas preferências em assistir aos campeonatos de corrida pela televisão, foram colhidos os seguintes dados: 55 dos entrevistados não assistem; 101 assistem às corridas de Fórmula 1 e 27 assistem às corridas de Fórmula 1 e de motovelocidade. Quantas das pessoas entrevistadas assistem, exclusivamente, às corridas de motovelocidade?

18. (FGV-SP) Um levantamento efetuado entre 600 filiados ao INSS mostrou que muitos deles mantinham convênio com duas empresas particulares de assistência médica, A e B, conforme o quadro:

Convênio com A	Convênio com B	Filiados somente ao INSS
430	160	60

O número de filiados simultaneamente às empresas A e B é:

a) 30 c) 40. e) 50.

b) 90. d) 25.

19. (PUC-RJ) Uma população consome 3 marcas de sabão em pó: A, B e C. Feita uma pesquisa de mercado, colheram-se os resultados tabelados abaixo:

Marca	Número de consumidores
A	105
B	200
C	160
A e B	25
B e C	40
A e C	25
A, B e C	5
Nenhuma das três	20

Determine o número de pessoas consultadas.

DESAFIO

(OBMEP) Os 535 alunos e os professores de uma escola fizeram um passeio de ônibus. Os ônibus, com capacidade para 46 passageiros cada, ficaram lotados. Em cada ônibus havia um ou dois professores. Em quantos ônibus havia dois professores?

a) 3 d) 8

b) 5 e) 9

c) 6

EXPLORANDO HABILIDADES E COMPETÊNCIAS

Segundo o Instituto Nacional de Estudos e Pesquisas Educacionais (Inep):

O Exame Nacional do Ensino Médio (Enem) foi criado em 1998 com o objetivo de avaliar o desempenho do estudante ao fim da educação básica, buscando contribuir para a melhoria da qualidade desse nível de escolaridade. A partir de 2009 passou a ser utilizado também como mecanismo de seleção para o ingresso no ensino superior. Foram implementadas mudanças no Exame que contribuem para a democratização das oportunidades de acesso às vagas oferecidas por Instituições Federais de Ensino Superior (Ifes), para a mobilidade acadêmica e para induzir a reestruturação dos currículos do ensino médio. Respeitando a autonomia das universidades, a utilização dos resultados do Enem para acesso ao ensino superior pode ocorrer como fase única de seleção ou combinado com seus processos seletivos próprios.

Disponível em: <http://portal.inep.gov.br/web/enem/sobre-o-enem>. Acesso em: 25 fev. 2016.

Além disso, os resultados do Enem são utilizados como um método de avaliação do ensino, uma vez que o Inep disponibiliza um *ranking* com a nota média dos alunos por escola e por área do conhecimento.

Uma vez que a avaliação é facultativa, esse resultado está vinculado ao índice de participação e comprometimento dos alunos de cada escola, não podendo ser analisado desconsiderando-se esse dado. O *site* do Inep disponibiliza as médias por escola e os percentuais de alunos em cada um dos cinco campos de proficiência a partir dos quais a avaliação é elaborada:

I. Proficiência em Ciências da Natureza e suas tecnologias.
II. Proficiência em Ciências Humanas e suas tecnologias.
III. Proficiência em Linguagens, códigos e suas tecnologias.
IV. Proficiência em Matemática e suas tecnologias.
V. Proficiência em redação.

Entretanto, como forma de parametrizar as notas, os resultados são divulgados apenas para as escolas que cumprem simultaneamente os dois critérios a seguir:

a) Ter pelo menos 10 alunos concluintes do Ensino Médio regular seriado participantes do Enem.
b) Possuir pelo menos 50% de alunos participantes do Enem (de acordo com os dados do Censo Escolar do mesmo ano).

Com base no texto e no conteúdo do capítulo, responda às questões do quadro a seguir.

Questões e investigações

1. Considere uma escola que, no ano atual, apresente o seguinte quadro de matrículas:

Turma	Quantidade de alunos
1º ano do Ensino Médio	365
2º ano do Ensino Médio	323
3º ano do Ensino Médio	287

a) Se apenas 10 alunos do 3º ano participarem do Enem nesse ano, quantos alunos das outras turmas devem participar para que a escola cumpra os critérios necessários para ter seu resultado divulgado no *ranking* do Inep?

b) Se 64% dos alunos se inscreverem para a prova, e, entre esses, houver 311 do 1º ano e 305 do 2º ano, a escola terá cumprido os dois critérios para participar do *ranking*?

2. Segundo dados do MEC, 90% dos concluintes do Ensino Médio no Brasil em 2015 se inscreveram para a prova. Supondo que essa porcentagem seja válida também para os outros anos do Ensino Médio em 2015, assinale a alternativa que apresenta aproximadamente a quantidade de alunos desse ciclo do ensino esperada para a prova nesse ano (considere o censo escolar de 2015 visto no capítulo).

a) 612 milhões
b) 609 milhões
c) 6,09 milhões
d) 61,2 milhões
e) 60 milhões

UNIDADE 2

TÓPICOS DE GEOMETRIA PLANA

Museu Solomon R. Guggenheim, Nova Iorque

No livro *Fazendo Arte com a Matemática*, de Fainguelernt e Nunes, editora Artmed, as autoras dizem: "A matemática e a arte nunca estiveram em campos antagônicos, pois desde sempre caminharam juntas, aliando razão e sensibilidade. Na verdade, podemos observar a influência mútua de uma sobre a outra desde os primeiros registros históricos que temos de ambas".

Retomamos nesta unidade diversos tópicos de Geometria Plana estudados no Ensino Fundamental. É uma preparação para o estudo de Geometria Espacial no Volume 2.

Obra de Wassily Kandinsky, considerada pelo próprio pintor como o ponto alto de suas criações pós-guerra. *Composição número 8*. 1923. Óleo sobre tela. 140 x 201 cm.

CAPÍTULO

FIGURAS GEOMÉTRICAS PLANAS

Há um curioso desafio envolvendo propriedades geométricas:

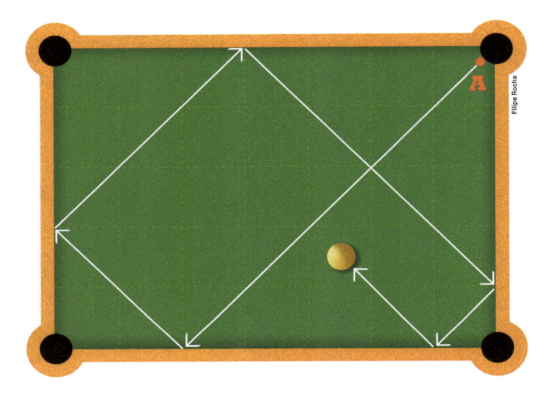

Considere uma mesa de sinuca conforme representada acima. Ela é recoberta por uma malha quadriculada contendo quadradinhos de mesmo tamanho. São 7 quadradinhos por 5. Nos quatro cantos há buracos para que a bola possa cair. A partir do ponto A indicado, um jogador bate numa bola com um taco de tal maneira que, quando ela encosta em uma das laterais da mesa, segue numa direção de 45°, conforme as trajetórias indicadas. O desafio é descobrir se essa bola, supondo que continue sempre nesse movimento, vai ou não cair em um dos buracos.

Pense em uma possível solução para esse desafio!

Ao longo do Ensino Fundamental você já estudou várias noções básicas de Geometria Plana. Neste e nos dois próximos capítulos, retomaremos e aprofundaremos algumas dessas noções em que você terá a oportunidade de, em alguns momentos, se deparar com demonstrações. Essas demonstrações matemáticas podem ser realizadas em diferentes níveis. Não faremos aqui como os matemáticos, mas procuraremos empregá-las para justificar resultados.

Antes de iniciarmos, sugerimos a leitura de um pequeno texto da História da Matemática. Nele, você poderá ter uma ideia não apenas do personagem que teria iniciado as demonstrações em Matemática, como também compreender o contexto histórico em que isso ocorreu.

HISTÓRIA DA MATEMÁTICA

Os últimos séculos do segundo milênio a.C. testemunharam muitas mudanças econômicas e políticas. Algumas civilizações desapareceram, os poderes do Egito e da Babilônia declinaram e outros povos, especialmente os hebreus, os assírios, os fenícios e os gregos, passaram ao primeiro plano. A Idade de Ferro que se anunciava trazia consigo mudanças abrangentes no que se refere à guerra e a todas as atividades que exigiam instrumentos ou ferramentas. Inventou-se o alfabeto e se introduziram as moedas. O comércio foi crescentemente incentivado e se fizeram muitas descobertas geográficas. O mundo estava pronto para um novo tipo de civilização.

O aparecimento dessa nova civilização se deu nas cidades comerciais espalhadas ao longo das costas da Ásia Menor e, mais tarde, na parte continental da Grécia, na Sicília e no litoral da Itália. A visão estática do Oriente antigo sobre as coisas tornou-se insustentável e, numa atmosfera de racionalismo crescente, o homem começou a indagar **como** e **por quê**.

Pela primeira vez na Matemática, como em outros campos, o homem começou a formular questões fundamentais como "**Por que** os ângulos da base de um triângulo isósceles são iguais?" e "**Por que** o diâmetro de um círculo divide esse círculo ao meio?". Os processos empíricos do Oriente antigo, suficientes o bastante para responder questões na forma de **como**, não bastavam para as indagações científicas na forma de **por quê**. Algumas experiências como o método demonstrativo foram se consubstanciando e se impondo, e a

feição dedutiva da Matemática, considerada pelos doutos como sua característica fundamental, passou ao primeiro plano. Assim, a Matemática, no sentido moderno da palavra, nasceu nessa atmosfera de racionalismo e em uma das novas cidades comerciais localizadas na costa oeste da Ásia Menor. Segundo a tradição a geometria demonstrativa começou com Tales de Mileto, um dos "sete sábios" da Antiguidade, durante a primeira metade do sexto século a.C.

Segundo parece, Tales começou sua vida como mercador, tornando-se rico o bastante para dedicar a parte final de sua vida ao estudo e a algumas viagens. Diz-se que ele viveu por algum tempo no Egito, e que despertou admiração ao calcular a altura de uma pirâmide por meio da sombra. De volta a Mileto ganhou reputação, graças a seu gênio versátil, de estadista, conselheiro, engenheiro, homem de negócios, filósofo, matemático e astrônomo. Tales é o primeiro personagem conhecido a quem se associam descobertas matemáticas.

EVES, Howard. *Introdução à História da Matemática.* Tradução de Hygino H. Domingues. Campinas: Editora da Unicamp, 2004. p. 94-95.

Textos como esse são importantes para conhecermos o contexto histórico em que a Matemática foi desenvolvida. Além disso, a importância de Tales não está apenas nos resultados por ele obtidos (por exemplo: ele demonstrou que "os ângulos da base de um triângulo isósceles são iguais"), mas no procedimento para obter tais resultados: mediante raciocínios lógicos e não intuitivamente ou experimentalmente.

A respeito das demonstrações em Matemática, no livro do qual extraímos o texto anterior, há uma nota do autor afirmando que existem historiadores que acreditam que elas teriam o seu marco na descoberta da irracionalidade de $\sqrt{2}$.

QUESTÕES

1. Procure descobrir, por meio de mapas, a localização do aparecimento da "nova civilização" mencionada no texto.

2. No texto, o autor menciona que Tales é considerado um dos "sete sábios" da Antiguidade. Quais seriam os outros?

3. Tales teria descoberto a altura de uma das pirâmides do Egito observando sua sombra e comparando-a com a de um bastão. Você conseguiria, em um dia de sol, determinar a altura de uma construção (prédio, casa etc.) utilizando o método de Tales?

Ângulos

Retomaremos as principais ideias a respeito de ângulos opostos pelo vértice e ângulos formados por retas paralelas com reta transversal. Para isso, utilizaremos outros conceitos, tais como: retas paralelas, retas perpendiculares, medidas de ângulo etc.

Ângulos opostos pelo vértice

Na figura a seguir representamos duas retas que se interceptam em um ponto P. Indicamos também as medidas de dois ângulos pelas letras gregas α e β. Esses dois ângulos são opostos pelo vértice P (ponto de encontro das duas retas). O que se pode dizer sobre as medidas desses dois ângulos?

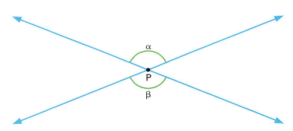

Caso você tenha em mãos um transferidor, poderá verificar experimentalmente que os dois ângulos indicados possuem a mesma medida, embora possam ocorrer imprecisões tanto no desenho quanto no ato de medir.

Dois ângulos opostos pelo vértice têm a mesma medida.

Para que possamos verificar essa afirmação matemática, vamos utilizar uma demonstração, partindo de afirmações verdadeiras e, valendo-se do raciocínio lógico, devemos concluir, ao final, que a afirmação correspondente é verdadeira. Nesse caso, temos de provar que α = β

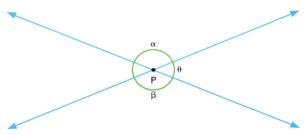

Demonstração:
- Observando os ângulos indicados na figura, temos que α e θ formam um ângulo raso, isto é, a soma de suas medidas é igual a 180°:
$$\alpha + \theta = 180°$$
- Analogamente, também temos que:
$$\beta + \theta = 180°$$
- Dessas duas igualdades, já que os segundos membros são iguais, temos:
$$\alpha + \theta = \beta + \theta$$
$$\alpha + \theta - \theta = \beta + \theta - \theta$$
$$\alpha = \beta$$

Ou seja, demonstramos que dois ângulos que são opostos pelo vértice são sempre congruentes, isto é, têm a mesma medida.

Exemplo:

Considere que na figura abaixo estão representadas duas retas concorrentes num ponto. A partir da medida de ângulo indicada, vamos determinar as medidas desconhecidas.

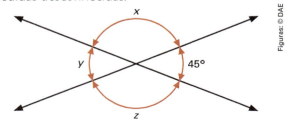

- Como $\hat{y}$ e 45° são ângulos opostos pelo vértice, temos que $y = 45°$. Além disso, $\hat{z}$ e 45° são dois ângulos suplementares, isto é, $z + 45° = 180°$, o que implica que $z = 135°$.

- Também pela figura temos que os ângulos $\hat{z}$ e $\hat{x}$ são opostos pelo vértice. Dessa forma, $x = z = 135°$. Assim, temos que $x = 135°$, $y = 45°$ e $z = 135°$.

Ângulos formados por retas paralelas com reta transversal

Duas retas paralelas r e s, representadas a seguir, estão num mesmo plano. Além disso, essas paralelas estão sendo interceptadas por outra reta t, transversal em relação a r e s.

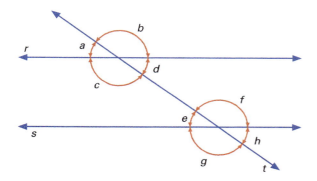

Essa reta transversal t forma oito ângulos, conforme a figura, com as retas r e s. Existem algumas denominações adotadas para esses ângulos quando tomados dois a dois. Essas denominações são consequências das posições relativas deles. Assim, por exemplo:

Ângulos correspondentes: $\hat{a}$ e $\hat{e}$, $\hat{b}$ e $\hat{f}$, $\hat{c}$ e $\hat{g}$, $\hat{d}$ e $\hat{h}$

Ângulos alternos internos: $\hat{c}$ e $\hat{f}$, $\hat{d}$ e $\hat{e}$

Ângulos alternos externos: $\hat{a}$ e $\hat{h}$, $\hat{b}$ e $\hat{g}$

Ângulos colaterais internos: $\hat{c}$ e $\hat{e}$, $\hat{d}$ e $\hat{f}$

Ângulos colaterais externos: $\hat{a}$ e $\hat{g}$, $\hat{b}$ e $\hat{h}$

Observe que os ângulos correspondentes têm a mesma medida. Utilizando os ângulos correspondentes e o conceito de ângulos opostos pelo vértice, podemos também verificar a relação entre os ângulos alternos internos:

- $\hat{c}$ e $\hat{f}$.

Como $\hat{c}$ e $\hat{b}$ são opostos pelo vértice, temos que
$c = b$
Como $\hat{b}$ e $\hat{f}$ são correspondentes, temos
$f = b$
Por esses dois resultados, concluímos que $c = f$.
Analogamente podemos concluir que $d = e$.

Questões e reflexões

1. Qual é a relação entre as medidas dos ângulos alternos externos?
2. E entre ângulos colaterais internos? E entre ângulos colaterais externos?

Outro exemplo:

Um paralelogramo é um quadrilátero em que os ângulos internos opostos são congruentes (medidas iguais). Por conta disso, os ângulos que não são opostos têm medidas somando 180° (ângulos suplementares). Observe.

- Em um paralelogramo ABCD os lados opostos $\overline{AB}$ e $\overline{CD}$ são paralelos (representamos por $\overline{AB} \mathbin{/\mkern-5mu/} \overline{CD}$).

- Consideramos as retas que contêm os lados desse paralelogramo. Então, a reta que contém $\overline{AD}$ é uma transversal em relação às retas que contêm $\overline{AB}$ e $\overline{CD}$.

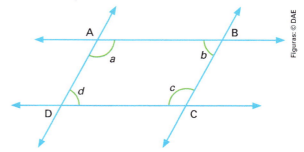

- Conforme a figura, $\hat{a}$ e $\hat{d}$ são ângulos colaterais internos. Dessa forma, são suplementares, isto é:

$$a + d = 180° \quad (I)$$

Figuras geométricas planas   Capítulo 4

- Assim, temos que:

sendo as retas $\overline{AB}$ // $\overline{CD}$ e a transversal $\overline{BC}$, podemos concluir que $b + c = 180°$ (II)

sendo as retas $\overline{AD}$ // $\overline{BC}$ e a transversal $\overline{AB}$, podemos concluir que $a + b = 180°$ (III)

sendo as retas $\overline{AD}$ // $\overline{BC}$ e a transversal $\overline{CD}$, podemos concluir que $c + d = 180°$ (IV)

- Comparando (I) e (III):

$a + d = a + b$

$d = b$

Portanto, os ângulos opostos $\hat{d}$ e $\hat{b}$ são congruentes.

Soma das medidas dos ângulos internos e externos de um triângulo

Você já deve ter constatado, no estudo de Geometria Plana no Ensino Fundamental, que a soma das medidas dos ângulos internos de um triângulo é igual a 180°. Uma maneira de justificar tal propriedade é por meio de desenhos e recortes de um triângulo construído em cartolina, como sugerem as ilustrações a seguir:

Figura 1
Desenhe um triângulo e pinte os ângulos internos com cores diferentes.

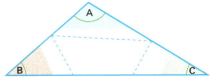

Figura 2
Recorte o triângulo em seu contorno e também nas três linhas tracejadas.

Figura 3
Junte os três cantos (vértices), como indicado.

Em Matemática, esse procedimento utilizado para verificar um resultado é conhecido como processo empírico, mas não é uma demonstração lógico-formal. Em outras palavras, mesmo que façamos esse mesmo procedimento para vários triângulos, isso não é prova da validade de tal propriedade para qualquer triângulo.

Conforme a figura a seguir, sendo A, B e C os vértices de um triângulo e, respectivamente, a, b e c as medidas de seus ângulos internos, temos que demonstrar que $a + b + c = 180°$.

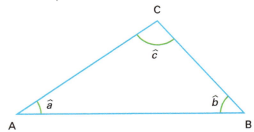

- Consideramos as retas p e q que contêm os lados $\overline{AC}$ e $\overline{BC}$ do triângulo. Além disso, conforme o desenho, vamos considerar uma reta s passando pelo ponto C e paralela à reta r (que contém o lado $\overline{AB}$).

Por um ponto fora de uma reta passa uma única reta paralela a ela (resultado conhecido como axioma: afirmação aceita como verdadeira, sem demonstração).

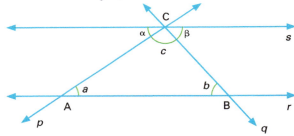

- Sendo r e s paralelas, os ângulos de medidas α e β têm a mesma medida, pois são ângulos alternos internos em relação à transversal p:

$\alpha = a$ (I)

- Analogamente, os ângulos de medidas β e b têm a mesma medida, pois são ângulos alternos internos em relação à transversal q:

$\beta = b$ (II)

- Da figura, tiramos que os ângulos de medidas α, β e c formam um ângulo raso no vértice C. Assim, temos que:

$\alpha + \beta + c = 180°$ (III)

Substituindo (I) e (II) em (III) vem:
$$\alpha + \beta + c = 180°$$
$$a + b + c = 180°$$

Assim, concluímos a demonstração.

A soma das medidas dos ângulos internos de um triângulo é igual a 180°.

Questões e reflexões

1. Se um triângulo é retângulo, o que se pode afirmar a respeito das medidas dos dois ângulos internos não retos?
2. O que são ângulos complementares?

Agora, vamos examinar as medidas dos ângulos externos de um triângulo. Para você saber o que são esses ângulos externos, basta prolongar os lados de um triângulo em um sentido, conforme indica a figura a seguir. Nela, considerando a, b e c as medidas dos ângulos internos do triângulo, temos que α, β e θ representam as medidas dos ângulos externos correspondentes.

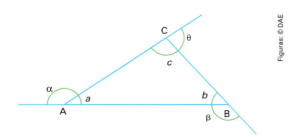

A demonstração dessa propriedade é feita a partir da soma das medidas dos ângulos internos.

- Pela figura, um ângulo externo e seu correspondente ângulo interno formam um ângulo raso. Assim, temos que:

$$a + \alpha = 180° \quad \text{(I)}$$
$$b + \beta = 180° \quad \text{(II)}$$
$$c + \theta = 180° \quad \text{(III)}$$

- Adicionando membro a membro as igualdades (I), (II) e (III) vem:

$$a + \alpha + b + \beta + c + \theta = 180° + 180° + 180°$$
$$a + b + c + \alpha + \beta + \theta = 540°$$

- Como $a + b + c = 180°$, temos que:

$$180° + \alpha + \beta + \theta = 540°$$
$$\alpha + \beta + \theta = 540° - 180°$$
$$\alpha + \beta + \theta = 360°$$

A soma das medidas dos ângulos externos de um triângulo é igual a 360°.

Observação:

Sempre que nos referirmos aos ângulos de um triângulo (ou, de modo geral, de um polígono) ou de suas medidas, estaremos tratando dos ângulos internos. No caso dos ângulos externos, será feita referência específica.

Exercícios resolvidos

1. Considere a figura a seguir, com $r // s$. Determine α e β.

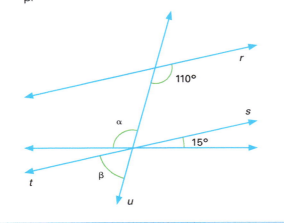

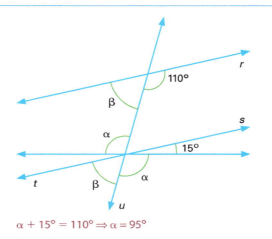

$\alpha + 15° = 110° \Rightarrow \alpha = 95°$
$\beta + 110° = 180° \Rightarrow \beta = 70°$

2. Observe a figura a seguir.

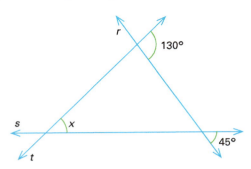

Determine o valor de x.

Resolução

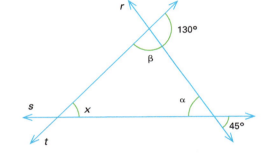

α = 45° (opostos pelo vértice)

β + 130° = 180° ⇒ β = 50°

x + α + β = 180° ⇒ x + 45° + 50° = 180° ⇒ x = 85°.

3. Em um triângulo ABC sabe-se que os ângulos internos aos vértices B e C são congruentes e a soma dos ângulos externos dos vértices A e C vale 250°. Determine as medidas dos ângulos internos desse triângulo.

Resolução

De acordo com os dados, podemos montar a seguinte situação:

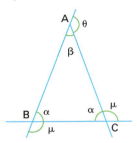

Onde,

$$\begin{cases} 2\alpha + \beta = 180° \\ 2\mu + \theta = 360° \\ \mu + \theta = 250° \\ \mu + \alpha = 180° \end{cases} \Rightarrow \begin{cases} 2\alpha + \beta = 180° \quad (1) \\ \theta = 360° - 2\mu \quad (2) \\ \theta = 250° - \mu \quad (3) \\ \mu + \alpha = 180° \quad (4) \end{cases}$$

Igualando (2) e (3): 360° − 2μ = 250° − μ ⇒
⇒ μ = 110°

Substituindo μ = 110° em (4): α = 70°

Substituindo α = 70° em (1): β = 40°

Portanto, as medidas dos ângulos internos do triângulo são 70°, 70° e 40°.

Exercícios propostos

1. Construa em seu caderno um par de retas paralelas e uma reta transversal, de modo que sejam formados oito ângulos. Em seguida, identifique na figura os pares de ângulos:

a) correspondentes;

b) alternos internos;

c) alternos externos;

d) colaterais internos;

e) colaterais externos.

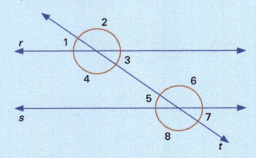

2. O que ocorre com as medidas de dois ângulos da figura anterior quando são:

a) correspondentes?

b) alternos internos?

c) alternos externos?

d) colaterais internos?

e) colaterais externos?

3. Na figura a seguir, as retas r e s são paralelas. A reta transversal t está formando oito ângulos com essas duas retas, sendo que apenas um deles tem a medida indicada em graus. Obtenha as medidas dos demais ângulos.

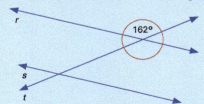

4. Utilizando régua e transferidor (também pode utilizar esquadros), desenhe em seu caderno duas retas paralelas cortadas por uma transversal, de tal forma que um dos ângulos meça 60°. Quais são as medidas dos demais ângulos formados?

5. Um losango é um quadrilátero em que os quatro lados são congruentes (medidas iguais). Considere o losango abaixo e as retas obtidas a partir de seus lados.

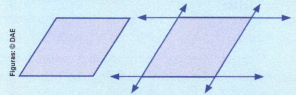

Observando os ângulos formados pelas retas paralelas cortadas pelas retas transversais, responda:

a) Dois ângulos internos opostos têm as mesmas medidas? Justifique.

b) Dois ângulos internos e não opostos têm medidas somando 180°? Justifique.

6. Considere que um dos ângulos internos de um paralelogramo tem medida igual a 35°. Determine as medidas dos demais ângulos internos.

7. Com o auxílio de uma régua e um transferidor (e esquadros, se necessário), construa um paralelogramo no qual um dos ângulos internos meça 40°. Quais as medidas dos demais ângulos internos?

8. No paralelogramo abaixo estão indicadas as medidas de dois ângulos opostos.

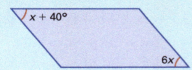

Determine

a) o valor de x.

b) as medidas dos quatro ângulos internos desse paralelogramo.

9. Marcos, ao desenhar um paralelogramo, indicou dois ângulos não opostos com as medidas x e y, conforme sugere a figura. Além disso, ele percebeu que, mantendo os lados opostos paralelos, podia variar as medidas dos ângulos. Então, elaborou as seguintes questões:

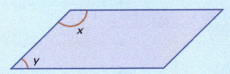

a) O que ocorre com a medida do ângulo x quando a medida do ângulo y aumenta?

b) O que ocorre com a medida do ângulo y quando a medida do ângulo x aumenta?

c) Qual quadrilátero podemos obter quando os ângulos x e y são iguais?

10. Utilizando instrumentos de desenho geométrico (régua, compasso e esquadros), desenhe um paralelogramo de forma que um dos ângulos internos seja agudo. Depois verifique qual é a medida do ângulo interno obtuso.

11. Considerando que dois ângulos internos de um triângulo têm suas medidas iguais a 60° e 45°, determine:

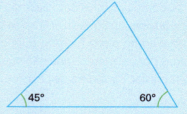

a) a medida do terceiro ângulo interno desse triângulo.

b) as medidas dos três ângulos externos desse triângulo.

12. Em um triângulo, sabe-se que dois de seus ângulos internos são congruentes e o terceiro ângulo tem medida igual a 130°. Então, responda:

a) Qual é a medida de cada um dos ângulos congruentes?

b) Qual é a medida de cada um dos ângulos externos desse triângulo?

13. Utilizando uma régua e um transferidor, desenhe em seu caderno um triângulo, de tal forma que dois de seus ângulos internos meçam 55° e 65°. Após, responda:

a) Qual é a medida do terceiro ângulo interno desse triângulo?

b) Quais são as medidas dos três ângulos externos desse triângulo?

c) O triângulo que você desenhou e o desenhado por um colega têm os lados com as mesmas medidas? E os ângulos internos são iguais? E os externos?

14. Quanto aos ângulos, um triângulo pode ser:

- Acutângulo: os três ângulos internos são agudos (medidas menores que 90°).

- Retângulo: um dos ângulos internos é reto (medida igual a 90°).

- Obtusângulo: um dos ângulos internos é obtuso (medida maior que 90°).

Desenhe, em seu caderno, três triângulos: um acutângulo, outro retângulo, e o terceiro, obtusângulo. Após, responda:

a) Se em um triângulo retângulo existe um ângulo reto, que relação existe entre os outros dois ângulos internos?

b) Pode um triângulo acutângulo ter as medidas dos três ângulos iguais?

Ângulos internos e externos de um polígono convexo

Um triângulo é um polígono convexo com 3 lados, que já conhecemos a soma, tanto dos ângulos internos quanto a dos ângulos externos.

Como podemos obter essas mesmas somas, de um polígono convexo qualquer? Lembre-se de que um polígono é uma figura plana fechada cujo contorno é formado apenas por segmentos que não se cruzam. Assim, para exemplificar, considere os polígonos a seguir.

Exemplos:

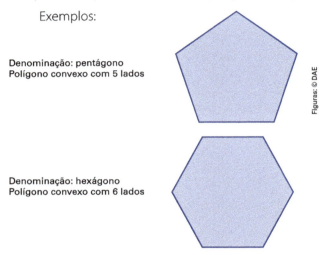

Denominação: pentágono
Polígono convexo com 5 lados

Denominação: hexágono
Polígono convexo com 6 lados

Apenas para recordar, num polígono convexo, a partir de quaisquer dois pontos interiores, podemos construir um segmento inteiramente interno ao polígono. Isso não ocorre em um polígono que não é convexo.

Exemplo:

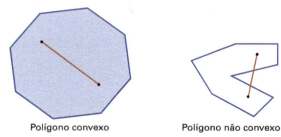

Polígono convexo   Polígono não convexo

Note que os dois polígonos acima são octógonos, porém o da esquerda é convexo e o da direita é não convexo.

Observações:

1. No nosso estudo abordamos apenas os polígonos convexos.
2. Utilizamos polígono para designar a linha poligonal (contorno do polígono) e também a região poligonal (região limitada pela linha poligonal).

Com base no conhecimento de que a soma das medidas dos ângulos internos de um triângulo é igual a 180°, podemos obter uma relação que nos permite obter a soma das medidas dos ângulos internos de um polígono convexo com n lados. Vamos começar com a soma das medidas dos ângulos internos de um quadrilátero.

O quadrilátero convexo a seguir pode ser dividido, a partir de um vértice, em dois triângulos. Representando por $\hat{A}$, $\hat{B}$, $\hat{C}$ e $\hat{D}$ as medidas dos ângulos internos do quadrilátero, temos:

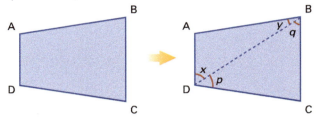

Considerando a figura da direita, temos dois triângulos. Dessa forma:

$$\hat{A} + x + y = 180°$$
$$\hat{C} + p + q = 180°$$

Adicionando essas duas igualdades, membro a membro, e observando que $x + p = \hat{D}$ e $y + q = \hat{B}$, vem:

$$\hat{A} + x + y + \hat{C} + p + q = 180° + 180°$$
$$\hat{A} + (x + y) + \hat{C} + (y + q) = 360°$$
$$\hat{A} + \hat{D} + \hat{C} + \hat{B} = 360°$$

Observe a seguir como podemos estabelecer, a partir do triângulo e do quadrilátero, uma relação entre a soma S_i das medidas dos ângulos internos de um polígono e o número de lados desse polígono com n lados.

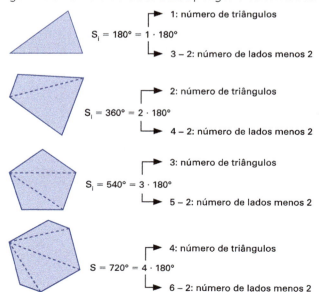

$S_i = 180° = 1 \cdot 180°$
- 1: número de triângulos
- 3 − 2: número de lados menos 2

$S_i = 360° = 2 \cdot 180°$
- 2: número de triângulos
- 4 − 2: número de lados menos 2

$S_i = 540° = 3 \cdot 180°$
- 3: número de triângulos
- 5 − 2: número de lados menos 2

$S = 720° = 4 \cdot 180°$
- 4: número de triângulos
- 6 − 2: número de lados menos 2

Questões e reflexões

1. Para um heptágono, quantos triângulos obtemos a partir de um vértice?
2. E qual é a soma das medidas dos ângulos internos de um heptágono?

O polígono de n lados pode ser dividido em $n - 2$ triângulos a partir de um de seus vértices. De modo geral:

> Se um polígono tem n lados (n vértices), a soma das medidas de seus ângulos internos S_i é tal que:
> $$S_i = (n - 2) \cdot 180°$$

Exemplo:

Vamos obter a soma das medidas dos ângulos internos do polígono convexo regular, representado a seguir.

Lembre-se: num polígono regular, todos os lados e ângulos têm medidas iguais.

Como o polígono representado tem 10 lados, temos que a soma das medidas dos ângulos internos é:

$n = 10$
$S_i = (n - 2) \cdot 180°$
$S_i = (10 - 2) \cdot 180°$
$S_i = 8 \cdot 180° \rightarrow S_i = 1440°$

Em relação ao exemplo anterior, podemos agora obter a medida de cada ângulo interno do polígono regular representado:

- Como todos os ângulos internos do polígono regular têm a mesma medida, basta dividir a soma das medidas de todos os ângulos pelo número de ângulos, isto é, sendo i a medida de cada ângulo interno, temos:

$$i = \frac{S_i}{n}$$
$$i = \frac{1440°}{10} \rightarrow i = 144°$$

A partir da soma das medidas dos ângulos internos de um polígono convexo, podemos verificar que a soma das medidas dos ângulos externos é igual a 360°.

Vamos demonstrar esse resultado considerando que as medidas dos ângulos internos de um polígono com n lados sejam $x_1, x_2, x_3 \ldots$ e x_n, e que os correspondentes ângulos externos tenham como medidas $y_1, y_2, y_3 \ldots$ e y_n.

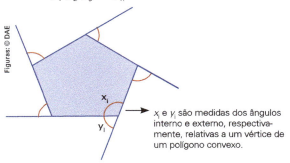

x_i e y_i são medidas dos ângulos interno e externo, respectivamente, relativas a um vértice de um polígono convexo.

Como a soma das medidas de um ângulo interno com o correspondente ângulo externo é igual a 180°, valem as seguintes igualdades:

$$x_1 + y_1 = 180°$$
$$x_2 + y_2 = 180°$$
$$x_3 + y_3 = 180°$$
$$\vdots$$
$$x_n + y_n = 180°$$

Somando essas n igualdades membro a membro, obtemos

$$x_1 + y_1 + x_2 + y_2 + x_3 + y_3 + \ldots + x_n + y_n = n \cdot 180°$$
$$(x_1 + x_2 + x_3 + \ldots + x_n) + (y_1 + y_2 + y_3 + \ldots + y_n) = n \cdot 180°$$

Como a soma dos ângulos internos $x_1 + x_2 + x_3 + \ldots + x_n$ é igual a $(n - 2) \cdot 180°$, temos

$$(n - 2) \cdot 180° + (y_1 + y_2 + y_3 + \ldots + y_n) = n \cdot 180°$$
$$y_1 + y_2 + y_3 + \ldots + y_n = n \cdot 180° - (n - 2) \cdot 180°$$
$$y_1 + y_2 + y_3 + \ldots + y_n = n \cdot 180° - n \cdot 180° + 2 \cdot 180°$$
$$y_1 + y_2 + y_3 + \ldots + y_n = 360°$$

> A soma das medidas dos ângulos externos de um polígono convexo é igual a 360°.

Exemplo:

O desenho a seguir representa a trajetória, sempre ao longo de segmentos retos, de um determinado personagem na tela de um computador. Os ângulos indicam as mudanças de direção. Vamos determinar a soma das medidas desses ângulos.

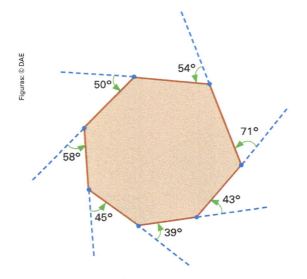

Uma maneira de determinar a soma das medidas dos ângulos é efetuando a adição dos ângulos:

39° + 43° + 71° + 54° + 50° + 58° + 45° = 360°

Outra maneira é observar que a trajetória corresponde a um polígono convexo. Como vimos, em cada polígono convexo a soma das medidas dos ângulos externos é igual a 360°.

Questões e reflexões

- Em qualquer polígono regular de *n* lados, qual é a medida de cada ângulo externo em função de *n*?

Número de diagonais de um polígono convexo

Uma figura geométrica que desperta muita curiosidade é o pentágono convexo. Se você, por exemplo, desenhar um pentágono convexo qualquer numa folha e depois ligar os vértices traçando as diagonais, observará um novo pentágono no centro, conforme figura a seguir.

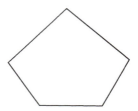 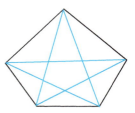

Outra curiosidade relacionada ao pentágono é que é o único polígono convexo em que o número total de diagonais é igual ao número de lados. Essa afirmação pode ser verificada conhecendo-se a relação matemática que estabelece o número de diagonais de um polígono convexo a partir de seu número de lados (ou número de vértices):

> O número de diagonais *d* de um polígono convexo com *n* lados pode ser calculado pela relação:
> $$d = \frac{n \cdot (n-3)}{2}$$

Uma forma de chegarmos a essa relação é considerarmos inicialmente alguns polígonos e neles construirmos suas diagonais. Faremos isso com o quadrilátero, com o pentágono e com o hexágono. Nesses polígonos vamos considerar o número de diagonais a partir de cada vértice.

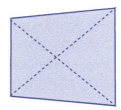

Número de vértices: 4

Número de segmentos a partir de cada vértice: 3 (2 lados + 1 diagonal)

Número de diagonais a partir de cada vértice: 1 = 4 − 3 (4 vértices − 3 vértices)

Número de diagonais do polígono: $2 = \dfrac{4 \cdot (4-3)}{2}$

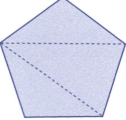

Número de vértices: 5

Número de segmentos a partir de cada vértice: 4 (2 lados + 2 diagonais)

Número de diagonais a partir de cada vértice: 2 = 5 − 3 (5 vértices − 3 vértices)

Número de diagonais do polígono:
$5 = \dfrac{5 \cdot (5-3)}{2}$

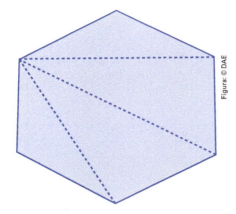

Número de vértices: 6

Número de segmentos a partir de cada vértice: 5 (2 lados + 3 diagonais)

Número de diagonais a partir de cada vértice: 3 = 6 − 3 (6 vértices − 3 vértices)

Número de diagonais do polígono:
$9 = \dfrac{6 \cdot (6-3)}{2}$

Para esses três polígonos, resumimos na tabela as quantidades numéricas relacionadas:

Número de vértices do polígono	Número de diagonais a partir de cada vértice	Número de diagonais do polígono
4	4 − 3	$\dfrac{4 \cdot (4-3)}{2}$
5	5 − 3	$\dfrac{5 \cdot (5-3)}{2}$
6	6 − 3	$\dfrac{6 \cdot (6-3)}{2}$

Dessa forma, podemos concluir que um polígono com n vértices admite d diagonais, sendo:

$$d = \dfrac{n \cdot (n-3)}{2}$$

Questões e reflexões

1. Explique, em relação aos três polígonos anteriores, o motivo de, no cálculo do número de diagonais, dividirmos por 2, conforme indicado na 3ª coluna da tabela.
2. Qual é o número de diagonais de um polígono convexo com 7 vértices? E com 8 vértices?

Exercícios resolvidos

1. Sobre um eneágono (9 lados) regular, responda:
   a) Qual é a soma dos ângulos internos?
   b) Quanto mede cada ângulo interno?
   c) Qual é a soma das medidas dos ângulos externos?
   d) Qual é o número de diagonais?

   a) Substituímos n por 9 na relação que permite o cálculo da soma das medidas dos ângulos internos de um polígono, isto é:
   $S_i = (n-2) \cdot 180° \Rightarrow S_i = (9-2) \cdot 180° = 1\,260°$

   b) Como o polígono é regular, dividimos a soma dos ângulos internos pelo número de ângulos:
   $1\,260 : 9 = 140°$.

   c) A soma dos ângulos externos de qualquer polígono convexo é 360°.

   d) Substituímos n por 9 na relação que permite o cálculo do número de diagonais de um polígono:
   $d = \dfrac{n \cdot (n-3)}{2} \Rightarrow d = \dfrac{9 \cdot (9-3)}{2} = 27$ diagonais

2. Em um polígono regular, cada ângulo interno mede 150°. Quantas diagonais tem esse polígono?

   Inicialmente, determinamos o número de lados desse polígono:
   $\dfrac{S_i}{n} = 150° \Rightarrow \dfrac{(n-2) \cdot 180°}{n} = 150° \Rightarrow$
   $n \cdot 180° - 360° = n \cdot 150° \Rightarrow n = 12$

   Agora, calculamos o número de diagonais
   $d = \dfrac{n \cdot (n-3)}{2} \Rightarrow d = \dfrac{12 \cdot (12-3)}{2} = 54$

   Portanto, são 54 diagonais.

3. Qual é o polígono convexo que possui ao todo 35 diagonais?

Utilizando a fórmula que fornece o número de diagonais em função do número *n* de lados, temos:

$d = \dfrac{n(n-3)}{2}$

$35 = \dfrac{n(n-3)}{2}$

$70 = n^2 - 3n$

$n^2 - 3n - 70 = 0$

$n = -7$ (não)

$n = 10$

Portanto, o polígono é o decágono.

4. Determine o polígono convexo regular considerando que a medida de cada um dos ângulos externos é igual a 162°.

Como o polígono é regular, cada ângulo interno é o quociente da soma das medidas dos ângulos internos pelo número que indica a quantidade de ângulos internos, isto é:

$i = \dfrac{S_i}{n}$

$162° = \dfrac{(n-2) \cdot 180°}{n}$

$162n = 180n - 360$

$18n = 360 \Rightarrow n = 20$

O polígono é um icoságono.

Exercícios propostos

1. Considere um octógono (polígono de 8 lados) convexo regular. Determine:

 a) a soma das medidas de todos os seus ângulos internos.

 b) a soma das medidas de todos os seus ângulos externos.

 c) o número total de diagonais.

2. Abaixo estão representados quatro polígonos regulares.

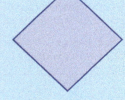
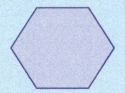
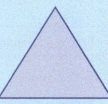
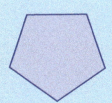

Figuras: © DAE

 a) Em relação ao triângulo, determine a medida de cada ângulo interno e externo.

 b) Obtenha a medida de cada ângulo interno e externo do quadrado.

 c) Determine a medida de cada ângulo interno e externo do pentágono regular.

 d) Obtenha a medida de cada ângulo interno e externo do hexágono regular.

3. Qual é o número total de diagonais de um polígono convexo que tem:

 a) 10 lados?

 b) 9 lados?

 c) 12 lados?

 d) 20 lados?

4. Sobre um polígono regular com 10 lados (um decágono regular), responda:

 a) Qual é a soma das medidas de seus ângulos internos?

 b) Qual é a soma das medidas de seus ângulos externos?

5. Utilizando a relação $d = \dfrac{n \cdot (n-3)}{2}$, obtenha:

 a) o número de lados de um polígono convexo que não tem diagonais.

 b) o polígono em que o número de lados é igual ao número de diagonais.

 c) o polígono em que o número de diagonais é igual ao dobro do número de lados.

6. Um polígono convexo é tal que a soma das medidas dos ângulos internos com os ângulos externos é igual a 3 060°. Então:

 a) determine o número de lados desse polígono;

 b) calcule o número de diagonais desse polígono.

7. (Fuvest-SP) Dois ângulos internos de um polígono convexo medem 130° cada um e os demais ângulos internos medem 128° cada um. O número de lados do polígono é

 a) 6

 b) 7

 c) 13

 d) 16

 e) 17

SEMELHANÇA DE FIGURAS PLANAS

CAPÍTULO 5

Para que possamos falar de semelhança entre polígonos vamos inicialmente recordar o conceito de congruência que foi estudado no Ensino Fundamental. Uma maneira de compreendermos quando duas figuras geométricas planas são congruentes é verificando se é possível posicionar uma sobre a outra de tal modo que coincidam. Se isso ocorrer, elas são denominadas figuras congruentes. Examine, a seguir, a congruência entre dois segmentos, entre dois ângulos e depois entre dois triângulos.

- Segmentos congruentes

Os segmentos $\overline{AB}$ e $\overline{CD}$, representados abaixo, são congruentes, pois, deslocando $\overline{AB}$ sobre $\overline{CD}$, eles coincidem. Indicamos que $\overline{AB} \equiv \overline{CD}$ (lemos: segmento $\overline{AB}$ congruente ao segmento $\overline{CD}$).

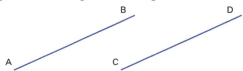

Dois segmentos são congruentes quando têm a mesma medida. No exemplo anterior, $m(\overline{AB}) = m(\overline{CD})$ (medida do segmento $\overline{AB}$ é igual à medida do segmento $\overline{CD}$). Outra maneira de representar que esses dois segmentos são de mesma medida é escrever AB = CD.

- Ângulos congruentes

Os ângulos $\hat{A}$ e $\hat{B}$, representados a seguir, são congruentes. Indicamos essa congruência por $\hat{A} \equiv \hat{B}$.

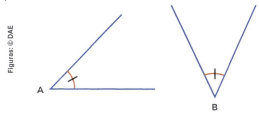

Dois ângulos que são congruentes têm a mesma medida. No exemplo, $m(\hat{A}) = m(\hat{B})$ podemos representar simplesmente por $\hat{A} = \hat{B}$ ou A = B.

- Triângulos congruentes

Dois triângulos estão representados a seguir: o triângulo ABC (representamos por $\triangle$ABC) e o triângulo RST (representamos por $\triangle$RST).

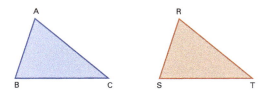

Observe o que acontece se deslocarmos um triângulo para cima do outro, como sugerem as ilustrações a seguir:

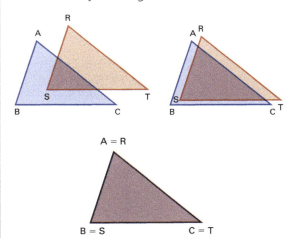

Após esse deslocamento, os dois triângulos ficaram sobrepostos de tal modo que seus vértices coincidiram, portanto, concluímos que os dois triângulos são congruentes. Indicamos essa congruência por $\triangle$ABC $\equiv$ RST.

Sendo os dois triângulos congruentes, os vértices A, B e C do primeiro triângulo são correspondentes aos vértices R, S e T, respectivamente, do segundo triângulo. Além disso, temos:

lados congruentes: $\overline{AB} \equiv \overline{RS}$, $\overline{AC} \equiv \overline{RT}$ e $\overline{BC} \equiv \overline{ST}$

ângulos congruentes:
$\hat{A} \equiv \hat{R}$, $\hat{B} \equiv \hat{S}$ e $\hat{C} \equiv \hat{T}$

Conclusão importante sobre congruência de dois triângulos:

> A congruência dos três lados e dos três ângulos determina a congruência dos dois triângulos. Reciprocamente, a congruência de dois triângulos determina a congruência dos três lados e dos três ângulos.

Para indicarmos a congruência dos lados e dos ângulos nos triângulos, normalmente utilizamos um, dois ou três tracinhos, conforme indicado a seguir.

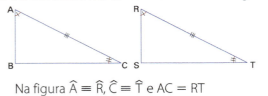

Na figura $\hat{A} \equiv \hat{R}$, $\hat{C} \equiv \hat{T}$ e $AC = RT$

EXPLORANDO

Pelo que vimos até aqui, parece que a congruência de triângulos exige a verificação da congruência dos lados e também da congruência dos ângulos. Entretanto, não é necessária a verificação da congruência dos seis elementos (três lados e três ângulos). Existem quatro casos de congruência entre triângulos que nos permitirão verificar, numa determinada ordem, apenas três dos seis elementos. Essa verificação será suficiente para concluirmos se dois triângulos são, ou não, congruentes.

A compreensão desses quatro casos poderá ser feita por meio de construções geométricas utilizando régua, transferidor e compasso. Junte-se a algum colega e façam as seguintes construções:

1. Construção a partir das medidas dos três lados:

Construa um triângulo ABC considerando que $AB = 10$ cm, $AC = 12$ cm e $BC = 6$ cm.

2. Construção a partir das medidas de dois ângulos e de um lado:

Construa um triângulo PQR considerando que $\hat{P} = 30°$, $\hat{Q} = 80°$ e $PQ = 9$ cm.

3. Construção a partir das medidas de dois lados e do ângulo formado por eles:

Construa um triângulo STU considerando que $\hat{S} = 45°$, $ST = 7$ cm e $SU = 11$ cm.

4. Construção a partir das medidas de um lado, de um ângulo adjacente e do ângulo oposto a esse lado:

Construa um triângulo LMN considerando que $LM = 8$ cm, $\hat{L} = 35°$ e $\hat{N} = 75°$.

Após a construção desses triângulos em duplas, comparem os resultados com outras duplas.

1. Quantos elementos (ângulos ou lados) foram fornecidos em cada uma das quatro construções?
2. Comparando os triângulos obtidos pelas duplas em cada construção, responda: são triângulos congruentes?

Importante

Existem quatro casos de congruência entre triângulos que podem ser confirmados a partir da congruência de três elementos, conforme as quatro construções sugeridas abaixo e destacadas. Observe que em todos os casos os elementos congruentes têm a mesma marca.

1º caso: LLL

Os dois triângulos têm, respectivamente, os três lados congruentes.

2º caso: ALA

Os dois triângulos têm um lado e dois ângulos adjacentes a esse lado, respectivamente, congruentes.

3º caso: LAL

Os dois triângulos têm dois lados congruentes e os ângulos formados por eles também congruentes.

4º caso: LAA$_o$

Os dois triângulos têm um lado, um ângulo adjacente e um ângulo oposto a esse lado, respectivamente, congruentes.

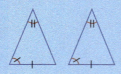

Teorema de Tales

Apresentamos algumas telas de televisores exibindo a mesma imagem. Elas têm o formato retangular e seu tamanho aumenta proporcionalmente, para que as imagens não fiquem "deformadas".

Uma maneira de você saber se dois retângulos representados em papel são proporcionais é sobrepondo-os fazendo coincidir dois dos lados, como sugerem as imagens abaixo. Se as diagonais traçadas a partir do vértice em comum coincidirem, os retângulos são semelhantes, como na figura à esquerda, abaixo. Se isso não ocorrer, como na figura da direita, os retângulos não são semelhantes.

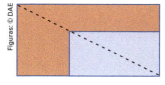

Mas como podemos saber se dois polígonos quaisquer são semelhantes?

Questões e reflexões

1. Considere que a, b, c e d são números quaisquer que satisfazem a igualdade $\frac{a}{b} = \frac{c}{d}$. Essa igualdade representa uma proporção. Como você lê essa proporção?
2. Qual é a condição para que duas grandezas sejam consideradas diretamente proporcionais?

Na História da Matemática, um personagem importante foi Tales de Mileto. Uma de suas contribuições está associada à utilização de um método que permite resolver situações diversas por meio de proporções, conhecido atualmente por teorema de Tales.

> Se duas retas transversais intersectam um feixe de retas paralelas, então a razão entre as medidas de dois segmentos quaisquer de uma transversal é igual à razão entre as medidas dos segmentos correspondentes da outra transversal.

Conforme desenho a seguir, as retas r e r' são transversais e as retas a, b, c e d são as paralelas intersectando as transversais.

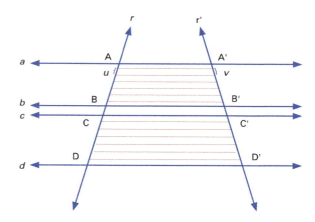

Queremos provar que:

$$\frac{AB}{CD} = \frac{A'B'}{C'D'}$$

Demonstração do teorema:

- Vamos considerar que as linhas tracejadas estejam igualmente espaçadas, isto é, que existe um segmento de comprimento u tal que $AB = m \cdot u$ e $CD = n \cdot u$, sendo m e n números naturais. Assim, as medidas desses segmentos correspondentes a AB e CD são números racionais. Estabelecendo a relação entre essas medidas, temos:

$$\frac{AB}{CD} = \frac{m \cdot u}{n \cdot u} = \frac{m}{n} \quad (I)$$

- As mesmas linhas tracejadas dividem os segmentos A'B' e C'D' em m e n segmentos de mesmo comprimento v tal que $A'B' = m \cdot v$ e $C'D' = n \cdot v$. Estabelecendo a relação entre essas medidas, temos:

$$\frac{A'B'}{C'D'} = \frac{m \cdot v}{n \cdot v} = \frac{m}{n} \quad (II)$$

- Das relações (I) e (II), podemos concluir que:

$$\frac{AB}{CD} = \frac{A'B'}{C'D'}$$

Semelhança de figuras planas Capítulo 5

Observações:

1. O teorema de Tales também pode ser assim enunciado: um feixe de retas paralelas determina, em duas transversais quaisquer, segmentos proporcionais.

2. Fizemos a demonstração considerando que as razões entre as medidas dos segmentos são representadas por números racionais, mas sua validade é para **números reais** (racionais ou irracionais).

3. A demonstração considerou apenas as razões entre as medidas de $\overline{AB}$, $\overline{A'B'}$, $\overline{CD}$ e $\overline{C'D'}$, mas outros segmentos poderiam ser considerados.

Exemplo:

Vamos obter, a partir do teorema de Tales e de propriedades de proporções, o valor de $x + y$ considerando as retas paralelas intersectando as duas transversais, conforme medidas indicadas na figura a seguir.

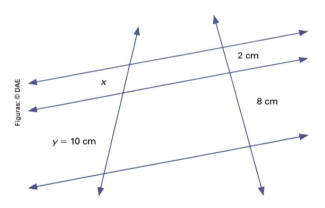

Pelo teorema de Tales temos que:

$$\frac{x}{y} = \frac{2}{8}$$

Como conhecemos o valor de y poderíamos determinar o valor de x e obter então a soma $x + y$. Entretanto, observe uma propriedade de proporções que permite calcular a soma adicionando 1 unidade membro a membro.

$$\frac{x}{y} + 1 = \frac{2}{8} + 1$$

$$\frac{x + y}{y} = \frac{2 + 8}{8}$$

Substituindo y por 10, apenas no denominador da igualdade, temos:

$$\frac{x + y}{10} = \frac{2 + 8}{8}$$

$$x + y = \frac{10 \cdot 10}{8}$$

$$x + y = \frac{25}{2}$$

Semelhança de triângulos

Conforme representado a seguir, vamos considerar os dois triângulos com os ângulos correspondentes congruentes, isto é, $\widehat{A} \equiv \widehat{A'}$, $\widehat{B} \equiv \widehat{B'}$ e $\widehat{C} \equiv \widehat{C'}$.

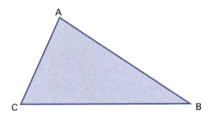

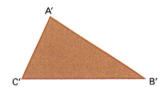

Deslocando um triângulo sobre o outro, fazendo coincidir um vértice e um lado, observe o que acontece com esses dois triângulos:

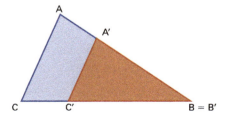

O triângulo menor foi sobreposto ao triângulo maior. Como os ângulos internos são, dois a dois, congruentes, os lados que não coincidem ($\overline{AC}$ e $\overline{A'C'}$) são paralelos. Agora, a partir dessa figura, vamos considerar as retas a, b, c e d que contêm os lados desses triângulos. Além disso, considere a reta e que passa pelo vértice comum aos dois triângulos e é paralela às retas a e b.

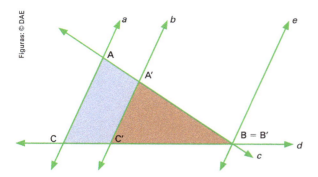

Utilizando o teorema de Tales, podemos escrever a seguinte proporção entre as medidas de alguns segmentos determinados pelas retas transversais c e d nas paralelas a, b e e:

$$\frac{AA'}{A'B'} = \frac{CC'}{C'B'}$$

Nesta igualdade, vamos adicionar 1 aos dois membros:

$$\frac{AA'}{A'B'} + 1 = \frac{CC'}{C'B'} + 1$$

$$\frac{AA' + A'B'}{A'B'} = \frac{CC' + C'B'}{C'B'}$$

Pela figura: AA' + A'B' = AB e CC' + C'B' = CB

$$\frac{AB}{A'B'} = \frac{CB}{C'B'}$$

Analogamente, essa proporção ocorre também com as medidas AC e A'C' dos lados desses triângulos. Assim, podemos concluir que, sendo k uma constante, vale:

$$\frac{AB}{A'B'} = \frac{CB}{C'B'} = \frac{AC}{A'C'} = k$$

Essa proporção entre as medidas dos lados de dois triângulos está relacionada ao conceito de semelhança entre dois triângulos (a razão entre as medidas de lados correspondentes é sempre igual a uma constante k):

> Dois triângulos são semelhantes se, e somente se, possuem os três ângulos ordenadamente congruentes e as medidas dos lados correspondentes (homólogos) proporcionais.

Observações:

1. Para representar que os triângulos anteriores são semelhantes, escrevemos: $\triangle ABC \sim \triangle A'B'C'$.

2. A constante k representa a razão de proporcionalidade ou razão de semelhança entre os triângulos.

Casos de semelhança

Pelo que vimos anteriormente, se os ângulos correspondentes têm medidas iguais, então as medidas dos lados correspondentes são proporcionais. Assim, não é necessário verificar a congruência entre os ângulos e também a proporção entre as medidas dos lados para concluir que os triângulos são semelhantes. Analogamente ao que ocorreu com a congruência entre triângulos, há casos que permitem estabelecer a semelhança entre dois triângulos mesmo quando conhecidos apenas alguns de seus elementos.

- 1º caso:

Dois triângulos são semelhantes se dois ângulos de um são congruentes a dois ângulos do outro.

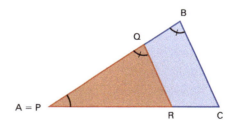

Em símbolos:

$$\widehat{A} \equiv \widehat{P} \text{ e } \widehat{B} \equiv \widehat{Q} \Rightarrow \triangle ABC \sim \triangle PQR$$

Observe que, como a soma das medidas dos ângulos internos é igual a 180°, se for verificada a congruência entre dois dos ângulos dos dois triângulos, é desnecessária a verificação da congruência do terceiro ângulo.

- 2º caso:

Dois triângulos são semelhantes se as medidas dos lados de um são proporcionais às medidas dos lados do outro.

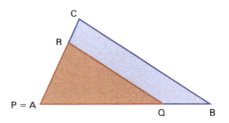

Semelhança de figuras planas Capítulo 5

Em símbolos:

$$\frac{AB}{PQ} = \frac{AC}{PR} = \frac{BC}{QR} \Rightarrow \triangle ABC \sim \triangle PQR$$

- 3º caso:

Dois triângulos são semelhantes se possuem dois lados correspondentes com medidas proporcionais e o ângulo compreendido entre eles congruente.

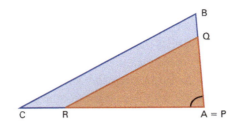

Em símbolos:

$$\frac{AB}{PQ} = \frac{AC}{PR} \text{ e } \widehat{A} \equiv \widehat{P} \Rightarrow \triangle ABC \sim \triangle PQR$$

Procure discutir com seus colegas de turma os três casos de semelhança apresentados. Uma forma para orientar essa discussão é a construção de triângulos em cartolina a partir dos elementos que são fornecidos em cada caso.

Exemplo:

Considere o quadrado ABCD inscrito no triângulo PQR, conforme mostra a figura. Vamos determinar a medida do lado desse quadrado em função das medidas da altura e da base do triângulo.

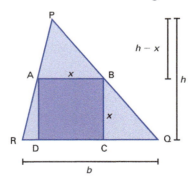

Como os triângulos PAB e PRQ têm ângulos congruentes dois a dois ($\widehat{P} \equiv \widehat{P}$, $\widehat{A} \equiv \widehat{R}$ e $\widehat{B} \equiv \widehat{Q}$), conforme 1º caso, concluímos que esses triângulos são semelhantes. Dessa forma, vale a proporção:

$$\frac{x}{b} = \frac{h-x}{h}$$

- Devemos expressar x em termos de b e h, isto é, na proporção anterior devemos isolar x:

$$xh = b(h-x)$$
$$xh = bh - bx$$
$$xh + bx = bh$$
$$x(h+b) = bh \Rightarrow x = \frac{bh}{b+h}$$

Semelhança de polígonos

Após observarmos a semelhança entre triângulos, precisamos também estabelecer as condições para a semelhança entre polígonos. O conceito de semelhança entre polígonos convexos pode ser assim enunciado:

> Dois polígonos são semelhantes quando têm os lados correspondentes proporcionais e todos os ângulos correspondentes congruentes.

No início deste capítulo, tratamos de telas retangulares de aparelhos de televisão. Pelo conceito de semelhança de polígonos (um retângulo é um polígono com quatro lados), dois retângulos são semelhantes se os lados correspondentes são proporcionais e todos os ângulos correspondentes são congruentes (nesse caso os ângulos são todos retos).

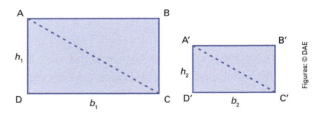

Ora, se esses dois retângulos são semelhantes, os triângulos ADC e A'D'C' também são semelhantes, considerando o 3º caso de semelhança de triângulos. Agora vamos destacar esses triângulos e deslocá-los para sobrepor dois de seus lados.

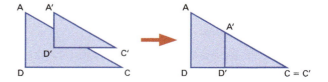

Note que $\overline{AC}$ e $\overline{A'C'}$ são as diagonais dos retângulos anteriores e estão alinhadas, conforme foi apontado anteriormente, para retângulos semelhantes. Portanto, para verificar se dois retângulos são semelhantes, basta observar o alinhamento de suas diagonais, quando sobrepomos as figuras como ilustrado acima.

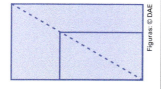

De modo geral, para examinar se dois polígonos são semelhantes é necessário verificar não apenas a proporcionalidade entre as medidas dos lados correspondentes, mas também a congruência entre os correspondentes ângulos. Assim, por exemplo, utilizando uma régua, você poderá constatar que as medidas dos correspondentes lados dos dois polígonos abaixo são proporcionais. Além disso, usando um transferidor, poderá verificar que os ângulos correspondentes são congruentes. Logo, os dois polígonos são semelhantes.

Também é possível constatar que dois polígonos são semelhantes por meio de deslocamentos, sobrepondo dois lados e um vértice de um dos polígonos aos correspondentes elementos do outro, conforme sugerimos na figura a seguir.

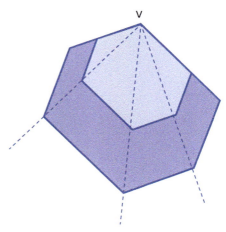

Assim como ocorreu com o retângulo, se traçarmos linhas representando diagonais a partir do vértice comum, observaremos que estão alinhadas. Observando atentamente essa figura, notamos que as linhas tracejadas estão dividindo os polígonos em triângulos, com o ponto V sendo um dos vértices. Você poderá constatar que esses triângulos, dois a dois, são semelhantes.

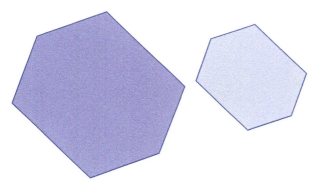

Exercícios resolvidos

1. Na figura a seguir as retas r, s e t são paralelas. Determine o valor de x (valores em centímetros).

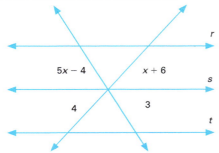

Resolução
$\dfrac{5x-4}{3} = \dfrac{x+6}{4} \Rightarrow 20x - 16 = 3x + 18 \Rightarrow x = 2$
Portanto, $x = 2$ cm.

2. Na figura a seguir, AB = 6 cm, BC = 7 cm, DE = 3 cm, EC = x, $\widehat{BAC} = \alpha$ e $\widehat{CDE} = \alpha$.

Determine o valor de x.

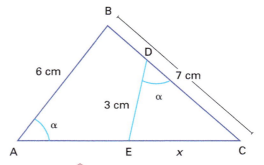

O ângulo $\widehat{C}$ é comum aos triângulos ABC e DEC, e como os dois triângulos têm um ângulo de medida α, temos que $\triangle ABC \sim \triangle DEC$. Logo,
$\dfrac{6}{3} = \dfrac{7}{x} \Rightarrow x = 3,5$ cm.
Portanto, $x = 3,5$ cm.

Exercícios propostos

1. Em cada figura a seguir, determine as medidas representadas por x. (Considere as retas r, s e t paralelas e as medidas em centímetros.)

   a)

   b)

   c)

   d)

   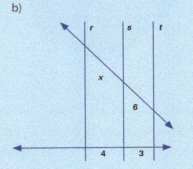

2. As retas r, s e t são paralelas duas a duas, como indica a figura a seguir. Sabendo que $x + y = 5$, obtenha as medidas x e y indicadas.

   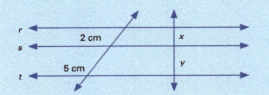

3. Uma estrada que liga duas cidades vizinhas está representada em um mapa por um segmento de comprimento igual a 2,5 cm. Considerando que esse mapa foi desenhado na escala 1 : 8 000 000, determine a distância real entre essas duas cidades, em quilômetros.

4. Na figura a seguir, A, B e C são três terrenos, na forma de trapézios, em que as divisas laterais estão indicadas por linhas paralelas. As medidas das frentes desses terrenos estão indicadas em metros. Considerando que $x + y + z = 111$ (em metros), quais as medidas x, y e z?

   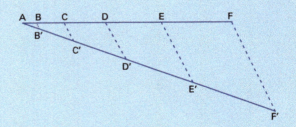

5. A figura a seguir mostra um segmento AF dividido em cinco partes: $AB = 1$ cm, $BC = 2$ cm, $CD = 3$ cm, $DE = 4$ cm e $EF = 5$ cm. Sendo $AB' = 1{,}5$ cm, obtenha as medidas de $\overline{B'C'}$, $\overline{C'D'}$, $\overline{D'E'}$ e $\overline{E'F'}$.

   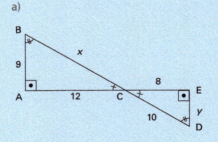

6. Nos exercícios a seguir, identifique os triângulos semelhantes e determine os valores de x e y (medidas em centímetros)

   a)

   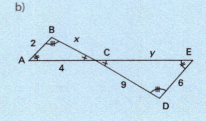

   b)

c)

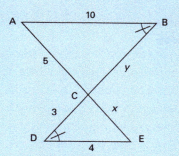

7. Considere um trapézio ABCD de bases 24 cm e 8 cm e altura 12 cm. Calcule a distância da intersecção das diagonais desse trapézio até a base menor.

8. Uma pessoa, de 1,80 m de altura, está a 3 metros de distância de um poste de luz de 4 m de altura. Qual a medida, em metros, aproximada da sombra dessa pessoa nesse instante?

9. Não sabemos exatamente como Tales de Mileto teria calculado a altura de uma das pirâmides. Entretanto, tudo aponta para o uso da semelhança de triângulos, como sugere a figura a seguir:

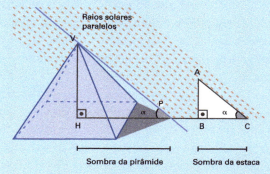

Escreva, conforme indicado na figura, a proporção entre as medidas que fornecem a altura da pirâmide.

10. Na figura a seguir, $\overline{MN}$ tem extremidades nos pontos médios de $\overline{AB}$ e $\overline{AC}$. Além disso, esse segmento é paralelo a $\overline{BC}$. Mostre que os triângulos ABC e AMN são semelhantes.

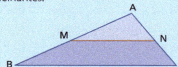

Após, responda: Qual é a razão de proporcionalidade entre os triângulos ABC e AMN, nessa ordem?

11. Aproveitando a figura anterior e sendo P o ponto médio de $\overline{BC}$, verifique se o triângulo PMN é semelhante ao triângulo ABC. Justifique sua resposta.

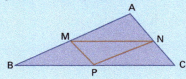

12. Construa um triângulo ABC como na figura anterior. Com o auxílio de uma régua, obtenha os pontos médios M, N e P e una-os com linhas tracejadas. Recorte, então, o triângulo em seu contorno e depois ao longo das linhas tracejadas. Sobreponha os quatro triângulos formados, fazendo coincidirem os vértices. A que conclusão você chega?

13. Dois pentágonos regulares estão representados abaixo. A medida do lado do pentágono maior é 8 cm, e a medida do lado do menor é 4 cm.

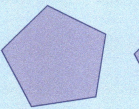

a) Quais são as medidas dos ângulos internos do pentágono maior? E as do pentágono menor?

b) Os ângulos correspondentes dos dois polígonos são congruentes?

c) As medidas dos lados correspondentes são proporcionais?

d) Os dois polígonos regulares são semelhantes?

e) Quaisquer dois polígonos regulares com mesmo número de lados são sempre semelhantes?

14. O segmento $\overline{PQ}$ foi traçado paralelamente ao segmento $\overline{EF}$, conforme figura a seguir:

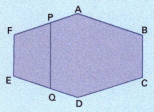

a) Os polígonos ABCDEF e ABCDQP têm os ângulos correspondentes congruentes? Justifique.

b) Esses dois polígonos são semelhantes? Justifique.

15. Um engenheiro desenhou a planta de um terreno retangular na escala 1 : 200. Na planta, as medidas dos lados desse terreno eram 8 cm e 18 cm. Determine as medidas reais desse terreno.

16. A praça do centro de uma cidade tem a forma de um quadrado. A medida de cada lado do quadrado é igual a 32 metros. Desenhe, em seu caderno, na escala 1 : 200, um quadrado para representar a praça. Após, responda: qual é a medida do lado do quadrado desenhado?

Semelhança de figuras planas Capítulo 5 71

TEXTOS DA MATEMÁTICA

Tanto entre os sumérios como entre os egípcios, os campos primitivos tinham forma retangular. Também os edifícios possuíam plantas regulares, o que obrigava os arquitetos a construírem muitos ângulos retos (de 90°). Embora de bagagem intelectual reduzida, aqueles homens já resolviam o problema como um desenhista de hoje. Por meio de duas estacas cravadas na terra assinalavam um segmento de reta. Em seguida, prendiam e esticavam cordas que funcionavam à maneira de compassos: dois arcos de circunferência se cortam e determinam dois pontos que, unidos secionam perpendicularmente a outra reta, formando os ângulos retos.

O problema mais comum para um construtor é traçar, por um ponto dado, a perpendicular a uma reta. O processo anterior não resolve este problema, em que o vértice do ângulo reto já está determinado de antemão. Os antigos geômetras o solucionavam por meio de três cordas, colocadas de modo a formar os lados de um triângulo retângulo. Essas cordas tinham comprimentos equivalentes a 3, 4 e 5 unidades respectivamente. O teorema de Pitágoras explica o porquê: em todo triângulo retângulo, a soma dos quadrados dos catetos é igual ao quadrado da hipotenusa (lado oposto ao ângulo reto). E, $3^2 + 4^2 = 5^2$, isto é, $9 + 16 = 25$.

Qualquer trio de números inteiros ou não que respeitem tal relação definem triângulos retângulos, que já na Antiguidade foram padronizados na forma de *esquadros*.

Acredita-se que os sacerdotes encarregados de arrecadar os impostos sobre a terra provavelmente começaram a calcular a extensão dos campos por meio de um simples golpe de vista. Certo dia, ao observar trabalhadores pavimentando com mosaicos quadrados uma superfície retangular, algum sacerdote deve ter notado que, para conhecer o total de mosaicos, bastava contar os de uma fileira e repetir esse número tantas vezes quantas fileiras houvesse. Assim nasceu a fórmula da área do retângulo: multiplicar a base pela altura.

Já para descobrir a área do triângulo, os antigos fiscais seguiram um raciocínio extremamente geométrico. Para acompanhá-lo, basta tomar um quadrado ou um retângulo e dividi-lo em quadradinhos iguais. Suponhamos que o quadrado tenha 9 "casas" e o retângulo 12. Esses números exprimem então a área dessas figuras. Cortando o quadrado em duas partes iguais, segundo a linha diagonal, aparecem dois triângulos iguais, cuja área, naturalmente, é a metade da área do quadrado.

Quando deparavam com uma superfície irregular da terra (nem quadrada, nem triangular), os primeiros cartógrafos e agrimensores apelavam para o artifício conhecido como *triangulação*: começando num ângulo qualquer, traçavam linhas a todos os demais ângulos visíveis do campo, e assim este ficava completamente dividido em porções triangulares, cujas áreas somadas davam a área total. Esse método – em uso até hoje – produzia pequenos erros, quando o terreno não era plano ou possuía bordos curvos.

De fato, muitos terrenos seguem o contorno de um morro ou o curso de um rio. E construções há que requerem uma parede curva. Assim, um novo problema se apresenta: como determinar o comprimento de uma circunferência e a área de um círculo. Por circunferência entende-se a linha da periferia do círculo, sendo este uma superfície. Já os antigos geômetras observavam que, para demarcar círculos, grandes ou pequenos, era necessário usar uma corda, longa ou curta, e girá-la em torno de um ponto fixo, que era a estaca cravada no solo como centro da figura. O comprimento dessa corda – conhecido hoje como *raio* – tinha algo a ver com o comprimento da circunferência. Retirando a corda da estaca e colocando-a sobre a circunferência para ver quantas vezes cabia nela, puderam comprovar que cabia um pouco mais de seis vezes e um quarto. Qualquer que fosse o tamanho da corda, o resultado era o mesmo. Assim, tiraram algumas conclusões:

a) o comprimento de uma circunferência é sempre cerca de 6,28 vezes maior que o de seu raio;

b) para conhecer o comprimento de uma circunferência, basta averiguar o comprimento do raio e multiplicá-lo por 6,28.

E a área do círculo? A história da Geometria explica-a de modo simples e interessante. Cerca de 2000 anos a.C., um escriba egípcio chamado Ahmes matutava diante do desenho de um círculo no qual havia traçado o respectivo raio. Seu propósito era encontrar a área da figura.

Conta a história que Ahmes solucionou o problema facilmente. Antes, pensou em determinar a área de um quadrado e calcular quantas vezes essa área caberia na área do círculo. Que quadrado escolher? Um qualquer? Parecia razoável tomar o que tivesse como lado o próprio raio da figura. Assim fez, e comprovou que o quadrado estava contido no círculo mais de 3 vezes e menos de 4, ou, aproximadamente, três vezes e um sétimo (atualmente, dizemos 3,14 vezes). Concluiu então que, para saber a área de um círculo, basta calcular a área de um quadrado construído sobre o raio e multiplicar a respectiva área por 3,14.

O número 3,14 é básico na Geometria e na Matemática. Os gregos tornaram-no um pouco menos inexato: (3,1416...). Hoje, o símbolo π ("pi") representa esse número irracional, já determinado com uma aproximação de várias dezenas de casas decimais. Seu nome só tem uns duzentos anos e foi tirado da primeira sílaba da palavra *peripheria*, significando circunferência.

Por volta de 500 a.C., as primeiras universidades eram fundadas na Grécia. Tales e seu discípulo Pitágoras coligiram todo o conhecimento do Egito, da Etrúria, da Babilônia, e

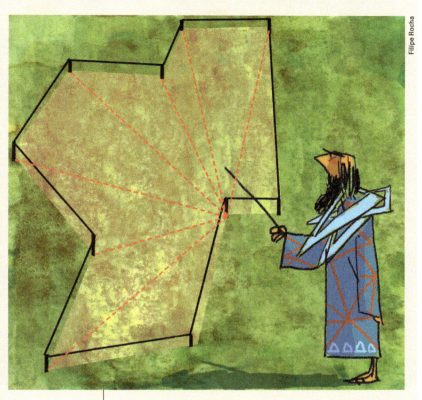

mesmo da Índia, para desenvolvê-los e aplicá-los à matemática, à navegação e à religião. A curiosidade crescia e os livros sobre Geometria eram muito procurados. Um compasso logo substituiu a corda e a estaca para traçar círculos, e o novo instrumento foi incorporado ao arsenal dos geômetras. O conhecimento do Universo aumentava com rapidez, e a escola pitagórica chegou a afirmar que a Terra era esférica, e não plana. Surgiam novas construções geométricas, e suas áreas e perímetros eram agora fáceis de calcular [...].

Fonte: *Dicionário Enciclopédico Conhecer* – Abril Cultural.

QUESTÕES

1. De acordo com o texto, como os sumérios e os egípcios construíam ângulos retos?

2. Como o escriba egípcio Ahmes solucionou o problema da área do círculo?

CAPÍTULO 6
ÁREAS DE FIGURAS PLANAS

Riacho no interior da Mata Atlântica, em Ibateguara, Alagoas. Foto de 2015.

Você conhece a Fundação SOS Mata Atlântica?

Recentemente essa Fundação e o Instituto Nacional de Pesquisas Espaciais (INPE) lançaram o *Atlas dos Municípios da Mata Atlântica*. Nesse Atlas aparecem a situação dos 3 429 municípios abrangidos pela Lei da Mata Atlântica:

"Os dados mais recentes mostram que Piauí, Santa Catarina e Minas Gerais concentram os municípios com maior conservação do bioma. Já o *ranking* do desmatamento é encabeçado por cidades do Piauí e da Bahia. Com 4 287 hectares (ha), a cidade de Eliseu Martins (PI) lidera o *ranking* negativo, no período de 2013 a 2014".

Disponível em: <www.pmma.etc.br>. Acesso em: 23 maio 2016.

Sobre o bioma Mata Atlântica, temos também aos seguintes dados:

"Este bioma ocupa uma área de 1 110 182 km², corresponde a 13,04% do território nacional e é constituída principalmente por mata ao longo da costa litorânea que vai do Rio Grande do Norte ao Rio Grande do Sul. A Mata Atlântica passa pelos territórios dos estados do Espírito Santo, Rio de Janeiro e Santa Catarina, e parte do território do estado de Alagoas, Bahia, Goiás, Mato Grosso do Sul, Minas Gerais, Paraíba, Paraná, Pernambuco, Rio Grande do Norte, Rio Grande do Sul, São Paulo e Sergipe".

Disponível em: <http://www.ibflorestas.org.br/bioma-mata-atlantica.html>. Acesso em: 23 maio 2016.

Questões e reflexões

1. O que é um bioma?
2. Quais as unidades de medida de área que aparecem no texto?

Neste capítulo, vamos retomar procedimentos estudados nas séries finais do Ensino Fundamental sobre o cálculo de áreas de algumas figuras planas.

Por meio do texto seguinte, vamos examinar aspectos da História da Matemática sobre o cálculo de medida de superfície.

> As construções de templos e túmulos colossais devem ter levado o grupo dirigente à elaboração de um sistema de taxação de toda a terra do Egito. Heródoto, conhecido como pai da História, narra que as frequentes inundações do rio Nilo faziam com que as demarcações das terras às suas margens fossem apagadas. Sendo assim, disputas de propriedades e também questões relacionadas às cobranças de impostos por essas terras eram muito comuns. É nesse contexto que tem origem uma classe profissional: os agrimensores. Esses profissionais, além de resolver tais questões, também procuravam desenvolver técnicas de irrigação.
>
> Com o desenvolvimento da agronomia egípcia, o conhecimento sobre a medição da superfície foi ampliado. O quadrado foi escolhido como unidade de medida de área. Não podemos afirmar com certeza os motivos dessa escolha, mas indícios apontam, entre outros, para o uso de ladrilhos de mosaicos ou para os padrões quadriculados que existiam revestindo velhas cerâmicas babilônicas. Comenta-se também que uma das primeiras descobertas sobre "área" teria se dado quando da pavimentação de assoalhos com ladrilhos quadrados.
>
> Tanto os egípcios quanto os babilônios sabiam calcular a área de um triângulo a partir das medidas de seus lados. Também calculavam a área de um círculo conhecendo a medida do raio. Aqui é interessante observar que, para o cálculo da área do círculo, eles dividiam a superfície correspondente em pequenas seções, cada uma tendo a forma aproximada de triângulos.
>
> HOGBEN, Lancelot. *Maravilhas da Matemática*. São Paulo: Globo, 1958. p. 66 e 67.

No final do texto, menciona-se que o cálculo da área do círculo seria por meio de triângulos. Apenas para que você possa refletir a respeito, vamos considerar que um círculo tenha sido dividido em 12 setores conforme a figura a seguir. Como você explicaria o cálculo da área do círculo, em termos de seus elementos (comprimento da circunferência e medida do raio)?

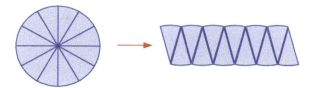

Voltaremos a essa questão ao final do capítulo.

Áreas: quadrado e retângulo

De modo geral, área é a medida da extensão de uma superfície. Essa medida é expressa em uma unidade padrão preestabelecida.

Digamos que você deva determinar a área da região plana amarela representada na figura abaixo e que, para tanto, convencionemos como unidade de medida o retângulo indicado pela letra U.

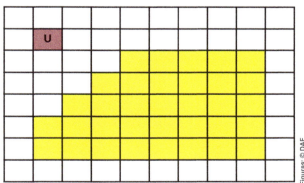

Comparando a região amarela com a região indicada por U (utilizada como unidade de área), chegamos ao número 34: a região amarela contém 34 vezes a unidade de área U. Assim, podemos dizer que a área da região amarela é 34 U.

Na prática, é estabelecida uma região quadrada como unidade de medida de área. Nessa região, o quadrado tem seu lado medindo 1 unidade:

Áreas de figuras planas Capítulo 6 75

Qualquer região quadrada cujo lado tenha medida unitária tem área igual a 1.

Do Ensino Fundamental sabemos que um quadrado de lado medindo ℓ tem sua área igual a ℓ^2. Acompanhe a justificativa a seguir e, caso necessário, discuta tais resultados com seus colegas.

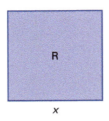

- Considere, como na figura acima, uma região quadrada R, cujo lado tenha medida x, sendo x um número natural. Essa região pode ser decomposta em x^2 regiões quadradas, cada uma delas com lado de medida unitária. Assim, como cada quadrado de medida unitária tem área 1, a área da região quadrada é:

Área de R $= x^2 \cdot 1$

Área de R $= x^2$

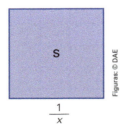

- Considere agora uma região quadrada S, cujo lado tenha medida $\frac{1}{x}$, sendo novamente x um número natural diferente de zero. Agora, a região de área 1 pode ser decomposta em x^2 regiões quadradas, cada uma delas com lado de medida $\frac{1}{x}$. Assim, podemos escrever:

$x^2 \cdot$ (área de S) $=$ área unitária

$x^2 \cdot$ (área de S) $= 1$

Área de S $= \dfrac{1}{x^2}$

Área de S $= \left(\dfrac{1}{x}\right)^2$

Considere agora uma região quadrada T, cujo lado tenha medida $\frac{p}{q}$, sendo p e q dois números naturais (com q diferente de zero). Podemos decompor a região T em p^2 regiões quadradas de lado medindo $\frac{1}{q}$.

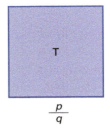

Assim, temos:

Área de T $= p^2 \cdot \left(\text{área do quadrado de lado } \dfrac{1}{q}\right)$

Área de T $= p^2 \cdot \dfrac{1}{q^2}$

Área de T $= \dfrac{p^2}{q^2}$

Área de T $= \left(\dfrac{p}{q}\right)^2$

Assim, pelo que foi visto até aqui, para um quadrado de lado ℓ, sendo ℓ um número racional, a área será igual a ℓ^2. Também é possível chegar à mesma conclusão se o lado de um quadrado tiver medida representada por um número irracional. Como a união do conjunto dos números racionais com o conjunto dos números irracionais resulta no conjunto dos números reais, concluímos que:

A área de um quadrado de lado ℓ, sendo ℓ um número real positivo qualquer, é ℓ^2.

Observações:

1. Com base na área de um quadrado, vamos obter as áreas de figuras geométricas com outras formas: retângulo, paralelogramo, triângulo, trapézio, losango e polígonos regulares.

2. Utilizaremos os termos "área de um retângulo", por exemplo, para designar área da região limitada por um retângulo. Faremos o mesmo para outros polígonos quaisquer.

Área do retângulo

Qual é a área do retângulo de lados medindo 6 cm por 8 cm?

Para calcular a área desse retângulo, vamos utilizar o quadrado de lado medindo 1 cm (área igual a 1 cm²) como unidade de medida de área.

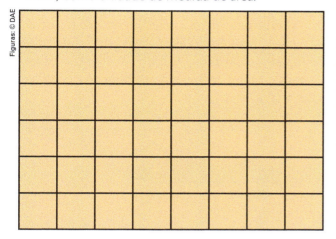

Como o retângulo foi dividido em quadradinhos de 1 cm de lado cada um, a área do retângulo pode ser determinada contando o número de quadradinhos de área 1 cm², isto é, 48 quadradinhos:

Área do retângulo = 48 · 1cm²

Área do retângulo = 48 cm²

Também podemos chegar a esse resultado multiplicando as medidas do comprimento e da largura do retângulo:

Área do retângulo = (8 cm) · (6 cm)

Área do retângulo = 48 cm²

De modo geral, dizemos:

> **A área S de um retângulo, cujas medidas da base e da altura são representadas pelos números reais positivos b e h, numa mesma unidade, é calculada pelo produto de suas medidas, isto é:**
> $$S = b \cdot h$$

Essa conclusão de que a área S de um retângulo pode ser calculada pelo produto das medidas da base e da altura, numa mesma unidade, pode ser justificada a partir da área do quadrado.

Considere na figura a seguir um quadrado de lados medindo $b + h$. Note que esse quadrado é composto de dois quadrados de tamanhos diferentes e dois retângulos cujos lados medem b e h.

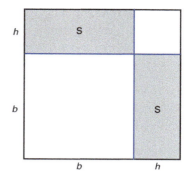

- Sendo S_Q a área do quadrado de lado $b + h$, temos:

$$S_Q = (b + h)^2$$
$$S_Q = b^2 + 2 \cdot bh + h^2 \quad \text{(I)}$$

- Observando que o quadrado maior é formado por dois retângulos e dois quadrados, temos que:

$$S_Q = b^2 + h^2 + 2 \cdot S \quad \text{(II)}$$

- Como as áreas obtidas em (I) e (II) são iguais, temos que:

$$b^2 + h^2 + 2 \cdot S = b^2 + 2 \cdot bh + h^2$$
$$2 \cdot S = 2 \cdot bh$$
$$S = bh$$

Áreas: paralelogramo triângulo, losango e trapézio

Como podemos determinar a área de um paralelogramo, de um losango e de um triângulo?

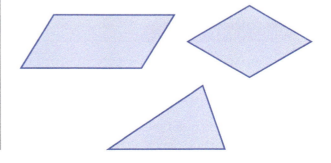

Áreas de figuras planas Capítulo 6 77

Área do paralelogramo

Podemos obter a área de um paralelogramo a partir da área de um retângulo. Não faremos aqui uma demonstração formal desse resultado, porém sugerimos um procedimento empírico que permitirá constatá-lo.

Como um paralelogramo tem os lados opostos paralelos, podemos obter um retângulo a partir dele como sugerem as figuras a seguir:

- Construa um paralelogramo numa cartolina como abaixo e represente a linha tracejada perpendicularmente à base:

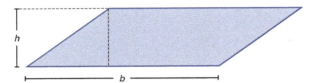

- Recortando o paralelogramo na linha tracejada obtemos um triângulo retângulo. Deslocando esse triângulo à direita do paralelogramo temos a figura sugerida a seguir:

- O retângulo foi obtido a partir do paralelogramo sem sobreposições ou cortes, portanto podemos afirmar que sua área é:

$$S = b \cdot h$$

> A área de um paralelogramo de medidas de base b e altura h é igual à área de um retângulo de base b e altura h, isto é:
> $$S = b \cdot h$$

Questões e reflexões

1. Como você define um paralelogramo?
2. Um retângulo é também um paralelogramo?

Lembre-se de que tanto a base quanto a altura do paralelogramo devem estar na mesma unidade de medida de comprimento para obtermos a área. Caso não estejam, transforme-as para uma mesma unidade. Essa observação serve para as demais figuras planas a seguir.

Área do triângulo

Como procedemos anteriormente com o paralelogramo, também podemos fazer com o triângulo. Entretanto, para obter a área de um triângulo, sugerimos a construção de um paralelogramo a partir de dois triângulos iguais, isto é:

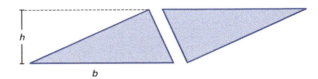

- Juntando esses dois triângulos podemos formar o seguinte paralelogramo:

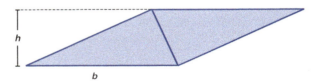

- Como a área do paralelogramo é o produto das medidas da base e da altura, os dois triângulos juntos têm a mesma área do paralelogramo. Assim, a área do triângulo é a metade da área do paralelogramo.

> A área de um triângulo de medida da base b e altura h é a metade da área do paralelogramo cujas medidas da base e da altura sejam as mesmas do triângulo, isto é:
> $$S = \frac{b \cdot h}{2}$$

Observação:

Demonstra-se que a área S de um triângulo pode ser calculada conhecendo-se as medidas de seus três lados a, b e c. É a conhecida fórmula de Heron, isto é:

$$S = \sqrt{p \cdot (p-a) \cdot (p-b) \cdot (p-c)}$$

Sendo p o semiperímetro do triângulo, ou seja,

$$p = \frac{a + b + c}{2}$$

Exemplo:

Vamos utilizar a fórmula de Heron para obter uma expressão que forneça a área de um triângulo equilátero em função apenas de seu lado L.

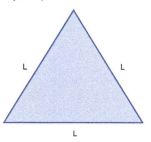

- Cálculo do semiperímetro

$$p = \frac{L + L + L}{2} \rightarrow p = \frac{3L}{2}$$

- Cálculo da área

$$S = \sqrt{p \cdot (p - a) \cdot (p - b) \cdot (p - c)}$$

$$S = \sqrt{\frac{3L}{2} \cdot \left(\frac{3L}{2} - L\right) \cdot \left(\frac{3L}{2} - L\right) \cdot \left(\frac{3L}{2} - L\right)}$$

$$S = \sqrt{\frac{3L}{2} \cdot \left(\frac{L}{2}\right) \cdot \left(\frac{L}{2}\right) \cdot \left(\frac{L}{2}\right)}$$

$$S = \sqrt{\frac{3L^4}{16}} \rightarrow S = \frac{L^2\sqrt{3}}{4}$$

Área do losango

Podemos obter a área de um losango a partir da área de um retângulo. Considere o losango construído tendo como vértices os pontos médios do retângulo:

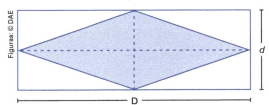

As medidas das diagonais são D e d (que representam também as medidas da base e da altura do retângulo construído). As duas linhas tracejadas estão dividindo o retângulo em quatro outros retângulos menores, que por sua vez são formados por dois triângulos congruentes. Como o losango é formado por um em cada dois desses triângulos, temos que a área é a metade da área do retângulo.

A área de um losango, cujas medidas das diagonais são D e d, é a metade da área do retângulo cujas medidas da base e da altura sejam as mesmas das diagonais do losango:

$$S = \frac{D \cdot d}{2}$$

Questões e reflexões

1. Como você define um losango?
2. Um losango é também um paralelogramo?

Área do trapézio

O trapézio é um quadrilátero que possui apenas um par de lados paralelos que são as bases. Podemos obter a fórmula que dá a área de um trapézio de bases medindo B e b conhecendo a fórmula para o cálculo da área de um triângulo, como sugere a figura a seguir:

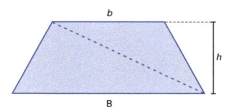

- Note que o trapézio foi dividido pela linha tracejada em dois triângulos de mesma altura h. Assim, a área do trapézio é igual à soma das áreas dos dois triângulos. Dessa forma, temos:

$$S = \frac{b \cdot h}{2} + \frac{B \cdot h}{2}$$

$$S = \frac{b \cdot h + B \cdot h}{2}$$

$$S = \left(\frac{b + B}{2}\right) \cdot h$$

A área de um trapézio, cujas medidas das bases são b e B, é o produto da metade da soma das medidas das duas bases pela medida da altura, isto é:

$$S = \left(\frac{b + B}{2}\right) \cdot h$$

Áreas de polígonos regulares e área do círculo

Agora que já sabemos como calcular a área de um triângulo, podemos também obter a área de um polígono regular. Em cada polígono regular é possível obter triângulos em que um lado coincida com o lado do polígono, e o vértice oposto a esse lado é o centro do polígono, como pode ser observado nos três exemplos a seguir:

Área do quadrado:

$$S_Q = 4 \cdot \left(\frac{\ell \cdot h}{2}\right)$$

Área do pentágono:

$$S_P = 5 \cdot \left(\frac{\ell \cdot h}{2}\right)$$

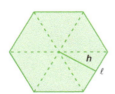

Área do hexágono:

$$S_H = 6 \cdot \left(\frac{\ell \cdot h}{2}\right)$$

Observe que cada um desses polígonos foi dividido em triângulos isósceles. O número de triângulos é igual ao número de lados do correspondente polígono. Assim, podemos dizer que, se o polígono regular tiver n lados, a região limitada por ele poderá ser dividida em n triângulos isósceles. Observe esses resultados na tabela a seguir.

Número de lados de Polígono	Número de triângulos isósceles	Área do polígono
4	4	$4 \cdot \dfrac{\ell h}{2} = \left(\dfrac{4\ell}{2}\right)h$
5	5	$5 \cdot \dfrac{\ell h}{2} = \left(\dfrac{5\ell}{2}\right)h$
6	6	$6 \cdot \dfrac{\ell h}{2} = \left(\dfrac{6\ell}{2}\right)h$
⋮	⋮	⋮
n	n	$n \cdot \dfrac{\ell h}{2} = \left(\dfrac{n\ell}{2}\right)h$

A altura de cada um desses triângulos isósceles representa a distância do centro do polígono até o lado do polígono. Essa altura recebe a denominação de apótema. Se representarmos a medida do apótema pela letra a, temos:

> A área S de um polígono convexo regular de n lados é:
>
> $$S = n \cdot \frac{\ell \cdot a}{2} = \left(\frac{n \cdot \ell}{2}\right) \cdot a$$

Observações:

1. O número de lados do polígono regular multiplicado pela medida do lado representa a medida do contorno desse polígono, isto é, a medida do perímetro.
2. A área de um polígono regular pode ser calculada como a metade de seu perímetro multiplicada pela medida do apótema. Como a metade do perímetro é denominada semiperímetro (representamos por p), temos que a área de um polígono regular é a medida de seu semiperímetro multiplicada pela medida de seu apótema:

$$S = p \cdot a$$

Observe agora o que ocorre quando construímos polígonos regulares, como nas três figuras a seguir, em que o número de lados é cada vez maior.

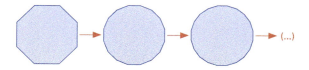

Mantendo nesses polígonos a medida do apótema (distância do ponto médio de cada lado ao centro do polígono), podemos considerar que esses polígonos (as linhas poligonais) assim construídos se aproximam, quanto maior o número de lados, cada vez mais de uma circunferência.

A região limitada por uma circunferência é denominada círculo. Queremos obter a expressão matemática da área do círculo:

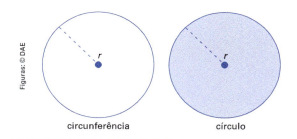

circunferência   círculo

Retomando o comentário feito no início do capítulo, após o texto da História da Matemática, vamos considerar que o círculo está dividido em uma quantidade grande de setores circulares (cada uma das partes do círculo limitada por dois raios e um arco) de mesma área. Se esse número de setores circulares for par, podemos obter, de forma aproximada, uma figura que lembre um paralelogramo, isto é:

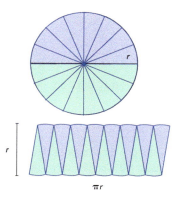

Observando que o comprimento de uma circunferência de raio medindo r é dado por $2\pi r$, a medida da base do "paralelogramo" construído tenderá à metade do comprimento da circunferência, enquanto a altura do "paralelogramo" se aproximará do raio r da circunferência. Sendo assim, a área S do círculo é:

$$S = b \cdot h$$
$$S = (\pi r) \cdot r \rightarrow S = \pi r^2$$

Exercícios resolvidos

1. A diagonal de um quadrado mede 5 cm. Calcule a área desse quadrado.

Sendo x a medida do lado do quadrado, temos:

$x^2 + x^2 = 5^2$

$2x^2 = 25 \Rightarrow x = \dfrac{5}{\sqrt{2}} = \dfrac{5\sqrt{2}}{2}$

Assim,

$S = x \cdot x = \dfrac{5\sqrt{2}}{2} \cdot \dfrac{5\sqrt{2}}{2} = \dfrac{25}{2}$

Portanto, a área é igual a $\dfrac{25}{2}$ cm².

2. No losango ABCD a seguir, sabe-se que a razão entre suas diagonais é $\dfrac{4}{3}$ e que sua área é 24 cm². Determine a área do trapézio AMNC, onde M e N são pontos médios dos lados $\overline{AB}$ e $\overline{BC}$, respectivamente.

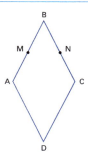

Sendo d e D as diagonais, em centímetros, do losango,

$\begin{cases} \dfrac{D}{d} = \dfrac{4}{3} \\ \dfrac{D \cdot d}{2} = 24 \end{cases} \Rightarrow \begin{cases} D = \dfrac{4d}{3} \text{ (I)} \\ D \cdot d = 48 \text{ (II)} \end{cases}$, substituindo (I) em (II),

$\dfrac{4d}{3} \cdot d = 48 \Rightarrow d = 6$

Substituindo $d = 6$ em (I), encontramos $D = 8$.

Como M e N são pontos médios dos lados $\overline{AB}$ e $\overline{BC}$, respectivamente, os triângulos ABC e MBN são semelhantes na razão 2 para 1, nessa ordem.

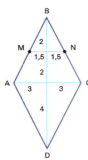

Assim, a área do trapézio AMNC é igual a:
$$S = \frac{(6+3) \cdot 2}{2} = 9$$
Logo, a área do trapézio é 9 cm².

3. Um círculo de raio 6 cm está inscrito em um hexágono regular de lado $4\sqrt{3}$ cm, ou seja, o raio do círculo é igual ao apótema do hexágono. Calcule a área da região externa ao círculo e interna ao hexágono.

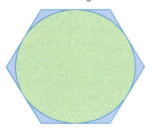

A área da região é a diferença entre a área do polígono e a área do correspondente círculo:

$$S = \left(\frac{n \cdot \ell}{2}\right) \cdot a - \pi \cdot r^2$$

$$S = \left(\frac{6 \cdot 4\sqrt{3}}{2}\right) \cdot 6 - \pi \cdot 6^2$$

$$S = 72\sqrt{3} - 36\pi = 36\left(2\sqrt{3} - \pi\right)$$

Portanto, a área procurada é $36(2\sqrt{3} - \pi)$ cm².

4. Calcule a área da região sombreada dentro do quadrado.

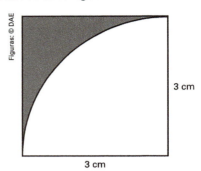

A área da região sombreada é igual a área do quadrado de lado 3 cm menos um quarto da área de um círculo de raio 3 cm. Então,

$$S = 3 \cdot 3 - \frac{1}{4} \cdot \pi \cdot 3^2$$

$$S = 9 - \frac{9\pi}{4}$$

$$S = \frac{36 - 9\pi}{4}$$

Logo, a área procurada é $\frac{36 - 9\pi}{4}$ cm².

Exercícios propostos

1. Um terreno tem a forma de um trapézio cujas bases medem 15 m e 28 m. A altura desse trapézio (distância entre as duas bases) é igual a 12 m. Nesse terreno foi construída uma casa retangular de 13 m por 9 m. Responda:

   a) Qual é a área do terreno?

   b) Depois de construída a casa, no terreno restante foi plantada grama. Qual é a área total ocupada pela grama?

2. Considere um retângulo cujas medidas dos lados são representadas pelas letras x e y, conforme a figura a seguir:

   a) O que acontece com a área S desse retângulo quando duplicamos a altura e mantemos a medida da base?

   b) Triplicando a medida da base do retângulo, o que devemos fazer para manter a medida da área?

   c) O que deve ser feito para quadruplicar a área desse retângulo, mantendo a medida da altura?

3. Qual é a razão entre as áreas de um retângulo e de um triângulo, nessa ordem, que têm em comum as mesmas medidas de base e altura?

4. Na figura abaixo, a medida da altura do retângulo é a mesma medida da diagonal do quadrado; além disso, a base do retângulo é o dobro de sua altura. Sendo x a medida do lado do quadrado, obtenha a expressão que representa a área do retângulo em função de x.

5. No triângulo equilátero a seguir, h representa a altura traçada a partir de um de seus lados. Sendo assim, ela forma um ângulo reto com o lado considerado como base.

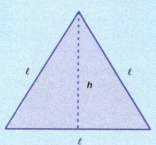

Sendo h a altura do triângulo e S sua área, expresse h em função da área S.

6. Qual das duas regiões abaixo tem maior área: a limitada pelo triângulo ou a limitada pelo losango? Considere que:

- a medida da altura do triângulo é igual à medida da diagonal maior do losango;
- a medida da base do triângulo é igual à medida da diagonal menor do losango.

7. Em seu caderno, desenhe um retângulo cuja base meça 5,5 cm e a altura 3,5 cm. Duplicando essas medidas, obtemos um novo retângulo. Responda:

a) Qual é a área do retângulo inicialmente desenhado? E do novo retângulo?

b) Qual é a razão entre as medidas das bases do retângulo menor e do retângulo maior, nessa ordem? E das alturas, na mesma ordem?

c) Qual é a razão entre as medidas das áreas do retângulo menor e do retângulo maior, nessa ordem?

8. Os dois retângulos a seguir são semelhantes.

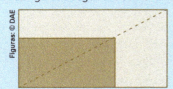

Se a razão de proporcionalidade entre as medidas dos lados correspondentes, do retângulo maior para o retângulo menor, é igual a k, responda:

a) Os perímetros desses dois retângulos têm, na mesma ordem, a mesma razão de proporcionalidade k?

b) Entre as áreas, qual é a razão de proporcionalidade?

9. Em uma atividade do capítulo anterior, vimos que o triângulo PMN, sendo P o ponto médio de $\overline{BC}$, é semelhante ao triângulo ABC. A razão de proporcionalidade entre os lados desses triângulos é:

$$\frac{AB}{NP} = \frac{AC}{MP} = \frac{BC}{MN} = 2$$

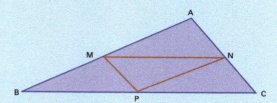

Qual é a razão de proporcionalidade entre as áreas desses dois triângulos na ordem considerada, isto é, área do triângulo maior para área do triângulo menor?

10. Em seu caderno, desenhe um quadrado cuja medida do lado seja 4 cm. A seguir, obtenha:

a) a medida do apótema.

b) a medida do perímetro.

c) a medida da área.

12. Na figura, estão representadas duas circunferências concêntricas, isto é, circunferências de mesmo centro. A região colorida entre essas duas circunferências é denominada **coroa circular**. Obtenha uma expressão que forneça a área dessa coroa circular em função das medidas dos raios dessas duas circunferências (R é o raio da maior e r, o da menor).

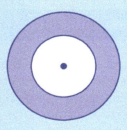

13. O comprimento de uma circunferência de raio r é determinado por $2\pi r$. Qual é a expressão que fornece, dessa mesma circunferência, o comprimento do arco correspondente a:

a) uma semicircunferência?

b) um quarto da circunferência?

14. Nos meios de comunicação é comum a utilização de **gráficos de setores** para apresentar informações resultantes de pesquisas. O gráfico de setores abaixo apresenta o resultado de uma pesquisa sobre a qualidade do transporte coletivo em uma cidade.

Áreas de figuras planas   Capítulo 6   83

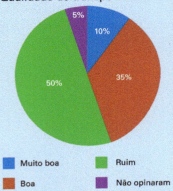

Qualidade do transporte coletivo

- Muito boa
- Boa
- Ruim
- Não opinaram

Elabore uma tabela contendo o percentual e a área de cada setor circular indicados no gráfico. Utilize uma calculadora e considere que o raio do círculo é 3 cm e, além disso, $\pi \cong 3{,}14$.

15. Lúcia, ao calcular a medida do perímetro do círculo (comprimento da circunferência), observou que, numericamente, o valor obtido era igual à área do círculo. Qual é a medida do raio do círculo?

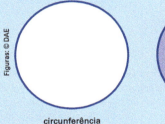
circunferência

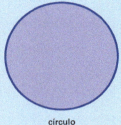
círculo

16. Se a área de um círculo de raio r é dada por πr^2, responda:

a) Qual é a área de um semicírculo de raio r? E de um quarto desse círculo?

b) Se a medida do ângulo central que corresponde a um círculo é 360°, qual é a medida do ângulo central correspondente a um semicírculo? E a de um quarto de círculo?

17. Já mencionamos anteriormente que um setor circular é uma fração de um círculo. Se conhecermos a medida do ângulo central (ângulo cujo vértice está no centro da circunferência que contém o setor), como indicado na figura, poderemos calcular sua área, que será diretamente proporcional à medida desse ângulo. Observe a seguir como calculamos, considerando que a medida do ângulo central é, em graus, igual a α.

- Chamando de S a área do setor circular, temos a seguinte proporção: $\dfrac{S}{\pi r^2} = \dfrac{\alpha}{360°}$

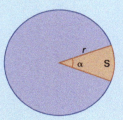

Então:

a) Determine a expressão que fornece a área S de um setor circular cuja medida do ângulo central é 180°.

b) Determine a expressão que fornece a área S de um setor circular cuja medida do ângulo central é 90°.

Algumas conclusões

Procure responder às questões a seguir envolvendo tópicos de Geometria Plana que foram retomados nesta unidade. Se necessário, retorne ao capítulo correspondente ao assunto da questão.

1. Quando você amplia um triângulo qualquer, o que permanece inalterado em termos de medida?

2. Qual é a soma das medidas dos ângulos internos de um triângulo? E a soma das medidas dos ângulos externos?

3. Duplicando o número de lados de um polígono duplica-se também a soma das medidas de seus ângulos internos?

4. Como você diferencia um polígono convexo de um polígono não convexo?

5. O que você pode afirmar sobre as medidas de dois ângulos opostos pelo vértice?

6. É possível verificar que dois triângulos são semelhantes observando apenas as medidas de seus ângulos internos?

7. Quando dois polígonos de mesmo número de lados são semelhantes?

8. Quais elementos são necessários para calcular a área de um quadrado? E de um retângulo? E de um losango? E de um paralelogramo? E de um trapézio?

9. Qual é a diferença entre círculo e circunferência? Como calcular a área de um círculo?

10. Como podemos calcular a área de um polígono regular?

Troque ideias com seus colegas a respeito das respostas para as questões acima. Após, liste as dificuldades encontradas e os assuntos que devem ser retomados.

Vestibulares e Enem

1. (Uerj) Uma ferramenta utilizada na construção de uma rampa é composta pela seguinte estrutura:
   - duas varas de madeira, correspondentes aos segmentos $\overline{AE}$ e $\overline{AD}$, que possuem comprimentos diferentes e formam o ângulo $D\hat{A}E$ igual a 45°;
   - uma travessa, correspondente ao segmento $\overline{BC}$, que une as duas varas e possui uma marca em seu ponto médio M;
   - um fio fixado no vértice A e amarrado a uma pedra P na outra extremidade;
   - nesse conjunto, os segmentos $\overline{AB}$ e $\overline{AC}$ são congruentes.

   Observe o esquema que representa essa estrutura:

   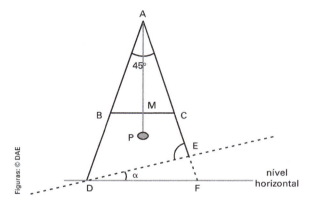

   Quando o fio passa pelo ponto M, a travessa BC fica na posição horizontal. Com isso, obtém-se, na reta que liga os pontos D e E, a inclinação α desejada.

   Calcule α, supondo que o ângulo $A\hat{E}D$ mede 85°.

2. (Unicamp 2015) A figura abaixo exibe um retângulo ABCD decomposto em quatro quadrados.

   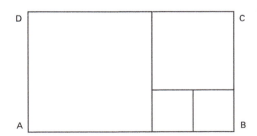

   O valor da razão $\dfrac{\overline{AB}}{\overline{BC}}$ é igual a:

   a) $\dfrac{5}{3}$.

   b) $\dfrac{5}{2}$.

   c) $\dfrac{4}{3}$.

   d) $\dfrac{3}{2}$.

3. (Unesp) A figura representa duas raias de uma pista de atletismo plana. Fábio (F) e André (A) vão apostar uma corrida nessa pista, cada um correndo em uma das raias. Fábio largará à distância $\overline{FB}$ da linha de partida para que seu percurso total, de F até a chegada em C', tenha o mesmo comprimento do que o percurso total de André, que irá de A até D'.

   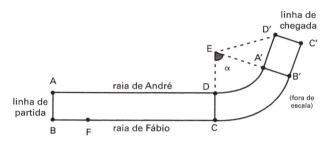

   Considere os dados:
   - ABCD e A'B'C'D' são retângulos.
   - B', A' e E' estão alinhados.
   - C, D e E estão alinhados.
   - $\widehat{A'D}$ e $\widehat{B'C}$ são arcos de circunferência de centro E.

   Sabendo que $\overline{AB} = 10$ m, $\overline{BC} = 98$ m, $\overline{ED} = 30$ m, $\overline{ED'} = 34$ m e α = 72°, calcule o comprimento da pista de A até D' e, em seguida, calcule a distância $\overline{FB}$. Adote nos cálculos finais π = 3.

4. (UPE) Na figura representada a seguir, o segmento $\overline{DE}$ divide o trapézio ABCD em duas figuras de mesma área.

   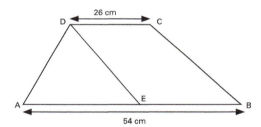

   Nessas condições, quanto mede o segmento $\overline{AE}$?

   a) 13 cm
   b) 20 cm
   c) 27 cm
   d) 28 cm
   e) 40 cm

5. (Uece) Os pontos médios dos lados de um triângulo equilátero cuja medida da área é $9\sqrt{3}$ m² são ligados dividindo o triângulo em quatro outros triângulos equiláteros congruentes. A medida da altura de cada um destes triângulos menores é:

   a) $\sqrt{6{,}75}$ m.
   b) $\sqrt{6{,}25}$ m.
   c) $\sqrt{6{,}95}$ m.
   d) $\sqrt{6{,}45}$ m.

Vestibulares e Enem

6. (Enem) Uma criança deseja criar triângulos utilizando palitos de fósforo de mesmo comprimento. Cada triângulo será construído com exatamente 17 palitos e pelo menos um dos lados do triângulo deve ter o comprimento de exatamente 6 palitos. A figura ilustra um triângulo construído com essas características.

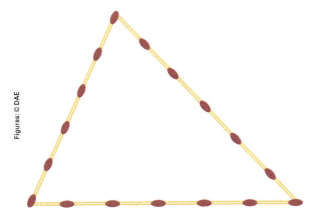

A quantidade máxima de triângulos não congruentes dois a dois que podem ser construídos é:

a) 3.
b) 5.
c) 6.
d) 8.
e) 10.

7. (Uepa) Um dos problemas enfrentado pelas empresas de telefonia celular é disponibilizar sinal de qualidade aos seus usuários, fato que nos últimos tempos tem gerado uma série de reclamações segundo o Procon. Visando solucionar os problemas de infraestrutura e cobrir uma região com sinal de qualidade, uma operadora instalou 3 antenas (A_1, A_2 e A_3) situadas nos vértices de um triângulo equilátero cujo lado mede 8 km, conforme indicado na figura abaixo. Nessas condições e considerando que cada uma das antenas cobre uma área circular equivalente a 16π km² com sinal de qualidade, é correto afirmar que o usuário dessa operadora que se encontrar:

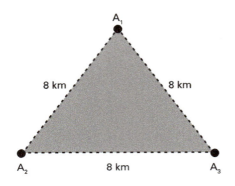

a) num dos lados do triângulo não terá sinal de qualidade.
b) dentro da área delimitada pelo triângulo sempre terá um sinal de qualidade.
c) no centro do triângulo não terá sinal de qualidade.
d) a 4 km de um dos vértices do triângulo não terá um sinal de qualidade.
e) num dos vértices do triângulo não terá sinal de qualidade.

8. (Unesp) Os polígonos ABC e DEFG estão desenhados em uma malha formada por quadrados. Suas áreas são iguais a S_1 e S_2, respectivamente, conforme indica a figura.

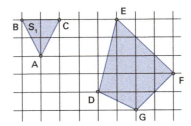

Sabendo que os vértices dos dois polígonos estão exatamente sobre pontos de cruzamento das linhas da malha, é correto afirmar que $\dfrac{S_2}{S_1}$ é igual a:

a) 5,25.
b) 4,75.
c) 5,00.
d) 5,50.
e) 5,75.

9. (Uerj) Uma chapa de aço com a forma de um setor circular possui raio R e perímetro 3R, conforme ilustra a imagem.

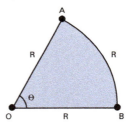

A área do setor equivale a:

a) R^2

b) $\dfrac{R^2}{4}$

c) $\dfrac{R^2}{2}$

d) $\dfrac{3R^2}{2}$

10. (UEMG) Num gramado retangular, com dimensões de 15 m por 6 m, é fixado um esguicho que consegue molhar uma área circular com alcance de um raio de 3 m. Fixando-se esse esguicho em mais de um ponto, com a finalidade de molhar a maior região possível, sem se ultrapassar os limites do gramado retangular e sem permitir que a mesma parte da grama seja molhada duas vezes, ficará ainda uma área do gramado sem ser molhada.

O tamanho aproximado da área que ficará sem ser molhada corresponde a:

a) $5,22 m^2$.

b) $8,56 m^2$.

c) $33,48 m^2$.

d) $42,70 m^2$.

11. (Enem) Uma pessoa possui um espaço retangular de lados 11,5 m e 14 m no quintal de sua casa e pretende fazer um pomar doméstico de maçãs. Ao pesquisar sobre o plantio dessa fruta, descobriu que as mudas de maçã devem ser plantadas em covas com uma única muda e com espaçamento mínimo de 3 metros entre elas e as laterais do terreno. Ela sabe que conseguirá plantar um número maior de mudas em seu pomar se dispuser as covas em filas alinhadas paralelamente ao lado de maior extensão.

O número máximo de mudas que essa pessoa poderá plantar no espaço disponível é:

a) 4.   c) 9.   e) 20.

b) 8.   d) 12.

12. (UPF-RS) No quadrado ABCD de lado x, representado na figura a seguir, os pontos R e S são pontos médios dos lados $\overline{AB}$ e $\overline{BC}$, respectivamente, e O é o encontro das duas diagonais. A razão entre a área do quadrado pequeno (pintado) e a área do quadrado ABCD é:

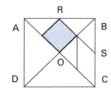

a) $\dfrac{1}{16}$ b) $\dfrac{1}{12}$ c) $\dfrac{1}{10}$ d) $\dfrac{1}{8}$ e) $\dfrac{1}{4}$

13. (PUC-RJ) A medida da área, em cm^2, de um quadrado que pode ser inscrito em um círculo de raio igual a 5 cm é:

a) 20   c) 25

b) $25\sqrt{2}$ d) $50\sqrt{2}$ e) 50

14. (UFSC) Duas cidades, marcadas no desenho abaixo como A e B, estão nas margens retilíneas e opostas de um rio, cuja largura é constante e igual a 2,5 km, e a distâncias de 2,5 km e de 5 km, respectivamente, de cada uma das suas margens. Deseja-se construir uma estrada de A até B que, por razões de economia de orçamento, deve cruzar o rio por uma ponte de comprimento mínimo, ou seja, perpendicular às margens do rio. As regiões em cada lado do rio e até as cidades são planas e disponíveis para a obra da estrada. Uma possível planta de tal estrada está esboçada na figura abaixo em linha pontilhada:

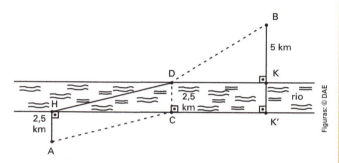

Considere que, na figura, o segmento $\overline{HD}$ é paralelo a $\overline{AC}$ e a distância $HK' = 18$ km.

Calcule a que distância, em quilômetros, deverá estar a cabeceira da ponte na margem do lado da cidade B (ou seja, o ponto D) do ponto K, de modo que o percurso total da cidade A até a cidade B tenha comprimento mínimo.

15. (Enem) O dono de um sítio pretende colocar uma haste de sustentação para melhor firmar dois postes de comprimentos iguais a 6 m e 4 m. A figura representa a situação real na qual os postes são descritos pelos segmentos $\overline{AC}$ e $\overline{BD}$ e a haste é representada pelo $\overline{EF}$, todos perpendiculares ao solo, que é indicado pelo segmento de reta $\overline{AB}$. Os segmentos $\overline{AD}$ e $\overline{BC}$ representam cabos de aço que serão instalados.

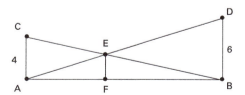

Qual deve ser o valor do comprimento da haste $\overline{EF}$?

a) 1 m

b) 2 m

c) 2,4 m

d) 3 m

e) $2\sqrt{6}$ m

Vestibulares e Enem

16. (Enem) A cerâmica constitui-se em um artefato bastante presente na história da humanidade. Uma de suas várias propriedades é a retração (contração), que consiste na evaporação da água existente em um conjunto ou bloco cerâmico quando submetido a uma determinada temperatura elevada. Essa elevação de temperatura, que ocorre durante o processo de cozimento, causa uma redução de até 20% nas dimensões lineares de uma peça.

Disponível em: <www.arq.ufsc.br>.
Acesso em: 3 mar. 2012.

Suponha que uma peça, quando moldada em argila, possuía uma base retangular cujos lados mediam 30 cm e 15 cm. Após o cozimento, esses lados foram reduzidos em 20%.

Em relação à área original, a área da base dessa peça, após o cozimento, ficou reduzida em

a) 4%.

b) 20%.

c) 36%.

d) 64%.

e) 96%.

17. (Enem) Para decorar a fachada de um edifício, um arquiteto projetou a colocação de vitrais compostos de quadrados de lado medindo 1 m, conforme a figura a seguir.

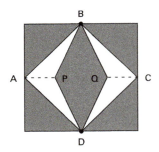

Nessa figura, os pontos A, B, C e D são pontos médios dos lados do quadrado e os segmentos $\overline{AP}$ e $\overline{QC}$ medem 1/4 da medida do lado do quadrado. Para confeccionar um vitral, são usados dois tipos de materiais: um para a parte sombreada da figura, que custa R$ 30,00 o m², e outro para a parte mais clara (regiões ABPDA e BCDQB), que custa R$ 50,00 o m².

De acordo com esses dados, qual é o custo dos materiais usados na fabricação de um vitral?

a) R$ 22,50

b) R$ 35,00

c) R$ 40,00

d) R$ 42,50

e) R$ 45,00

18. (UFRGS) As circunferências do desenho abaixo foram construídas de maneira que seus centros estão sobre a reta r e que uma intercepta o centro da outra. Os vértices do quadrilátero ABCD estão na interseção das circunferências com a reta r e nos pontos de interseção das circunferências.

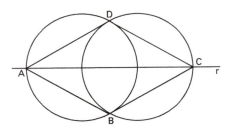

Se o raio de cada circunferência é 2, a área do quadrilátero ABCD é

a) $\dfrac{3\sqrt{3}}{2}$.

b) $3\sqrt{3}$.

c) $6\sqrt{3}$.

d) $8\sqrt{3}$.

e) $12\sqrt{3}$.

19. (Uece) Considere o retângulo XYZW no qual as medidas dos lados XY e YZ são respectivamente 5 m e 3 m. Sejam M o ponto médio do lado XY, N o ponto médio do lado ZW, P e Q respectivamente a interseção dos segmentos WM e NY com a diagonal XZ. A medida da área do quadrilátero convexo MYPQ, em m², é

a) 4,75.

b) 4,50.

c) 4,25.

d) 3,75.

DESAFIO

(Obmep 2014) Na figura abaixo ABCD e EFGC são quadrados de áreas R e S, respectivamente. Qual é a área da região cinza?

a) $\dfrac{R+S}{2}$

b) $\dfrac{R-S}{2}$

c) $\dfrac{RS}{2}$

d) $\sqrt{RS}$

e) $\sqrt{R^2+S^2}$

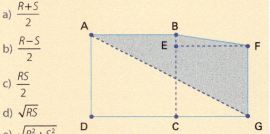

EXPLORANDO HABILIDADES E COMPETÊNCIAS

O holandês Maurits Cornelis Escher estava certa vez em um passeio por antigos castelos, quando se encantou pelos mosaicos ali presentes. Tendo estudado arquitetura, desde então passou a estudar e representar de forma artística a magia dos mosaicos e as ilusões que podem ser criadas ao se representarem figuras tridimensionais no plano.

Um de seus quadros mais famosos (*Répteis*, 1943) está representado ao lado.

Nele, o artista representa o próprio caderno onde um mosaico feito de lagartos parece ganhar vida, com os animais caminhando sobre a mesa e voltando ao caderno. A própria mesa possui objetos repletos de significado, dentre os quais figura um esquadro e um dodecaedro regular.

Analisando o quadro com atenção é possível notar que cada animal ocupa o espaço de um hexágono regular como podemos perceber no detalhe a seguir:

Repare que, na figura da esquerda, a área azul é idêntica à área vermelha, completando o hexágono. Com base nessa observação, faça as atividades a seguir.

Quadro *Répteis*, de Maurits Cornelis Escher. Litogravura. 1943. 385 mm × 334 mm.

Questões e investigações

1. Se o caderno de Escher possui folhas de tamanho A4 (aproximadamente 21 cm × 29 cm) e foi coberto na largura por exatamente 3 hexágonos e meio (como na figura abaixo), qual é a área ocupada por cada lagarto?

2. Um professor de arte resolveu montar um painel com seus alunos, em uma parede do pátio, pintando em um muro um círculo preenchido com esse mosaico. Para isso, montou uma imagem em negativo, reproduzindo esse mosaico diversas vezes em uma folha e projetando-a a partir de um *slide*, da seguinte maneira:

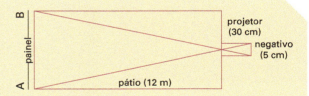

O painel circular de diâmetro AB foi pintado sobre a projeção, ficando ao final com aproximadamente 40 lagartos desenhados.

a) Utilizando semelhança de triângulos, determine o diâmetro AB do painel circular em centímetros.

b) Calcule a área do painel, utilizando $\pi \cong 3$.

c) Sabendo que o painel foi preenchido com 40 lagartos, calcule a área de cada lagarto.

d) Calcule o lado do hexágono ocupado por cada lagarto.

3. Utilizando dois tipos de polígonos regulares, crie um padrão e preencha uma folha de tamanho A4.

Áreas de figuras planas Capítulo 6 89

UNIDADE 3

FUNÇÕES

A natureza tem sido a grande fonte de pesquisas. A compreensão dos fenômenos da natureza, como a formação de um tornado, é objeto de incansáveis buscas. Identificar as variáveis envolvidas e estabelecer relações entre elas é a tarefa de um pesquisador.

Nesta unidade, o estudo de funções aborda, além do conceito, o estudo de suas representações algébricas e gráficas. Destaque para a função afim e a função quadrática.

Os tornados se formam a partir de uma mudança na direção e velocidade do vento. Alguns são formados por "supercélulas" e provocam os piores tornados. Na imagem, um exemplo desse tipo em Rapid City, Dakota do Sul, EUA. Foto de 2015.

Marko Korosec/Barcroft USA/Getty Images

CAPÍTULO 7

RELAÇÃO DE DEPENDÊNCIA ENTRE GRANDEZAS

Para uma viagem vários cuidados precisam ser tomados em relação ao carro. Rodovia SC - 163, Santa Catarina. Foto de 2015.

Ao planejar uma viagem de carro, vários cuidados devem ser considerados em relação à manutenção do veículo, como verificação dos freios, calibragem dos pneus, checagem do óleo etc. Um motorista cuidadoso também se preocupa com o consumo de combustível. Você sabia que o consumo de um automóvel andando a 100 km/h pode ser até 20% maior do que se estivesse a 80 km/h?

Nesse sentido, podemos afirmar que o consumo de um automóvel depende, entre outros fatores, da velocidade com que o motorista dirige. Quando afirmamos isso, estamos, de certa forma, relacionando duas grandezas: consumo e velocidade. Ao relacionar duas grandezas em que uma depende da outra, estamos empregando um dos conceitos mais importantes da Matemática: o conceito de função.

Conceito de função

Ao estudarmos um fenômeno físico, uma das questões que podem ser analisadas é como as variáveis desse fenômeno estão relacionadas. Entra em cena o conceito de função, que pode auxiliar na obtenção da relação existente entre as variáveis envolvidas, permitindo melhor compreensão do fenômeno estudado.

Agora, por meio de alguns exemplos, vamos observar as primeiras noções a respeito de função.

1. Área de um quadrado e medida do lado do quadrado

Na unidade anterior, retomamos o cálculo da área de um quadrado. Na tabela abaixo, relacionamos algumas medidas do lado à medida que correspondente à sua área. Observe.

Medida do lado (em cm)	Área (em cm²)
2	4
2,5	6,25
$\sqrt{7}$	7
3,6	12,96
4,1	16,81
15	225
20	400

92 Unidade 3 Funções

> **Questões e reflexões**
>
> 1. Do que depende o cálculo da área de um quadrado?
> 2. Se a medida do lado do quadrado é representada por ℓ, e a área dele é representada por S, qual é a relação matemática entre essas medidas?

No exemplo, a área do quadrado é obtida em função da medida do lado desse quadrado. Assim, conforme a tabela estabelece, para cada valor que fornecemos como medida do lado, há em correspondência um único valor para a medida da área.

2. Distância percorrida e tempo

Rodovia Fernão Dias, no sentido SP/MG. Foto de 2016.

Considere que um carro se movimenta com velocidade constante de 80 km/h. A tabela a seguir relaciona alguns valores das distâncias percorridas com os tempos correspondentes.

Tempo (h)	Distância (km)
0,5	40
1	80
1,5	120
2	160
2,5	200

> **Questões e reflexões**
>
> 1. Qual será a distância percorrida pelo carro após 3 horas?
> 2. Quanto tempo o automóvel levará para percorrer a distância de 400 km?
> 3. Se a distância percorrida em quilômetros pelo carro for representada por d e o tempo em horas por t, qual é a relação entre essas duas variáveis?

Neste exemplo, a distância percorrida pelo carro depende do intervalo de tempo. Em outras palavras, dizemos que a distância percorrida é função do tempo.

Observações:

1. No primeiro exemplo apresentado, você deve ter concluído que podemos expressar a área S de um quadrado em **função** da medida ℓ de seu lado por meio da seguinte relação:

$$S = \ell^2$$

Essa relação é conhecida como **lei de formação da função** que relaciona S com ℓ.

2. No segundo exemplo, a distância (d) percorrida por um carro à velocidade constante de 80 km/h depende do tempo (t), isto é, dizemos que d é uma função de t. A **lei de formação da função** que você deve ter encontrado é

$$d \cdot t = 80$$

3. Existem situações em que não podemos obter a lei de formação da função. Para exemplificar, considere que a tabela a seguir indique a temperatura (em °C) de um local ao longo de algumas horas de uma manhã.

Horário	6	7	8	9	10	11	12
Temperatura	12	13,5	16,7	22	22,5	23	25,2

A partir dessa tabela não podemos estabelecer uma fórmula (lei de formação) que relacione a temperatura em função do horário.

EXPLORANDO

Vamos explorar um pouco mais a relação de dependência entre duas grandezas considerando o preço estipulado por um posto na venda de gasolina comum, conforme ilustração ao lado.

1. Utilizando uma planilha eletrônica, com um colega, construa uma planilha. Ela deverá conter quatro colunas (A, B, C e D) e nove linhas. Na primeira linha da coluna A, escreva "números de litros", e na coluna C, "valor total a pagar". Na coluna A, insira os valores que estão nas células da segunda até a nona linha (A2 até A9), conforme a seguir. Cada valor deverá ser multiplicado por 3,58, que é o preço, em reais, do litro de gasolina comum.

	A	B	C	D
1	Número de litros		Valor total a pagar	
2	1			
3	2			
4	3			
5	12			
6	14			
7	15			
8	20			
9	25			

2. Como o preço do litro de gasolina comum que utilizaremos é R$ 3,58, você poderá obter os valores correspondentes da coluna C, utilizando na planilha uma fórmula. Deve-se multiplicar o valor em litros, por R$ 3,58. Logo, na célula C2, insira "=A2*3,58" (isto é, o número que está na célula A2 é multiplicado por 3,58, e * representa a multiplicação). Observe a seguir.

	A	B	C	D
1	Número de litros		Valor total a pagar	
2	1		=A2*3,58	

3. Agora, pressione *enter* na célula C2 e aparecerá o valor 3,58 (correspondente à multiplicação de 1 por R$ 3,58).

	A	B	C	D
1	Número de litros		Valor total a pagar	
2	1		3,58	

4. Para obter os valores correspondentes às outras quantidades de litros de gasolina comum, selecione a célula C2 e pressione o comando *Control C*. A seguir, com o *mouse*, selecione as células C3 até C9.

	A	B	C	D
1	Número de litros		Valor total a pagar	
2	1		3,58	
3	2			
4	3			
5	12			
6	14			
7	15			
8	20			
9	25			

	A	B	C	D
1	Número de litros		Valor total a pagar	
2	1		3,58	
3	2			
4	3			
5	12			
6	14			
7	15			
8	20			
9	25			

5. Agora, pressione o comando *enter* e, na coluna C, aparecerão os totais a pagar pelos litros correspondentes de gasolina comum.

	A	B	C	D
1	Número de litros		Valor total a pagar	
2	1		3,58	
3	2		7,16	
4	3		10,74	
5	12		42,96	
6	14		50,12	
7	15		53,7	
8	20		71,6	
9	25		89,5	

6. Pesquise para saber o valor do combustível etanol e faça o mesmo processo, utilizando as mesmas quantidades de litros.

7. Qual é a fórmula que permite relacionar o valor total a ser pago em função do litro de gasolina? E do litro de etanol?

Unidade 3 Funções

Função e conjuntos

Vimos anteriormente a dependência entre duas grandezas representada algebricamente (pela lei de formação da função) e também por meio de tabelas. Podemos também representar essa dependência usando diagramas para relacionar elementos de conjuntos. Vamos considerar alguns exemplos:

No diagrama a seguir, observe que os elementos do conjunto A estão relacionados com elementos do conjunto B. A relação é a seguinte: o elemento do conjunto A está relacionado com o seu quadrado no conjunto B.

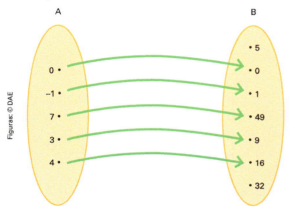

Observando atentamente o diagrama apresentado, vemos que:

▸ todos os elementos do conjunto A estão relacionados a um elemento do conjunto B;

▸ cada elemento do conjunto A corresponde a um único elemento do conjunto B.

Assim, nesse exemplo, temos uma função de A em B, isto é, uma função que associa elementos do conjunto A com elementos do conjunto B.

Se indicarmos cada elemento de A como x, e cada elemento do conjunto B ao qual A se relaciona como y, teremos:

$x \in A$	$y \in B$
0	0
−1	1
7	49
3	9
4	16

$y = x^2$ ← Lei de formação que relaciona y em função de x.

Representando essa função por f, e observando que ela relaciona elementos de A com elementos de B, tem-se $f: A \rightarrow B$ (lê-se: função f que vai de A em B); isso significa "função f que associa elementos do conjunto A com elementos do conjunto B".

Exemplos:

▸ No diagrama a seguir, relacionamos os elementos de A = {1, 2, 3} com elementos de B = {−1, 1, 2, 3, 5} da seguinte maneira: cada elemento de A está associado com seu dobro em B.

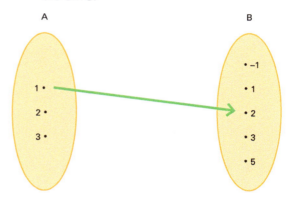

Como existem elementos de A que não têm seu dobro em B, neste caso, não temos uma função relacionando esses conjuntos.

▸ No diagrama a seguir, relacionamos os elementos de A = {8, 9, 10, 11, 12} com elementos de B = {0, 1, 2, 3, 4} da seguinte maneira: cada elemento de A está associado ao resto da divisão dele por 4 que está em B.

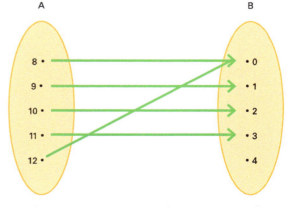

Note que nesse exemplo temos uma função $f: A \rightarrow B$, pois todos os elementos de A têm correspondente em B e, além disso, cada elemento de A corresponde a um único elemento de B.

▸ No diagrama a seguir, relacionamos os elementos de A = {2, 5} com elementos de B = {4, 6, 8, 12, 15} da seguinte maneira: cada elemento de A está associado com seus múltiplos que pertencem ao conjunto B.

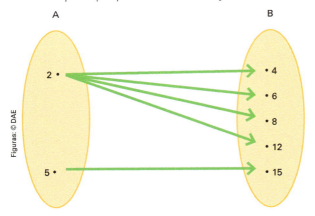

Nesse exemplo, não temos uma função de A em B. Note que existe um elemento no conjunto A que corresponde a quatro elementos do conjunto B. Para ser função $f: A \rightarrow B$, cada elemento de A deve estar relacionado com um único elemento de B.

Após considerarmos esses exemplos, dizemos que:

> Dados dois conjuntos não vazios A e B, uma função f de A em B é uma forma de associar a cada elemento $x \in A$ um único elemento $y \in B$.

A notação $f: A \rightarrow B$ é utilizada quando queremos representar que a função f associa elementos x de A com elementos y de B conforme indicado no diagrama a seguir.

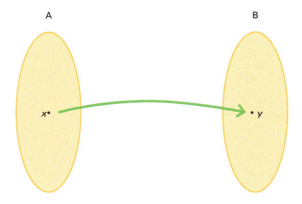

Observações:

1. Uma função $f: A \rightarrow B$, conforme diagrama acima, "transforma" o elemento $x \in A$ em um elemento $y \in B$. Essa transformação é representada por $y = f(x)$, que pode ser lida por "y é uma função de x" ou "y é f de x". Nesse caso, x é denominada **variável independente**, e y denominada **variável dependente** de x.

2. Numa função $f: A \rightarrow B$, o conjunto A chama-se **domínio** da função, e o conjunto B, **contradomínio** da função. Para cada $x \in A$, seu elemento correspondente $y \in B$ chama-se **imagem** de x pela função f. Ao conjunto formado por todos os valores de y obtidos dá-se o nome de **conjunto imagem** da função.

3. Representamos por D(f) o conjunto domínio da função f, por CD(f) o conjunto contradomínio da função f, e por Im(f) o conjunto imagem da função.

Quando queremos especificar para quais valores da variável independente x a função está definida, é necessário indicar o domínio da função. Além disso, também se pode esclarecer sobre o contradomínio da função. Observe no exemplo.

Seja a função $f: \mathbb{N} \rightarrow \mathbb{N}$, definida pela fórmula (lei de formação) $y = f(x) = x^2 + 1$. A tabela a seguir indica como, atribuindo valores naturais para a variável x, obtemos valores para a variável natural y.

x	$y = f(x) = x^2 + 1$
0	$y = f(x) = 0^2 + 1 = 1$
1	$y = f(x) = 1^2 + 1 = 2$
2	$y = f(x) = 2^2 + 1 = 5$
3	$y = f(x) = 3^2 + 1 = 10$
4	$y = f(x) = 4^2 + 1 = 17$
10	$y = f(x) = 10^2 + 1 = 101$
16	$y = f(x) = 16^2 + 1 = 257$

Conforme a lei de formação apresentada, a função "transforma" todo número x que está no seu domínio em outro número de seu contradomínio (é o quadrado adicionado da unidade).

Unidade 3 Funções

OBSERVAÇÃO:
Quando dizemos que uma função "transforma", é como se tivéssemos uma máquina que, conforme o exemplo anterior, fosse programada para "elevar qualquer número x ao quadrado e adicionar uma unidade ao resultado". A lei de formação dessa função informa como o x é transformado. O esquema ao lado sugere isso.

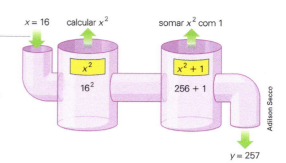

Exercícios resolvidos

1. Lembrando que a altura h de um triângulo equilátero de lado ℓ, é igual a $h = \dfrac{\ell\sqrt{3}}{2}$, responda:

a) Qual é a altura de um triângulo equilátero cujo lado mede 5 cm?

b) Qual é a altura de um triângulo equilátero cujo lado mede 10 cm?

c) Qual é a altura de um triângulo equilátero cujo lado mede $2\sqrt{3}$ cm?

d) Qual é a variável dependente e independente na relação $h = \dfrac{\ell\sqrt{3}}{2}$, ?

a) $h = \dfrac{\ell\sqrt{3}}{2} \Rightarrow h = \dfrac{5\sqrt{3}}{2}$ cm

b) $h = \dfrac{\ell\sqrt{3}}{2} \Rightarrow \dfrac{10\sqrt{3}}{2} \Rightarrow h = 5\sqrt{3}$ cm

c) $h = \dfrac{\ell\sqrt{3}}{2} \Rightarrow h = \dfrac{2\sqrt{3}\cdot\sqrt{3}}{2} \Rightarrow h = 3$ cm

d) Observe que h depende do valor de ℓ. Assim, h é a variável dependente e ℓ é a variável independente.

2. Sendo A = {−1; 0; 1} e B = {−2; −1; 0; 1; 2; 3; 4}, verifique se cada caso a seguir representa uma função $f: A \to B$. Em caso afirmativo, determine o domínio, o contradomínio e a imagem de f.

a) $f(x) = x + 1$
b) $f(x) = 2x − 1$
c) $f(x) = x^2 + 1$
d) $f(x) = 4$

a) Sim, pois há um correspondente em B para cada elemento de A:

$f(−1) = −1 + 1 = 0\ (0 \in B)$
$f(0) = 0 + 1 = 1\ (1 \in B)$
$f(1) = 1 + 1 = 2\ (2 \in B)$
$D(f) = \{−1; 0; 1\}$, $CD(f) = \{−2; −1; 0; 1; 2; 3; 4\}$ e $Im(f) = \{0; 1; 2\}$

b) Não, pois não há um correspondente em B para cada elemento de A:

$f(−1) = 2(−1) − 1 = −3\ (−3 \in B)$
$f(0) = 2 \cdot 0 − 1 = −1\ (−1 \in B)$
$f(1) = 2 \cdot 1 − 1 = 1\ (1 \in B)$

c) Sim, pois há um correspondente em B para cada elemento de A:

$f(−1) = (−1)^2 + 1 = 2\ (2 \in B)$
$f(0) = 0^2 + 1 = 1\ (1 \in B)$
$f(1) = 1^2 + 1 = 2\ (2 \in B)$
$D(f) = \{−1; 0; 1\}$
$CD(f) = \{−2; −1; 0; 1; 2; 3; 4\}$
$Im(f) = \{1; 2\}$

d) Sim, pois há um correspondente em B para cada elemento de A:

$f(−1) = 4\ (4 \in B)$
$f(0) = 4\ (4 \in B)$
$f(1) = 4\ (4 \in B)$
$D(f) = \{−1; 0; 1\}$, $CD(f) = \{−2; −1; 0; 1; 2; 3; 4\}$ e $Im(f) = \{4\}$

3. Seja $f: \mathbb{R} \to \mathbb{R}$ definida por $f(x) = x + 3m$, sendo m uma constante real. Sabendo que $f(−2) = 4$, determine:

a) O valor de m.
b) $f(5)$.
c) O valor de x tal que $f(x) = 12$.

a) Como $f(−2) = 4$, temos:
$f(−2) = −2 + 3m$
$4 = −2 + 3m$
$6 = 3m \Rightarrow m = 2$

b) $f(x) = x + 6$
$f(5) = 5 + 6 = 11$

c) $f(x) = x + 6$
$12 = x + 6 \Rightarrow x = 6$

4. Considere uma função real definida por $f(x) = \dfrac{49 − x^2}{7 − x}$ sendo $x \neq 7$. Obtenha o valor de $f(71)$.

a) Inicialmente podemos simplificar a lei de formação dessa função observando que o numerador é a diferença de dois quadrados:

$f(x) = \dfrac{49 − x^2}{7 − x}$

$f(x) = \dfrac{(7 + x)(7 − x)}{(7 − x)} \Rightarrow f(x) = 7 + x$

b) Substituindo x por 71 temos:

$f(x) = 7 + x$
$f(71) = 7 + 71 \Rightarrow f(71) = 78$

Relação de dependência entre grandezas Capítulo 7

Exercícios propostos

1. Lembrando que a fórmula $\dfrac{n(n-3)}{2}$ estabelece uma relação entre o número de diagonais d de um polígono convexo em função do número n de lados (ou vértices) desse polígono, responda às questões a seguir.

a) Quantas diagonais tem um polígono em que o número de lados é 4?

b) Quantas diagonais tem um polígono em que o número de lados é 10?

c) Na fórmula apresentada, a cada número de lados do polígono corresponde um único número de diagonais?

d) Nesse exemplo de função, qual é a variável dependente? E qual é a independente?

2. A tabela abaixo indica o valor V pago conforme a quantidade x de litros de gasolina.

Litros	1	3	15	25	40
Valor	2,35	7,05	32,25	58,75	94,00

a) Cada quantidade de litros de gasolina corresponde com um único valor em reais a ser pago?

b) Qual é a grandeza dependente?

c) Qual é a fórmula matemática que fornece o valor V a ser pago por x litros de gasolina?

d) Qual é o valor pago por 20 L de gasolina?

e) Quantos litros de gasolina foram comprados considerando que o valor pago foi R$ 84,60?

3. Observe na tabela a seguir a medida do lado ℓ de um quadrado e seu perímetro p, isto é, o perímetro do quadrado em função da medida de seu lado.

Lado (cm)	1	2,5	$\sqrt{5}$	6,5	8	11	18
Perímetro (cm)	4	10	$4\sqrt{5}$	26	32	44	72

a) Cada medida do lado do quadrado corresponde com um único valor do perímetro?

b) Qual é a variável dependente? E qual é a independente?

c) Qual é a lei de formação dessa função?

d) Se a medida do lado do quadrado for 4,2 cm, qual é a medida de seu perímetro?

e) Qual é a medida do lado de um quadrado considerando que seu perímetro é 75 cm?

4. A seguir estão representados diagramas que relacionam elementos do conjunto A com elementos do conjunto B. Indique, em seu caderno, quais desses diagramas representam funções de A em B.

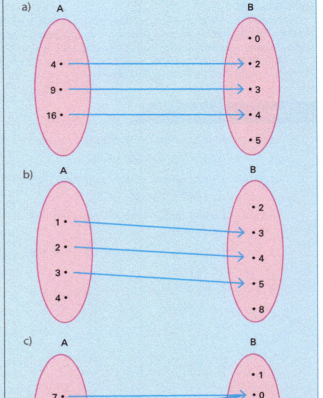

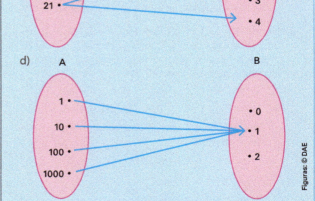

5. Considere $A = \{2; 3; 4; 5\}$ e $B = \{0; 1; 3; 4; 5; 6; 7\}$. Elabore um diagrama para representar a seguinte relação entre os elementos desses dois conjuntos: cada elemento de A deve ser associado ao seu sucessor no conjunto B. Após, responda:

a) Cada elemento de A está relacionado com algum elemento de B?

b) Essa correspondência é única, isto é, cada elemento de A está associado a um único elemento em B?

c) Essa correspondência representa uma função?

6. Ainda considerando os conjuntos A = {2; 3; 4; 5} e B = {0; 1; 3; 4; 5; 6; 7}, e uma correspondência entre A e B dada por y = x + 2, sendo x ∈ A e y ∈ B, elabore um diagrama para representar essa correspondência. Após, responda:
  a) Qual é o elemento de B que está associado ao elemento 3 do conjunto A?
  b) O elemento 7 de B está relacionado a qual elemento do conjunto A?
  c) Essa correspondência representa uma função f: A → B?

7. Considere a função f: A → B dada a partir do diagrama a seguir.

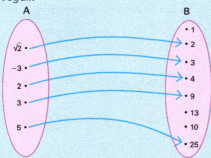

Obtenha:
  a) D(f).
  b) CD(f).
  c) Im(f).
  d) a imagem de 2.
  e) o valor no domínio da função, considerando que a imagem é 25.

8. Para f: ℝ → ℝ, obtenha a fórmula matemática de modo que cada número x tenha o y que corresponde:
  a) ao seu triplo.
  b) à sua metade.
  c) ao seu quadrado diminuído de 4.
  d) ao seu cubo aumentado em 1.
  e) à sua raiz cúbica.

9. Considere a "máquina de transformar" que foi "programada" pela fórmula

y = f(x) = √x, sendo f: ℝ₊ → ℝ

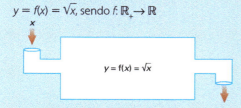

  a) Qual é a lei de formação da função?
  b) Qual é o domínio dessa função?
  c) Qual é o contradomínio dessa função?
  d) Determine a imagem para x = 10 (utilize uma calculadora).
  e) Obtenha f(9) + f(16) + f(25).
  f) Obtenha f(2) + f(8) + f(18) escrevendo o resultado num só radical.

10. Agora é com você. Invente uma "máquina de transformar" para cada item a seguir.
  a) A máquina deve usar, no mínimo, duas operações.
  b) A máquina deve calcular potências de base 4.

11. Um fabricante vende determinado produto por R$ 25,00 a unidade. Se o custo total de produção tem uma parte fixa de R$ 400,00 mais um custo variável de R$ 8,00 por unidade, responda:

Lembrete: Lucro = (Valor de Venda) − (Custo)
  a) Qual é o custo para produzir 100 unidades desse produto?
  b) Qual é o lucro ao produzir e vender 100 unidades desse produto? Qual será o lucro em porcentagem?
  c) Qual é a fórmula que expressa o lucro L em função do número n de unidades produzidas e vendidas?
  d) Se forem produzidas e vendidas 22 unidades, haverá lucro ou prejuízo? E se forem 23 unidades?
  e) Qual é o lucro na produção e na venda de 1000 unidades? Qual será o lucro, em porcentagem, neste caso?

12. Considere a circunferência e o círculo a seguir; ambos têm as medidas dos raios indicadas por r (em centímetros).

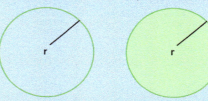

  a) Qual é a fórmula matemática que permite calcular o comprimento C da circunferência em função da medida r de seu raio?
  b) Se o comprimento da circunferência é igual a 24π cm, qual é a medida de seu raio?
  c) Se o raio da circunferência é igual a 3 cm, qual é a medida de seu comprimento?
  d) Qual é a fórmula matemática que permite calcular a área S do círculo em função da medida r de seu raio?
  e) Se a área do círculo é 2π cm², qual é a medida de seu raio?
  f) Se a medida do raio é 3,4 cm, qual é a medida da área, considerando que π ≅ 3,14?

13. Uma função f: A → B é definida pela fórmula y = f(x) = (x − 3)(x − 4)(x − 5). Considerando que A = {0; 1; 2; 3; 4; 5; 6} e B é o conjunto dos números reais, determine:
  a) f(3).
  b) f(4).
  c) f(5).
  d) Im(f).

14. Seja f: ℝ → ℝ definida por f(x) = −2x + k, sendo k uma constante real. Sabendo que f(4) = −1, determine:
  a) o valor de k.
  b) f(10).
  c) o valor de x tal que f(x) = 0.

CAPÍTULO 8
INTRODUÇÃO À GEOMETRIA ANALÍTICA

Os veículos de comunicação, principalmente revistas e jornais, evidenciam dados por meio de gráficos em suas reportagens. Observe o gráfico publicado no jornal *Folha de S.Paulo*.

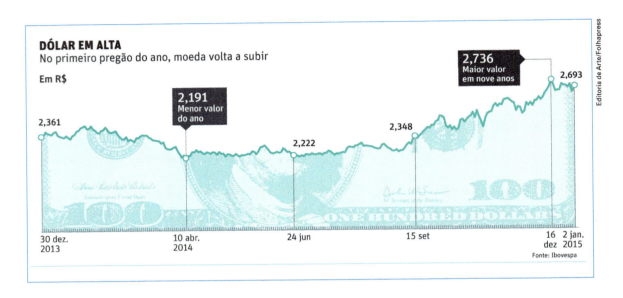

Nesse gráfico, é possível perceber duas grandezas: o valor do dólar, em reais, e o tempo, que varia de 30 de dezembro de 2013 a 2 de janeiro de 2015. Nele podemos fazer diversas observações da nossa moeda em relação ao dólar.

Em gráficos estatísticos também podemos estudar o comportamento de funções diversas. Entretanto, precisamos antes conhecer o chamado sistema de coordenadas cartesianas. É o que faremos neste capítulo.

Sistema de coordenadas cartesianas

Vamos introduzir aqui algumas ideias básicas a respeito de Geometria Analítica, que serão úteis na construção do gráfico de funções. Inicialmente, vamos considerar a construção de um sistema de coordenadas cartesianas.

A partir de dois eixos perpendiculares orientados Ox e Oy, que têm a mesma origem O, construímos no plano o sistema de coordenadas cartesiano, como ilustrado a seguir.

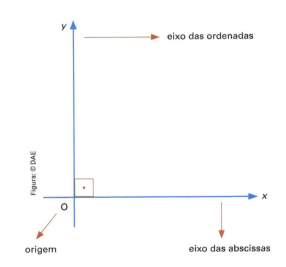

Esses dois eixos coordenados dividem o plano cartesiano em quatro regiões denominadas **quadrantes**. Os quadrantes são indicados conforme a seguir.

100 Unidade 3 Funções

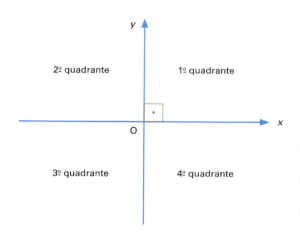

Ao estudarmos o conjunto dos números reais, associamos a cada um deles um ponto na reta numérica e, reciprocamente, a cada ponto da reta relacionamos um número real.

Considere duas retas numéricas (uma vertical e uma horizontal) construídas nos dois eixos cartesianos.

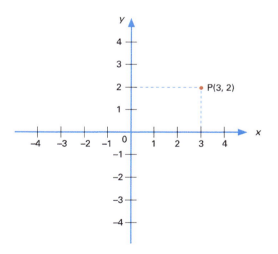

Utilizando esse sistema, podemos associar a cada ponto do plano cartesiano um par ordenado de números reais que permitirá localizá-lo em relação aos eixos. O primeiro valor será a **abscissa** do ponto (valor de *x*), e o segundo valor será a **ordenada** do ponto (valor de *y*). A esse par de valores denominamos **coordenadas do ponto**.

Como exemplo, observe na figura que o ponto P pode ser localizado pelo seguinte par de valores: P(3, 2). Esse par de valores é chamado **par ordenado**.

Observação:

Para um ponto P(a, b) convencionamos que:

Se $a > 0$ e $b > 0$, então P é um ponto do 1º quadrante;

Se $a < 0$ e $b > 0$, então P é um ponto do 2º quadrante;

Se $a < 0$ e $b < 0$, então P é um ponto do 3º quadrante;

Se $a > 0$ e $b < 0$, então P é um ponto do 4º quadrante.

Assim, um ponto que esteja sobre um dos eixos ou nos dois eixos simultaneamente (origem do sistema) não pertencerá a qualquer um dos quadrantes.

Exemplos:

Observe alguns pontos localizados no plano cartesiano a seguir e suas correspondentes coordenadas. O quadriculado representado auxilia na localização desses pontos.

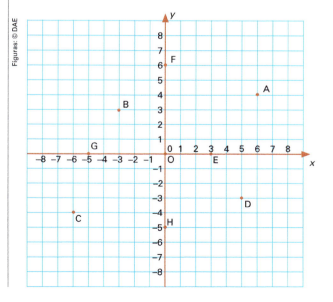

Introdução à Geometria Analítica   Capítulo 8   **101**

A origem está representada pelo ponto O(0, 0) e os demais pontos são:

- A(6, 4) – ponto pertencente ao 1º quadrante
- B(−3, 3) – ponto pertencente ao 2º quadrante
- C(−6, −4) – ponto pertencente ao 3º quadrante
- D(5, −3) – ponto pertencente ao 4º quadrante
- E(3, 0) – ponto pertencente ao eixo das abscissas
- F(0, 6) – ponto pertencente ao eixo das ordenadas
- G(−5, 0) – ponto pertencente ao eixo das abscissas
- H(0, −5) – ponto pertencente ao eixo das ordenadas

Distância entre dois pontos

Uma aplicação simples e importante ao estudarmos esse sistema de coordenadas está na determinação da distância entre dois pontos quaisquer do plano cartesiano a partir de suas coordenadas.

Considere dois pontos $P_1(x_1, y_1)$ e $P_2(x_2, y_2)$ representados no plano cartesiano.

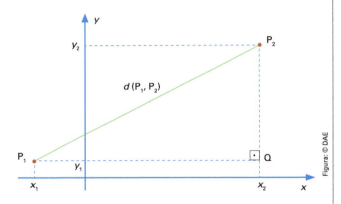

Observando o triângulo P_1QP_2 representado anteriormente, e aplicando o teorema de Pitágoras, temos:

$$d(P_1, P_2)^2 = (x_2 - x_1)^2 + (y_2 - y_1)^2$$
$$d(P_1, P_2) = \sqrt{(x_2 - x_1)^2 + (y_2 - y_1)^2}$$

> A distância entre dois pontos $P_1(x_1, y_1)$ e $P_2(x_2, y_2)$ quaisquer do sistema de coordenadas cartesianas é tal que
> $$d(P_1, P_2) = \sqrt{(x_2 - x_1)^2 + (y_2 - y_1)^2}$$

Questões e reflexões

1. Na relação que estabelece a distância entre dois pontos, interessa a ordem das abscissas e das ordenadas para o cálculo da distância?
2. Sendo $\Delta x = x_2 - x_1$ e $\Delta y = y_2 - y_1$, como você expressa a relação $d(P_1, P_2)$?

Exemplos:

- Vamos calcular a distância entre os pontos A(4, 3) e B(−2, 7) situados no plano cartesiano, utilizando a fórmula vista anteriormente.

$$d(P_1, P_2) = \sqrt{(x_2 - x_1)^2 + (y_2 - y_1)^2}$$
$$d(A, B) = \sqrt{(-2 - 4)^2 + (7 - 3)^2}$$
$$d(A, B) = \sqrt{36 + 16} \Rightarrow d(A, B) = \sqrt{52}$$

Portanto, a distância entre os dois pontos é $\sqrt{52}$ u.c.

- Vamos estabelecer as condições para que o ponto P(a, b) seja equidistante dos pontos A(1, 1) e B(−3, 6).

Como o ponto P deve estar à mesma distância de A e B, temos:

$$d(P, A) = d(P, B)$$
$$\sqrt{(a-1)^2 + (b-1)^2} = \sqrt{(a+3)^2 + (b-6)^2}$$
$$(a-1)^2 + (b-1)^2 = (a+3)^2 + (b-6)^2$$
$$a^2 - 2a + 1 + b^2 - 2b + 1 = a^2 + 6a + 9 + b^2 - 12b + 36$$
$$-2a + 1 - 2b + 1 = 6a + 9 - 12b + 36$$
$$-8a + 10b - 43 = 0$$

Portanto, a relação $-8a + 10b - 43 = 0$ estabelece a condição procurada.

OBSERVAÇÃO:
Aqui, vimos apenas algumas ideias iniciais de Geometria Analítica. A correspondência biunívoca entre par ordenado e ponto (a todo par ordenado corresponde um ponto no plano, e a todo ponto do plano corresponde um par ordenado) permite-nos expressar conceitos e propriedades geométricas algebricamente. Da mesma forma, podemos também interpretar geometricamente relações algébricas.

Exercícios resolvidos

1. Represente no plano cartesiano os seguintes pontos: A(6; 2), B(−3; 5), C(−7; −2), D(3; −2), E(3; 5), F(−6; 5), G(0; −5) e H(1; 0). Em seguida, identifique em qual quadrante está cada um dos pontos.

Os pontos A e E pertencem ao primeiro quadrante; os pontos B e F pertencem ao segundo quadrante; o ponto C pertence ao terceiro quadrante; e o ponto D pertence ao quarto quadrante.

2. Represente no plano cartesiano os seguintes pontos A(−2; −3), B(−1; 5), C(6; 1) e D(5; −7). Em seguida, trace os segmentos de reta $\overline{AB}$, $\overline{BC}$, $\overline{CD}$ e $\overline{DA}$.

a) Qual é o polígono ABCD?
b) Qual é a área do polígono ABCD?

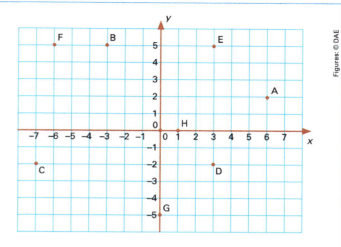

a) Temos que:
$AB = \sqrt{[-2-(-1)]^2 + [-3-5]^2} = \sqrt{65} \Rightarrow AB = \sqrt{65}$ u.c.
$BC = \sqrt{[6-(-1)]^2 + [1-5]^2} = \sqrt{65} \Rightarrow BC = \sqrt{65}$ u.c.
$CD = \sqrt{[6-5)]^2 + [1-(-7)]^2} = \sqrt{65} \Rightarrow CD = \sqrt{65}$ u.c.
$DA = \sqrt{[-2-5]^2 + [-3-(-7)]^2} = \sqrt{65} \Rightarrow DA = \sqrt{65}$ u.c.
Portanto, o polígono ABCD é um losango.
b) Temos que:
$AC = \sqrt{[-2-6]^2 + [-3-1]^2} = \sqrt{80} = 4\sqrt{5} \Rightarrow$
$\Rightarrow AC = 4\sqrt{5}$ u.c.
$BD = \sqrt{[5-(-1)]^2 + [-7-5]^2} = \sqrt{180} = 6\sqrt{5} \Rightarrow$
$\Rightarrow BD = 6\sqrt{5}$ u.c.
Assim, $S_{ABCD} = \dfrac{4\sqrt{5} \cdot 6\sqrt{5}}{2} = 60 \Rightarrow S_{ABCD} = 60$ u.a.

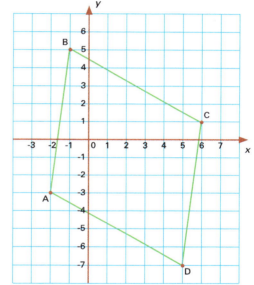

Exercícios propostos

1. Responda às seguintes questões.
a) Qual é a localização de um ponto no plano cartesiano considerando que sua abscissa é zero?
b) Qual é a localização de um ponto no plano cartesiano considerando que sua ordenada é zero?
c) Qual é a condição para que o ponto A(x; y) pertença ao primeiro quadrante? E ao segundo quadrante?
d) Qual é a condição para que o ponto B(m; n) pertença ao terceiro quadrante? E ao quarto quadrante?

2. Considere que dois pares ordenados são iguais quando têm a mesma abscissa e a mesma ordenada. Sendo assim, obtenha os valores de m e n para que os pares ordenados (m − 5; n) e (10; −2 + m) sejam iguais.

3. Represente num plano cartesiano os pontos A(2; 7) e B(7; 3) e determine a distância entre eles.

4. Utilizando a relação apresentada na atividade anterior (cálculo da distância de dois pontos no plano cartesiano a partir de suas coordenadas), obtenha:
a) a distância entre os pontos P(1; 10) e a origem do sistema de coordenadas cartesianas.
b) a distância entre os pontos P(1; 10) e Q(1; 2).
c) a distância entre os pontos P(1; 10) e S(8; 10).
d) a distância entre os pontos P(1; 10) e T(4; 8).

5. No plano cartesiano abaixo está representado um quadrilátero cujos lados são paralelos aos eixos coordenados.

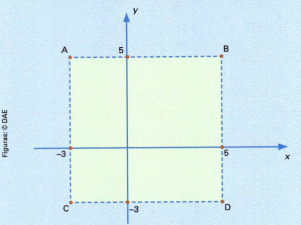

a) Escreva as coordenadas dos vértices desse quadrilátero.

b) Obtenha as medidas dos lados desse quadrilátero.

c) Calcule as medidas das diagonais AD e BC desse quadrilátero.

d) Determine a área da região limitada por esse quadrilátero.

6. Represente num plano cartesiano um triângulo com vértices nos pontos A(−2; −3), B(0; 7) e C(5; 2). Após isso:

a) obtenha a medida do lado AB.

b) obtenha a medida do lado AC.

c) obtenha a medida do lado BC.

d) classifique o triângulo que você obteve.

7. Sendo o ponto A(m; 5), com $m \in \mathbb{R}$.

a) Quais os valores de m para que o ponto A pertença ao primeiro quadrante? E para que ele pertença ao segundo quadrante?

b) Se o ponto B(2; 5) é o simétrico de A em relação ao eixo das ordenadas, qual o valor de m?

Gráficos de funções no plano cartesiano

Utilizaremos o plano cartesiano para estudar o comportamento gráfico de uma função. Observando que em uma função genérica temos $y = f(x)$, isto é, o y depende do valor de x, o gráfico da correspondente função poderá ser construído atribuindo-se valores para a variável independente x e obtendo-se os valores da variável dependente y. Dessa forma, a partir da lei de formação, podemos ter uma boa ideia do comportamento gráfico de uma função. Para organizar melhor o procedimento de elaboração do gráfico, é importante observarmos algumas etapas.

▸ Elaboramos uma tabela formada por valores de x e de y. Os valores de x devem ser atribuídos convenientemente conforme o domínio da função, e os valores de y devem ser calculados conforme a lei de formação da função $y = f(x)$.

x	$y = f(x)$
...	...
...	...

▸ Associamos a cada par ordenado (a, b) um ponto no plano cartesiano.

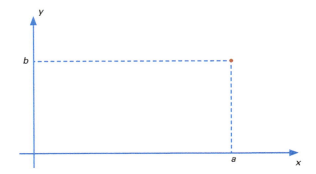

No plano cartesiano, devemos localizar uma quantidade suficiente de pontos até que seja possível obter um "esboço" adequado do gráfico da função correspondente. Os pontos do gráfico devem ser "ligados convenientemente" (conforme exemplo na página a seguir), observando o domínio da função (valores da variável x).

Ao atribuirmos alguns valores para x, devemos ter em mente que existem outros valores do domínio da função que não foram atribuídos. Assim, esses pontos devem ser ligados de acordo com a tendência que eles indicam. Observe os exemplos a seguir.

Vamos esboçar no plano cartesiano o gráfico da função $f: \mathbb{N} \rightarrow \mathbb{R}$ definida pela lei de formação $y = f(x) = -2x$. Observe que o domínio da função é o conjunto dos números naturais. Assim, só poderão ser atribuídos valores naturais à variável independente x. Já a variável dependente y, conforme o contradomínio, é número real.

x	y = f(x) = − 2x
0	y = f(0) = −2 · 0 = 0 → A(0, 0)
1	y = f(1) = −2 · 1 = −2 → B(1, −2)
2	y = f(2) = −2 · 2 = −4 → C(2, −4)
3	y = f(3) = −2 · 3 = −6 → D(3, −6)
4	y = f(4) = −2 · 4 = −8 → E(4, −8)
...	...

Localizamos esses pontos no plano cartesiano.

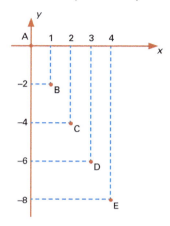

Como o domínio dessa função é o conjunto dos números naturais, o gráfico será formado pelos pontos A, B, C, D, E e outros pontos isolados, mas estarão alinhados com aqueles que já foram desenhados, conforme forem atribuídos outros valores para x.

Exemplo:

Vamos esboçar o gráfico da função $f: \mathbb{Z} \to \mathbb{R}$, segundo a lei de formação $y = f(x) = -2x$. Nesse caso, note que o domínio é formado pelo conjunto dos números inteiros.

Atribuímos valores inteiros para x e obtemos suas imagens em correspondência. Veja.

x	y = f(x) = − 2x
0	y = f(0) = −2 · 0 = 0 → A(0, 0)
1	y = f(1) = −2 · 1 = −2 → B(1, −2)
2	y = f(2) = −2 · 2 = −4 → C(2, −4)
3	y = f(3) = −2 · 3 = −6 → D(3, −6)
4	y = f(4) = −2 · 4 = −8 → E(4, −8)
−1	y = f(−1) = −2 · (−1) = 2 → F(−1, 2)
−2	y = f(−2) = −2 · (−2) = 4 → G(−2, 4)
−3	y = f(−3) = −2 · (−3) = 6 → H(−3, 6)
−4	y = f(−4) = −2 · (−4) = 8 → I(−4, 8)

Localizamos os pontos correspondentes no plano cartesiano.

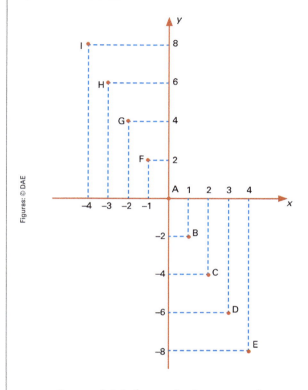

Como a lei de formação é a mesma do exemplo anterior, e como todo número natural é inteiro, foram acrescentados os pontos do segundo quadrante. Assim, o gráfico é formado pelos pontos A, B, C, D, E, F, G, H, I e tantos outros pontos que se desejar obter, considerando que x seja um número inteiro.

Exemplo:

Vamos agora obter o gráfico da função $f: \mathbb{R} \to \mathbb{R}$ de acordo com a mesma lei de formação dos exemplos anteriores, isto é, $y = f(x) = -2x$.

Mesmo que o domínio seja o conjunto dos números reais, por uma questão de comodidade, pode-se atribuir os mesmos números inteiros do exemplo anterior, obtendo assim os pontos A, B, C, D, E, F, G, H e I. Porém, agora esses pontos devem ser ligados, pois o domínio é o conjunto dos números reais.

Introdução à Geometria Analítica Capítulo 8

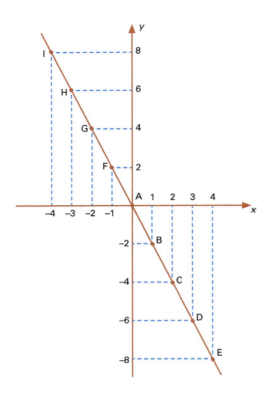

Observe que os pontos foram ligados observando a tendência de suas posições: o gráfico resultou em uma reta. Veremos mais adiante para quais funções o gráfico é uma reta.

É importante notar que, além dos pontos obtidos, devemos considerar a existência de infinitos outros pontos cujas coordenadas (x, y) são números reais.

Questões e reflexões

1. Em $f: \mathbb{R} \to \mathbb{R}$, definida por $y = f(x) = -2x$, o ponto de coordenadas $(-\sqrt{3}, 2\sqrt{3})$ pertence ao gráfico dessa função?

2. Nessa mesma função, triplicando-se o valor da variável independente x, o que ocorre com o valor da variável dependente y?

Exemplos:

Vamos esboçar o gráfico da função $f: \mathbb{R} \to \mathbb{R}$, cuja lei de formação é $y = f(x) = x^2 - 4$. Inicialmente, serão atribuídos valores à variável independente x e obtidos valores em correspondência para a variável dependente y, conforme tabela a seguir:

x	$y = f(x) = x^2 - 4$
0	$y = f(0) = 0^2 - 4 = -4$
1	$y = f(1) = 1^2 - 4 = -3$
−1	$y = f(1) = (-1)^2 - 4 = -3$
2	$y = f(2) = 2^2 - 4 = 0$
−2	$y = f(-2) = (-2)^2 - 4 = 0$
3	$y = f(3) = 3^2 - 4 = 5$
−3	$y = f(-3) = (-3)^2 - 4 = 5$

Localizamos os pontos correspondentes no plano cartesiano e os ligamos convenientemente.

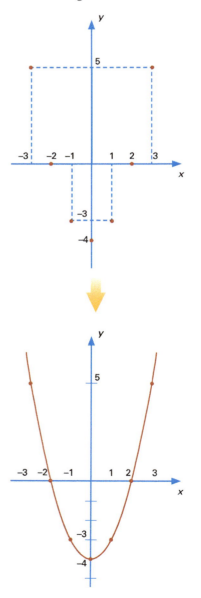

Conforme esboçado, a curva resultante é o gráfico da função e caracteriza-se como uma parábola. Veremos mais adiante para quais funções o gráfico resultará em uma parábola.

Vamos agora considerar algumas observações importantes sobre gráficos.

Com base no gráfico construído no plano cartesiano, é possível determinar o conjunto domínio e também o conjunto imagem da função correspondente. O domínio poderá ser obtido a partir da projeção do gráfico sobre o eixo das abscissas, e o conjunto imagem, pela projeção do gráfico sobre o eixo das ordenadas. Essas projeções devem ser perpendiculares aos eixos, como sugere o exemplo a seguir.

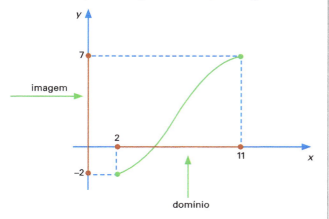

Note que, nesse exemplo, a curva correspondente ao gráfico da função é limitada em suas extremidades por dois pontos. Assim, tanto o conjunto domínio como o conjunto imagem são apenas intervalos reais limitados. Quando não colocamos qualquer ponto para limitar a curva, significa que ela continua indefinidamente, como ocorre no gráfico a seguir.

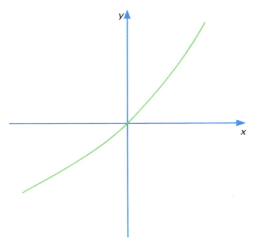

Nesse caso temos:

Domínio da função: $D(f) = \mathbb{R}$

Imagem da função: $\text{Im}(f) = \mathbb{R}$

Aspectos importantes em gráficos e funções

No jornal *Folha de S.Paulo*, em uma reportagem sobre a variação percentual das vagas em escritórios na cidade de São Paulo, foi apresentado o gráfico a seguir.

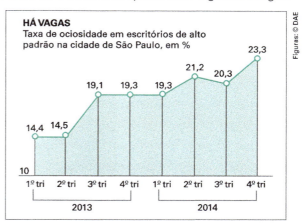

Fonte: *Folha de S.Paulo*, 2 mar. 2015, p. B2.

Observando esse gráfico, dividido em trimestres de 2013 a 2014, podemos extrair as seguintes informações:

▸ Do 4º trimestre de 2013 até o 1º trimestre de 2014, pode-se afirmar que o percentual de ociosidade dos escritórios de alto padrão na cidade de São Paulo permaneceu constante.

▸ Houve um decrescimento desse percentual do 2º para o 3º trimestre de 2014.

▸ Do 2º para o 3º trimestre de 2013 e do 3º para o 4º trimestre e 2014, constata-se um crescimento na taxa de ociosidade dos escritórios de alto padrão.

Crescimento de uma função

No exemplo anterior, sobre a taxa de ociosidade no escritórios de alto padrão na cidade de São Paulo, o percentual de ocupação e a análise de crescimento ou decrescimento foram demonstrados por um gráfico estatístico de segmentos. Porém, esses dados também podem ser demonstrados por gráficos de funções. Observe os exemplos a seguir.

▶ Considere uma função real cujo gráfico no plano cartesiano está representado a seguir.

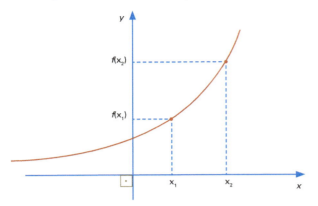

Observando o gráfico, constatamos que, quanto maior o valor de x em seu domínio, maior será o valor de y em correspondência. De forma equivalente, podemos dizer que quanto menor o valor de x em seu domínio, menor o valor de y em correspondência. Quando isso ocorre, dizemos que a função é **crescente**.

> Uma função é crescente quando para todo x_1 e x_2 de seu domínio temos a relação:
> Se $x_1 < x_2$, então $f(x_1) < f(x_2)$.

▶ Considere uma função real definida conforme o gráfico a seguir.

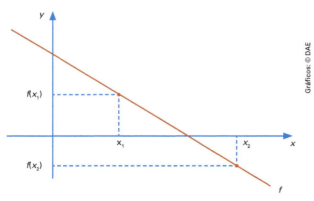

Neste caso, quanto maior for o valor de x em seu domínio, menor será o valor de y em correspondência. Ou, de forma equivalente, quanto menor for o valor de x em seu domínio, maior será o valor de y em correspondência. Dizemos que tal função é **decrescente**.

> Uma função é decrescente quando para todo x_1 e x_2 de seu domínio temos a seguinte relação:
> Se $x_1 < x_2$, então $f(x_1) > f(x_2)$.

▶ Considere a função real cujo gráfico está representado no plano cartesiano a seguir.

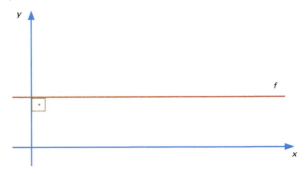

Por mais que o valor de x varie no domínio da função, a imagem permanece constante. Dizemos que essa função é **constante**.

Exemplo:

Considere o gráfico da função $f: [-8, 8] \to [-2, 7]$ esboçado a seguir.

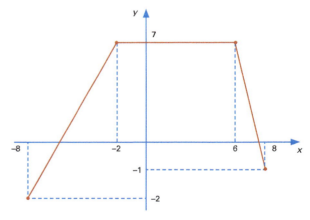

Analisando esse gráfico, temos:

▶ Para $-8 \leq x \leq -2$, quanto maior o x, maior o y em correspondência (dizemos que a função é crescente no intervalo).

▶ Para $-2 \leq x \leq 6$, o valor de y é sempre igual a 7 (dizemos que a função é constante no intervalo).

▶ Para $6 \leq x \leq 8$, quanto maior o x, menor o y em correspondência (dizemos que a função é decrescente no intervalo).

Quando analisamos gráficos de funções, também é importante verificar para quais valores de x a função tem imagem positiva, imagem negativa ou imagem igual a zero (estudo do sinal de uma função). Por exemplo, considerando o gráfico da função real f a seguir, temos:

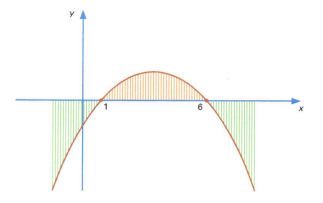

- A função se anula para dois valores de x ($x = 1; x = 6$);
- A função é positiva para todos os valores de x tais que $1 < x < 6$;
- A função é negativa para todos os valores de x tais que $x < 1$ ou $x > 6$.

Simetrias

Ao analisar o comportamento gráfico, podemos encontrar determinadas funções cujos gráficos no plano cartesiano chamam a atenção pela simetria que apresentam. Observe os exemplos.

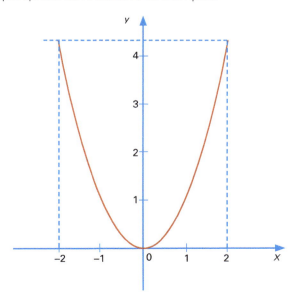

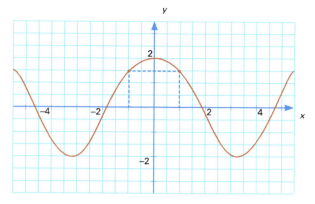

Nos dois gráficos o eixo das ordenadas representa um eixo de simetria: valores de x opostos têm a mesma imagem (observe as linhas tracejadas, por exemplo). Nesses casos, as funções correspondentes são denominadas funções pares.

> Em uma função, se $f(-x) = f(x)$ para todo x e $-x$ em seu domínio, então f tem o gráfico simétrico em relação ao eixo das ordenadas. Nesse caso, dizemos que f é uma função **par**.

Exemplo:

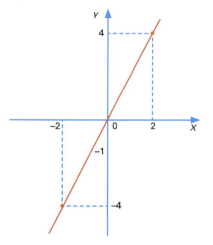

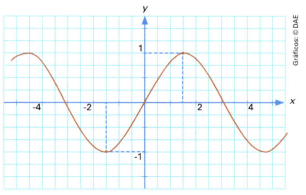

Introdução à Geometria Analítica Capítulo 8 109

Nos dois gráficos há uma simetria em relação à origem do sistema de coordenadas cartesianas. Observe que elementos opostos do domínio da função possuem imagens opostas (note as linhas tracejadas, por exemplo). Nesses casos, as funções correspondentes são ditas funções ímpares.

> Em uma função, se $f(-x) = -f(x)$ para todo x e $-x$ em seu domínio, então f tem o gráfico simétrico em relação à origem. Nesse caso, dizemos que f é uma função **ímpar**.

Observações:

1. Existem funções que não apresentam nenhuma das simetrias mencionadas. Nesses casos, dizemos que essas funções não são nem pares e nem ímpares.

2. Para verificar algebricamente se uma função é par, basta verificar se $f(-x) = f(x)$, isto é, substituindo x na lei de formação por $-x$, a lei de formação permanece igual.

3. Para verificar algebricamente se uma função é ímpar, basta observar se $f(-x) = -f(x)$, isto é, substituindo x na lei de formação por $-x$, a lei de formação muda apenas de sinal.

Exercícios resolvidos

1. O gráfico a seguir representa a função $g: \mathbb{R} \to \mathbb{R}$ definida por $g(x) = kx^2 + tx$, com k e t constantes. Determine o valor de $g(5)$.

    Pelo gráfico temos $g(1) = 2$ e $g(2) = 0$.

    Assim,
    $\begin{cases} 2 = k \cdot (1)^2 + t \cdot 1 \\ 0 = k \cdot (2)^2 + t \cdot 2 \end{cases} \Rightarrow \begin{cases} 2 = k + t \\ 0 = 4k + 2t \end{cases} \Rightarrow$
    $\Rightarrow k = -2$ e $t = 4$. Temos que $g(x) = -2x^2 + 4x$.

    Assim, $g(5) = -2 \cdot (5)^2 + 4 \cdot 5 = -30$.

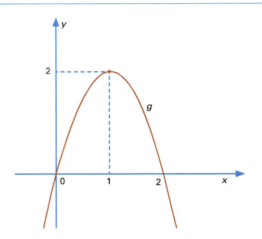

2. Observe o gráfico da função $f: \mathbb{R} \to \mathbb{R}$.

    a) Qual é o domínio de f?

    b) Qual é a imagem de f?

    c) Para quais valores de x tem-se $f(x) = 0$?

    d) Para quais valores tem-se $f(x) > 0$?

    e) Para quais valores tem-se $f(x) < 0$?

    f) Para quais valores de x a função é crescente?

    g) Para quais valores de x a função é decrescente?

    a) $D(f) = [-6; 4[$

    b) $Im(f) = [-7; 8[$

    c) $f(-5) = f(-1) = f(3) = 0$, ou seja, para x igual a -5, -1 ou 3.

    d) $f(x) > 0$ para $-5 < x < -1$ ou $3 < x < 4$.

    e) $f(x) < 0$ para $-6 < x < -5$ ou $-1 < x < 3$.

    f) $f(x)$ é crescente para $-6 < x < -3$ ou $1 < x < 4$.

    g) $f(x)$ é decrescente para $-3 < x < 1$.

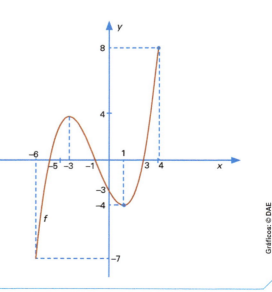

3. Classifique quanto à paridade cada uma das seguintes funções representadas no plano cartesiano.

a)

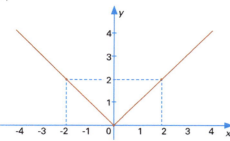

b)

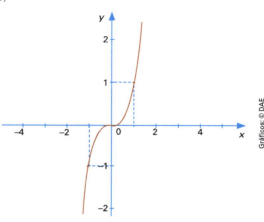

a) Observando que o gráfico da função é simétrico em relação ao eixo das ordenadas, classificamos tal função como par. Note que, para qualquer x no domínio da função, tem-se $f(-x) = f(x)$.

b) O gráfico da função apresenta uma simetria em relação à origem do sistema de coordenadas cartesianas. Sendo assim, podemos classificar essa função como função ímpar. Além disso, note que para todo x no domínio tem-se $f(-x) = -f(x)$.

Exercícios propostos

1. Construa, no plano cartesiano, o gráfico de cada uma das funções a seguir.
 a) A função $f: \mathbb{N} \to \mathbb{R}$, definida por $y = f(x) = 4 - 2x$.
 b) A função $f: \mathbb{Z} \to \mathbb{R}$, definida por $y = f(x) = 4 - 2x$.
 c) A função $f: \mathbb{R} \to \mathbb{R}$, definida por $y = f(x) = 4 - 2x$.

2. Construa, no plano cartesiano, os gráficos das funções.
 $f: \mathbb{R} \to \mathbb{R}$:
 a) $f(x) = x - 2x$.
 b) $f(x) = x + 3$
 c) $f(x) = x^2$
 d) $f(x) = x^2 - 1$
 e) $f(x) = \dfrac{1}{x} \ (x \neq 0)$

3. Considere que o gráfico abaixo é de uma função f, lembrando que a "bola aberta" indica que aquele ponto não faz parte do gráfico. ⟶ Pequena circunferência usada no lugar do ponto.

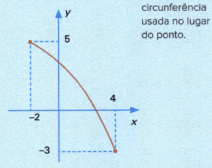

 a) Escreva o intervalo correspondente ao domínio dessa função.
 b) Obtenha o intervalo correspondente ao conjunto imagem da função f.

4. Considere que o gráfico abaixo está representando uma função $y = f(x)$.

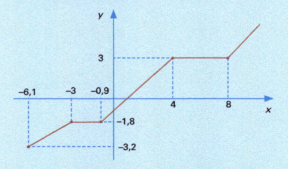

Determine:
 a) A imagem do número -3 nessa função, isto é, $f(-3)$.
 b) A imagem do número 5 nessa função, isto é, $f(5)$.
 c) O intervalo do domínio da função tal que a imagem seja igual a 3.
 d) O domínio da função.
 e) O conjunto imagem da função.

Introdução à Geometria Analítica Capítulo 8

5. Verifique cada um dos gráficos abaixo, construídos no plano cartesiano, e depois responda.

a)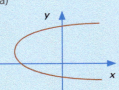

d)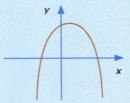

b)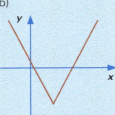

e)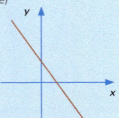

c)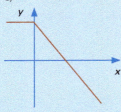

f)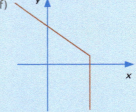

a) Quais gráficos representam funções $y = f(x)$?

b) Quais gráficos não representam funções $y = f(x)$?

6. Analise o gráfico da função abaixo e responda:

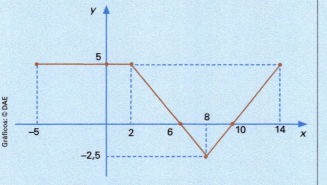

a) Qual é o domínio da função?

b) Qual é o conjunto imagem dessa função?

c) Para quais valores de x a função é constante?

d) Para quais valores de x a função é crescente?

e) Para quais valores de x a função é decrescente?

f) Quais valores de x verificam a condição $f(x) = 0$?

g) Quais valores de x verificam a condição $f(x) > 0$?

h) Quais valores de x verificam a condição $f(x) < 0$?

7. Uma função $f: \mathbb{R} \to \mathbb{R}$ tem seu gráfico esboçado a seguir.

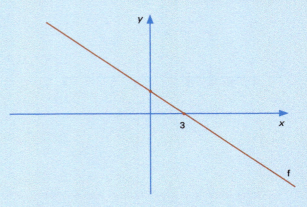

a) O que ocorre com a imagem dessa função quando aumentamos o valor de x em seu domínio?

b) Essa função é decrescente para todo x em seu domínio?

c) Existe algum valor de x que anula essa função?

d) Para quais valores de x temos $f(x) > 0$?

e) Para quais valores de x temos $f(x) < 0$?

8. Represente, em seu caderno, o gráfico de uma função cujo domínio é $\text{Dom}(f) = [-7; 5]$, e cujo conjunto imagem é $\text{Im}(f) = [-6; 6]$.

9. Indique as afirmações verdadeiras sobre a função representada no gráfico a seguir.

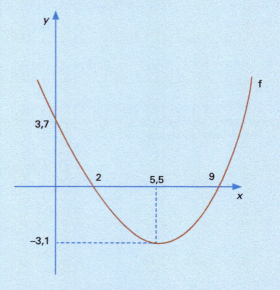

a) f é uma função crescente em todo o seu domínio.

b) f é uma função decrescente em todo o seu domínio.

c) $f(x) > 0$ para $x < 2$ ou para $x > 9$.
d) f é crescente para $x > 5,5$.
e) f é decrescente para $x < 5,5$.
f) $f(x) = 0$ para dois valores de x.
g) $f(x) < 0$ para $2 < x < 9$.
h) $f(0) = 3,7$.
i) O conjunto imagem dessa função é $\text{Im}(f) = \{y \in \mathbb{R}/y \geq -3,1\}$.

10. Construa, em seu caderno, o gráfico da função definida por $y = 2x - 4$, com domínio nos reais. Em seguida, identifique se é uma função crescente ou decrescente.

11. Responda às questões sobre a função $f: \mathbb{R} \to \mathbb{R}$ definida por $f(x) = 2x^2 - 5x + 3$.
   a) Para quais valores de x temos $f(x) = 0$?
   b) Qual é o valor da função para $x = \dfrac{5}{4}$?

12. O gráfico da função f a seguir admite o eixo y como eixo de simetria. Se você desenhasse o gráfico em uma folha de papel, e a dobrasse sobre o eixo y, as duas metades do gráfico iriam se sobrepor. Quando isso ocorre, tal função é denominada função par.

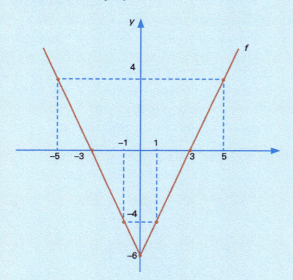

a) Pelo gráfico, qual é o conjunto imagem dessa função?
b) Qual é a imagem de 5 nessa função? E do seu simétrico, -5?
c) Qual é a imagem de -1 nessa função? E do seu simétrico 1?
d) Quais valores de x têm imagem igual a zero nessa função?

13. Existem funções em que elementos opostos no domínio da função têm imagens opostas. Quando isso ocorre, a função recebe a denominação função ímpar. Observe o gráfico a seguir de uma função f.

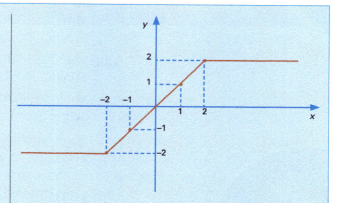

a) Pelo gráfico, é correto afirmar que elementos opostos no domínio da função têm imagens opostas?
b) A função correspondente é uma função ímpar?
c) Pelo gráfico, determine o valor de $f(2)$ e de $f(-2)$.
d) Pelo gráfico, obtenha o valor de $f(10) + f(-10)$.
e) Qual é o conjunto imagem dessa função?

14. No plano cartesiano abaixo, estão representados os gráficos de duas funções: $f: \mathbb{R} \to \mathbb{R}$ e $g: \mathbb{R} \to \mathbb{R}$. Note que esses dois gráficos se interceptam em dois pontos situados no eixo das abscissas.

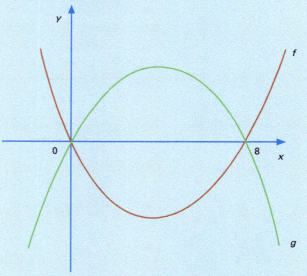

a) Determine os valores de x para os quais essas duas funções são iguais.
b) Escreva os valores de x para os quais tem-se $f(x) > 0$.
c) Para quais valores de x tem-se $f(x) < 0$?
d) Determine os valores de x que tornam a função g positiva.
e) Determine os valores de x que tornam a função g negativa.
f) Para quais valores de x tem-se $f(x) < g(x)$? E $f(x) > g(x)$?

HISTÓRIA DA MATEMÁTICA

Agora, vamos conhecer um pouco mais o surgimento da Geometria Analítica e sua grande contribuição para o desenvolvimento da chamada Matemática moderna.

A geometria, como ciência dedutiva, foi criada pelos gregos. Mas, somente no século XVII, a Álgebra estaria razoavelmente aparelhada para uma fusão criativa com a Geometria.

Ocorre, porém, que o fato de haver condições para uma descoberta não exclui o toque de genialidade de alguém. E, no caso da Geometria Analítica, fruto dessa fusão, o mérito não foi de uma só pessoa. Dois franceses, René Descartes (1596-1650) e Pierre de Fermat (1601-1665), curiosamente ambos graduados em Direito, nenhum deles matemático profissional, são os responsáveis por esse grande avanço científico. O primeiro movido basicamente por seu grande amor à Matemática e o segundo, por razões filosóficas. E, diga-se de passagem, não trabalharam juntos: a Geometria Analítica é um dos muitos casos, em Ciência, de descobertas simultâneas e independentes.

René Descartes (1596-1650).

A Geometria Analítica, também denominada Geometria de Coordenadas e Geometria Cartesiana, se baseia nos estudos da Geometria por meio da utilização da Álgebra. Por mérito, as coordenadas cartesianas deviam denominar-se coordenadas fermatianas. *Cartesius* é a forma latinizada de Descartes (René). Sua obra *Discours de la méthode* (3. apêndice, *La géométrie*), publicada em 1637, se limitou a apresentar as ideias fundamentais sobre a resolução de problemas com utilização da Álgebra. Porém, é curioso observar que o sistema hoje denominado cartesiano não tem amparo histórico, pois a obra de Descartes nada contém sobre eixos perpendiculares, coordenadas de um ponto e nem mesmo equação de uma reta. No entanto, ele "mantém um lugar seguro na sucessão canônica dos altos sacerdotes do pensamento em virtude de têmpera racional de sua mente e sua sucessão na unidade do conhecimento. Ele fez soar o gongo e a civilização ocidental tem vibrado desde então com o espírito cartesiano de ceticismo e de indagação que ele tornou de aceitação comum entre pessoas educadas" (George Simmons). Segundo ainda este proeminente autor, *La géométrie* "foi pouco lida então e menos lida hoje, e bem merecidamente".

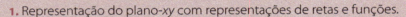

1. Representação do plano-*xy* com representações de retas e funções.

2. Representação do plano-*xy* com a inscrição dos vetores unitários *i* e *j*.

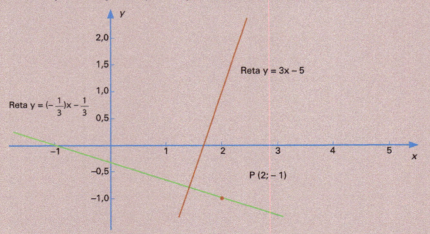
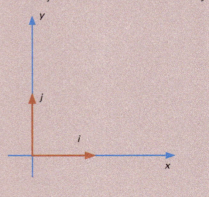

Ao aplicar a Álgebra à Geometria, Descartes criou princípios matemáticos que seriam uma tradução das operações algébricas em linguagem geométrica, capazes de analisar as propriedades do ponto, da reta e da circunferência, determinando distâncias entre eles, localização e pontos de coordenadas. O pensador francês acreditava que o novo método era uma forma mais clara e organizada de resolver os problemas de natureza geométrica.

Pierre de Fermat, em 1629, através do seu trabalho de restauração de obras, se propôs a reconstruir *Lugares planos*, de Apolônio, e obteve um subproduto desse esforço. E não há como resistir à tentação de expor um tópico lendário da Matemática: o Último Teorema de Fermat. Em 1633, estudando um exemplar da Aritmética de Diofanto (séc. III d.C.), Fermat deparou-se com o teorema: a equação $x^n + y^n = z^n$ não admite solução para x, y, z inteiros e positivos, quando o expoente n for inteiro, positivo e maior que 2. No livro de Diofanto, Fermat anotou: "Encontrei uma demonstração verdadeiramente admirável para este teorema, mas a margem é muito pequena para desenvolvê-la". Há quem duvide que Fermat tenha dito a verdade. Porém, além de íntegro, moralmente idôneo, hábil na teoria dos números, lembramos que Fermat jamais cometeu um engano ou disparate matemático. Em 1636 descobriu o princípio fundamental da Geometria Analítica. Enquanto Descartes partia de um lugar geométrico e então encontrava sua equação, Fermat partia de uma equação e então estudava o lugar correspondente. São esses os dois aspectos recíprocos do princípio fundamental da Geometria Analítica.

Pierre de Fermat (1601-1665).

Também é devido a Fermat a descoberta das curvas $x^m y^n = a$, $y^n = ax^m$ e $r^n = a\theta$, que ainda hoje são conhecidas como hipérboles, parábolas e espirais de Pascal.

Tendo como base os estudos da Geometria Analítica, a Matemática passou a ser considerada uma disciplina moderna, com capacidade de explicar e demonstrar condições relacionadas ao espaço. Por meio da Geometria Analítica, é possível dar uma interpretação geométrica a equações com duas, três ou mais variáveis.

A Geometria Analítica também é muito utilizada na Física e na engenharia, e é o fundamento das áreas mais modernas da Geometria, como a Geometria Algébrica, Diferencial, Discreta e Computacional.

Cabe à Geometria Analítica o estudo de temas da Matemática, como espaço vetorial; definição do plano; problemas de distância; estudo da reta; estudo da circunferência; o produto escalar para obter o ângulo entre dois vetores; o produto vetorial para obter um vetor perpendicular a dois vetores conhecidos (e também o seu volume espacial); problemas de intersecção; estudo das cônicas (elipse, hipérbole e parábola); estudo analítico do ponto.

A Geometria Analítica, como é hoje, pouco se assemelha às contribuições deixadas por Descartes e Fermat. Inclusive sua marca mais característica, um par de eixos ortogonais, não usada por nenhum deles. Mas, cada um a seu modo, eles sabiam que a ideia central era associar equações a curvas e superfícies.

A história a respeito do último teorema de Fermat é muito interessante. Assim, caso queira compreendê-la com mais detalhes, leia o livro *O último teorema de Fermat*, de Simon Singh, publicado pela Editora Record.

QUESTÕES

De acordo com o texto, responda às questões a seguir.

1. A quem é atribuída a descoberta da Geometria Analítica?
2. Com as operações algébricas em linguagem geométrica, o que Descartes e Fermat foram capazes de analisar?
3. A que temas da Matemática podemos atribuir a Geometria Analítica?

CAPÍTULO 9 — FUNÇÃO AFIM

Considere a seguinte situação: uma pessoa pegou o táxi para ir ao trabalho. No trajeto todo, o veículo não parou. Ao entrar no táxi, o motorista ligou o taxímetro, que estava marcando inicialmente R$ 4,50 (correspondente à bandeirada). O taxímetro indica uma cobrança de R$ 2,80 por quilômetro percorrido. Como foram percorridos 9 quilômetros, essa pessoa teve de pagar R$ 29,70.

Foto de 2014, no Rio de Janeiro, RJ.

Observe como podemos calcular o valor total pago:

Valor a pagar = (valor da bandeirada) + (número de quilômetros) · (valor por quilômetro)

Valor a pagar = 4,50 + 9 · 2,80

Valor a pagar = 29,70

Considerando a mesma situação e supondo que o valor a ser pago (V) dependa da quantidade x de quilômetros percorridos, poderíamos escrever:

$$V = f(x)$$

$$V = 4,50 + 2,80x$$

A fórmula mostrada representa a lei de formação de uma função. Essa função é denominada **função afim**, que pode ser definida deste modo:

> Uma função $f: \mathbb{R} \to \mathbb{R}$ é chamada função afim quando existem dois números reais a e b tal que $y = ax + b$ para todo $x \in \mathbb{R}$.

Exemplos:

- $f(x) = 7x + 9 \to \begin{cases} a = 7 \\ b = 9 \end{cases}$

- $f(x) = x - 10 \to \begin{cases} a = 1 \\ b = -10 \end{cases}$

- $f(x) = x - 19 \to \begin{cases} a = 1 \\ b = -19 \end{cases}$

- $f(x) = 4x \to \begin{cases} a = 4 \\ b = 0 \end{cases}$

- $f(x) = -9 \to \begin{cases} a = 0 \\ b = -9 \end{cases}$

- $f(x) = 3{,}40 + 2{,}10x \to \begin{cases} a = 2{,}10 \\ b = 3{,}40 \end{cases}$

Retornando à situação inicial, podemos calcular o valor a ser pago pela corrida em função da quantidade de quilômetros percorridos, substituindo x pelo total de quilômetros percorridos, isto é:

$V(x) = f(x) = 4{,}50 + 2{,}80x$

$V(9) = f(9) = 4{,}50 + 2{,}80 \cdot 9$

$V(9) = f(9) = 29{,}70$

Note ainda que, quando o passageiro entrou no táxi, o motorista mexeu no taxímetro, indicando o valor inicial a ser pago, ou seja, o carro ainda não havia se deslocado. Esse valor inicial, correspondente à bandeirada, poderia ser calculado substituindo x por zero na lei de formação da função:

$V(x) = f(x) = 4{,}50 + 2{,}80x$

$V(0) = f(0) = 4{,}50 + 2{,}80 \cdot 0$

$V(0) = f(0) = 4{,}50$

Observações:

1. Quando uma função afim $f: \mathbb{R} \to \mathbb{R}$, definida por $f(x) = ax + b$, é tal que $a \neq 0$, ela é denominada também **função polinomial do 1º grau**.

2. A lei de formação de uma função afim pode ser determinada quando conhecemos dois de seus valores distintos. $(x_1, f(x_1))$ e $(x_2, f(x_2))$.

Taxa de variação da função afim

Vimos que podemos obter a lei de formação de uma função afim da forma $f(x) = ax + b$ a partir de dois de seus valores.

Vamos agora generalizar esse procedimento, considerando que $y_1 = f(x_1)$ e $y_2 = f(x_2)$, com $x_1 \neq x_2$. Assim, temos as seguintes igualdades:

$$y_1 = f(x_1) = ax_1 + b$$

$$y_2 = f(x_2) = ax_2 + b$$

Subtraindo as duas equações membro a membro (vamos fazer a segunda menos a primeira), obtemos:

$$y_2 - y_1 = ax_2 + b - (ax_1 + b)$$

$$y_2 - y_1 = ax_2 - ax_1$$

$$y_2 - y_1 = a(x_2 - x_1)$$

$$a = \frac{y_2 - y_1}{x_2 - x_1}$$

Substituindo o valor de a em uma das duas equações iniciais (vamos substituir na primeira equação), podemos determinar o valor de b:

$$y_1 = ax_1 + b$$

$$y_1 = \left(\frac{y_2 - y_1}{x_2 - x_1} \right) \cdot x_1 + b$$

$$y_1(x_2 - x_1) = (y_2 - y_1) \cdot x_1 + b(x_2 - x_1)$$

$$x_2 y_1 - x_1 y_2 = x_1 y_2 - x_1 y_1 + b(x_2 - x_1)$$

$$x_2 y_1 - x_1 y_2 = b(x_2 - x_1)$$

$$b = \frac{x_2 y_1 - x_1 y_2}{x_2 - x_1}$$

Considerando o valor obtido para o coeficiente de x (valor de a), note que o numerador da fração é a diferença entre os valores de y, enquanto o denominador é a diferença entre os correspondentes valores de x, ou seja:

$$a = \frac{y_2 - y_1}{x_2 - x_1} = \frac{\text{variação de } y}{\text{variação de } x}$$

> Na função afim $f(x) = ax + b$, o número real a é denominado **taxa de variação** (ou **taxa de crescimento**) da função. Seu valor pode ser calculado por:
>
> $$a = \frac{y_2 - y_1}{x_2 - x_1} = \frac{\text{variação de } y}{\text{variação de } x}$$
>
> sendo $x_1 \neq x_2$.

É importante observar que a taxa de variação é constante para cada função afim. Essa taxa de crescimento, como veremos mais adiante, está ligada ao estudo do crescimento da função afim.

Exemplo:

Na função afim $f: \mathbb{R} \to \mathbb{R}$, definida por $f(x) = 9x - 17$, a taxa de crescimento da função é 9. Para compreender um pouco mais essa taxa de crescimento, observe o que acontece quando atribuímos valores naturais e consecutivos para a variável x:

Valor de x	Cálculo das imagens	Valores de y
0	$f(0) = 9 \cdot 0 - 17 = -17$	−17
1	$f(1) = 9 \cdot 1 - 17 = -8$	−8
2	$f(2) = 9 \cdot 2 - 17 = 1$	1
3	$f(3) = 9 \cdot 3 - 17 = 10$	10
4	$f(4) = 9 \cdot 4 - 17 = 19$	19
5	$f(5) = 9 \cdot 5 - 17 = 28$	28
Valores de x aumentando de 1 em 1		Valores de y aumentando de 9 em 9
...	...	...

Considerando que a taxa de crescimento é o quociente entre a variação de y e a variação de x, temos:

$$9 = \frac{f(1) - f(0)}{1 - 0} = \frac{f(2) - f(1)}{2 - 1} = \frac{f(3) - f(2)}{3 - 2} = $$
$$= \frac{f(4) - f(3)}{4 - 3} = \frac{f(5) - f(4)}{5 - 4} = ...$$

No exemplo, a sequência obtida pelos valores das imagens (isto é, −17, −8, 1, 10, 19, 28, ...) é denominada **progressão aritmética** de razão 9, conforme estudaremos adiante.

O gráfico de uma função afim

Vimos, anteriormente, que em uma função afim $f: \mathbb{R} \to \mathbb{R}$, definida por $f(x) = ax + b$, o número real a é **denominado taxa de crescimento da função** (ou taxa de variação da função). Seu valor pode ser determinado por:

$$a = \frac{y_2 - y_1}{x_2 - x_1} = \frac{f(x_2) - f(x_1)}{x_2 - x_1} \text{ sendo } x_1 \neq x_2.$$

Ao construir o gráfico de uma função afim $f: \mathbb{R} \to \mathbb{R}$ no plano cartesiano, teremos uma reta. Mas como podemos garantir que esse gráfico será de fato uma reta? Vejamos inicialmente três exemplos de gráficos de funções afim, obtidos atribuindo-se valores à variável independente x.

Exemplos:

1. Vamos esboçar o gráfico da função $f: \mathbb{R} \to \mathbb{R}$, definida por $y = f(x) = 4x - 7$.

Atribuímos alguns valores para a variável independente x e obtemos os correspondentes valores para a variável dependente y.

x	$y = f(x) = 4x - 7$
0	$y = f(0) = 4 \cdot 0 - 7 = -7$
1	$y = f(1) = 4 \cdot 1 - 7 = -3$
2	$y = f(2) = 4 \cdot 2 - 7 = 1$
3	$y = f(3) = 4 \cdot 3 - 7 = 5$

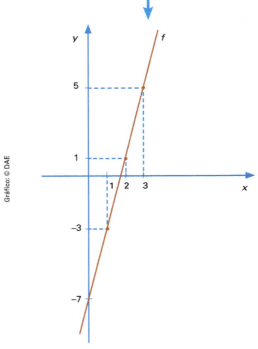

Note que os quatro pontos obtidos estão alinhados. Como o domínio é o conjunto dos números reais, ligamos esses pontos obtendo o gráfico. Pelo gráfico obtido é possível constatar que, aumentando os valores de x, os valores de y em correspondência aumentam também: a função é crescente.

2. Vamos esboçar, no plano cartesiano, o gráfico da função:

$f: \mathbb{R} \to \mathbb{R}$, definida por $y = f(x) = -x + 4$.

Atribuímos alguns valores para a variável independente x e obtemos os correspondentes valores para a variável dependente y.

x	y = f(x) = −x + 4
−2	y = f(−2) = −(−2) + 4 = 6
−1	y = f(−1) = −(−1) + 4 = 5
0	y = f(0) = −0 + 4 = 4
1	y = f(1) = −1 + 4 = 3
2	y = f(2) = −2 + 4 = 2

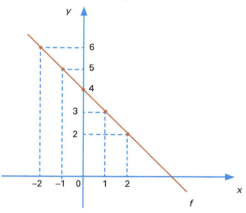

Também aqui os pontos estão alinhados. Sendo o domínio da função o conjunto dos números reais, construímos o gráfico ligando esses pontos. Nesse exemplo, a função é decrescente, pois, aumentando os valores de x, os valores em correspondência de y estão diminuindo.

3. Vamos esboçar, no plano cartesiano, o gráfico da função $f: \mathbb{R} \to \mathbb{R}$, definida por $y = f(x) = 4$.

Atribuímos alguns valores para a variável independente x e obtemos os correspondentes valores para a variável dependente y.

x	y = f(x) = 4
−2	y = f(−2) = 4
0	y = f(0) = 4
3	y = f(3) = 4
5	y = f(5) = 4

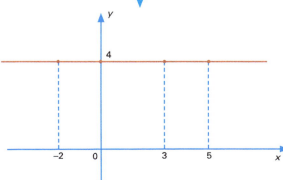

Novamente os pontos encontrados estão alinhados. Como o domínio é o conjunto dos números reais, o gráfico é obtido ligando esses pontos. Note que aqui a função é constante, pois, variando os valores de x, as imagens são sempre as mesmas, isto é, y = 4.

Questões e reflexões

1. Em cada um dos três exemplos anteriores, qual é a taxa de crescimento da função?
2. Quando uma função afim é crescente? Decrescente? Constante?

Poderíamos continuar construindo gráficos de várias funções $f: \mathbb{R} \to \mathbb{R}$ da forma $f(x) = ax + b$. Acabaríamos verificando que seus gráficos seriam sempre retas. Mas, sem construir esses gráficos, podemos garantir que os pontos obtidos estão sempre alinhados, respondendo à questão que fizemos anteriormente.

Garantimos que o gráfico será uma reta provando que três pontos quaisquer pertencentes ao gráfico de uma função afim estão alinhados. No gráfico a seguir indicamos três pontos pertencentes ao gráfico da função afim $f(x) = ax + b$.

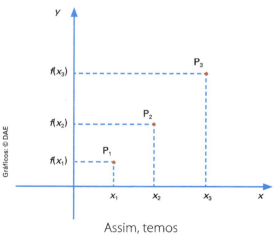

Assim, temos
$$f(x_1) = ax_1 + b$$
$$f(x_2) = ax_2 + b$$
$$f(x_3) = ax_3 + b$$

Considerando a taxa de variação, são verdadeiras as igualdades a seguir:

$$a = \frac{f(x_2) - f(x_1)}{x_2 - x_1} = \frac{f(x_3) - f(x_1)}{x_3 - x_1} = \frac{f(x_3) - f(x_2)}{x_3 - x_2}$$

As variações de y e de x (em valor absoluto) podem ser interpretadas no plano cartesiano como medidas dos catetos de triângulos retângulos, como representado a seguir nos dois gráficos.

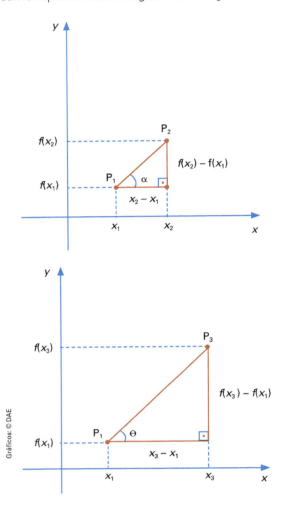

Se provarmos que os ângulos α e θ indicados nessas figuras são iguais, então os três pontos P₁, P₂ e P₃ estarão alinhados. Note que os dois triângulos retângulos têm dois lados correspondentes com medidas proporcionais e, em comum, um ângulo reto. Pela semelhança de triângulos, conforme estudado na unidade anterior, dois triângulos são semelhantes se possuem um ângulo em comum congruente formado por dois lados com medidas proporcionais. Assim, esses dois triângulos são semelhantes. Logo, os ângulos internos, dois a dois, são congruentes. Concluímos que α = θ e que, portanto, os três pontos estão alinhados.

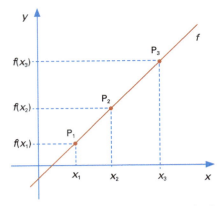

Dissemos anteriormente que a lei de formação de uma função afim pode ser determinada quando conhecemos dois de seus valores $(x_1, f(x_1))$ e $(x_2, f(x_2))$. Sabendo que o gráfico é uma reta, basta conhecer dois de seus pontos para chegarmos a seu gráfico.

Crescimento de uma função afim

É possível observar o crescimento ou decrescimento de uma função afim conhecendo apenas a lei de formação da função. Assim, em uma função afim $f: \mathbb{R} \to \mathbb{R}$, definida por $f(x) = ax + b$ e considerando que $a \neq 0$ (quando $a = 0$, a função é constante), temos:

> Se $a > 0$, então a função é crescente.
> Se $a < 0$, então a função é decrescente.

Para provar que essas afirmações são verdadeiras, considere os dois casos para a taxa de crescimento da função afim que passa pelos pontos $(x_1, f(x_1))$ e $(x_2, f(x_2))$:

1º **caso:** $a > 0$

Como $a = \dfrac{f(x_2) - f(x_1)}{x_2 - x_1}$, temos $\dfrac{f(x_2) - f(x_1)}{x_2 - x_1} > 0$.

O numerador e o denominador dessa fração devem ter o mesmo sinal (vamos considerar apenas o caso em que os dois são positivos):

$f(x_2) - f(x_1) > 0$ e $x_2 - x_1 > 0$

Isto é:

$f(x_2) > f(x_1)$ e $x_2 > x_1$

Como essa expressão equivale a dizer que $x_1 < x_2$ e $f(x_1) < f(x_2)$ e considerando que, em uma fração crescente, se $x_1 < x_2$, então $f(x_1) < f(x_2)$, concluímos que a função f é crescente.

2º caso: $a < 0$

Como $a = \dfrac{f(x_2) - f(x_1)}{x_2 - x_1}$, temos $\dfrac{f(x_2) - f(x_1)}{x_2 - x_1} < 0$.

Dessa forma, o numerador e o denominador dessa fração devem ter sinais contrários (vamos considerar apenas o caso em que o numerador é negativo e o denominador é positivo):

$f(x_2) - f(x_1) < 0$ e $x_2 - x_1 > 0$

Isto é:

$f(x_2) < f(x_1)$ e $x_2 > x_1$

Como essa expressão equivale a dizer que $x_1 < x_2$ e $f(x_1) > f(x_2)$ e considerando que, em uma fração decrescente, se $x_1 < x_2$, então $f(x_1) > f(x_2)$, concluímos que a função f é decrescente.

Observação:

Esses dois casos estão ilustrados nos gráficos a seguir.

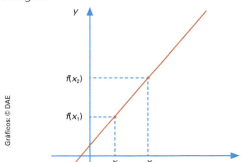

1º caso:

$a > 0$, isto é, $\dfrac{f(x_2) - f(x_1)}{x_2 - x_1} > 0$

Função crescente

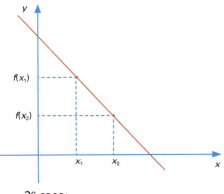

2º caso:

$a < 0$, isto é, $\dfrac{f(x_2) - f(x_1)}{x_2 - x_1} < 0$

Função decrescente

Exemplos:

A função definida nos reais por $f(x) = 2x + 3$ é crescente, pois $a = 2$ ($a > 0$).

A função definida nos reais por $f(x) = -2x + 7$ é decrescente, pois $a = -2$ ($a < 0$).

Conhecendo, então, o sinal da taxa de variação de uma função afim, podemos agora dizer se a função é crescente ou decrescente (quando a taxa é igual a zero, a função é constante). Observe nos exemplos a seguir o que ocorre quando duas ou mais funções afins tiverem a mesma taxa de crescimento:

1. Em um mesmo plano cartesiano estão representados os gráficos das funções reais f, g e h, definidas respectivamente por:

$f(x) = 3x$, $g(x) = 3x - 4$ e $h(x) = 3x + 4$

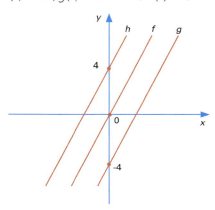

Como as funções têm a mesma taxa de crescimento ($a = 3$), os gráficos obtidos são retas paralelas.

2. Em um mesmo plano cartesiano estão representados os gráficos das funções reais f, g e h, definidas respectivamente por:

$f(x) = -x$, $g(x) = -x + 5$ e $h(x) = -x - 4$

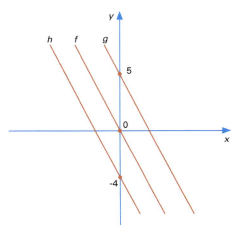

Como as funções têm a mesma taxa de crescimento ($a = -1$), os gráficos obtidos são retas paralelas.

Nos dois exemplos vimos que, quando duas ou mais funções reais afins têm o mesmo coeficiente de x (taxa de crescimento), os gráficos são retas paralelas. Ora, esse paralelismo entre as retas correspondentes pode ser verificado considerando duas funções $f: \mathbb{R} \to \mathbb{R}$ e $g: \mathbb{R} \to \mathbb{R}$, definidas por $f(x) = ax + b$ e $g(x) = ax + c$, respectivamente. Como essas funções têm a mesma taxa de crescimento, podemos esboçar seus gráficos a seguir:

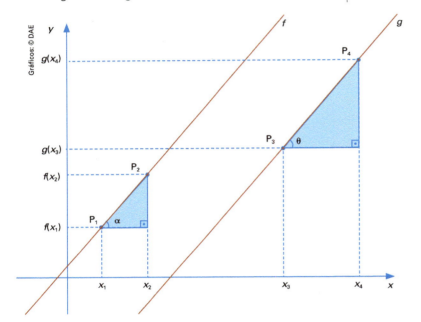

OBSERVAÇÃO:
No estudo de Geometria Analítica, ainda no Ensino Médio, veremos que a taxa de crescimento de uma função afim também é chamada de **coeficiente angular da reta**. Assim, duas retas no plano cartesiano com o mesmo coeficiente angular são retas paralelas ou coincidentes.

Para provar que essas duas retas são paralelas, basta mostrar que os ângulos indicados α e θ são congruentes.

Temos, por hipótese, que as taxas de crescimento dessas funções são iguais. Assim, podemos escrever:

$$a = \frac{f(x_2) - f(x_1)}{x_2 - x_1} = \frac{g(x_4) - g(x_3)}{x_4 - x_3}$$

(catetos dos triângulos são proporcionais.)

Como os dois triângulos destacados têm os catetos correspondentes com medidas proporcionais e, em comum, um ângulo reto, os dois triângulos são semelhantes. Assim, os ângulos internos, dois a dois, são congruentes, isto é, têm a mesma medida. Concluímos, então, que $\alpha = \theta$, isto é, as duas retas são paralelas.

Exercícios resolvidos

1. Obtenha o expressão da função afim $f: \mathbb{R} \to \mathbb{R}$, sabendo que $f(2) = 3$ e $f(-2) = -5$.

Os pontos $(2; 3)$ e $(-2; -5)$ pertencem à função f. Como f é do tipo $y = ax + b$, temos:

$\begin{cases} 3 = 2a + b \\ -5 = -2a + b \end{cases} \Rightarrow \begin{cases} b = 3 - 2a \text{ (I)} \\ b = 2a - 5 \text{ (II)} \end{cases}$; igualando (I) e (II),

temos:
$3 - 2a = 2a - 5 \Rightarrow a = 2$. Substituindo $a = 2$ em (I) ou (II), encontramos $b = -1$.
Portanto, $f(x) = 2x - 1$.

2. Considere a função $g: \mathbb{R} \to \mathbb{R}$, definida por
$g(x) = (k + 4)x - 4$, com $k \in \mathbb{R}$. Quais são as condições que k deve satisfazer para que:
a) $g(x)$ seja uma função crescente.
b) $g(x)$ seja uma função decrescente.
c) $g(x)$ seja uma função constante.

a) Para que $g(x)$ seja crescente, $k + 4 > 0$, ou seja, $k > -4$.
b) Para que $g(x)$ seja decrescente, $k + 4 < 0$, ou seja, $k < -4$.
c) Para que $g(x)$ seja constante, $k + 4 = 0$, ou seja, $k = -4$.

3. Seja a função $h: \mathbb{R} \to \mathbb{R}$, definida por $h(x) = 3x + 3k$, sendo k um número real. Construa o gráfico de h sabendo que o ponto $(3; 0)$ pertence a h.

Como $(3; 0)$ pertence a h, temos:
$0 = 3 \cdot 3 + 3k \Rightarrow k = -3$.
Assim, $h(x) = 3x - 9$.

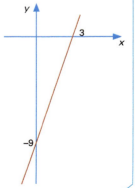

Exercícios propostos

1. Em cada caso a seguir, identifique as funções que são afins, isto é, funções da forma $f(x) = ax + b$. Depois, escreva os valores correspondentes de a e b:
   a) $f(x) = 2x - (x + 1)(x - 1)$
   b) $f(x) = 9x - 4,5$
   c) $f(x) = 10$
   d) $f(x) = x^2 - (x + 2)(x - 2)$
   e) $f(x) = x$
   f) $f(x) = 0$

2. Resolva os seguintes sistemas de equações:
   a) $\begin{cases} 3a - b = -6 \\ 4a + b = 20 \end{cases}$
   b) $\begin{cases} 2x - y = 7 \\ 2x + y = 13 \end{cases}$
   c) $\begin{cases} 2a - 3b = -10 \\ a + 5b = 21 \end{cases}$

3. Escreva a função afim $y = f(x) = ax + b$, considerando que $f(2) = 11$ e $f(0) = -3$.

4. Em relação à função afim da atividade anterior, responda:
   a) Para qual valor de x a função se anula?
   b) Qual o valor correspondente a $f\left(\dfrac{2}{7}\right)$?

5. Obtenha a lei de formação de uma função afim considerando que $f(1) = 1$ e $f(-1) = 9$. Em seguida responda:
   a) Qual o zero dessa função, isto é, para qual valor de x a imagem é zero?
   b) Qual o valor de $f(-10) + f(10)$?

6. Identifique a taxa de crescimento de cada uma das funções:
   a) $f(x) = 7x - 1$
   b) $f(x) = -8x + 2$
   c) $f(x) = 10$
   d) $f(x) = -2$
   e) $f(x) = 9 + x$
   f) $f(x) = -x$

7. Escreva os elementos da sequência numérica correspondente a $(f(0); f(1); f(2); f(3); f(4); f(5); ...)$ sendo que a função f está definida por $f(x) = -3x + 10$. Depois, responda:
   a) Enquanto os valores de x, nessa sequência, estão aumentando de 1 em 1, o que acontece em correspondência com suas imagens?
   b) Qual é o valor de $\dfrac{f(1) - f(0)}{1 - 0}$? E de $\dfrac{f(10) - f(9)}{10 - 9}$?

8. Considere a função afim definida por $f(x) = 10x - 5$.
   a) Escreva a sequência numérica correspondente a $(f(4); f(7); f(10); f(13); f(16); ...)$.
   b) Explique o padrão numérico observado nessa sequência obtida.
   c) Calcule os valores de:
   $\dfrac{f(7) - f(4)}{7 - 4}$, $\dfrac{f(10) - f(7)}{10 - 7}$, $\dfrac{f(13) - f(10)}{13 - 10}$, $\dfrac{f(16) - f(13)}{16 - 13}$

9. Na vitrine de uma loja de roupas estava escrito: "Todos os produtos com desconto de 15%". Determine o valor que deve ser pago ao se comprar uma peça de roupa que custava, sem desconto:
   a) R$ 230,00
   b) R$ 150,00
   c) R$ 300,00
   d) R$ 87,00

10. Ainda em relação à questão anterior, obtenha a lei de formação da função $V = f(x)$, sendo V_0 valor a ser pago por uma peça cujo valor era de x reais e sofre um desconto de 15%.

11. Um vendedor de produtos eletrônicos recebe mensalmente um salário fixo de R$ 500,00 e um adicional de 2% do total das vendas efetuadas no mês.
    a) Qual é o salário desse vendedor no mês de maio se o total de vendas foi R$ 6.600,00?
    b) Quanto esse vendedor receberá se conseguir vender um total de R$ 15.000,00 em um mês?
    c) Obtenha a lei de formação da função $y = f(x)$ sendo que y representa o salário e s o total de vendas efetuadas em um mês.

12. Assinale as afirmações que são verdadeiras em relação à atividade anterior:
    a) Duplicando o total de vendas num mês, o salário do vendedor também duplica.
    b) A taxa de crescimento da função é 0,02.
    c) Aumentando 100 reais no total de vendas, seu salário aumentará 2 reais.
    d) Aumentando 1000 reais no total de vendas, seu salário aumentará 20 reais.

13. No desenho a seguir está representado um quadrado de lado medindo x cm. Escreva a lei de formação da função $y = f(x)$ que fornece o perímetro desse quadrado em função da medida de seu lado. Em seguida, responda:

x cm

a) Nessa função, duplicando a medida do lado do quadrado, o que ocorre com a medida de seu perímetro?

b) Triplicando a medida do lado do quadrado, triplica-se também a medida do perímetro?

c) Qual é a medida do lado de um quadrado considerando que seu perímetro é $44\sqrt{2}$ cm?

14. O custo total C, em reais, para a produção de x unidades de um componente eletrônico é dado pela função $C(x) = 36x + 9\,000$.

a) Qual é o custo correspondente à produção de 2 000 unidades desse produto?

b) Considerando que o custo foi de R$ 27.000,00, quantas unidades foram produzidas?

15. Observando apenas a lei de formação das funções afins abaixo, indique se são crescentes, decrescentes ou constantes:

a) $f(x) = 9 - 2x$

b) $g(x) = 9 + 2x$

c) $h(x) = 9x$

d) $m(x) = 10$

e) $n(x) = 0{,}2x + 3$

f) $p(x) = -4 + 2x$

16. Construa o gráfico de cada função a seguir, sabendo que o domínio é o conjunto dos números reais.

a) $f(x) = -3x + 1$

b) $g(x) = 3x - 2$

c) $h(x) = x + 4$

d) $m(x) = -x + 5$

17. Observando os gráficos construídos na atividade anterior, responda:

a) Quais funções satisfazem a afirmação: "Aumentando-se o valor de x no domínio da função, aumenta-se também o valor da imagem y em correspondência"?

b) Quais funções satisfazem a afirmação: "Aumentando-se o valor de x no domínio da função, diminui-se o valor da imagem y em correspondência"?

18. Construa, num mesmo plano cartesiano, os gráficos das funções f, g e h com domínio no conjunto dos números reais e cujas leis de formação são: $f(x) = -2x + 5$, $g(x) = -2x$ e $h(x) = -2x - 4$. Depois, responda:

a) Os gráficos obtidos são retas paralelas?

b) Quais são as coordenadas dos pontos em que os gráficos dessas funções intersectam o eixo das ordenadas?

Sinal de uma função afim e inequações do 1º grau

O estudo do sinal de uma função afim pode ser feito por meio da análise do comportamento gráfico. Vimos que uma função afim definida com domínio no conjunto dos números reais tem como gráfico uma reta. Essa reta poderá representar uma função crescente, decrescente ou constante. Para saber se a imagem da função é positiva, negativa ou igual a zero, basta considerar o gráfico. Assim, por exemplo, temos:

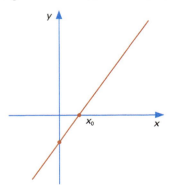

$a > 0$ (função crescente)
$x = x_0 \Rightarrow f(x) = 0$
$x > x_0 \Rightarrow f(x) > 0$
$x < x_0 \Rightarrow f(x) < 0$

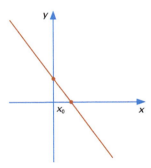

$a < 0$ (função decrescente)
$x = x_0 \Rightarrow f(x) = 0$
$x > x_0 \Rightarrow f(x) < 0$
$x < x_0 \Rightarrow f(x) > 0$

Sendo a função afim constante, temos as seguintes possibilidades:

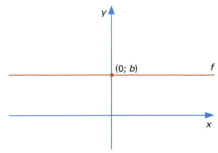

$a = 0$ (função constante)
$b > 0$, $f(x) > 0$ para todo $x \in \mathbb{R}$

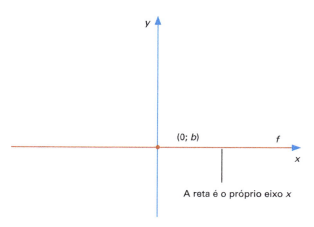

$a = 0$ (função constante)
$b = 0$, $f(x) = 0$ para todo $x \in \mathbb{R}$

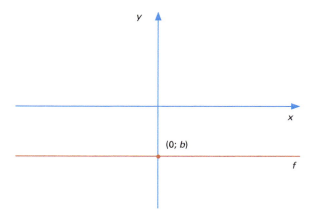

$a = 0$ (função constante)
$b < 0$, $f(x) < 0$ para todo $x \in \mathbb{R}$

Considerando que $a \neq 0$ em uma função afim, para estudar o sinal da função, determinamos inicialmente o zero da função, isto é, o valor de x que anula a função. Depois esboçamos, no plano cartesiano, o gráfico a partir do sinal do coeficiente de x ($a > 0$, a função é crescente, e $a < 0$, a função é decrescente).

Exemplos:

1. Vamos estudar o sinal da função $f: \mathbb{R} \to \mathbb{R}$, definida por $f(x) = 3x - 8$.

    ▸ Determinamos o zero da função:
    $f(x) = 0$
    $3x - 8 = 0 \Rightarrow x = \dfrac{8}{3}$

    ▸ Como $a > 0$ ($a = 3$), a função é crescente. Assim, um esboço do gráfico é:

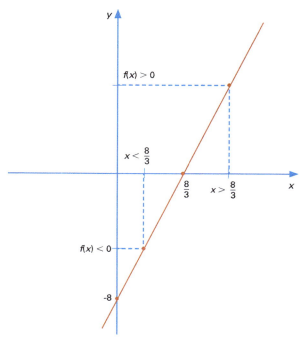

Pelo gráfico temos:

$f(x) = 0$ para $x = \dfrac{8}{3}$

$f(x) > 0$ para $x > \dfrac{8}{3}$

$f(x) < 0$ para $x < \dfrac{8}{3}$

OBSERVAÇÃO:
A figura a seguir representa um esquema que evidencia o estudo do sinal da função de uma forma mais simplificada. Tanto o sinal de mais como o sinal de menos indicam o sinal da função. Dessa forma, para o estudo do sinal da função, não será necessário construir o gráfico, mas apenas do esquema.

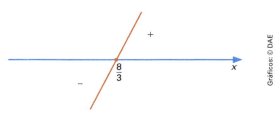

2. Vamos estudar o sinal da função $f: \mathbb{R} \to \mathbb{R}$, definida por $f(x) = -2x - 9$.

    ▸ Determinamos o zero da função:
    $f(x) = 0$
    $-2x - 9 = 0 \Rightarrow x = -\dfrac{9}{2}$

    ▸ Como $a < 0$ ($a = -2$), a função é decrescente. Assim, um esboço do gráfico é:

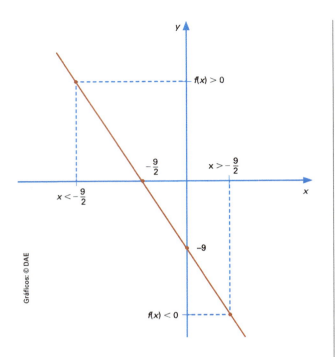

Pelo gráfico temos:

$f(x) = 0$ para $x = -\dfrac{9}{2}$

$f(x) > 0$ para $x < -\dfrac{9}{2}$

$f(x) < 0$ para $x > -\dfrac{9}{2}$

Sugerimos que você faça apenas o esquema a seguir para o estudo do sinal da função:

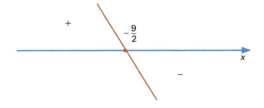

No Ensino Fundamental, você resolveu inequações do 1º grau, isto é, inequações da forma $ax + b < 0$, $ax + b > 0$, $ax + b \leq 0$, $ax + b \geq 0$. Uma inequação do 1º grau dessa forma pode ser resolvida por meio do estudo do sinal da correspondente função afim (embora possa ser resolvido isolando x). Vamos exemplificar!

1. Vamos resolver a inequação $3x + 10 > 0$ no conjunto dos números reais.

▸ 1ª maneira: isolando a incógnita x:

$$3x + 10 > 0$$
$$3x > -10$$
$$x > -\dfrac{10}{3}$$

▸ 2ª maneira: pelo estudo do sinal da função $f(x) = 3x + 10$, considerando apenas os valores de x que verificam a condição $f(x) > 0$:

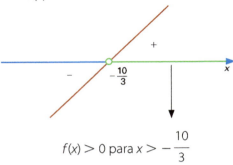

$f(x) > 0$ para $x > -\dfrac{10}{3}$

Assim, podemos dizer que o conjunto solução S dessa inequação é

$$S = \left\{ x \in \mathbb{R} \,/\, x > -\dfrac{10}{3} \right\}$$

2. Vamos resolver a inequação $-5x + 20 \leq 0$ no conjunto dos números reais.

▸ 1ª maneira: isolando a incógnita x:

$$-5x + 20 \leq 0$$
$$-5x \leq -20$$
$$5x \geq 20$$
$$x \geq 4$$

▸ 2ª maneira: pelo estudo do sinal da função $f(x) = -5x + 20$, considerando os valores de x que satisfazem a condição $f(x) \leq 0$:

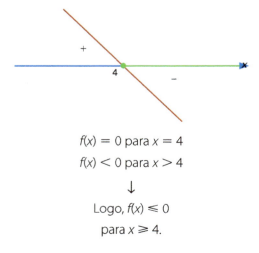

$f(x) = 0$ para $x = 4$

$f(x) < 0$ para $x > 4$

↓

Logo, $f(x) \leq 0$

para $x \geq 4$.

EXPLORANDO

A partir de algumas instruções e de um computador, você poderá utilizar um aplicativo interessante para a construção de gráficos: o **Winplot**. Esse aplicativo foi criado por Richard Parris, da Phillips ExeterAcademy, traduzido para o português e pode ser encontrado no *site*: <www2.mat.ufrgs.br/edumatec/softwares/soft_funcoes.php>. Acesso em: 26 fev. 2016.

Leia atentamente o texto a seguir para saber como utilizar o aplicativo na construção de gráficos. O endereço acima está ligado à Universidade Federal do Rio Grande do Sul, constituindo um *site* seguro para que você possa efetuar o *download*. Observe algumas instruções:

- Após acessar o endereço mencionado, procure na página inicial o ícone abaixo para fazer a importação do aplicativo para seu computador, clicando em *download* e em seguida "Executar".

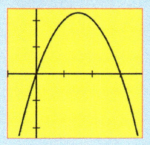

- Instalado o aplicativo, você deverá abrir o programa: aparecerá uma tela de cor verde. Será necessário clicar com o *mouse* em "Janela" (canto superior à esquerda) e, depois, em "2-dim".

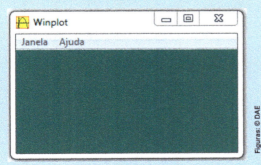

- Aparecerá em seu visor a tela indicada abaixo. Ela é formada por dois eixos perpendiculares (eixo *x* e eixo *y*). Agora você está pronto para construir o gráfico de algumas funções. A seguir, vamos orientar a construção do gráfico da função afim, definida por $y = f(x) = -2x + 4$.

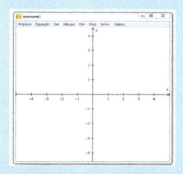

- Clique na aba "Equação" e selecione a opção "Explícita". No primeiro quadro, você deverá apagar a função que estiver escrita e digitar "$-2x + 4$". Escolha a cor do gráfico e a seguir clique em "ok". Na tela, aparecerá o gráfico abaixo. Clicando em "Equação", você poderá ainda deixar registrada a função que define o gráfico: para a aplicação ter efeito, será necessário clicar ainda em "Fechar".

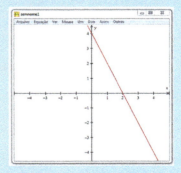

- Observe que podemos construir vários gráficos em um mesmo sistema. A seguir, por exemplo, está representado o gráfico das funções $f(x) = -x + 3$ (em azul) e $g(x) = x + 3$ (em vermelho). Para tanto, clicamos em "Equação", "Explícita", digitamos "–x + 3", escolhemos a cor azul, clicamos novamente em "Equação", digitamos "x + 3" e escolhemos a cor vermelha.

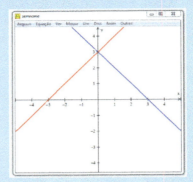

▶ Explore um pouco mais clicando em "Ver" e depois em "Grade". Você observará que é possível colocar uma malha retangular ou pontilhada no gráfico construído.

Sugerimos que você utilize essa ferramenta para ampliar o conhecimento sobre o estudo de uma função afim:

1. Construa gráficos de funções da forma $f(x) = ax + b$. Mostre os gráficos construídos para a sua turma.

2. Construa, em um mesmo sistema de eixos, os gráficos das funções $f(x) = 2x + 3$, $g(x) = 2x$ e $h(x) = 2x - 3$. Em seguida, responda: O que você percebeu de semelhança entre esses gráficos?

Observação:

Veremos neste volume outras funções, como funções quadráticas, funções exponenciais e funções logarítmicas. Sempre que desejar, explore essa ferramenta para a construção dos gráficos dessas funções.

Aplicações de função afim

Existem diversas aplicações importantes relacionadas às funções afins. Vamos considerar algumas a seguir. Leia atentamente cada uma delas e procure discutir com seus colegas esses exemplos.

Escalas de temperatura

Para medir as temperaturas, utilizamos a escala Celsius (°C). Outra escala utilizada, por exemplo, nos Estados Unidos, é a Fahrenheit (°F). O gráfico abaixo relaciona essas duas escalas.

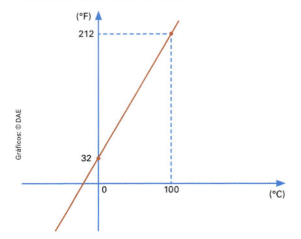

Uma forma de obter a relação matemática entre essas duas escalas é observar que as variações entre as temperaturas formam uma proporção, como indicado no esquema a seguir:

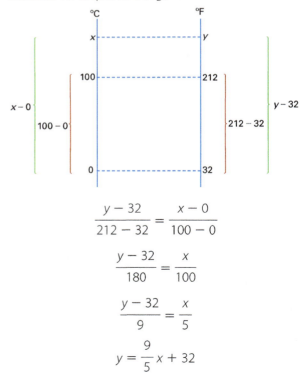

$$\frac{y - 32}{212 - 32} = \frac{x - 0}{100 - 0}$$

$$\frac{y - 32}{180} = \frac{x}{100}$$

$$\frac{y - 32}{9} = \frac{x}{5}$$

$$y = \frac{9}{5}x + 32$$

> **Questões e reflexões**
>
> 1. Uma temperatura de 0° na escala Celsius corresponde a qual temperatura na escala Fahrenheit?
> 2. Uma temperatura de 100° na escala Celsius corresponde a qual temperatura na escala Fahrenheit?
> 3. É possível ocorrer uma temperatura com o mesmo valor numérico nas duas escalas?

> **Questões e reflexões**
>
> 1. Qual é a velocidade desse ponto material?
> 2. Em quanto tempo esse ponto material atinge o deslocamento de 95 quilômetros?
> 3. Descubra, na disciplina de Física, outro exemplo de função afim.

Movimento uniforme

O movimento de um ponto material sobre um eixo é chamado **movimento uniforme** quando esse ponto se desloca sempre num mesmo sentido, percorrendo espaços iguais em tempos iguais. A posição do ponto nesse eixo em função do tempo é dada por uma função afim, isto é, $s = f(t) = v \cdot t + S_0$. Nessa lei de formação, v representa a velocidade constante e S_0 a posição inicial desse ponto, isto é, $S_0 = f(0)$.

O gráfico a seguir representa a posição s de um ponto material, dada em função do tempo t. Vamos obter a lei de formação dessa função.

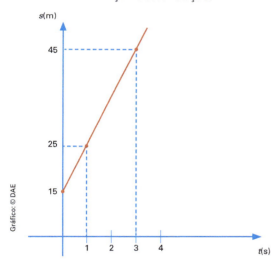

▸ Se os pontos do gráfico estão alinhados, a função correspondente é da forma $s = v \cdot t + s_0$.

▸ Substituindo as coordenadas de dois desses pontos na fórmula acima, podemos determinar os valores de v e s_0.

$(0,15) \rightarrow 15 = v \cdot 0 + s_0 \Rightarrow s_0 = 15$

$(1,25) \rightarrow 25 = v \cdot 1 + 15 \Rightarrow v = 10$

Portanto, a lei de formação dessa função que expressa o espaço em função do tempo é dada por:

$s = 10 \cdot t + 15$

Juro simples

Vamos considerar que você emprestou R$ 4.000,00 para um amigo. Ficou combinado que ele pagaria juro de 2% ao mês sobre o capital emprestado. Caso você queira calcular o montante (dinheiro emprestado mais os juros) em função da quantidade de meses, poderá confeccionar a seguinte tabela:

Tempo (em meses)	Juros	Montante
1	80	4 000 + 80
2	2 · 80	4 000 + 2 · 80
3	3 · 80	4 000 + 3 · 80
4	4 · 80	4 000 + 4 · 80
5	5 · 80	4 000 + 5 · 80
⋮	⋮	⋮
n	n · 80	4 000 + n · 80

Pelos dados obtidos na tabela, se representarmos os juros por J e o montante por M, teremos aqui dois exemplos de função afim:

$J = f(n) = 80 \cdot n$

e $M = f(n) = 80 \cdot n + 4\,000$

> **Questões e reflexões**
>
> 1. Duplicando o tempo em meses, o que ocorre com os juros?
> 2. Ao duplicar o tempo, também duplica o montante?

Funções custo, receita e lucro

Em situações de comércio, muitas vezes podemos utilizar função afim para representar o custo, a receita e o lucro. Considere o seguinte exemplo:

(FGV-SP) Os gráficos abaixo representam as funções receita mensal R(x) e custo mensal C(x) de um produto fabricado por uma empresa, em que x é a quantidade produzida e vendida. Qual o lucro obtido ao se produzir e vender 1 350 unidades por mês?

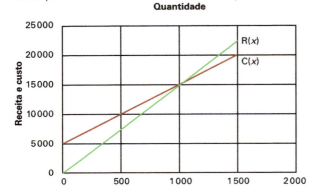

a) 1 740
b) 1 750
c) 1 760
d) 1 770
e) 1 780

Conforme informações do gráfico, vamos obter a lei de formação das duas funções.

Receita:
R = ax + b
$\begin{cases} 0 = a \cdot 0 + b \\ 15\,000 = a \cdot 1\,000 + b \end{cases}$
a = 15 e b = 0 ⇒ R(x) = 15x

Custo:
C = cx + d
$\begin{cases} 5\,000 = c \cdot 0 + d \\ 15\,000 = c \cdot 1\,000 + d \end{cases}$
c = 10 e d = 5 000 ⇒ C(x) = 10x + 5 000

A função lucro L(x) é também uma função afim correspondente a:
$$L(x) = R(x) - C(x)$$
$$L(x) = 15x - (10x + 5\,000)$$
$$L(x) = 5x - 5\,000$$

Como precisamos calcular o lucro na fabricação e na venda de 1 350 unidades, basta substituir na função L(x):
L(1350) = 5 · 1350 − 5 000
L(1350) = 1750
Portanto, o lucro será de R$ 1.750,00.

Observações:

1. Uma função afim $f: \mathbb{R} \to \mathbb{R}$, definida por f(x) = ax, com a ≠ 0, é dita função linear. Em uma função linear, o gráfico passa pela origem.

2. Uma função linear $f: \mathbb{R}_+ \to \mathbb{R}$, definida por f(x) = ax, com a > 0, pode relacionar grandezas diretamente proporcionais:

   $y = ax \Rightarrow \dfrac{y}{x} = a$ → as grandezas y e x são diretamente proporcionais, e a é a constante de proporcionalidade.

Exercícios resolvidos

1. Dada a função $g: \mathbb{R} \to \mathbb{R}$, definida por g(x) = −2x + 6, determine os valores de x para os quais:
   a) g(x) > 0
   b) g(x) < 0
   c) g(x) = 0

   A função g é decrescente, pois seu coeficiente angular (taxa de crescimento) é negativo (−2). Essa função cruza o eixo das abcissas em:
   0 = −2x + 6 ⇒ 2x = 6 ⇒ x = 3.
   Analisando o dispositivo prático:

   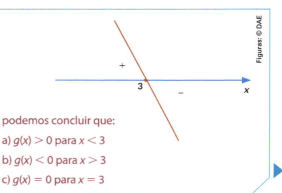

   podemos concluir que:
   a) g(x) > 0 para x < 3
   b) g(x) < 0 para x > 3
   c) g(x) = 0 para x = 3

2. João pretende comprar um jogo que custa R$ 340,00, porém só tem guardados R$ 80,00. Para juntar o restante, João irá guardar R$ 30,00 por mês da sua mesada até juntar o dinheiro necessário.

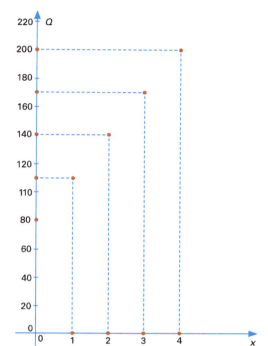

a) Obtenha a função Q(x) que relaciona a quantia guardada Q em função do número x de meses.
b) Desenhe o gráfico de Q(x).
c) Após quantos meses, no mínimo, João terá o dinheiro para comprar o jogo?

a) Sendo Q a quantidade guardada e x o número de meses, temos:
$Q(x) = 80 + 30x$, com Q em reais e x em meses.
b) Observe que x só pode assumir números naturais, então seu gráfico será formado apenas por pontos.
c) Para saber em quantos meses João precisa juntar dinheiro, podemos calcular: $340 = 80 + 30x \Rightarrow 30x = 260 \Rightarrow x \cong 8,67$. Como x só pode assumir valores naturais, João só terá o dinheiro necessário para comprar o jogo a partir do 9º mês em que começou a guardar. De fato, observe que no 8º mês João terá: $Q(8) = 80 + 30 \cdot 8 = 320 \Rightarrow$ R$ 320,00, enquanto no 9º mês ele terá: $Q(9) = 80 + 30 \cdot 9 = 350 \Rightarrow$ R$ 350,00.

3. Considere um triângulo cuja base mede 20 cm e a altura h cm.
   a) Obtenha a função A(h) que relaciona a área A do triângulo em função da altura h.
   b) Desenhe o gráfico de A(h).
   c) Se a área desse triângulo é igual a 47 cm², qual é sua altura?

a) Temos:
$A = \dfrac{\text{base} \cdot \text{altura}}{2} \Rightarrow A = \dfrac{20h}{2} = 10$, assim $A(h) = 10h$, com A em cm² e h em cm.

b) Observe que h só pode assumir valores reais positivos (h não pode ser zero, pois não teríamos triângulo).

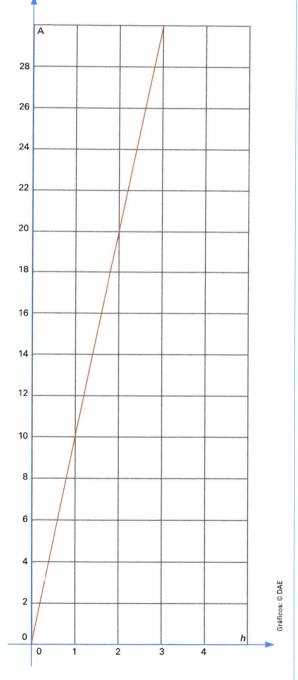

c) Temos: $47 = 10h \Rightarrow h = 4,7$ cm.

Função afim   Capítulo 9

Exercícios propostos

1. Resolva as seguintes inequações no conjunto dos números reais:
   a) $-7x + 14 \leq 0$
   b) $9 - 3x > 0$
   c) $12 + 15x \leq 0$
   d) $-4x - 25 \geq 0$

2. Considere o dispositivo prático abaixo representando uma função f. Depois, responda:

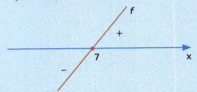

   a) Qual o valor de x tal que $f(x) = 0$?
   b) Para quais valores de x temos $f(x) < 0$?
   c) Para quais valores de x temos $f(x) > 0$?
   d) Quais os valores de x que verificam a inequação $f(x) \geq 0$? E a inequação $f(x) \leq 0$?

3. Em cada função abaixo, sem construir seus correspondentes gráficos, você deverá obter os pontos em que os gráficos intersectam os eixos coordenados.

   a) $f(x) = 4x$
   b) $g(x) = 3x - 45$
   c) $h(x) = -1,5x + 7,5$
   d) $m(x) = 10 - 0,1x$
   e) $n(x) = 0,02 + 0,01x$
   f) $p(x) = \frac{1}{4}x = \frac{7}{2}$
   g) $q(x) = -3\sqrt{3} + \sqrt{3}x$

4. Estude o sinal de cada uma das funções afins:

   a) $f(x) = 9x - 1$
   b) $g(x) = -4 - 0,1x$
   c) $h(x) = 3x$
   d) $m(x) = -x + \frac{1}{4}$
   e) $n(x) = -7$
   f) $p(x) = \sqrt{2} - x$

5. Observando o esboço do gráfico da função $f(x) = 6x - 18$, responda às questões a seguir.

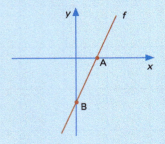

   a) Quais são as coordenadas dos pontos A e B, indicados no gráfico?
   b) Para quais valores de x temos $f(x) > 0$?
   c) Para quais valores de x temos $f(x) < 0$?
   d) Qual é o conjunto solução da inequação $6x - 18 \geq 0$?
   e) Qual é o conjunto solução da inequação $6x - 18 \leq 0$?

6. Obtenha a lei de formação de cada função $f: \mathbb{R} \to \mathbb{R}$, conforme gráfico:

   a)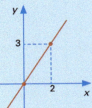

   b)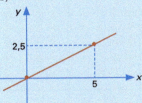

   c)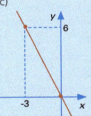

   d)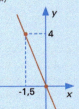

7. Considere a função definida para todo número real x positivo por meio da fórmula $f(x) = 2\pi x$, sendo x a medida do raio da circunferência abaixo representada:

a) Calcule f(20), considerando que π ≅ 3,14.
b) Nessa função, o que f(x) representa?
c) Triplicando o valor de x, o que ocorre com o valor de f(x)?
d) As grandezas f(x) e x, relacionadas nessa função, são diretamente proporcionais?

8. Lúcia trabalha em uma concessionária de automóveis que lançou uma promoção: 3% de desconto nos valores de todas as peças para veículos vendidas à vista. Escreva uma fórmula que permita calcular o preço P após o desconto, em função do valor V de cada peça antes do desconto.

9. Mateus emprestou a quantia de R$ 7.500,00 para seu irmão. Combinaram que Mateus receberia 0,8% de juros por mês sobre a quantia emprestada.
   a) Obtenha os juros correspondentes a 1 mês de empréstimo.
   b) Calcule o montante ao final de 4 meses de empréstimo.
   c) Calcule os juros após 8 meses de empréstimo.
   d) Obtenha a função que relaciona os juros J em função da quantidade n de meses de empréstimo.
   e) Obtenha a função que relaciona o montante M em função da quantidade n de meses de empréstimo.

10. Considere que uma barra de ferro com uma temperatura igual a 45 °C foi resfriada até a temperatura de 10 °C. O gráfico abaixo representa a temperatura T (em graus Celsius) em função do tempo t (em minutos).

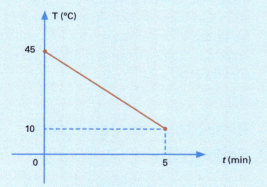

   a) Obtenha a lei de formação dessa função, isto é T(t).
   b) Em quanto tempo, após iniciar o resfriamento, a temperatura da barra será de 24 °C?
   c) Qual era a temperatura da barra 2,5 minutos após iniciar o resfriamento?

11. Um vendedor recebe mensalmente um salário composto de duas partes: uma parte fixa, no valor de R$ 700,00, e uma variável, que corresponde a uma comissão de 5% do total de vendas que ele fez durante o mês.

    a) Obtenha a lei de formação que representa o salário y em função do total de vendas do mês x.
    b) Calcule o salário que esse vendedor receberá em um mês em que o total de vendas foi R$ 43.000,00.

12. A velocidade de um corpo em função do tempo é dada pelo gráfico representado a seguir:

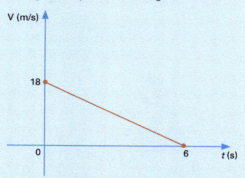

    a) Sendo V a velocidade em metros por segundo e t o tempo em segundos, obtenha a lei de formação de V(t).
    b) Obtenha a velocidade desse corpo no tempo t = 0 s.
    c) Qual a velocidade desse corpo em 2,5 segundos?

13. Duas grandezas x e y são diretamente proporcionais e sua relação de dependência é dada por y = kx, na qual k representa a constante de proporcionalidade. Sabendo que para x = 0,5 temos y = 1, responda:
    a) Qual é o valor de k?
    b) Se dobrarmos o valor de x, o que acontecerá com y?

14. Em condições especiais, ao se realizar um teste com um veículo, foi possível manter a velocidade do carro constante de acordo com a função y = 36x, em que y representa a distância percorrida em metros, de acordo com o tempo x (em segundos). Com base nessas informações, resolva os itens a seguir:

    a) Calcule quantos metros o veículo terá percorrido em 5 s, 10 s e 1 min.
    b) O que acontece com a distância percorrida se dobrarmos o tempo?
    c) Nesse caso, podemos afirmar que a distância e o tempo gasto são proporcionais?
    d) Caso o tempo gasto e a distância percorrida sejam proporcionais, determine a constante de proporcionalidade.

15. Elabore um problema como o apresentado no exercício 11 desta seção. Troque seu exercício com algum colega e resolva o dele.

CAPÍTULO 10
FUNÇÃO QUADRÁTICA

Vamos considerar a seguinte situação:

COM ESSES 200 METROS DE CORDA VAMOS MARCAR UMA SUPERFÍCIE RETANGULAR QUE SERÁ O CANTEIRO DE HORTALIÇAS.

PRECISAMOS CONSEGUIR O RETÂNGULO QUE TENHA A MAIOR ÁREA. MAS QUAIS DEVEM SER AS MEDIDAS DOS LADOS DESSE RETÂNGULO?

Esse é um problema interessante!

Considerando que o perímetro do retângulo a ser construído corresponda aos 200 metros de corda, vamos determinar as medidas dos lados desse quadrilátero de tal forma que a área seja a máxima possível. Como não sabemos quais são as medidas dos lados desse retângulo, vamos representá-las pelas letras x e y. Assim, temos:

Perímetro igual a 200 m

$2x + 2y = 200$

$x + y = 100$

$y = 100 - x$

Como queremos obter o retângulo de maior área possível, vamos expressar a área S desse retângulo:

$S = x \cdot y$

$S = x \cdot (100 - x)$

$S = 100x - x^2$

Observe que, nesta última expressão, temos a área S em função da medida x de um dos lados desse retângulo, isto é:

$$S = f(x) = -x^2 + 100x$$

Essa é uma função quadrática. O estudo desse tipo de função, de suas características, de seu gráfico, permitirá provar que o retângulo de maior área possível, conforme condições dadas, é um quadrado de lado medindo 50 metros. Neste capítulo retornaremos a essa situação. Antes, precisamos retomar o estudo de equações do 2º grau.

Resolução de equações do 2º grau

No final do Ensino Fundamental é abordada a resolução de equações do 2º grau por meio da fórmula resolutiva conhecida por fórmula de Bhaskara. Vamos agora relembrar algumas ideias estudadas.

> Toda equação da forma $ax^2 + bx + c = 0$ com a, b e c números reais, sendo $a \neq 0$, é dita equação do 2º grau.

São exemplos de equações do 2º grau:

▶ $9x^2 - 7x + 1 = 0$ $\begin{cases} a = 9 \\ b = -7 \\ c = 1 \end{cases}$

▶ $9x^2 + 7x + 10 = 0$ $\begin{cases} a = 9 \\ b = 7 \\ c = 10 \end{cases}$

▶ $-x^2 + x = 0$ $\begin{cases} a = -1 \\ b = 1 \\ c = 0 \end{cases}$

▶ $\sqrt{3}x^2 - 2\sqrt{3} = 0 \rightarrow \begin{cases} a = \sqrt{3} \\ b = 0 \\ c = -2\sqrt{3} \end{cases}$

A fórmula resolutiva, isto é, a fórmula que permite obter as soluções da equação do 2º grau, pode ser deduzida transformando o primeiro membro da equação em um trinômio quadrado perfeito. A seguir, por meio de transformações que mantêm verdadeira uma igualdade, mostramos como chegar a essa fórmula:

$$ax^2 + bx + c = 0$$

Dividimos os dois membros da igualdade por a:

$$x^2 + \frac{b}{a}x + \frac{c}{a} = 0$$

Subtraímos $\frac{c}{a}$ e acrescentamos $\frac{b^2}{4a^2}$ aos dois membros:

$$x^2 + \frac{b}{a}x + \frac{b^2}{4a^2} = \frac{b^2}{4a^2} - \frac{c}{a}$$

Fatoramos o primeiro membro, que é um trinômio quadrado perfeito:

$$\left(x + \frac{b}{2a}\right)^2 = \frac{b^2 - 4ac}{4a^2}$$

Agora vamos isolar x no primeiro membro da igualdade:

$$x + \frac{b}{2a} = \pm\sqrt{\frac{b^2 - 4ac}{4a^2}}$$

$$x = -\frac{b}{2a} \pm \frac{\sqrt{b^2 - 4ac}}{2a}$$

$$x = \frac{-b \pm \sqrt{b^2 - 4ac}}{2a} = \frac{-b \pm \sqrt{\Delta}}{2a}$$

Fórmula resolutiva

A expressão $\Delta = b^2 - 4ac$ é denominada discriminante. Conforme o valor que assume, existem três possibilidades quanto às soluções da correspondente equação:

▶ $\Delta > 0 \rightarrow$ a equação admite duas soluções reais e distintas;

▶ $\Delta = 0 \rightarrow$ a equação admite duas soluções reais e iguais;

▶ $\Delta < 0 \rightarrow$ a equação não admite soluções reais.

Exemplo:

Na equação $x^2 - 6x + 12 = 0$, temos:

$$\Delta = b^2 - 4ac$$
$$\Delta = (-6)^2 - 4 \cdot 1 \cdot 12$$
$$\Delta = -12 \rightarrow \Delta < 0$$

A equação não admite soluções reais.

Propriedades das raízes

Além da fórmula resolutiva, existem duas relações importantes entre as soluções de uma equação do 2º grau e os correspondentes coeficientes. Vamos recordá-las!

Quando utilizamos a fórmula resolutiva de uma equação do 2º grau, as soluções x_1 e x_2, quando existem no conjunto dos números reais, são obtidas considerando-se os sinais de $+$ e de $-$, isto é:

$$x_1 = \frac{-b + \sqrt{b^2 - 4ac}}{2a} \text{ e } x_2 = \frac{-b - \sqrt{b^2 - 4ac}}{2a}$$

Considerando que a expressão $\Delta = b^2 - 4ac$ é não negativa, podemos calcular a soma e o produto das soluções reais:

Soma das soluções:

$$x_1 + x_2 = \frac{-b + \sqrt{b^2 - 4ac}}{2a} + \frac{-b - \sqrt{b^2 - 4ac}}{2a}$$

$$x_1 + x_2 = \frac{-b + \sqrt{b^2 - 4ac} - b - \sqrt{b^2 - 4ac}}{2a}$$

$$x_1 + x_2 = \frac{-2b}{2a} \Rightarrow \boxed{x_1 + x_2 = -\frac{b}{a}}$$

Produto das soluções:

$$x_1 \cdot x_2 = \left(\frac{-b + \sqrt{b^2 - 4ac}}{2a}\right) \cdot \left(\frac{-b - \sqrt{b^2 - 4ac}}{2a}\right)$$

$$x_1 \cdot x_2 = \frac{b^2 - (b^2 - 4ac)}{4a^2}$$

$$x_1 \cdot x_2 = \frac{4ac}{4a^2} \Rightarrow \boxed{x_1 \cdot x_2 = \frac{c}{a}}$$

Observações:

1. No final do Ensino Médio estudaremos equações que não admitem raízes reais. Essas relações en-tre as raízes e os coeficientes serão verdadeiras mesmo quando as raízes não são reais.

2. A partir das propriedades das raízes, podemos escrever uma equação do 2º grau como o produto de duas sentenças do 1º grau, isto é:

$$ax^2 + bx + c = 0$$

Dividimos os dois membros da igualdade por a:

$$x_2 + \frac{b}{a}x + \frac{c}{a} = 0$$

Observando as relações obtidas, podemos fatorar a equação:

$$x^2 - (x_1 + x_2)\,x + x_1 x_2 = 0$$

$$x^2 - x_1 x - x_2 x + x_1 x_2 = 0$$

$$x(x - x_1) - x_2(x - x_1) = 0$$

$$\underline{(x - x_1) \cdot (x - x_2) = 0}$$

$\longrightarrow$ Forma fatorada.

Exercícios resolvidos

1. Determine as soluções da equação $x^2 - 3x - 10 = 0$.

Para a expressão $x^2 - 3x - 10 = 0$, os coeficientes a, b e c são 1, -3 e -10, respectivamente. Assim:

$$x = \frac{-b \pm \sqrt{b^2 - 4ac}}{2} \Rightarrow$$

$$\Rightarrow x = \frac{-(-3) \pm \sqrt{(-3)^2 - 4 \cdot 1 \cdot (-10)}}{2 \cdot 1} \Rightarrow$$

$$\Rightarrow x = \frac{3 \pm 7}{2} \Rightarrow x = 5 \text{ ou } x = -2$$

Portanto, $S = \{-2; 5\}$.

2. Determine o valor de k na equação $x^2 + kx + 3 = 0$, sabendo que essa equação possui apenas uma solução real positiva.

A condição para que haja apenas uma solução real é que $\Delta = 0$.

Para a expressão $x^2 + kx + 3 = 0$, os coeficientes a, b e c são 1, k e 3, respectivamente. Assim:

$\Delta = b^2 - 4ac \Rightarrow 0 = k^2 - 4 \cdot 1 \cdot 3 \Rightarrow k^2 = 12 \Rightarrow k = \pm 2\sqrt{3}$. Assim, as possibilidades são: $x^2 + 2\sqrt{3}x + 3 = (x + \sqrt{3})^2 = 0$ ou $x^2 - 2\sqrt{3}x + 3 = (x + \sqrt{3})^2 = 0$. Como a solução deve ser positiva, temos $k = -2\sqrt{3}$, pois $x^2 - 2\sqrt{3}x + 3 = (x + \sqrt{3})^2 = 0 \Rightarrow x = \sqrt{3}$.

3. Determine o valor de m na equação $5x^2 - 26x + m = 0$, sabendo que uma solução dessa equação é o inverso da outra.

Sendo r_1 e r_2 as soluções dessa equação. Como uma é o inverso da outra, temos: $r_1 = \frac{1}{r_2}$. Lembrando que o produto das soluções de uma equação de 2º grau é igual a $\frac{c}{a}$ e que, para a expressão $5x^2 - 26x + m = 0$, os coeficientes a, b e c são 5, -26 e m, respectivamente, temos: $r_1 \cdot r_2 = \frac{c}{a} \Rightarrow$

$$\Rightarrow \frac{1}{r_2} \cdot r_2 = \frac{m}{5} \Rightarrow 1 = \frac{m}{5} \Rightarrow m = 5.$$

136 Unidade 3 Funções

Exercícios propostos

1. Utilizando a fórmula resolutiva de uma equação do 2º grau, determine as soluções reais (caso existam) das seguintes equações:

a) $x^2 - 6x + 5 = 0$

b) $3x^2 - 5x + 2 = 0$

c) $x^2 - 5x + 2 = 0$

d) $x^2 + 6x = 0$

e) $6x^2 - 5x + 1 = 0$

f) $10x^2 - 3x - 1 = 0$

g) $x^2 - 25 = 0$

h) $x^2 + 2\sqrt{2}x = 0$

i) $x^2 + 6x + 15 = 0$

2. Sem resolver, mas analisando o valor do discriminante, verifique quais equações a seguir não possuem soluções reais, possuem duas soluções reais e iguais ou admitem duas soluções reais e distintas.

a) $2x^2 + 6x + 11 = 0$

b) $x^2 - 9x - 5 = 0$

c) $4x^2 + 4x + 1 = 0$

d) $9x^2 - 6x + 1 = 0$

e) $0,1x^2 + x + 2 = 0$

f) $x^2 + \sqrt{3}x + 6 = 0$

3. Obtenha as soluções das seguintes equações:

a) $(9 - x)(x + 2) = 0$

b) $(x + 3)(x - 2) = 0$

c) $(9x - 1)(2x + 3) = 0$

d) $(x - \sqrt{5})(x + \sqrt{5}) = 0$

4. Em cada trinômio a seguir, a letra k deverá ser substituída por um número que complete o trinômio quadrado perfeito.

Lembrando os dois casos:

• Quadrado de uma soma: $(a + b)^2 = a^2 + 2ab + b^2$

• Quadrado de uma diferença: $(a - b)^2 = a^2 - 2ab + b^2$

a) $x^2 - 2x + k$

b) $x^2 + 6x + k$

c) $9x^2 - 6x + k$

d) $x^2 + x + k$

e) $3x^2 - 2\sqrt{3}x + k$

f) $x^2 + kx + 25$

g) $kx^2 - 12x + 36$

h) $16x^2 + 16x + k$

i) $x^2 - x + k$

j) $x^2 + 2\sqrt{5}x + k$

5. Na atividade anterior, substitua os valores de k obtidos, iguale os trinômios a zero e resolva as equações a partir dos dois casos de trinômios quadrados perfeitos.

6. Considerando que dois números reais, x e y, são tais que $x \cdot y = 0$, responda:

a) Se $x = 7$, qual será o valor de y?

b) Se $y = 9$, qual será o valor de x?

c) Se $x = 0$, qual será o valor de y?

d) Se $y = 0$, qual será o valor de x?

7. Fatore cada equação a seguir e obtenha as soluções:

a) $x^2 + 6x = 0$

b) $x^2 - 16x = 0$

c) $5x^2 - 7x = 0$

d) $x^2 + \sqrt{3}x = 0$

8. As equações a seguir possuem soluções reais. Em cada uma, sem resolver, você deverá obter a soma e o produto das soluções:

a) $x^2 - x - 2 = 0$

b) $4x^2 - 6x - 5 = 0$

c) $x^2 + 12x + 36 = 0$

d) $7x^2 - x = 0$

e) $2x^2 + 2\sqrt{2}x + 1 = 0$

f) $-x^2 + 8x - 12 = 0$

9. Calcule o valor de m na equação $x^2 - 2x + m - 5 = 0$, de modo que o produto das soluções dessa equação seja igual a -8.

10. Determine o valor de k na equação $3x^2 + kx + 4 = 0$, sendo k um número real positivo, de modo que uma das soluções da equação seja o triplo da outra.

Função quadrática

Ao iniciar este capítulo, apresentamos uma situação que resultou em uma função quadrática. Mas o que é uma função quadrática? Vejamos!

> Denomina-se **função quadrática**, ou função polinomial do 2º grau, qualquer função $f : \mathbb{R} \to \mathbb{R}$ dada por uma lei da forma $f(x) = ax^2 + bx + c$, em que a, b e c são números reais, com a $\neq 0$.

Exemplos de funções quadráticas:

▶ $f(x) = 7x^2 - 2x + 3 \to \begin{cases} a = 7 \\ b = -2 \\ c = 3 \end{cases}$

▶ $f(x) = -2x^2 - 6x \to \begin{cases} a = -2 \\ b = -6 \\ c = 0 \end{cases}$

▶ $f(x) = x^2 + 12x - 13 \to \begin{cases} a = 1 \\ b = 12 \\ c = -13 \end{cases}$

▶ $f(x) = 0,1x^2 + 100 \to \begin{cases} a = 0,1 \\ b = 0 \\ c = 100 \end{cases}$

▶ $f(x) = -x^2 + x + \sqrt{2} \to \begin{cases} a = -1 \\ b = 1 \\ c = \sqrt{2} \end{cases}$

▶ $f(x) = -x^2 \to \begin{cases} a = -1 \\ b = 0 \\ c = 0 \end{cases}$

Função quadrática   Capítulo 10   **137**

Você estudou em polígonos convexos (Unidade 2) uma fórmula que permitia o cálculo do número de diagonais do polígono em função do número de lados (ou número de vértices) desse polígono. Utilizando a notação de função, essa relação pode ser assim escrita:

$d = f(n)$

$d(n) = \dfrac{n(n-3)}{2}$

$d(n) = \dfrac{n^2 - 3n}{2}$

$d(n) = \dfrac{1}{2}n^2 - \dfrac{3}{2}n$

Exemplo de função quadrática:
$a = \dfrac{1}{2}, b = -\dfrac{3}{2}$ e $c = 0$

Exemplo:

Observando a função quadrática que fornece o número de diagonais de um polígono convexo em função do número de vértices, vamos obter o número de diagonais de um hexágono convexo. Basta substituir, na lei acima, n por 6:

$d = f(n) = \dfrac{1}{2}n^2 - \dfrac{3}{2}n$

$d = f(6) = \dfrac{1}{2} \cdot 6^2 - \dfrac{3}{2} \cdot 6$

$d = f(6) = 18 - 9 \Rightarrow d = 9$

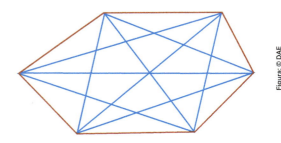

OBSERVAÇÃO:
Como uma função quadrática $f(x) = ax^2 + bx + c$ é também função polinomial do 2º grau, para determinar os "zeros" da função (valores de x que anulam a função), basta resolver a correspondente equação do 2º grau, isto é:

$ax^2 + bx + c = 0$

EXPLORANDO

Você já ouviu falar em razão áurea? Ela pode ser assim definida:

Se a razão entre as medidas AC e CB for a mesma que a razão entre as medidas AB e AC, dizemos que o ponto C divide o segmento AB na **razão áurea**:

Observando a definição apresentada e a figura acima, temos:

AC = x
AB = $x + 1$
CB = 1

1. Utilizando essas medidas, obtenha a equação do 2º grau que verifica a seguinte proporção:

$\dfrac{AC}{CB} = \dfrac{AB}{AC}$

2. Resolva a equação obtida. A solução positiva representa o valor da razão áurea. Utilizando uma calculadora, determine a razão áurea com 5 casas decimais.

3. Existem algumas curiosidades a respeito da razão áurea. Uma delas você poderá descobrir com a utilização de uma calculadora. A curiosidade é a seguinte: sendo Φ (escreve-se *phi* e pronuncia-se *fi*) a razão áurea, calcule e compare as casas decimais dos números correspondentes a Φ, Φ² e $\dfrac{1}{\Phi}$. Qual a curiosidade?

4. Pesquise algumas curiosidades a respeito da razão áurea e apresente-a a seus colegas. Caso queira, recomendamos um livro interessantíssimo sobre esse número intrigante: *Razão áurea – a história de fi, um número surpreendente*, de Mario Livio, tradução de Marco Shinobu Matsumura, Rio de Janeiro: Record, 2006.

Gráfico de uma função quadrática

Também é possível, para uma função quadrática, obter o gráfico a partir da lei de formação dessa função, atribuindo valores à variável independente x e obtendo valores correspondentes para a variável dependente y, tal que $y = f(x)$, como procedemos com outras funções.

Em um sistema cartesiano ortogonal, o gráfico de uma função quadrática é representado por uma curva que recebe o nome de **parábola**. Observe a seguir dois exemplos de como podemos chegar ao esboço gráfico de uma função quadrática $f: \mathbb{R} \to \mathbb{R}$, atribuindo valores para x.

Exemplo:

Vamos considerar a função quadrática $f: \mathbb{R} \to \mathbb{R}$, definida por $f(x) = x^2 - 3x - 4$. Observe na tabela alguns valores reais atribuídos a x e os pontos correspondentes no plano cartesiano. Ligando esses pontos convenientemente, conforme suas posições, obtemos um esboço do gráfico:

x	$y = x^2 - 3x - 4$
−2	$y = (-2)^2 - 3 \cdot (-2) - 4 = 6$
−1	$y = (-1)^2 - 3 \cdot (-1) - 4 = 0$
0	$y = 0^2 - 3 \cdot 0 - 4 = -4$
1	$y = 1^2 - 3 \cdot 1 - 4 = -6$
2	$y = 2^2 - 3 \cdot 2 - 4 = -6$
3	$y = 3^2 - 3 \cdot 3 - 4 = -4$
4	$y = 4^2 - 3 \cdot 4 - 4 = 0$
5	$y = 5^2 - 3 \cdot 5 - 4 = 6$

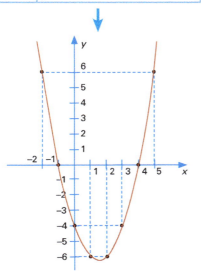

Vamos considerar a função quadrática $f: \mathbb{R} \to \mathbb{R}$, definida por $f(x) = -x^2 + 3x + 4$. Observe na tabela alguns valores reais atribuídos a x e os pontos correspondentes no plano cartesiano. Ligando esses pontos convenientemente, conforme suas posições, obtemos um esboço do gráfico:

x	$y = -x^2 + 3x + 4$
−2	$y = -(-2)^2 + 3 \cdot (-2) + 4 = -6$
−1	$y = -(-1)^2 + 3 \cdot (-1) + 4 = 0$
0	$y = 0^2 + 3 \cdot 0 + 4 = 4$
1	$y = 1^2 + 3 \cdot 1 + 4 = 6$
2	$y = -2^2 + 3 \cdot 2 + 4 = 6$
3	$y = -3^2 + 3 \cdot 3 + 4 = 4$
4	$y = -4^2 + 3 \cdot 4 + 4 = 0$
5	$y = -5^2 + 3 \cdot 5 + 4 = -6$

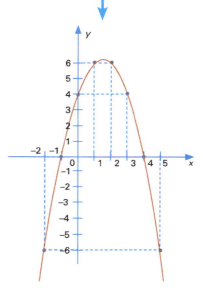

Nos exemplos apresentados, é importante que você observe que atribuímos valores inteiros à variável x por uma questão de comodidade em relação aos cálculos. Como o domínio considerado é o conjunto dos reais, ligamos os pontos adequadamente e obtemos a parábola. Contudo, vamos verificar a seguir que uma parábola é uma curva construída num plano cartesiano em que os pontos satisfazem a uma condição específica.

> Parábola é uma curva formada pelo conjunto de pontos de um plano que distam igualmente de um ponto fixo e de uma reta dada. O ponto fixo é chamado **foco da parábola**, e a reta recebe o nome de **diretriz**.

Veja a seguir algumas ideias para a obtenção da parábola.

▶ Consideramos um ponto F (foco) e uma reta d (diretriz):

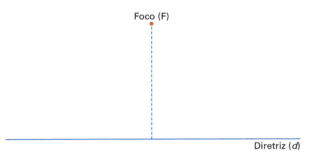

▶ O ponto médio do segmento FQ (segmento perpendicular à reta diretriz) é o ponto V, denominado de **vértice** da parábola que queremos construir.

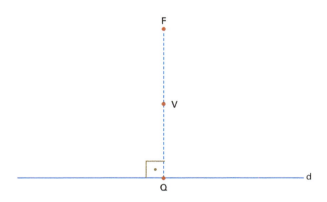

▶ Desenhamos, então, uma reta r paralela à diretriz d, a uma distância k (observe a figura a seguir); com o auxílio de um compasso, tendo a ponta-seca no foco F e abertura em k, obtemos mais dois pontos que pertencerão à parábola.

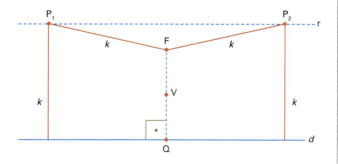

▶ Outros pontos podem ser assim encontrados. Para tanto, continuamos a desenhar outras retas paralelas à diretriz d e circunferências com raios iguais às distâncias dessas retas à diretriz.

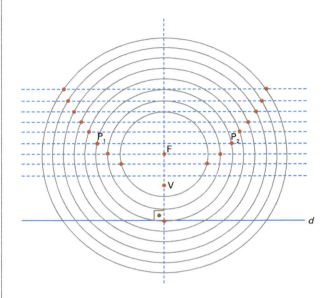

Se continuássemos desenhando outras retas paralelas e outras circunferências, como fizemos anteriormente, encontraríamos mais pontos, como pode ser observado na figura acima. Ligando esses pontos, obteríamos a parábola.

Observações:

1. A reta que passa pelos pontos correspondentes ao vértice e ao foco representa o eixo de simetria da parábola.

2. Se a reta diretriz (como no desenho anterior) estiver abaixo do foco, a parábola terá concavidade voltada para cima, como exemplificado a seguir:

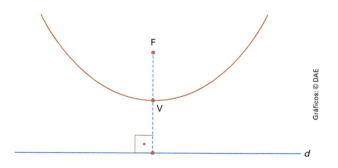

3. Se a reta diretriz estiver acima do foco, a parábola terá concavidade voltada para baixo, como exemplificado a seguir:

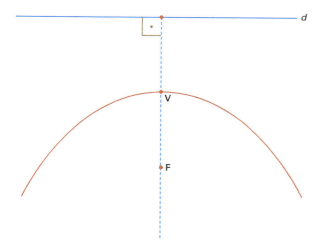

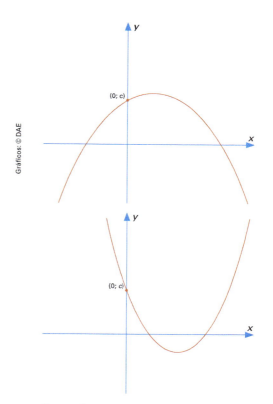

4. No Volume 3 desta Coleção, no estudo de cônicas, mostraremos que a parábola também poderá ter concavidade voltada para a direita ou para esquerda. Aqui, no estudo de funções, interessam-nos apenas as concavidades para cima ou para baixo.

No estudo de parábola para representar o gráfico de uma função quadrática, vamos necessitar apenas fazer esboços. Assim, o conhecimento das coordenadas de alguns pontos e da concavidade (se é voltada para baixo ou para cima) será suficiente para elaborar um esboço no plano cartesiano. Faremos isso a partir da lei de formação da função quadrática.

Interseção com o eixo das ordenadas

Podemos determinar as coordenadas do ponto em que a parábola intersecta o eixo das ordenadas. Para tanto, basta lembrar que qualquer ponto do eixo y terá abscissa igual a zero. Assim, para a função quadrática definida no conjunto dos números reais por $f(x) = ax^2 + bx + c$, temos:

$x = 0 \Rightarrow y = f(0) = a \cdot 0^2 + b \cdot 0 + c \Rightarrow y = c$

O ponto procurado tem coordenadas $(0, c)$, conforme indicado nas duas parábolas a seguir:

Exemplo:

Vamos obter as coordenadas do ponto em que a parábola correspondente à função $f: \mathbb{R} \to \mathbb{R}$, definida por $f(x) = -3x^2 + 9x - 7$, intersecta o eixo das ordenadas:

$x = 0 \Rightarrow y = f(0) = -3 \cdot 0^2 + 9 \cdot 0 - 7 \Rightarrow y = -7$

Assim, o ponto terá coordenadas $(0, -7)$.

Interseção com o eixo das abscissas

Vimos anteriormente que o valor de x que anula a função é chamado de **zero da função**. Quando há dois valores reais e distintos, temos os zeros da função quadrática. Para obter esses pontos, devemos igualar a função correspondente a zero, ou seja:

$f(x) = 0 \Rightarrow ax^2 + bx + c = 0$

Pelo valor do discriminante $\Delta = b^2 - 4ac$, vimos que existem três possibilidades quanto às raízes. Pensando na interseção da parábola correspondente com o eixo das abscissas e conforme sua concavidade é voltada para cima ou para baixo, temos seis casos, ilustrados na próxima página:

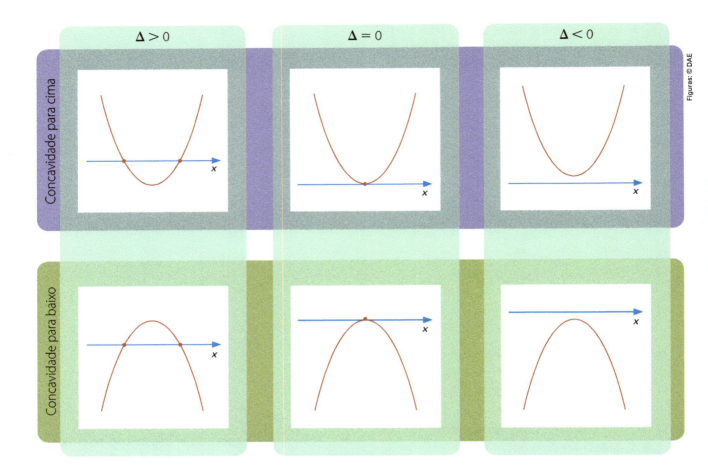

Vértice da parábola

O ponto extremo do gráfico de uma função real quadrática é denominado **vértice da parábola**. Mas como podemos obter as coordenadas desse ponto?

Sabemos que o eixo de simetria passa pelo vértice. Assim, vamos considerar dois pontos da parábola que são simétricos: A e B, representados no gráfico ao lado. As abscissas desses dois pontos são $x_v - k$ e $x_v + k$, sendo $k > 0$. Como suas ordenadas são iguais, podemos obter a abscissa do vértice:

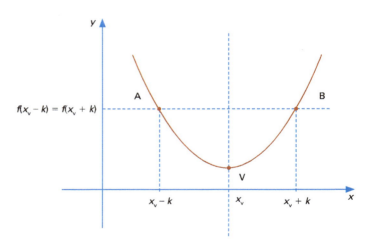

$f(x_v - k) = f(x_v + k)$

$a(x_v - k)^2 + b(x_v - k) + c = a(x_v + k)^2 + b(x_v + k) + c$

$a(x_v^2 - 2x_v k + k^2) + bx_v - bk = a(x_v^2 + 2x_v k + k^2) + bx_v + bk$

$ax_v^2 - 2ax_v k + ak^2 + bx_v - bk = ax_v^2 + 2ax_v k + ak^2 + bx_v + bk$

$-4ax_v k = 2bk$

$x_v = -\dfrac{b}{2a}$

Para determinar a ordenada, basta obter a imagem da abscissa do vértice, isto é:

$y_v = f(x_v)$

$y_v = f\left(-\dfrac{b}{2a}\right)$

$y_v = a\left(-\dfrac{b}{2a}\right)^2 + b\left(-\dfrac{b}{2a}\right) + c$

$y_v = a \cdot \dfrac{b^2}{4a^2} - \dfrac{b^2}{2a} + c$

$y_v = \dfrac{b^2 - 2b^2 + 4ac}{4a}$

$y_v = \dfrac{-b^2 + 4ac}{4a}$

$y_v = -\dfrac{b^2 - 4ac}{4a} \Rightarrow y_v = -\dfrac{\Delta}{4a}$

Sendo $f: \mathbb{R} \to \mathbb{R}$ uma função quadrática definida por $f(x) = ax^2 + bx + c$, o gráfico no plano cartesiano é uma parábola cujas coordenadas do vértice $V(x_v, y_v)$ podem ser obtidas por:

$x_v = -\dfrac{b}{2a} \qquad y_v = -\dfrac{\Delta}{4a}$

Determinação da concavidade da parábola

Como já vimos, o gráfico de uma função quadrática é uma parábola. A concavidade da parábola poderá ser voltada para cima ou para baixo. A partir do sinal de a (coeficiente de x^2 na lei de formação da função quadrática), podemos determinar qual será a concavidade:

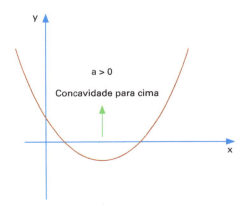

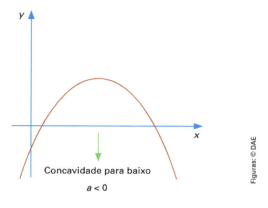

A parábola correspondente ao gráfico da função quadrática $f: \mathbb{R} \to \mathbb{R}$, definida por $f(x) = ax^2 + bx + c$, terá:
- Concavidade voltada para cima quando $a > 0$.
- Concavidade voltada para baixo quando $a < 0$.

Vamos analisar um pouco mais a concavidade. Observe, nas duas parábolas esboçadas a seguir, que o y_v, dependendo da concavidade, representa o menor valor assumido pela função (menor valor de y), ou o maior valor assumido pela função (maior valor de y). Considerando que a função é definida para todo x real por $f(x) = ax^2 + bx + c$, vamos acrescentar uma unidade à abscissa do vértice, isto é, $x_v + 1$. Dessa forma, obtemos um ponto à direita da abscissa do vértice.

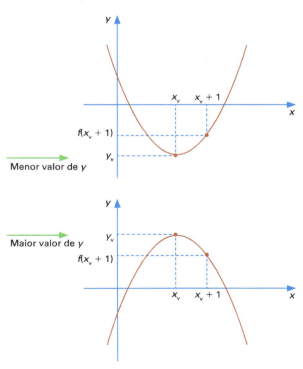

Função quadrática Capítulo 10 143

Vamos substituir o x na função quadrática por $x_v + 1$:

$$f(x_v + 1) = a(x_v + 1)^2 + b(x_v + 1) + c$$

$$f(x_v + 1) = a(x_v^2 + 2x_v + 1) + bx_v + b + c$$

$$f(x_v + 1) = ax_v^2 + 2ax_v + a + bx_v + b + c$$

$$f(x_v + 1) = ax_v^2 + bx_v + c + 2ax_v + a + b$$

$\downarrow$ Temos $y_v = f(x_v) = x_v^2 + bx_v + c$ e $x_v = -\dfrac{b}{2a}$

$$f(x_v + 1) = y_v + 2a\left(-\dfrac{b}{2a}\right) + a + b$$

$$f(x_v + 1) = y_v + a$$

A partir desse resultado, temos duas possibilidades:

▸ $a > 0 \Rightarrow f(x_v + 1) > y_v$

O y_v é o **menor valor da função**, e a concavidade da parábola é voltada para cima.

▸ $a < 0 \Rightarrow f(x_v + 1) < y_v$

O y_v é o **maior valor da função**, e a concavidade da parábola é voltada para baixo.

Exercícios resolvidos

1. Determine o valor de m na função

$f(x) = (m + 2)x^2 - 4x + 2$, de modo que:

a) $f(x)$ não seja uma função quadrática.

b) o gráfico de $f(x)$ seja uma parábola com concavidade voltada para baixo.

c) $f(x)$ passe pelo ponto $(2; 6)$.

a) A função $f(x)$ não será uma função quadrática se o coeficiente que multiplica x^2 for igual a zero, ou seja, $m + 2 = 0 \Rightarrow m = -2$.

b) Para que $f(x)$ tenha um gráfico de parábola com concavidade voltada para baixo, é preciso que $m + 2 < 0 \Rightarrow m < -2$.

c) Se $(2; 6)$ pertence a $f(x)$, então:

$6 = (m + 2) \cdot 2^2 - 4 \cdot 2 + 2 \Rightarrow 3 = m + 2 \Rightarrow m = 1$

2. Considere a função $g: \mathbb{R} \to \mathbb{R}$, definida por $g(x) = x^2 - 2x - 8$.

a) A função $g(x)$ é uma função quadrática?

b) O gráfico de $g(x)$ representa uma parábola com concavidade voltada para baixo ou para cima?

c) Quais os zeros de $g(x)$?

d) Em que ponto o gráfico de g intersecta o eixo das ordenadas?

e) Quais as coordenadas do vértice da parábola correspondente a $g(x)$?

a) Sim. Observe que a função $g(x)$ é do tipo $y = ax^2 + bx + c$, com $a \neq 0$.

b) Para cima, pois o coeficiente de x^2 é positivo.

c) Para $g(x) = x^2 - 2x - 8$, temos $a = 1$, $b = -2$ e $c = -8$. Assim:

$$x = \frac{-b \pm \sqrt{b^2 - 4ac}}{2}$$

$$x = \frac{-(-2) \pm \sqrt{(-2)^2 - 4 \cdot 1 \cdot (-8)}}{2 \cdot 1} = \frac{2 \pm 6}{2} \Rightarrow$$

$$\Rightarrow x = 4 \text{ ou } x = -2$$

Portanto, $g(x)$ intersecta o eixo das abcissas em -2 e 4.

d) $g(0) = 0^2 - 2 \cdot 0 - 8 = -8$. Assim, $g(x)$ intersecta o eixo das ordenadas no ponto $(0, -8)$.

e) $x_v = -\dfrac{b}{2a} \Rightarrow x_v = -\dfrac{(-2)}{2 \cdot 1} = 1$ e $y_v = -\dfrac{b^2 - 4ac}{4a} \Rightarrow$

$$\Rightarrow y_v = -\frac{(-2)^2 - 4 \cdot 1 \cdot (-8)}{4 \cdot 1} = -9$$

Observe que o y_v também pode ser calculado como:

$y_v = g(x_v) \Rightarrow y_v = g(1) = 1^2 - 2 \cdot 1 - 8 = -9$.

Portanto, $V(1; -9)$.

3. Em uma cartolina de 80 cm por 100 cm deseja-se recortar um quadrado de lado cuja medida em centímetros é representada por x. Obtenha:

a) A expressão que representa em centímetros quadrados a área da cartolina que ficará;

b) Determine a área da cartolina que restará quando o lado do quadrado for 40 cm.

a) Representando por A a área da cartolina que restará, temos:

$A = A_{cartolina} - A = A_{quadrado}$

$A = 80 \cdot 100 - x^2 \Rightarrow A = 8\,000 - x^2$

b) Substituindo x por 40, obtemos:

$A = 8\,000 - x^2$

$A = 8\,000 - 40^2 \Rightarrow A = 6\,400 \text{ cm}^2$

144 Unidade 3 Funções

Exercícios propostos

1. Verifique se as seguintes funções, definidas no conjunto dos números reais, são quadráticas. Caso sejam, identifique os coeficientes a, b e c.
   a) $f(x) = (5x - 4)x$
   b) $g(x) = (x - 4)(x + 4)$
   c) $h(x) = (x - 3)(x - 2) - x^2$
   d) $m(x) = (3x - \sqrt{2})(3x + \sqrt{2}) + 9x$
   e) $p(x) = \left(2x - \dfrac{1}{2}\right)^2$

2. Dada a função quadrática $f(x) = -x^2 + 5x - 4$, determine:
   a) $f(0)$
   b) $f(-2)$
   c) $f(\sqrt{5})$
   d) $f(m-1)$

3. Considere a função quadrática definida no conjunto dos números reais por $f(x) = 4x^2 + 4x + 1$. Então:
   a) obtenha a imagem de zero nesta função, isto é, $f(0)$.
   b) determine x tal que $f(x) = 0$.

4. Em cada função quadrática a seguir, com domínio no conjunto dos números reais, obtenha os zeros, caso existam:
   a) $f(x) = x^2 + 4x$
   b) $f(x) = -x^2 + 25$
   c) $f(x) = x^2 - 16$
   d) $f(x) = -x^2 + 4x - 3$
   e) $f(x) = 2x^2 + x + 7$
   f) $f(x) = -9x^2 + 6x - 1$

5. Sobre a função $f: \mathbb{R} \to \mathbb{R}$, definida por $f(x) = 2x^2 - 5x + 3$, determine:
   a) para quais valores de x temos $f(x) = 0$.
   b) a imagem para $x = 0$.
   c) as coordenadas do vértice da parábola que corresponde ao gráfico da função.

6. Identifique os coeficientes a, b e c nas funções a seguir:
   a) $f(x) = 3x^2 + 2x - 1$
   b) $f(x) = -x^2 + 4x$
   c) $f(x) = 2x^2 + 4x + 6$
   d) $f(x) = 3x^2 + x + 5$
   e) $f(x) = 5x^2 - x + 2$

7. De acordo com a função quadrática cuja lei de formação é $y = -x^2 + 4x$, calcule:
   a) $f(-1)$
   b) $f(0)$
   c) $f(2)$
   d) $f(1)$
   e) $f(3)$

8. Determine as raízes da função $f: \mathbb{R} \to \mathbb{R}$, definida por $f(x) = x^2 - 4$.

9. Se o número de diagonais de um polígono convexo é dado por $d = \dfrac{n \cdot (n-3)}{2}$, qual o polígono que possui 35 diagonais?

10. Considere a função quadrática definida no conjunto dos números reais pela lei de formação $f(x) = -x^2 + 4x$.
    a) Obtenha as coordenadas do ponto em que a parábola correspondente intercepta o eixo das ordenadas.
    b) Determine os pontos em que a parábola intercepta o eixo das abscissas.
    c) Obtenha as coordenadas do vértice da parábola correspondente.
    d) Esboce a parábola no plano cartesiano ortogonal.

11. A função quadrática definida no conjunto dos números reais por $f(x) = x^2$ tem seu gráfico representado a seguir.

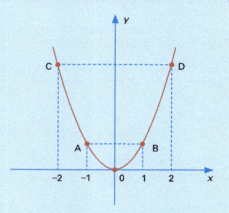

Determine as coordenadas dos pontos A, B, C e D indicados no gráfico.

12. Em cada função quadrática a seguir, determine as coordenadas do vértice V da parábola correspondente:
    a) $f(x) = -x^2 + 4x + 7$
    b) $f(x) = 2x^2 + 4x - 1$
    c) $f(x) = -x^2 + x - 1$
    d) $f(x) = 0,1x^2 + 10$
    e) $f(x) = -3x^2 + 6x + 9$
    f) $f(x) = x^2 + 7x + 6$

13. O gráfico abaixo é da função quadrática definida por $f(x) = ax^2 + bx + c$.

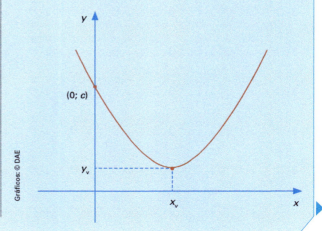

Indique as afirmações verdadeiras.

a) A concavidade da parábola é voltada para cima.

b) O valor correspondente ao y_v representa o maior valor de y na função.

c) O termo independente de x na função, isto é, c é um número positivo.

d) O valor do discriminante $\Delta = b^2 - 4ac$ é negativo.

e) Não existe valor real de x tal que $f(x) < 0$.

14. Veja se é possível elaborar um esboço do gráfico de uma função quadrática $f: \mathbb{R} \to \mathbb{R}$ conforme as características abaixo:

- O y_v representa o menor valor de y na função;
- a função possui dois "zeros" diferentes, um positivo e outro negativo;
- o gráfico intercepta o eixo das ordenadas em um ponto acima do eixo das abscissas.

15. Em cada função quadrática $y = f(x)$ a seguir, obtenha as coordenadas do vértice da correspondente parábola:

a) $y = (x - 2)^2 + 6$

b) $y = -2(x - 1)^2 - 16$

c) $y = 4(x - 3)^2$

d) $y = 3\left(x + \dfrac{1}{2}\right)^2 - \dfrac{5}{2}$

16. Apresentamos a seguir quatro funções quadráticas definidas com o domínio no conjunto dos reais:

$f(x) = x^2$ $g(x) = 2x^2$
$h(x) = 3x^2$ $m(x) = 4x^2$

Responda:

a) Essas funções têm, como gráficos, parábolas com concavidade voltada para cima ou para baixo?

b) Essas parábolas passam pela origem do sistema de coordenadas cartesianas?

c) Qual é maior: $f(2)$, $g(2)$, $h(2)$ ou $m(2)$?

d) Qual é maior: $f(\sqrt{5})$, $g(\sqrt{5})$, $h(\sqrt{5})$ ou $m(\sqrt{5})$?

e) Quais as coordenadas dos vértices das parábolas correspondentes?

17. Após realizar a atividade anterior, Carlos resolveu esboçar esses gráficos no plano cartesiano. Identificou as parábolas com os algarismos romanos. Relacione esses gráficos com as funções correspondentes.

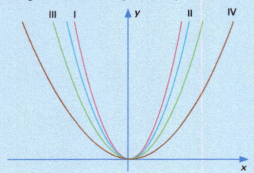

18. Esboce, num mesmo plano cartesiano, os gráficos das funções quadráticas com domínio no conjunto dos números reais, definidas por $f(x) = x^2$, $g(x) = x^2 + 1$ e $h(x) = x^2 - 1$. Depois, responda:

a) Quais as coordenadas do vértice de cada uma das parábolas?

b) Essas parábolas têm o vértice pertencente ao eixo y?

c) Qual é o maior valor: $f(k)$, $g(k)$ ou $h(k)$, sendo k um número real qualquer?

Sugestão: utilize a ferramenta Winplot para esboçar esses gráficos.

19. Na figura a seguir, as medidas dos lados do retângulo estão indicadas, em centímetros, em função de x ($x > 0$).

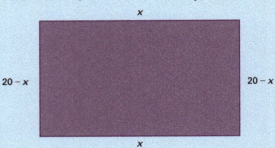

a) Obtenha a expressão que representa a área A(x) desse retângulo.

b) Escreva o intervalo correspondente aos possíveis valores reais para x.

c) Determine a área, em cm², desse retângulo para $x = 5$.

d) Determine, caso exista, outro valor de x, diferente de 5, para o qual esse retângulo tem a mesma área que para $x = 5$.

20. Os dois quadriláteros a seguir têm suas medidas indicadas em função de x.

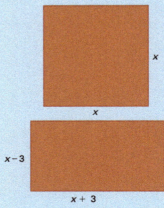

a) Obtenha as áreas desses quadriláteros em função de x.

b) Justifique a seguinte afirmação: a área do quadrado é maior que a área do retângulo.

Aplicações relacionadas à função quadrática

Sabendo calcular as coordenadas do vértice de uma parábola obtida a partir da lei de formação de uma função quadrática, é possível resolver aplicações diversas. Antes, é importante que você analise um pouco mais o gráfico dessa função, observando o significado da ordenada do vértice, conforme a concavidade da parábola.

▸ Quando a concavidade é voltada para cima, o y_v representa o menor valor da imagem da função. Esse valor é chamado de **mínimo da função**.

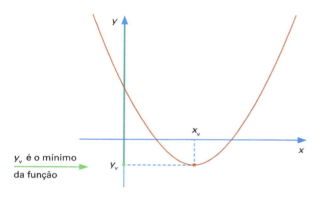

Observe que o conjunto imagem dessa função, conforme destacado no eixo y, é $\text{Im}(f) = \{y \in \mathbb{R} / y \geq y_v\}$.

▸ Quando a concavidade é voltada para baixo, o y_v representa o maior valor da imagem da função. Esse valor é chamado de **máximo da função**.

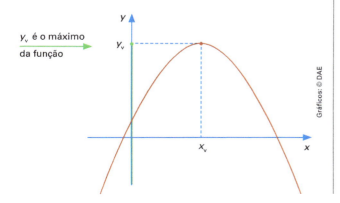

Neste caso, o conjunto imagem dessa função, conforme destacado no eixo y, é
$\text{Im}(f) = \{y \in \mathbb{R} / y \leq y_v\}$.

Em uma função quadrática $f: \mathbb{R} \to \mathbb{R}$, definida por $f(x) = ax^2 + bx + c$, e considerando que o vértice da parábola correspondente é o ponto $V(x_v, y_v)$, temos:

$a > 0$, $\text{Im}(f) = \left\{x \in \mathbb{R} / y \geq y_v\right\}$ e y_v é o mínimo da função.

$a < 0$, $\text{Im}(f) = \left\{x \in \mathbb{R} / y \leq y_v\right\}$ e y_v é o máximo da função.

Agora vamos considerar algumas aplicações.

Problemas de área

Vamos retornar ao problema apresentado no início do capítulo. Queríamos determinar as medidas do lado do retângulo de área máxima com o perímetro de 200 metros.

Conforme vimos:

$$2x + 2y = 200$$

$$x + y = 100$$

$$y = 100 - x$$

Expressando a área S do retângulo em função de x:

$$S = xy$$

$$S = x(100 - x)$$

$$S = f(x) = -x^2 + 100x$$

A função obtida é uma função quadrática. No plano cartesiano, o gráfico correspondente é formado por pontos pertencentes a uma parábola com a concavidade voltada para cima, conforme esboço a seguir:

Função quadrática Capítulo 10 147

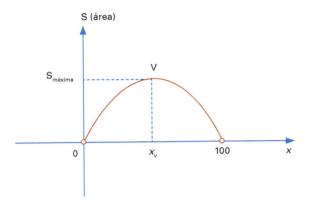

Para calcular o valor de x que torna a área máxima, basta determinar a abscissa do vértice da parábola:

$$x_v = -\frac{b}{2a}$$

$$x_v = -\frac{100}{2 \cdot (-1)} \Rightarrow x_v = 50$$

Se a medida de um lado do retângulo é 50 m, a outra medida y pode ser calculada substituindo na primeira equação:

$$y = 100 - x$$

$$y = 100 - 50 \Rightarrow y = 50$$

Portanto, o retângulo procurado tem lados com medidas iguais a 50 metros, isto é, o retângulo de área máxima e perímetro constante resultou em um quadrado.

Questões e reflexões

1. Na situação apresentada, qual o significado do valor correspondente à ordenada do vértice?
2. Como você calcularia a área máxima do retângulo?
3. Na função obtida $S = f(x) = -x^2 + 100x$, qual o domínio?

Movimento uniformemente variado

Na Física, a expressão que relaciona o espaço em função do tempo é dada por: $S = S_0 + V_0 t + \frac{a}{2} t^2$, sendo a a aceleração, S o espaço, V_0 a velocidade inicial e t o tempo.

Considere que um móvel em MUV (movimento uniformemente variado) tenha o deslocamento em função do tempo dado por $S = 2t^2 - 18t + 36$, sendo S em metros e t em segundos. Vamos determinar o momento em que esse móvel muda de sentido.

Como a parábola correspondente ao gráfico dessa função tem a concavidade voltada para cima, esse móvel muda de sentido quando a função muda o crescimento, isto é, no tempo correspondente à abscissa do vértice. Nesse momento, ocorre uma inversão no sentido do movimento.

$$x_v = -\frac{b}{2a}$$

$$t_v = -\frac{-18}{2 \cdot 2} \Rightarrow t_v = 4,5$$

Portanto, após 4,5 segundos o móvel muda seu sentido de deslocamento.

Questões e reflexões

1. Na situação apresentada, indique a aceleração do móvel.
2. Qual o espaço inicial e a velocidade inicial desse móvel?
3. Verifique outro exemplo de aplicação na Física que utiliza função quadrática e apresente-o para seus colegas.

Lançamento parabólico

Considere que um projétil é lançado do solo, como sugere a figura, descrevendo uma trajetória em forma de parábola modelada pela função $y = -0,05x^2 + 1,5x$, sendo x e y dados em metros. Sabendo que y representa a altura desse projétil, e x o deslocamento horizontal a partir do lançamento, vamos obter a altura máxima atingida e o alcance máximo.

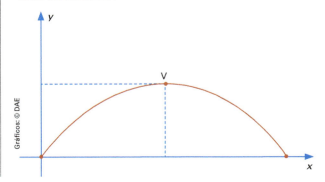

148 Unidade 3 Funções

Como a concavidade é voltada para baixo, a função quadrática tem ponto de máximo no vértice $V(x_v, y_v)$. A ordenada do vértice representa a altura máxima atingida pelo projétil, e a abscissa do vértice representa a metade do alcance.

$$x_v = -\frac{b}{2a} = -\frac{1,5}{2 \cdot (-0,05)} = \frac{1,5}{0,1} = 15$$

$$y_v = -\frac{\Delta}{4a} = -\frac{1,5^2 - 4 \cdot (-0,05) \cdot 0}{4 \cdot (-0,05)} =$$

$$= \frac{2,25}{0,2} = 11,25$$

Portanto, temos:

A altura máxima é 11, 25 m e o alcance é 30 m (o dobro da abscissa do vértice, pois x = 0 representa o ponto inicial do projétil). Observe que o alcance também poderia ser obtido conhecendo as raízes da correspondente equação do 2º grau.

Forma fatorada e forma canônica

Vimos que a função quadrática é apresentada na forma $f(x) = ax^2 + bx + c$, dita forma polinomial. Mas ela pode ser representada também de outras duas maneiras: a forma fatorada e a forma canônica.

Forma fatorada

Vamos inicialmente considerar a função definida por $f(x) = x^2 - 6x + 5$, cujo esboço do gráfico no plano cartesiano está representado a seguir:

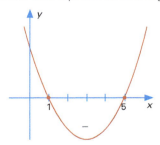

Note que os "zeros" dessa função são os pontos de abscissas 1 e 5. A lei de formação dessa função pode ser fatorada a partir de suas raízes, isto é:

$$f(x) = x^2 - 6x + 5$$

$$f(x) = x^2 - x - 5x + 5$$

$$f(x) = x(x - 1) - 5(x - 1)$$

$$f(x) = (x - 1)(x - 5)$$

Esse procedimento pode ser adotado para qualquer função quadrática quando conhecemos suas raízes reais. Assim, de modo geral, podemos dizer que:

> Dada a função quadrática $f: \mathbb{R} \to \mathbb{R}$, definida por $f(x) = ax^2 + bx + c$, sua forma fatorada é $f(x) = a(x - x_1)(x - x_2)$, sendo x_1 e x_2 os "zeros" da função.

Vamos provar esse resultado!

▸ Considerando inicialmente que a equação $ax^2 + bx + c = 0$ admite as raízes reais x_1 e x_2, temos:

$$x_1 + x_2 = -\frac{b}{a} \text{ e } x_1 \cdot x_2 = \frac{c}{a}$$

▸ Fatorando a expressão correspondente à lei de formação da função:

$$f(x) = ax^2 + bx + c$$

$$f(x) = a\left(x^2 + \frac{b}{a}x + \frac{c}{a}\right)$$

$$f(x) = a[x^2 - (x_1 + x_2)x + x_1 x_2]$$

$$f(x) = a[x^2 - xx_1 - xx_2 + x_1 x_2]$$

$$f(x) = a[x(x - x_1) - x_2(x - x_1)]$$

$$f(x) = a[(x - x_1)(x - x_2)]$$

$$f(x) = a(x - x_1)(x - x_2)$$

→ Forma fatorada da função quadrática

A forma fatorada pode, por exemplo, ser utilizada quando queremos obter a lei de formação da função quadrática e conhecemos os "zeros" da função e também algum outro ponto, como exemplificado a seguir.

Vamos obter a lei de formação da função quadrática correspondente ao gráfico abaixo.

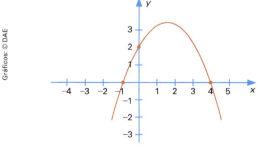

Como conhecemos os "zeros" da função, utilizamos a forma fatorada:

$f(x) = a(x - x_1)(x - x_2)$

$f(x) = a(x + 1)(x - 4)$

Observando que o ponto (0, 2) pertence à parábola, temos $f(0) = 2$. Substituindo na lei de formação da função, vamos determinar o valor de a:

$f(0) = a(0 + 1)(0 - 4)$
$2 = a \cdot 1(-4)$
$a = -\dfrac{1}{2}$

Assim, a lei de formação da função é

$f(x) = -\dfrac{1}{2}(x + 1)(x - 4)$.

Forma canônica

A forma fatorada nos permite escrever a lei de formação da função quadrática a partir de suas raízes, mas existe uma maneira de expressar essa mesma função em função das coordenadas do vértice. É a forma canônica.

Assim como fizemos anteriormente com a forma fatorada, vamos considerar a função quadrática definida no conjunto dos números reais por $f(x) = x^2 - 6x + 5$. Ao determinar as coordenadas do vértice, temos:

$x_v = -\dfrac{b}{2a} = -\dfrac{-6}{2 \cdot 1} = 3$

$y_v = f(x_v) = f(3) = 3^2 - 6 \cdot 3 + 5 = -4$

Voltando à lei de formação dessa função e observando o procedimento de completar um trinômio quadrado perfeito, podemos escrever:

$f(x) = x^2 - 6x + 5$
$f(x) = x^2 - 2 \cdot x \cdot 3 + 9 - 9 + 5$
$f(x) = (x - 3)^2 - 4$

Forma canônica:
$f(x) = a(x - x_v)^2 + y_v$

> Dada a função quadrática $f: \mathbb{R} \to \mathbb{R}$, definida por $f(x) = ax^2 + bx + c$, sua forma canônica é $f(x) = a(x - x_v)^2 + y_v$, sendo x_v e y_v as coordenadas do vértice da correspondente parábola.

Vamos demonstrar esse resultado!

A função quadrática $f: \mathbb{R} \to \mathbb{R}$, definida por $f(x) = ax^2 + bx + c$, pode ser escrita da seguinte forma:

$f(x) = a\left(x^2 + \dfrac{b}{a}x + \dfrac{c}{a}\right)$

A expressão entre parênteses pode ser transformada de tal forma a se obter um trinômio quadrado perfeito, isto é:

$f(x) = a\left(x^2 + 2 \cdot x \cdot \dfrac{b}{2a} + \dfrac{b^2}{4a^2} - \dfrac{b^2}{4a^2} + \dfrac{c}{a}\right)$

$f(x) = a\left[\left(x + \dfrac{b}{2a}\right)^2 + \dfrac{-b^2 + 4ac}{4a^2}\right]$

$f(x) = a\left(x + \dfrac{b}{2a}\right)^2 + a \cdot \left[\dfrac{-(b^2 + 4ac)}{4a^2}\right]$

$f(x) = a\left(x + \dfrac{b}{2a}\right)^2 + \left(-\dfrac{\Delta}{4a}\right)$

Considerando as relações obtidas para o cálculo das coordenadas do vértice da parábola correspondente, concluímos que:

$f(x) = a(x - x_v)^2 + y_v$

Esta última relação, conhecida com fórmula canônica da função quadrática, permite a você, por comparação, obter as coordenadas do vértice de uma parábola que representa no plano cartesiano a função.

Exercícios resolvidos

1. A figura ao lado representa um retângulo com 20 cm de comprimento por 10 cm de largura.
   a) Determine uma expressão $S = f(x)$ para calcular a área destacada do quadrilátero em função de x.
   b) A expressão $S = f(x)$ é uma função quadrática? Por quê?
   c) A variável x pode assumir qualquer valor?
   d) Construa o gráfico da função $f(x)$.
   e) Qual valor de x maximiza a área $S = f(x)$? Qual é essa área máxima?

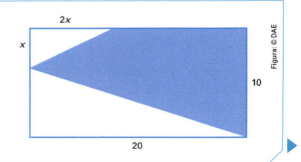

a) A área destacada pode ser calculada subtraindo, da área do retângulo, as áreas A₁ e A₂ dos triângulos.

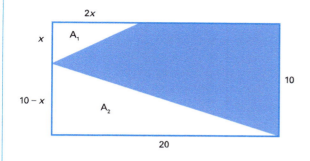

Assim:

$S = f(x) = 20 \cdot 10 - \left(\dfrac{2x \cdot x}{2}\right) - \left[\dfrac{(10-x) \cdot 20}{2}\right] =$

$= 200 - x^2 - 100 + 10x = -x^2 + 10x + 100$

b) Sim, porque $S = f(x) = -x^2 + 10x + 100$ é do tipo $y = ax^2 + bx + c$.

c) Não. Observe que, como x e $2x$ representam medidas no retângulo, temos algumas restrições:

$\begin{cases} x > 0 \\ x < 10 \\ 2x < 20 \end{cases} \Rightarrow 0 < x < 10$

Observe que excluímos o zero, pois, conforme o enunciado, devemos ter um quadrilátero.

d)

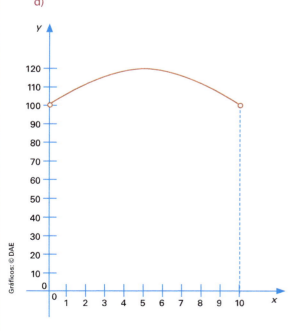

e) O valor de x que maximiza a área é o x_v, e a área máxima corresponde ao y_v. Assim:

$x_v = -\dfrac{b}{-2a} \Rightarrow x_v = -\dfrac{10}{2 \cdot (-1)} = 5$ e $y_v = -\dfrac{b^2 - 4ac}{4a} \Rightarrow$

$\Rightarrow y_v = -\dfrac{10^2 - 4(-1) \cdot 100}{4(-1)} = 125.$

Observe que o y_v também pode ser calculado como $y_v = f(x_v) \Rightarrow y_v = f(5) = -5^2 + 10 \cdot 5 + 100 = 125$.

Portanto, $x = 5$ cm

$S = f(5) = 125$ cm²

2. Na plano a seguir está representado o gráfico da função $f: \mathbb{R} \to \mathbb{R}$, cujo vértice é $\left(2; \dfrac{9}{2}\right)$ e um de seus zeros é 5.

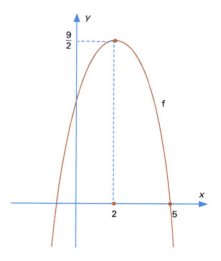

a) Qual o outro zero da função f?
b) Qual a forma fatorada de f?
c) Qual a forma canônica de f?
d) Em qual valor f intersecta o eixo das ordenadas?

a) O eixo de simetria da parábola é $x = 2$. Sendo x_1 o outro zero de f, temos: $\dfrac{x_1 + 5}{2} = 2 \Rightarrow x_1 = -1$.

b) $f(x) = a(x - x_1)(x - x_2) \Rightarrow f(x) = a(x + 1)(x - 5)$.

Como $\left(2; \dfrac{9}{2}\right) \in f$, temos: $\dfrac{9}{2} = a(2 + 1)(2 - 5) \Rightarrow$

$\Rightarrow \dfrac{9}{2} = -9a \Rightarrow a = -\dfrac{1}{2}$

Assim: $f(x) = -\dfrac{1}{2}(x + 1)(x - 5)$

c) $f(x) = a(x + x_v)^2 + y_v \Rightarrow -\dfrac{1}{2}(x - 2)^2 + \dfrac{9}{2}$

d) A função intersecta o eixo das ordenadas quando $x = 0$.

Assim: $f(0) = -\dfrac{1}{2}(0 + 1)(0 - 5) = \dfrac{5}{2}$

Exercícios propostos

1. Escreva o conjunto imagem de cada uma das seguintes funções quadráticas definidas no conjunto dos números reais.

a) $f(x) = x^2 + 4x$
b) $f(x) = -x^2$
c) $f(x) = -4x^2 - 16x + 1$
d) $f(x) = x^2 + 5$
e) $f(x) = 2x^2 + 6x - 8$
f) $f(x) = x^2 + 5x + 6$

2. Em relação às funções quadráticas da atividade anterior, indique qual o valor máximo ou mínimo que cada função assume.

3. Observe, na figura a seguir, as medidas (em metros) dos lados de um retângulo e faça o que se pede.

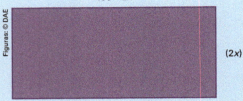

a) Obtenha o perímetro do retângulo.
b) Escreva a expressão que representa a área S desse retângulo em função de x.
c) Qual a medida da área desse retângulo quando $x = 10$?
d) Para qual valor de x o retângulo terá 900 m² de área? Quais as dimensões desse retângulo?
e) Para que valor de x a área desse retângulo é máxima? Qual é essa área?

4. Considere todos os retângulos em que os perímetros são iguais a 80 m e responda:

a) Se dois dos lados de um desses retângulos medem 10 m, quais as medidas dos outros dois lados desse retângulo e de sua área?
b) Quais as medidas dos lados do retângulo de área máxima? Qual é essa área máxima?

5. O custo, em reais, para produzir x unidades de um determinado produto é dado por: $C = f(x) = x^2 - 30x + 5\,000$. Determine:

a) o custo para produzir 10 unidades desse produto.
b) a quantidade de unidades que devem ser produzidas para gerar um custo mínimo.
c) o custo mínimo.

6. Uma parede de tijolos será usada como um dos lados de um galinheiro retangular, usando-se para os outros lados 400 metros de tela de arame. Obtenha as dimensões do galinheiro para que a sua área seja máxima.

7. O lucro de uma empresa é dado, em reais, pela função: $L = f(x) = -400(x - 20)(x - 4)$, em que x representa a quantidade de peças produzidas.

a) Determine os valores de x para que o lucro seja igual a R$ 19.200,00.
b) Determine a quantidade x para que o lucro seja máximo. Qual é esse lucro?

8. Resolva os dois problemas a seguir:

a) Quais as dimensões do retângulo ao lado, de perímetro 20 cm, de tal maneira que sua área seja a máxima possível?

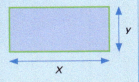

b) O retângulo ao lado tem perímetro 16 cm. Você deverá obter suas medidas para que a área do triângulo pintado seja a máxima possível.

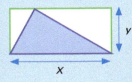

9. Escreva, na forma fatorada, a lei de formação da função quadrática $f(x) = x^2 + 11x + 10$.

10. Há uma relação entre os "zeros" de uma função quadrática e a abscissa do vértice: a abscissa do vértice pode ser calculada como média aritmética dos "zeros" dessa função, isto é, $x_v = -\dfrac{b}{2a} = \dfrac{1}{2} \cdot \left(-\dfrac{b}{a}\right) = \dfrac{1}{2} \cdot (x_1 + x_2)$.

Utilize esse resultado para obter as coordenadas dos vértices das correspondentes parábolas definidas por:

a) $f(x) = -2(x - 10)(x - 14)$
b) $f(x) = (x - 3\sqrt{3})(x + \sqrt{3})$
c) $f(x) = 3(x + 1)(x - 1)$
d) $f(x) = 5(x + 6)(x + 4)$
e) $f(x) = -3(x - 4)(x + 2)$
f) $f(x) = 8\left(x + \dfrac{3}{2}\right)\left(x - \dfrac{8}{2}\right)$

11. Uma bola é lançada para cima e sua altura h, em metros, em função do tempo t, é dada por $h = f(t) = -t^2 + 6t + 8$. Obtenha:

a) a altura dessa bola no instante $t = 0$.
b) o instante $t > 0$ em que a bola atinge a altura 8 metros.
c) o instante em que essa bola atinge a altura máxima.
d) a altura máxima que essa bola pode alcançar.

12. Em uma indústria, sabe-se que o custo C, em reais, para produzir x unidades de certo produto, conforme certas condições, é dado pela função $C = f(x) = x^2 - 160x + 6\,600$. Nessas condições:

a) qual é o custo para produzir 10 unidades?
b) qual é o custo para produzir 100 unidades?
c) determine a quantidade de unidades produzidas para que o custo seja o mínimo possível.
d) qual é o custo mínimo?

Sinal da função e inequações

Vamos analisar o sinal de uma função quadrática $f: \mathbb{R} \to \mathbb{R}$ definida por $f(x) = ax^2 + bx + c$, isto é, vamos determinar os valores reais de x para os quais:

$f(x) = 0 \to f(x)$ se anula;

$f(x) > 0 \to f(x)$ é positiva;

$f(x) < 0 \to f(x)$ é negativa.

Observando o valor assumido pelo discriminante $\Delta = b^2 - 4ac$ da equação ($ax^2 + bx + c = 0$) e a concavidade da parábola correspondente, temos as seguintes possibilidades:

▶ **1ª possibilidade**: $a > 0$ e $\Delta > 0$

A parábola tem a concavidade voltada para cima e intersecta o eixo das abscissas em dois pontos distintos. Conforme esquema abaixo, temos:

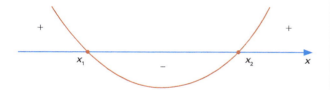

$f(x) = 0$ para $x = x_1$ ou $x = x_2$

$f(x) > 0$ para $x < x_1$ ou $x > x_2$

$f(x) < 0$ para $x_1 < x < x_2$

▶ **2ª possibilidade**: $a < 0$ e $\Delta > 0$

A parábola tem a concavidade voltada para baixo e intersecta o eixo das abscissas em dois pontos distintos. Conforme esquema abaixo, temos:

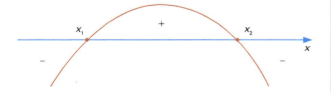

$f(x) = 0$ para $x = x_1$ ou $x = x_2$

$f(x) > 0$ para $x_1 < x < x_2$

$f(x) < 0$ para $x < x_1$ ou $x > x_2$

▶ **3ª possibilidade**: $a > 0$ e $\Delta = 0$

A parábola tem a concavidade voltada para cima e tangencia o eixo das abscissas em um ponto. Conforme esquema abaixo, temos:

$f(x) = 0$ para $x = x_1 = x_2$

$f(x) > 0$ para $x \neq x_1$

$f(x) < 0$ para nenhum valor real de x.

▶ **4ª possibilidade**: $a < 0$ e $\Delta = 0$

A parábola tem a concavidade voltada para baixo e tangencia o eixo das abscissas em um ponto. Conforme esquema abaixo, temos:

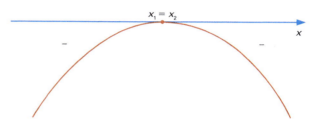

$f(x) = 0$ para $x = x_1 = x_2$

$f(x) > 0$ para nenhum valor real de x.

$f(x) < 0$ para $x \neq x_1$

▶ **5ª possibilidade**: $a > 0$ e $\Delta < 0$

A parábola tem a concavidade voltada para cima e não intersecta o eixo das abscissas. Conforme esquema abaixo, temos:

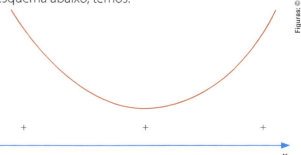

$f(x) = 0$ para nenhum valor real de x.

$f(x) > 0$ para qualquer x real.

$f(x) < 0$ para nenhum valor real de x.

▶ **6ª possibilidade**: $a < 0$ e $\Delta < 0$

A parábola tem a concavidade voltada para baixo e não intersecta o eixo das abscissas. Conforme esquema abaixo, temos:

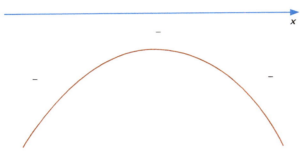

$f(x) = 0$ para nenhum valor real de x.

$f(x) > 0$ para nenhum valor real de x.

$f(x) < 0$ para qualquer x real.

OBSERVAÇÃO:
O procedimento para o estudo do sinal de uma função quadrática consiste em: verificar a concavidade da correspondente parábola; obter o valor do discriminante Δ da equação do 2º grau correspondente e suas raízes reais; e atribuir os sinais da função a partir do esquema prático, conforme exemplos a seguir.

Exemplos:

1. Vamos estudar o sinal da função quadrática real definida por $f(x) = x^2 + 9$.

$a = 1 > 0$ (Concavidade voltada para cima.)

$\Delta = 0^2 - 4 \cdot 1 \cdot 9 = -36 < 0$ (Não admite "zeros" reais.)

Assim, temos:

Sinal da função $f(x) > 0$ para todo x real.

2. Considere a função real definida por $g(x) = -4x^2 - 4x - 1$. Vamos estudar o sinal dessa função.

$a = -4 < 0$ (Concavidade voltada para baixo.)

$\Delta = (-4)^2 - 4 \cdot (-4) \cdot (-1) = 0$ (Admite raízes reais e iguais.)

Resolvendo a equação:

$-4x^2 - 4x - 1 = 0$

$4x^2 + 4x - 1 = 0 \Rightarrow x = -\dfrac{1}{2}$

Assim, temos:

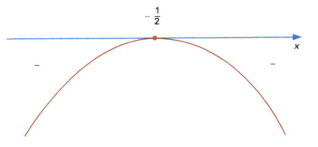

Sinal da função:

$g(x) = 0$ para $x = -\dfrac{1}{2}$

$g(x) < 0$ para $x \neq -\dfrac{1}{2}$

O estudo do sinal de uma função quadrática permite-nos resolver inequações do 2º grau na incógnita x. Essas inequações são desigualdades que podem ser escritas na forma:

$ax^2 + bx + c > 0$, $ax^2 + bx + c \geq 0$,

$ax^2 + bx + c < 0$ ou $ax^2 + bx + c \leq 0$

O procedimento pode ser observado nos exemplos a seguir.

1. Vamos resolver a inequação $x^2 - 4x + 3 \geq 0$.

Essa inequação é resolvida pelo estudo do sinal da função quadrática $f(x) = x^2 - 4x + 3$, porém considerando que desejamos os valores de x para os quais $f(x) \geq 0$.

$a = 1 > 0$ (Concavidade voltada para cima.)

$\Delta = (-4)^2 - 4 \cdot 1 \cdot 3 = 4 > 0$ (Duas raízes reais e distintas.)

Resolvemos a equação:

$x^2 - 4x + 3 = 0 \Rightarrow \begin{cases} x = 1 \\ x = 3 \end{cases}$

Elaboramos o esquema e analisamos os sinais:

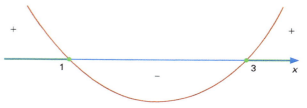

Observando o esquema, temos:

$S = \{x \in \mathbb{R} /\ x \leq 1 \text{ ou } x \geq 3\}$

2. Vamos resolver a inequação $-x^2 + x + 2 > 0$.

Essa inequação é resolvida pelo estudo do sinal da função quadrática $f(x) = -x^2 + x + 2$, porém considerando que desejamos os valores de x para os quais $f(x) > 0$.

$a = -1 < 0$ (Concavidade voltada para baixo.)

$\Delta = 1^2 - 4 \cdot (-1) \cdot 2 = 9 > 0$ (Duas raízes reais e distintas.)

Resolvemos a equação:

$x^2 - x - 2 = 0 \Rightarrow \begin{cases} x = 2 \\ x = -1 \end{cases}$

Elaboramos o esquema e analisamos os sinais:

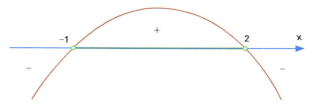

Observando o esquema, temos:

$S = \{x \in \mathbb{R} /\ -1 < x < 2\}$

3. Vamos resolver a inequação

$-x^2 + 5x - 10 < 0$.

Essa inequação é resolvida pelo estudo do sinal da função quadrática $f(x) = -x^2 + 5x - 10$, porém considerando que desejamos os valores de x para os quais $f(x) < 0$.

$a = -1 < 0$ (Concavidade voltada para baixo.)

$\Delta = 5^2 - 4 \cdot (-1) \cdot (-10) = -15 < 0$

(Não admite raízes reais.)

Elaboramos o esquema e analisamos os sinais:

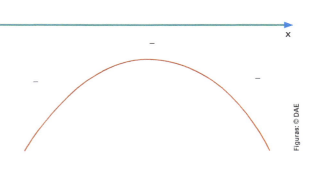

Observando o esquema, para todos os valores reais de x a inequação é verificada, ou seja, $S = \mathbb{R}$.

EXPLORANDO

Agora que já estudamos uma função quadrática, sinal da função quadrática e também a resolução de inequações do 2º grau, podemos ampliar nosso conhecimento explorando um pouco mais algumas ideias.

1. No estudo de função afim utilizamos o Winplot para construir alguns gráficos. Observaremos agora que também podemos empregar esse recurso para obter os gráficos das funções quadráticas. Antes, porém, é importante que você conheça um pouco mais sobre esse aplicativo. Para tanto, vamos construir o gráfico da função quadrática definida no conjunto dos reais por $f(x) = x^2 - 4x$.

- Após clicarmos em "Equação" → "Explicita", digitamos "xx−4x" para representarmos "$x^2 - 4x$". Na tela do computador aparecerá o gráfico, conforme ilustração a seguir. Note que, tanto no eixo x como no eixo y, temos indicados os números inteiros de −4 até 4, embora ele permita ir de −5 até 5.

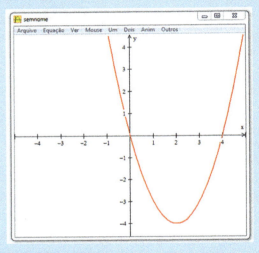

- Caso queiramos ajustar a tela evidenciando mais pontos, podemos clicar em "ver". Na tela aparecerá o quadro acima e a esquerda. Clicando em "cantos" podemos, por exemplo, digitar "−10" para "esquerdo", "10" para "direito", "−10" para "inferior" e "10" para "superior". Clicando em "aplicar", aparecerá o seguinte gráfico.

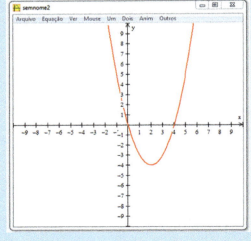

- Vamos agora colocar a malha pontilhada. Clicamos novamente em "Ver" e selecionamos "Grade". Marcamos "retangular" e "pontilhado", como indicado abaixo. Finalmente, clicamos em "aplicar" e em "fechar". O resultado aparecerá na tela do computador, desta forma:

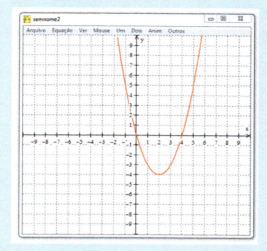

2. Utilize o recurso para explorar alguns gráficos. Sugerimos, por exemplo, que você construa em um mesmo sistema os gráficos das funções reais definidas por $f(x) = x^2 - 4x + 3$ e $g(x) = 2x^2 - 8x + 6$. Depois, responda:

a) Essas funções possuem o mesmo gráfico?

b) Para quais valores de x essas funções são iguais?

Exercícios resolvidos

1. Considere a função $g: \mathbb{R} \to \mathbb{R}$, definida por $g(x) = x^2 + mx + m$, sendo m um número real. Determine os valores de m, de modo que a parábola correspondente à função $g(x)$:

a) intersecte o eixo das abcissas duas vezes.

b) tangencie o eixo das abcissas.

c) não intersecte o eixo das abcissas.

Temos: $\Delta = m^2 - 4 \cdot m \cdot 1 = m^2 - 4m$.

a) Para que a parábola correspondente a $g(x)$ intersecte o eixo das abcissas duas vezes, devemos ter duas soluções diferentes para $g(x) = 0$, ou seja, $\Delta > 0$. Assim: $m^2 - 4m > 0$

Analisando o gráfico de $y = m^2 - 4m = m(m - 4)$, observamos que $m^2 - 4m > 0$ para $m < 0$ ou $m > 4$.

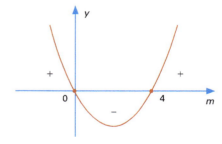

b) Para que a parábola correspondente a $g(x)$ tangencie o eixo das abcissas, devemos ter apenas um valor para $g(x) = 0$, ou seja, $\Delta = 0$.

Assim: $m^2 - 4m = = 0 \Rightarrow m = 0$ ou $m = 4$.

c) Para que a parábola correspondente a $g(x)$ não intersecte o eixo das abcissas, não devemos ter soluções para $g(x) = 0$, ou seja, $\Delta < 0$. Assim: $m^2 - 4m < 0$.

Analisando o gráfico de $y = m^2 - 4m = m(m - 4)$, observamos que $m^2 - 4m < 0$ para $0 < m < 4$.

2. Resolva em $\mathbb{R}$ a inequação $2x + 4 < x^2 - 4 < -x + 2$.

Resolver a inequação $2x + 4 < x^2 - 4 < -x + 2$ é a mesma coisa que resolver o sistema de inequações

$\begin{cases} 2x + 4 < x^2 - 4 \\ x^2 - 4 < -x + 2 \end{cases} \Rightarrow \begin{cases} -x^2 + 2x + 8 < 0 \text{ (I)} \\ x^2 + x - 6 < 0 \text{ (II)} \end{cases}$

(I) $-x^2 + 2x + 8 < 0$

$-x^2 + 2x + 8 = 0 \Rightarrow x = -2$ ou $x = 4$.

Analisando o gráfico de $y = -x^2 + 2x + 8$, temos:

que podemos representar como

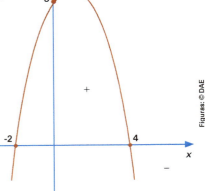

(II)
$x^2 + x - 6 < 0$
$x^2 + x - 6 = 0 \Rightarrow x = -3$ ou $x = 2$. Analisando o gráfico de $y = x^2 + x - 6$, temos:

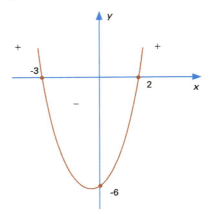

Como queremos os valores de x para os quais $y < 0$, temos:

Como os valores de x devem satisfazer as duas inequações, temos de obter a intersecção desses intervalos, isto é:

Assim: $S = \{x \in \mathbb{R} \mid -3 < x < -2\}$

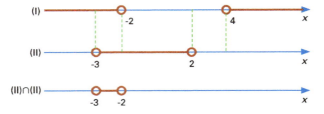

Exercícios propostos

1. Estude o sinal de cada função quadrática abaixo no conjunto dos números reais.

   a) $f(x) = x^2 + 9x + 8$
   b) $f(x) = -x^2 + 8$
   c) $f(x) = -3x^2 - 2x + 4$
   d) $f(x) = x^2 + 10x - 25$
   e) $f(x) = x^2 + x$
   f) $f(x) = -2x^2 + 3x - 8$

2. Considere a função f: $\mathbb{R} \to \mathbb{R}$, conforme gráfico representado abaixo:

   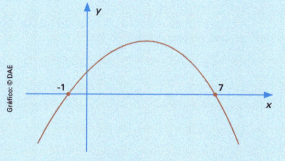

   a) Obtenha os valores de x para os quais $f(x) = 0$.
   b) Determine x tal que $f(x) < 0$.
   c) Obtenha os valores de x tais que $f(x) > 0$.

3. Determine os valores reais de x na função definida por $f(x) = -4x^2 + x - 8$ para os quais $f(x) > 0$.

4. Resolva as seguintes inequações do 2º grau no conjunto dos números reais:

   a) $2x^2 + x > 0$
   b) $-x^2 + 9 \geq 0$
   c) $-2x^2 + 2x - 5 \leq 0$
   d) $x^2 - 13x + 36 > 0$
   e) $2x^2 + x \leq x - 10$
   f) $(x - 4)^2 > 16 - 8$

5. Sabe-se que a função quadrática $f(x) = 2x^2 + x + m$ tem como gráfico uma parábola que intercepta o eixo das abscissas em dois pontos distintos. Quais são os valores possíveis para m?

6. Seja a função quadrática f: $\mathbb{R} \to \mathbb{R}$, definida por $f(x) = -x^2 + kx - 8$, sendo k um número real. Nessas condições, determine k, sabendo que a parábola correspondente ao gráfico de f:

   a) intersecta o eixo das abcissas duas vezes.
   b) tangencia o eixo das abcissas.
   c) não intersecta o eixo das abcissas.

7. Resolva cada item a seguir no conjunto dos números reais.

   a) $\begin{cases} x^2 - 2x - 3 \geq 0 \\ -x^2 + 4 > 0 \end{cases}$

   b) $\begin{cases} x^2 - 8x + 12 > 0 \\ x^2 + 4x + 4 < 0 \end{cases}$

   c) $\begin{cases} -x^2 - x + 6 < 0 \\ x^2 - 16 > 0 \end{cases}$

   d) $\begin{cases} x^2 - 36 \leq 0 \\ x^2 - 25 > 0 \end{cases}$

   e) $9 < x^2 < 5x$

   f) $x > x^2 > 3x - 2$

Algumas conclusões

Procure responder ou mesmo pensar a respeito de possíveis respostas para algumas questões envolvendo o estudo de funções observado nesta unidade. Caso sinta alguma dificuldade em obter respostas, sugerimos retomar os conceitos principais.

1. Como você define uma função?

2. Em uma função da forma $y = f(x)$, qual é a variável dependente? E a independente?

3. Em uma função afim da forma $y = f(x) = ax + b$, o que significa taxa de crescimento?

4. Se o domínio da função afim é real, o que se pode afirmar a respeito do gráfico correspondente?

5. Qual a condição para que o gráfico de uma função afim passe pela origem do sistema de coordenadas cartesianas?

6. Qual o gráfico, no plano cartesiano, de uma função quadrática com domínio real?

7. Quais as possibilidades quanto à interseção de uma parábola com o eixo das ordenadas?

8. É possível que em uma função quadrática definida por $f(x) = ax^2 + bx + c$ tenha-se $f(x) < 0$ para todo o valor real de x?

9. Como obter as coordenadas do vértice de uma parábola?

10. Explique como é possível resolver uma inequação do 2º grau.

Vestibulares e Enem

1. (Enem) No Brasil há várias operadoras e planos de telefonia celular. Uma pessoa recebeu 5 propostas (A, B, C, D e E) de planos telefônicos. O valor mensal de cada plano está em função do tempo mensal das chamadas, conforme o gráfico.

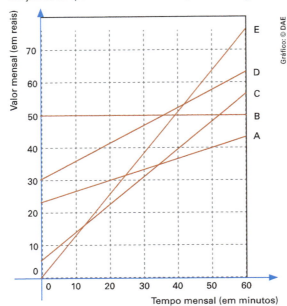

Essa pessoa pretende gastar exatamente R$ 30,00 por mês com telefone.

Dos planos telefônicos apresentados, qual é o mais vantajoso, em tempo de chamada, para o gasto previsto para essa pessoa?

a) A
b) B
c) C
d) D
e) E

2. (Uepa) Segundo a Organização das Nações Unidas (ONU), a população da Terra atingiu a marca de 7,2 bilhões de habitantes em 2013, dados publicados no estudo "Perspectivas de População Mundial". De acordo com as projeções de crescimento demográfico, seremos 8,1 bilhões de habitantes em 2025 e 9,6 bilhões de habitantes em 2050. Supondo que, a partir de 2025, a população mundial crescerá linearmente, a expressão que representará o total de habitantes (H), em bilhões de pessoas, em função do número de anos (A) é:

a) $H = 0{,}060 \cdot A + 8{,}1$
b) $H = 0{,}036 \cdot A + 7{,}2$
c) $H = 0{,}060 \cdot A + 9{,}6$
d) $H = 0{,}036 \cdot A + 8{,}1$
e) $H = 0{,}060 \cdot A + 7{,}2$

3. (PUC-MG) A função linear $R(t) = at + b$ expressa o rendimento R em milhares de reais, de certa aplicação. O tempo t é contado em meses, $R(1) = -1$ e $R(2) = 1$. Nessas condições, o rendimento obtido nessa aplicação, em quatro meses, é:

a) R$ 3.500,00
b) R$ 4.500,00
c) R$ 5.000,00
d) R$ 5.500,00

4. (UFSM-RS) Uma pesquisa do Ministério da Saúde revelou um aumento significativo no número de obesos no Brasil. Esse aumento está relacionado principalmente com o sedentarismo e a mudança de hábitos alimentares dos brasileiros. A pesquisa divulgada em 2013 aponta que 17% da população está obesa. Esse número era de 11% em 2006, quando os dados começaram a ser coletados pelo Ministério da Saúde.

Disponível em: <www.brasil.gov.br/saude/2013/08/obesidade-atinge-mais-da-metade-dapopulacao- brasileira-aponta-estudo>. Acesso em: 10 set. 2014.

Suponha que o percentual de obesos no Brasil pode ser expresso por uma função afim do tempo t em anos, com $t = 0$ correspondente a 2006, $t = 1$ correspondente a 2007 e assim por diante.

A expressão que relaciona o percentual de obesos Y e o tempo t, no período de 2006 a 2013, é:

a) $Y = \dfrac{4}{3}t - \dfrac{44}{3}t$
b) $Y = \dfrac{7}{6}t - \dfrac{77}{6}$
c) $Y = t + 11$
d) $Y = \dfrac{6}{7}t + 11$
e) $Y = \dfrac{3}{4}t + 11$

5. (UEL-PR) ViajeBem é uma empresa de aluguel de veículos de passeio que cobra uma tarifa diária de R$ 160,00 mais R$ 1,50 por quilômetro percorrido, em carros de categoria A. AluCar é uma outra empresa que cobra uma tarifa diária de R$ 146,00 mais R$ 2,00 por quilômetro percorrido, para a mesma categoria de carros.

a) Represente graficamente, em um mesmo plano cartesiano, as funções que determinam as tarifas diárias cobradas pelas duas empresas de carros da categoria A que percorrem, no máximo, 70 quilômetros.

b) Determine a quantidade de quilômetros percorridos para a qual o valor cobrado é o mesmo. Justifique sua resposta apresentando os cálculos realizados.

6. (PUC-PR) Considere as funções $f(x) = x^2 + 1$ e $g(x) = -x + 3$. A distância entre o ponto A(4,6) e o ponto de interseção das funções $f(x)$ e $g(x)$ no primeiro quadrante, em u.c. (unidades de comprimento), é:

a) $\sqrt{37}$ u.c.
b) $\sqrt{10}$ u.c.
c) 5 u.c.
d) 12 u.c.
e) $2\sqrt{13}$ u.c.

7. (UEG-GO) O conjunto imagem da função real $y = -2x^2 + 3x - 4$ são os valores reais de y tal que:

a) $y > 2{,}875$
b) $y > -2{,}875$
c) $y < 2{,}875$
d) $y < -2{,}875$

8. (UPE) Se escrevermos a função quadrática $f(x) = 2x^2 - x + 3$ na forma $f(x) = a \cdot (x - m)^2 + n$ o valor de $a + m + n$ é igual a:

a) $\dfrac{19}{4}$
b) $\dfrac{27}{4}$
c) $\dfrac{41}{8}$
d) $\dfrac{33}{8}$
e) $\dfrac{25}{8}$

9. (UFSM-RS) A água é essencial para a vida e está presente na constituição de todos os alimentos. Em regiões com escassez de água, é comum a utilização de cisternas para a captação e armazenamento da água da chuva. Ao esvaziar um tanque contendo água da chuva, a expressão

$V(t) = -\dfrac{1}{43\,200} t^2 + 3$

representa o volume (em m³) de água presente no tanque no instante t (em minutos).

Qual é o tempo, em horas, necessário para que o tanque seja esvaziado?

a) 360
b) 180
c) 120
d) 6
e) 3

10. (UFRGS-RS) Dadas as funções f e g, definidas respectivamente por $f(x) = x^2 - 4x + 3$ e $g(x) = -x^2 - 4x - 3$ e representadas no mesmo sistema de coordenadas cartesianas, a distância entre seus vértices é:

a) 4
b) 5
c) $\sqrt{5}$
d) $\sqrt{10}$
e) $2\sqrt{5}$

11. (Enem) A parte interior de uma taça foi gerada pela rotação de uma parábola em torno de um eixo z, conforme mostra a figura.

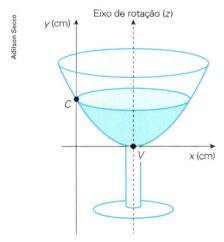

A função real que expressa a parábola, no plano cartesiano da figura, é dada pela lei $f(x) = \dfrac{3}{2}x^2 - 6x + C$, onde C é a medida da altura do líquido contido na taça, em centímetros. Sabe-se que o ponto V, na figura, representa o vértice da parábola, localizado sobre o eixo x. Nessas condições, a altura do líquido contido na taça, em centímetros, é:

a) 1
b) 2
c) 4
d) 5
e) 6

12. (Uerj) Observe a função f definida por:
$f(x) = x^2 - 2kx + 29$, para $x \in \mathbb{R}$. Se $f(x) \geq 4$, para todo número real x, o valor mínimo da função f é 4. Assim, o valor positivo do parâmetro k é:

a) 5
b) 6
c) 10
d) 15

13. (Unifesp) A concentração C, em partes por milhão (ppm), de certo medicamento na corrente sanguínea após t horas da sua ingestão é dada pela função polinomial $C(t) = -0{,}05t^2 + 2t + 25$. Nessa função, considera-se $t = 0$ o instante em que o paciente ingere a primeira dose do medicamento.

Álvaro é um paciente que está sendo tratado com esse medicamento e tomou a primeira dose às 11 horas da manhã de uma segunda-feira.

a) A que horas a concentração do medicamento na corrente sanguínea de Álvaro atingirá 40 ppm pela primeira vez?

b) Se o médico deseja prescrever a segunda dose quando a concentração do medicamento na corrente sanguínea de Álvaro atingir seu máximo valor, para que dia da semana e horário ele deverá prescrever a segunda dose?

14. (PUC-RJ) Sejam as funções $f(x) = x^2 - 6x$ e $g(x) = 2x - 12$. O produto dos valores inteiros de x que satisfazem a desigualdade $f(x) < g(x)$ é:

a) 8
b) 12
c) 60
d) 72
e) 120

DESAFIO

(Unicamp-SP) Seja r a reta de equação cartesiana $x + 2y = 4$. Para cada número real t tal que $0 < t < 4$, considere o triângulo T de vértices em $(0, 0)$, $(t, 0)$ e no ponto P de abscissa $x = t$ pertencente à reta r, como mostra a figura abaixo.

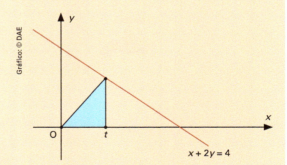

a) Para $0 < t < 4$, encontre a expressão para a função $A(t)$, definida pela área do triângulo T, e esboce o seu gráfico.

b) Seja k um número real não nulo e considere a função $g(x) = k/x$, definida para todo número real x não nulo. Determine o valor de k para o qual o gráfico da função g tem somente um ponto em comum com a reta r.

EXPLORANDO HABILIDADES E COMPETÊNCIAS

Modelagem matemática

A modelagem é a área da matemática que, a partir do estudo de variáveis, procura encontrar um modelo que preveja o comportamento dessas variáveis em situações diversas. Assim, ao analisar os resultados de uma coleta de dados, é possível encontrar um padrão que possa ser descrito de forma geral como uma função. A partir dessa função e de seu gráfico, é possível elaborar um modelo que sirva de previsão para outros dados, além daqueles coletados no experimento.

Desse modo, a partir de experiências ou mesmo de premissas científicas anteriores, é possível criar uma descrição matemática dos padrões observados gerando, na maior parte das vezes, um gráfico chamado de modelo matemático dessa relação de variáveis.

Segundo a professora Maria Salett Biembengut, doutora em modelagem matemática (1999), "a criação de modelos para interpretar os fenômenos naturais e sociais é inerente ao ser humano. A própria noção de modelo está presente em quase todas as áreas: Arte, Moda, Arquitetura, História, Economia, Literatura, Matemática. Aliás, a história da Ciência é testemunha disso".

Veja a seguir um exemplo de situação na qual a modelagem é aplicada na resolução de determinada questão.

Exemplo:

Para medir a vazão de uma torneira, foi feita a seguinte experiência: abriu-se essa torneira sobre um tanque com dimensões conhecidas, a fim de medir o volume de água no tanque de acordo com o tempo em que a torneira ficou aberta.

Para isso, o tanque foi marcado com sensores a cada 10 cm ao longo de sua altura e um cronômetro que marcava o tempo foi ligado a esse tanque, programado para que enviasse ao computador a marcação do tempo cada vez que a água atingia um dos sensores.

Com esses dados, o computador montou o seguinte gráfico relacionando os minutos e os segundos em que a água atingiu cada sensor:

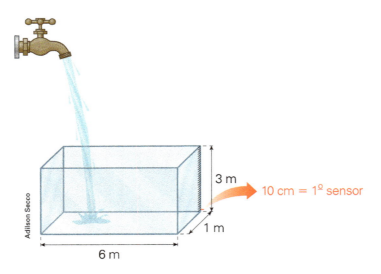

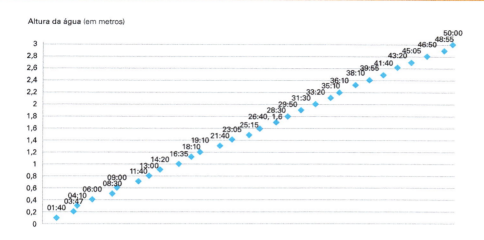

É possível observar que os pontos do gráfico sugerem uma reta média cuja inclinação indica a regularidade da vazão da torneira. Traçando a reta média, gera-se o modelo dessa vazão. Abaixo, temos o gráfico dessa reta relacionando a altura da água em decímetros com o tempo em segundos (as unidades foram recalculadas para facilitar o uso do modelo):

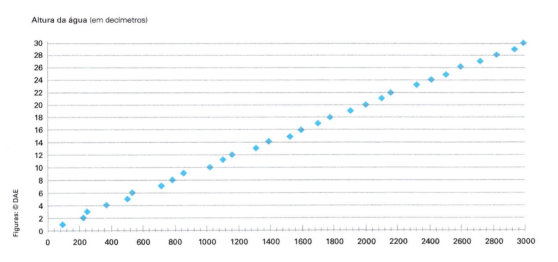

Questões e investigações

Com base nesse modelo e lembrando que 1 litro equivale a 1 dm³, respnda:

1. Qual a capacidade total (em litros) do tanque? Quanto tempo (em segundos) a torneira demorou para encher o tanque?
2. Qual era o volume de água no tanque quando ela atingiu a altura de 6 dm? Quanto tempo a água demorou para atingir essa altura, de acordo com a reta média?
3. Qual a vazão da torneira em litros/segundo?
4. Qual a equação que relaciona o volume de água liberado por essa torneira com o tempo que ela permanece aberta?
5. Qual a função que gera a reta dada no modelo acima?
6. Que relação há entre as suas respostas dadas nos itens 4 e 5?

Função quadrática Capítulo 10 163

UNIDADE 4

TRIGONOMETRIA NO TRIÂNGULO

Na busca pela compreensão do Universo, o cálculo de distâncias inacessíveis pelo ser humano fez nascer teorias e áreas do conhecimento. Astronomia e Trigonometria são importantes ramos criados nesse sentido.

Nesta unidade, retomamos o estudo do triângulo retângulo e ampliamos o conhecimento com as chamadas leis do seno e do cosseno para triângulos quaisquer.

A imagem representa o olhar da humanidade pela busca de informações que auxiliam na compreensão do Universo.

UniqueLight/Shutterstock.com

CAPÍTULO 11
TRIGONOMETRIA NO TRIÂNGULO RETÂNGULO

Moradia com telhado pouco inclinado na zona rural de Cavalcante, em Goiás. Foto de 2015.

Casa na região de Gramado (RS), apresenta o telhado mais inclinado. Foto de 2012.

Observe que esses dois telhados têm inclinações diferentes. É comum encontrarmos telhados mais inclinados em lugares com temperaturas médias muito baixas, principalmente em regiões onde costuma nevar. Essa inclinação acentuada evita o acúmulo de neve no telhado.

Os profissionais que trabalham na construção de um telhado compreendem bem a ideia de inclinação. Assim, quando dizem que a inclinação é de 100%, por exemplo, eles querem dizer que, a cada 1 metro de afastamento, o telhado eleva-se também 1 metro. Observe a representação anterior.

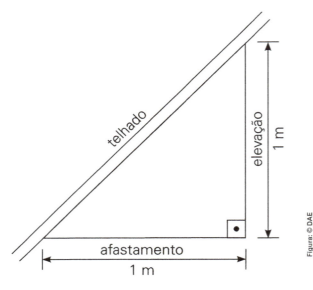

Questões e reflexões

1. Qual é a medida do ângulo formado pelo telhado e pelo teto de uma casa quando a inclinação do telhado é de 100%?
2. Qual é a região do Brasil onde é comum encontrar telhados com maior inclinação?

Veremos, neste capítulo, que a ideia de inclinação está relacionada ao estudo de razões trigonométricas em um triângulo retângulo. Leia na página a seguir um texto sobre a origem da Trigonometria e discuta-o com os colegas e o professor.

HISTÓRIA DA MATEMÁTICA

Na imagem abaixo, vemos um astrolábio, instrumento inventado por **Hiparco**, astrônomo e matemático grego que viveu no século II a.C. Com o auxílio desse instrumento, é possível obter medidas referentes à posição de um astro acima do horizonte. Na época das Grandes Navegações, as rotas marítimas eram estabelecidas utilizando-se um astrolábio (evidentemente mais moderno), uma vez que os navegadores se orientavam pelas estrelas. A Trigonometria, assim, está de certa forma ligada à Astronomia.

Por volta de 140 a.C., destacou-se na Universidade (de Alexandria) um grande astrônomo e geômetra, de nome Hiparco. Nascido em Niceia (180 a.C.-125 a.C.), Hiparco é considerado o criador da Trigonometria. Muitos também o consideram o maior astrônomo da Antiguidade, tendo realizado várias de suas observações na ilha de Rodes, onde se encontrava o Colosso de Rodes, uma das Sete Maravilhas do Mundo Antigo. Hiparco foi a primeira pessoa de que se tem notícia a propor que os pontos sobre a superfície da Terra fossem determinados através de suas latitudes e longitudes, tendo desenvolvido um método para fazê-lo, tomando as estrelas fixas como referência. Ele deixou para a posteridade um catálogo minucioso de 850 estrelas e, como seus trabalhos exigissem medições de ângulos e distâncias sobre uma esfera, desenvolveu os primeiros estudos da chamada Trigonometria Esférica. Foi no tempo de Hiparco que os gregos passaram a adotar a convenção babilônica de dividir o círculo em 360°. Nesta época houve, também, muito intercâmbio científico entre os babilônios selêucidas e os egípcios ptolemaicos, e é por isso que vários trabalhos matemáticos de Alexandria utilizaram o sistema sexagesimal. Hiparco notabilizou-se, também, por haver construído uma tabela de cordas de sucessivos arcos de circunferência, precursora das modernas tábuas trigonométricas.

Fonte: GARBI, Gilberto G. *A rainha das ciências*: um passeio histórico pelo maravilhoso mundo da Matemática. São Paulo: Editora Livraria da Física, 2006. p. 113.

Astrolábio árabe do século XIII.

Hiparco de Niceia (180 a.C.-120 a.C.) e no observatório, em Alexandria.

Trigonometria no triângulo retângulo   Capítulo 11   167

Se pesquisarmos em um dicionário o significado de Trigonometria, veremos que se trata do ramo da Matemática que estuda e estabelece métodos para a resolução de triângulos" ou que estuda funções trigonométricas.

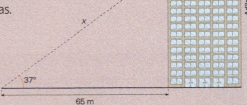

QUESTÕES

Nas questões a seguir há exemplos de situações que exigem conhecimento trigonométrico. Reflita a respeito dessas situações e responda às questões.

1. Observe o desenho abaixo. Como podemos obter a medida da altura desse edifício?
2. Como são calculadas as distâncias entre os planetas?

O estudo da Trigonometria, que iniciamos nesta unidade, permite resolver não apenas problemas como os apresentados anteriormente, mas, de modo geral, aqueles ligados ao cálculo de distâncias inacessíveis. Além disso, por meio do estudo da Trigonometria, será possível ampliar nossa compreensão sobre os fenômenos periódicos.

Seno, cosseno e tangente

Você provavelmente iniciou no Ensino Fundamental o estudo de razões trigonométricas em um triângulo retângulo. Agora, vamos desenvolver esse estudo. As chamadas razões trigonométricas que veremos aqui são o seno, o cosseno e a tangente de um ângulo agudo em um triângulo retângulo.

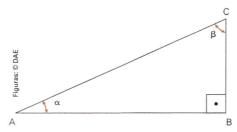

O triângulo ABC, representado anteriormente, é retângulo em B. Os ângulos agudos (medidas menores que 90°) com vértices nos pontos A e C têm medidas indicadas por α e β. Para cada um dos dois ângulos agudos do triângulo retângulo, veremos as razões trigonométricas seno, cosseno e tangente. Elas estão relacionadas à semelhança de triângulos.

Considere, conforme a figura a seguir, os triângulos retângulos construídos a partir de um ângulo agudo de medida α.

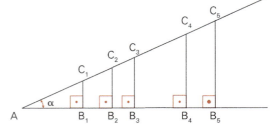

Esses triângulos obtidos são semelhantes dois a dois, pois são triângulos retângulos e têm o ângulo α em comum. Como a soma das medidas dos três ângulos internos é 180°, o terceiro ângulo também é comum entre eles (primeiro caso de semelhança). Assim, podemos escrever as seguintes proporções:

$$\frac{B_1C_1}{AB_1} = \frac{B_2C_2}{AB_2} = \frac{B_3C_3}{AB_3} = \frac{B_4C_4}{AB_4} = \ldots = k_1 \text{ (constante)}$$

$$\frac{B_1C_1}{AC_1} = \frac{B_2C_2}{AC_2} = \frac{B_3C_3}{AC_3} = \frac{B_4C_4}{AC_4} = \ldots = k_2 \text{ (constante)}$$

$$\frac{AB_1}{AC_1} = \frac{AB_2}{AC_2} = \frac{AB_3}{AC_3} = \frac{AB_4}{AC_4} = \ldots = k_3 \text{ (constante)}$$

Note que as razões k_1, k_2 e k_3 são constantes para o mesmo ângulo α, independentemente do triângulo considerado. Dizemos então que:

▶ k_1: é a razão entre as medidas do cateto oposto e do cateto adjacente ao ângulo α;

▶ k_2: é a razão entre as medidas do cateto oposto ao ângulo α e da hipotenusa;

▶ k_3: é a razão entre as medidas do cateto adjacente ao ângulo α e da hipotenusa.

Essas razões são ditas trigonométricas para o ângulo agudo α no triângulo retângulo e são assim denominadas:

k_1: é a tangente do ângulo agudo α;

k_2: é o seno do ângulo agudo α;
k_3: é o cosseno do ângulo agudo α.

Assim, temos:

$$\text{tg } \alpha = \frac{\text{medida do cateto oposto ao ângulo } \alpha}{\text{medida do cateto adjacente ao ângulo } \alpha}$$

$$\text{sen } \alpha = \frac{\text{medida do cateto oposto ao ângulo } \alpha}{\text{medida da hipotenusa}}$$

$$\cos \alpha = \frac{\text{medida do cateto adjacente ao ângulo } \alpha}{\text{medida da hipotenusa}}$$

Exemplos:

1. Considere uma rampa de acesso ao estacionamento de um edifício comercial, conforme a ilustração a seguir.

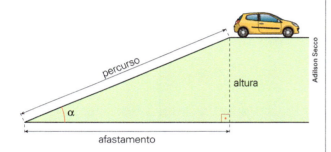

▶ Observando o ângulo agudo α, que indica a inclinação dessa rampa, temos as razões trigonométricas:

$$\text{tg } \alpha = \frac{\text{altura}}{\text{afastamento}}$$

$$\text{sen } \alpha = \frac{\text{altura}}{\text{percurso}}$$

$$\cos \alpha = \frac{\text{afastamento}}{\text{percurso}}$$

Questões e reflexões

Em relação ao exemplo da rampa, responda:
1. Aumentando a medida do ângulo α e mantendo o percurso do automóvel, o que ocorre com a altura e o afastamento?
2. Aumentando a medida do ângulo α e mantendo o percurso do automóvel, o que ocorre com as razões trigonométricas tangente, seno e cosseno desse novo ângulo?

2. Vamos calcular as razões trigonométricas dos ângulos agudos em um triângulo retângulo a partir das medidas de seus lados, conforme a figura a seguir.

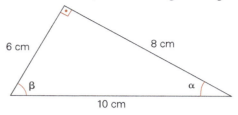

▶ Considerando o ângulo α, temos que:

$$\text{tg } \alpha = \frac{6 \text{ cm}}{8 \text{ cm}} = \frac{6}{8} \Rightarrow \text{tg } \alpha = 0{,}75$$

$$\text{sen } \alpha = \frac{6 \text{ cm}}{10 \text{ cm}} = \frac{6}{10} \Rightarrow \text{sen } \alpha = 0{,}6$$

$$\cos \alpha = \frac{8 \text{ cm}}{10 \text{ cm}} = \frac{8}{10} \Rightarrow \cos \alpha = 0{,}8$$

▶ Considerando o ângulo β, temos que:

$$\text{tg } \beta = \frac{8 \text{ cm}}{6 \text{ cm}} = \frac{8}{6} \Rightarrow \text{tg } \beta = 1{,}333\ldots$$

$$\text{sen } \beta = \frac{8 \text{ cm}}{10 \text{ cm}} = \frac{8}{10} \Rightarrow \text{sen } \beta = 0{,}8$$

$$\cos \beta = \frac{6 \text{ cm}}{10 \text{ cm}} = \frac{6}{10} \Rightarrow \cos \beta = 0{,}6$$

Observação:

Os valores de seno, cosseno e tangente dependem apenas da medida do ângulo considerado. Isso pode ser justificado pela análise dos seguintes triângulos retângulos semelhantes (os ângulos agudos α e β são congruentes):

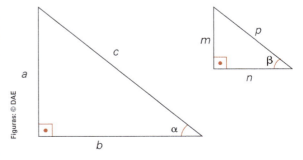

Assim, observando as proporções entre as medidas dos lados desses triângulos, temos que:

- $\dfrac{a}{b} = \dfrac{m}{n}$, o que equivale a dizer que tg α = tg β;
- $\dfrac{a}{c} = \dfrac{m}{p}$, o que equivale a dizer que sen α = sen β;
- $\dfrac{b}{c} = \dfrac{n}{p}$, o que equivale a dizer que cos α = cos β.

Dessa forma, podemos dizer que as razões trigonométricas seno, cosseno e tangente dependem da medida do ângulo, independentemente de qual dos dois triângulos consideramos.

OBSERVAÇÃO:
Veremos a seguir como podemos chegar às razões trigonométricas para determinados ângulos. Ainda neste capítulo, vamos ver como obter razões trigonométricas para outros ângulos.

Razões trigonométricas de ângulos de medidas 30°, 45° e 60°

As razões trigonométricas seno, cosseno e tangente dos ângulos de medidas 30°, 45° e 60° podem ser determinadas utilizando-se o teorema de Pitágoras para um triângulo retângulo. Devido à grande ocorrência desses ângulos, eles são denominados **ângulos notáveis**. Vamos obter as razões trigonométricas usando um quadrado e um triângulo equilátero.

- Ângulo de medida 45°

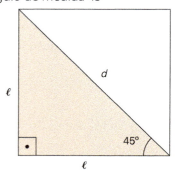

A diagonal de um quadrado divide o ângulo interno reto em dois ângulos de medida 45°, conforme indicado na figura. Aplicando o teorema de Pitágoras, podemos expressar a medida da diagonal em função da medida do lado:

$d^2 = \ell^2 + \ell^2$

$d^2 = 2 \cdot \ell^2 \Rightarrow d = \ell \cdot \sqrt{2}$

Assim, observando as razões trigonométricas seno, cosseno e tangente do ângulo de medida 45°, temos:

$\text{sen } 45° = \dfrac{\ell}{\ell\sqrt{2}} = \dfrac{1}{\sqrt{2}} = \dfrac{1 \cdot \sqrt{2}}{\sqrt{2} \cdot \sqrt{2}} \Rightarrow \text{sen } 45° = \dfrac{\sqrt{2}}{2}$

$\cos 45° = \dfrac{\ell}{\ell\sqrt{2}} = \dfrac{1}{\sqrt{2}} = \dfrac{1 \cdot \sqrt{2}}{\sqrt{2} \cdot \sqrt{2}} \Rightarrow \cos 45° = \dfrac{\sqrt{2}}{2}$

$\text{tg } 45° = \dfrac{\ell}{\ell} \Rightarrow \text{tg } 45° = 1$

- Ângulo de medida 30°

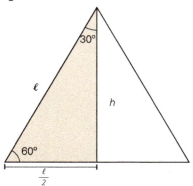

A altura de um triângulo equilátero divide o triângulo em dois triângulos retângulos congruentes com ângulos agudos de medidas 30° e 60°, conforme indicado na figura anterior. Utilizando o teorema de Pitágoras no triângulo retângulo colorido, podemos obter a medida da altura h em função da medida do lado do triângulo:

$\ell^2 = h^2 + \left(\dfrac{\ell}{2}\right)^2$

$\ell^2 - \dfrac{\ell^2}{4} = h^2$

$h^2 = \dfrac{3 \cdot \ell^2}{4} \Rightarrow h = \dfrac{\ell\sqrt{3}}{2}$

Assim, observando as razões trigonométricas seno, cosseno e tangente do ângulo de medida 30°, temos:

$\text{sen } 30° = \dfrac{\dfrac{\ell}{2}}{\ell} = \dfrac{\ell}{2} \cdot \dfrac{1}{\ell} \Rightarrow \text{sen } 30° = \dfrac{1}{2}$

$\cos 30° = \dfrac{\dfrac{\ell\sqrt{3}}{2}}{\ell} = \dfrac{\ell\sqrt{3}}{2} \cdot \dfrac{1}{\ell} \Rightarrow \cos 30° = \dfrac{\sqrt{3}}{2}$

$$\text{tg } 30° = \frac{\frac{\ell}{2}}{\frac{\ell\sqrt{3}}{2}} = \frac{\ell}{2} \cdot \frac{2}{\ell\sqrt{3}} = \frac{1}{\sqrt{3}} \cdot \frac{\sqrt{3}}{\sqrt{3}} \Rightarrow$$

$$\Rightarrow \text{tg } 30° = \frac{\sqrt{3}}{3}$$

Questões e reflexões

Considere o mesmo triângulo equilátero utilizado para o cálculo do seno, do cosseno e da tangente de 30°, e mostre que:

$\text{sen } 60° = \frac{\sqrt{3}}{2}$, $\cos 60° = \frac{1}{2}$ e $\text{tg } 60° = \sqrt{3}$.

Unindo esses valores obtidos aos valores correspondentes para o ângulo de 60°, temos o seguinte quadro-resumo de tais razões trigonométricas para os ângulos notáveis:

	30°	45°	60°
sen	$\frac{1}{2}$	$\frac{\sqrt{2}}{2}$	$\frac{\sqrt{3}}{2}$
cos	$\frac{\sqrt{3}}{2}$	$\frac{\sqrt{2}}{2}$	$\frac{1}{2}$
tg	$\frac{\sqrt{3}}{3}$	1	$\sqrt{3}$

Algumas situações que envolvem o cálculo de distâncias podem ser resolvidas por meio do conhecimento das razões trigonométricas desses ângulos notáveis.

Exemplos:

1. Uma escada apoiada em um muro forma em uma das extremidades um ângulo de 30° com o solo. Considerando que o comprimento dessa escada é 8 m, determine a altura do muro, sabendo que a outra extremidade da escada está no ponto mais alto desse muro, conforme sugere o desenho a seguir.

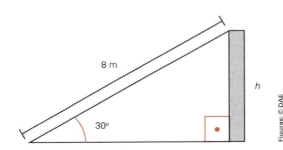

Considerando que o triângulo representado é retângulo (o muro forma um ângulo reto com o solo), temos:

$$\text{sen } 30° = \frac{h}{8 \text{ m}}$$

$$\frac{1}{2} = \frac{h}{8 \text{ m}}$$

$$h = 4 \text{ m}$$

2. Na disciplina de Física, existem grandezas que são representadas por vetores. Os vetores são segmentos orientados, isto é, têm módulo (comprimento), direção e sentido (representado pela ponta de uma seta). Assim, por exemplo, uma força F de módulo 10 (F = 10 N) é aplicada em um corpo conforme a figura a seguir.

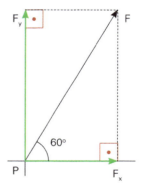

A direção dessa força está indicada pelo ângulo de medida 60° em relação à horizontal. Vamos decompor essa força em duas (uma componente horizontal e uma componente vertical). Podemos obter os módulos dessas duas componentes utilizando as razões trigonométricas para o ângulo de 60°.

▶ Cálculo da componente vertical (vetor F_y corresponde ao cateto oposto ao ângulo de medida 60°):

$$\text{sen } 60° = \frac{F_y}{F}$$

$$\frac{\sqrt{3}}{2} = \frac{F_y}{10 \text{ N}} \Rightarrow F_y = 5\sqrt{3} \text{ N}$$

▶ Cálculo da componente horizontal:

$$\cos 60° = \frac{F_x}{F}$$

$$\frac{1}{2} = \frac{F_x}{10 \text{ N}} \Rightarrow F_x = 5 \text{ N}$$

Essas duas componentes, quando aplicadas simultaneamente no corpo, têm o mesmo efeito que a força F. Uma das unidades de medida de força é o newton (N).

Observação:

Caso você necessite calcular as razões trigonométricas seno, cosseno e tangente de um ângulo qualquer, utilize uma calculadora que tenha essa função. Calculadoras como essa estão disponíveis em aplicativos de celulares ou mesmo em computadores. Em algumas delas é preciso ajustar a unidade de medida para graus.

Em certas calculadoras, digitamos primeiro a medida do ângulo e depois apertamos as teclas correspondentes às razões trigonométricas desejadas. Observe na ilustração ao lado as teclas destacadas.

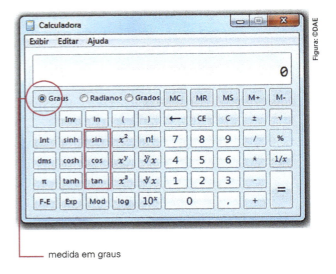

medida em graus

EXPLORANDO

Utilize uma calculadora que tenha as funções seno, cosseno e tangente para resolver as questões a seguir.

1. Os ângulos de medidas 70° e 20° são ditos complementares (a soma de suas medidas é igual a 90°). Na calculadora, obtenha os valores de seno de 70° e cosseno de 20° e, depois, compare os valores obtidos. O que você observou? E se você calculasse o cosseno de 70° e o seno de 20°, o que poderia afirmar sobre esses valores?

2. Escolha outros dois ângulos agudos cujas medidas somem 90° e compare o valor do seno de um deles com o do cosseno do outro. Escreva uma conclusão sobre ângulos agudos complementares e as razões seno e cosseno de suas medidas.

3. Faça uma tabela conforme o modelo abaixo. Nela, indique cinco medidas de ângulos em graus a serem colocadas na coluna indicada por x. Com o auxílio da calculadora, preencha as outras colunas, indicando os valores com aproximação de cinco casas decimais.

x	sen x	cos x	(sen x)^2	(cos x)^2

Qual será o resultado aproximado, para um mesmo arco, se efetuarmos (sen x)^2 + (cos x)^2?

4. Escolha alguns pares de ângulos A e B que sejam suplementares, isto é, com medidas cuja soma seja igual a 180° (A + B = 180°). Com o auxílio de uma calculadora, encontre os valores de sen A e sen B. A seguir, calcule cos A e cos B. O que é possível concluir sobre essas medidas? Escreva suas conclusões e apresente-as para os colegas.

Observação:

A última questão, na qual solicitamos que você trabalhasse com medidas de ângulos que somam 180°, consiste em uma situação exploratória. Ampliaremos esse estudo nesta unidade e também no Volume 2 desta coleção, quando será abordada a Trigonometria em uma circunferência trigonométrica.

Exercícios resolvidos

1. No triângulo retângulo ABC da figura a seguir, AC mede 20 cm e sen α = 0,6. Determine sen β.

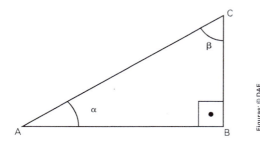

Temos que

sen α = $\frac{BC}{AC}$ ⇒ 0,6 = $\frac{BC}{20}$ ⇒ BC = 12 cm.

Aplicando o teorema de Pitágoras no triângulo ABC, temos: $AC^2 = AB^2 + BC^2$ ⇒ $20^2 = AB^2 + 12^2$ ⇒

$AB^2 = 256$ ⇒ AB = 16 cm

Logo, sen β = $\frac{AB}{AC}$ ⇒ sen β = $\frac{16}{20}$ = 0,8.

2. Observe o triângulo ABC a seguir. Considerando os dados apresentados, determine o perímetro do triângulo.

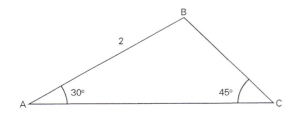

Tomando o ponto M sobre AC de modo que o segmento MB seja perpendicular a AC, temos que,

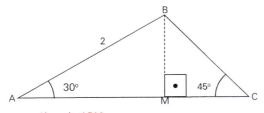

no triângulo ABM:

sen 30° = $\frac{MB}{AB}$ ⇒ $\frac{1}{2}$ = $\frac{MB}{2}$ ⇒ MB = 1 u, e

cos 30° = $\frac{AM}{AB}$ ⇒ $\frac{\sqrt{3}}{2}$ = $\frac{AM}{2}$ ⇒ AM = $\sqrt{3}$ u.

No triângulo BCM:

tg 45° = $\frac{MB}{MC}$ ⇒ 1 = $\frac{1}{MC}$ ⇒ MC = 1u, e

cos 45° = $\frac{MC}{BC}$ ⇒ $\frac{\sqrt{2}}{2}$ = $\frac{1}{BC}$ ⇒ BC = $\sqrt{2}$ u.

Logo, o perímetro de ABC é

2 + $\sqrt{2}$ + $\sqrt{3}$ + 1 = ($\sqrt{2}$ + $\sqrt{3}$ + 3) u.

3. Na figura a seguir, MNPQ é um trapézio isósceles, MN = = NP, MQ = 2 · PQ e o perímetro de MNPQ é igual a 10 cm.

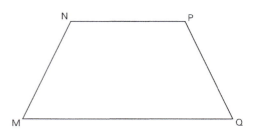

Determine as medidas dos ângulos internos desse trapézio.

Tomando os pontos A e B sobre MQ de modo que os segmentos NA e PB sejam perpendiculares a MQ, MN = x e MA = BQ = y (MA = BQ porque o trapézio é isósceles), temos que,

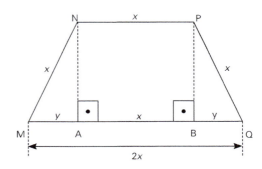

como o perímetro de MNPQ é igual a 10 cm,

5x = 10 ⇒ x = 2 cm. Logo, 2y + 2 = 4 ⇒ y = 1 cm.

Assim, cos NÂA = $\frac{AM}{MN}$ ⇒ cos NM̂A = $\frac{1}{2}$. Como NM̂A é agudo, NM̂A = 60° e sen NM̂A = $\frac{AM}{MN}$ ⇒

⇒ sen NM̂A = $\frac{1}{2}$. Como NM̂A é agudo, NM̂A = 30°.

Logo, considerando que o trapézio MNPQ é isósceles, NM̂A = PQ̂B = 60°, e sabendo que ANPB é retângulo, MN̂P = NP̂Q = 120°.

Trigonometria no triângulo retângulo Capítulo 11

Exercícios propostos

1. Considere o triângulo retângulo ABC e as medidas indicadas.

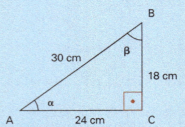

Determine:
a) sen α
b) cos α
c) tg α
d) sen β
e) cos β
f) tg β

2. A diagonal do retângulo ABCD divide-o em dois triângulos retângulos, conforme mostra a figura.

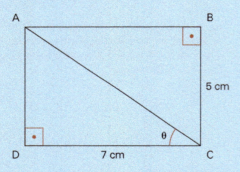

a) Utilizando o teorema de Pitágoras, determine a medida x da diagonal AC.
b) Calcule sen θ, cos θ e tg θ.

3. Na figura a seguir, as medidas estão representadas em função de x e y, sendo y a medida da hipotenusa do triângulo.

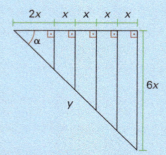

a) Expresse a medida y em função da medida x.
b) Obtenha sen α, cos α e tg α.

4. Considere os três triângulos retângulos apresentados a seguir, cujas medidas dos lados estão indicadas na figura.

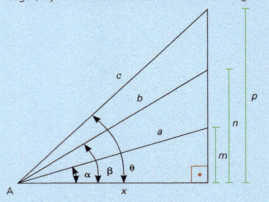

Agora, responda:
a) Qual ângulo é maior: α, β ou θ?
b) Qual é a maior razão trigonométrica: sen α, sen β ou sen θ?
c) Qual é a maior razão trigonométrica: cos α, cos β ou cos θ?
d) Qual é a maior razão trigonométrica: tg α, tg β ou tg θ?

5. No triângulo retângulo a seguir, tem-se sen Â = $\frac{1}{8}$, cos Â = $\frac{3\sqrt{7}}{8}$ e tg Â = $\frac{\sqrt{7}}{21}$.

a) Obtenha seno, cosseno e tangente do ângulo agudo Ĉ.
b) Calcule e compare os valores das expressões $x =$ $= (\text{sen } Â)^2 + (\cos Â)^2$ e $y = (\text{sen } Ĉ)^2 + (\cos Ĉ)^2$.

6. Observe os triângulos retângulos da figura, na qual os segmentos AB, MN, PQ e RS são paralelos entre si.

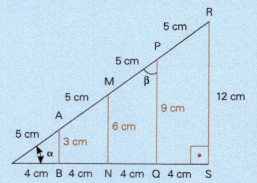

174 Unidade 4 Trigonometria no triângulo

Em relação aos ângulos indicados, calcule:

a) tg α e tg β.
c) cos α e cos β.
b) sen α e sen β.

7. No retângulo abaixo, as medidas dos lados estão indicadas por x e y.

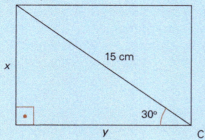

a) Obtenha essas medidas.
b) Calcule a área do retângulo.

8. Em um triângulo retângulo, os catetos medem 12 m e 12 √3 m. Obtenha as medidas dos ângulos agudos desse triângulo.

9. Observe o triângulo ABC a seguir e considere os dados indicados.

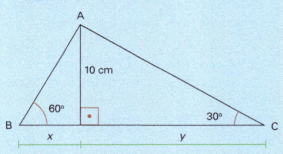

a) Obtenha as medidas de x e y.
b) Calcule a área do triângulo ABC.

10. Considere o triângulo retângulo a seguir, em que x é a medida de um ângulo agudo. Considerando que a hipotenusa tem medida unitária, obtenha, em função do ângulo x, a medida dos catetos desse triângulo.

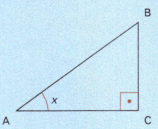

11. No diagrama a seguir está representada uma força F de 50 N aplicada em um corpo indicado pelo ponto A. Obtenha o módulo das componentes horizontal e vertical dessa força.

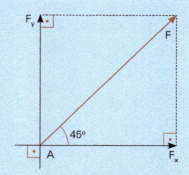

12. Calcule o valor das medidas x e y indicadas na figura a seguir.

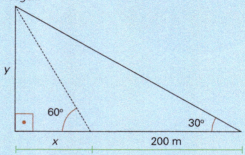

13. Um topógrafo obtém a medida do ângulo de elevação de uma torre conforme a ilustração abaixo. Considerando que a distância do topógrafo à base dessa torre é de 100 m e que o ângulo de elevação é 30°, obtenha a medida da altura da torre.

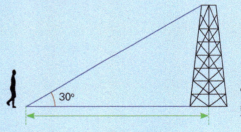

14. Dois pisos de um salão de festas estão ligados por uma rampa plana de 9,6 m de comprimento e α graus de inclinação, conforme representado na figura a seguir. Sobre a rampa serão construídos 20 degraus de mesma altura. Considerando que sen α = $\frac{1}{3}$, calcule a medida da altura de cada degrau.

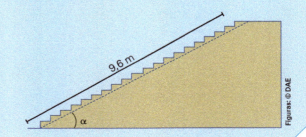

Trigonometria no triângulo retângulo   Capítulo 11   175

HISTÓRIA DA MATEMÁTICA

Francesco Bonaventura Cavalieri (1598-1647).

Você já deve ter se perguntado qual é a origem dos termos **seno**, **cosseno** e **tangente**.

A história da Matemática pode nos dar essas respostas. Ao fazermos uma pesquisa, constatamos que esses termos foram elaborados não por um matemático apenas, mas por muitos, que trabalharam no desenvolvimento universal desses conceitos.

Leia o texto a seguir.

Os conceitos de **seno** e **cosseno** foram originados pelos problemas relativos à Astronomia, enquanto o conceito de **tangente**, ao que parece, surgiu da necessidade de calcular alturas e distâncias.

O nome **seno** vem do latim *sinus*, que significa 'seio', 'volta', 'curva', 'cavidade'. Muitas pessoas acreditam que este nome se deve ao fato de o gráfico da função correspondente ser bastante sinuoso. Mas, na verdade, *sinus* é a tradução latina da palavra árabe *jaib*, que significa dobra, bolso ou prega de uma vestimenta, e não tem nada a ver com o conceito matemático de seno. Trata-se de uma tradução defeituosa que dura até hoje. Quando os autores europeus traduziram as palavras matemáticas árabes para o latim, eles traduziram *jaib* como a palavra *sinus*. Em particular, o termo *sinus rectus arcus* rapidamente encorajou o uso universal de **seno**.

Por sua vez, o **cosseno** seguiu um curso semelhante no que diz respeito ao desenvolvimento da notação. Viète usou o termo *sinus residuae* para o cosseno; Gunter, em 1620, sugeriu **co-sinus**. A notação **Si.2** foi usada por Cavalieri, **s co arc** por Oughtred e **S** por Wallis. A palavra **cosseno** surgiu apenas no século XVII, como o **seno** do complemento de um ângulo.

Capa do livro *Geometriae rotundi libri XIII*, de Thomas Fincke (1561-1656).

O nome **tangente** vem do *latim tangens*, "o que toca", do verbo *tangere*, "tocar", do termo indo-europeu *tag*, "tocar, manusear". A palavra **tangente** no sentido geométrico foi usada pela primeira vez pelo matemático dinamarquês Thomas Fincke, em 1583. **Tangente** é a linha que toca noutra linha qualquer apenas num ponto, sem a cortar. A **tangente** é conhecida também como a antiga função sombra, que envolvia ideias associadas a sombras projetadas por uma vara colocada na horizontal. A variação na elevação do Sol causava uma variação no ângulo que os raios solares formavam com a vara e, portanto, modificava o tamanho da sombra.

De acordo com o texto, indique o significado dos termos:

- seno;
- cosseno;
- tangente.

CAPÍTULO 12

TRIGONOMETRIA EM UM TRIÂNGULO QUALQUER

No capítulo anterior, estudamos as razões trigonométricas no triângulo retângulo. Certos problemas, porém, envolvem triângulos que não são retângulos. Um exemplo é o cálculo de distâncias inacessíveis, como na situação a seguir.

(UNICAMP SP) A água utilizada na casa de um sítio é captada e bombeada do rio para uma caixa-d'água a 50 m de distância. A casa está a 80 m de distância da caixa-d'água, e o ângulo formado pelas direções caixa-d'água – bomba e caixa-d'água – casa é de 60°. Se a ideia é bombear água do mesmo ponto de captação até a casa, quantos metros de encanamento são necessários?

Vamos representar essa situação por meio da seguinte figura:

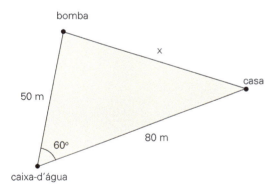

Como não sabemos se o triângulo é retângulo, adotaremos um procedimento para determinar a medida desconhecida de um dos lados do triângulo, indicada na figura por x.

Essa medida poderá ser encontrada por meio de duas relações importantes referentes ao estudo de triângulos:

▶ Lei dos senos.

▶ Lei dos cossenos.

Antes de abordarmos essas duas leis, é preciso mencionar dois resultados que podem ser obtidos por meio de calculadora e utilizados em algumas situações:

Dados dois ângulos suplementares, isto é, arcos tais que $\alpha + \beta = 180°$, tem-se que:

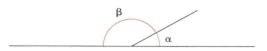

▶ $\operatorname{sen} \alpha = \operatorname{sen} \beta$

(Ângulos suplementares têm senos de mesmo valor.)

▶ $\cos \alpha = -\cos \beta$

(Ângulos suplementares têm cossenos de valores opostos.)

Lei dos senos

Vamos considerar o triângulo ABC a seguir. Faremos aqui uma demonstração da lei dos senos apenas para um triângulo acutângulo (de ângulos agudos). Deixamos para você a demonstração para um triângulo obtusângulo (aquele que tem um ângulo de medida maior que 90°).

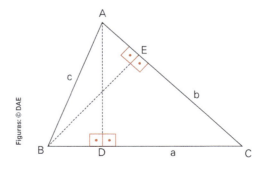

Traçamos inicialmente as alturas relativas aos lados $\overline{AC}$ e $\overline{BC}$, conforme indicado na figura.

▶ No triângulo ACD, retângulo em D ($\overline{AD}$ é a altura em relação ao lado $\overline{BC}$), temos:

$$\operatorname{sen} \hat{C} = \frac{AD}{b} \Rightarrow AD = b \cdot \operatorname{sen} \hat{C}$$

Trigonometria em um triângulo qualquer Capítulo 12 177

- No triângulo ABD, retângulo em D ($\overline{AD}$ é a altura em relação ao lado $\overline{BC}$), temos:

$$\operatorname{sen} \hat{B} = \frac{AD}{c} \Rightarrow AD = c \cdot \operatorname{sen} \hat{B}$$

Comparando esses dois resultados, obtemos a seguinte relação:

$b \cdot \operatorname{sen} \hat{C} = c \cdot \operatorname{sen} \hat{B}$

$$\frac{b}{\operatorname{sen} \hat{B}} = \frac{c}{\operatorname{sen} \hat{C}} \quad (I)$$

- No triângulo BCE, retângulo em E ($\overline{BE}$ é a altura em relação ao lado $\overline{AC}$), temos:

$$\operatorname{sen} \hat{C} = \frac{BE}{a} \Rightarrow BE = a \cdot \operatorname{sen} \hat{C}$$

- No triângulo BAE, retângulo em E ($\overline{BE}$ é a altura em relação ao lado $\overline{AC}$), temos:

$$\operatorname{sen} \hat{A} = \frac{BE}{c} \Rightarrow BE = c \cdot \operatorname{sen} \hat{A}$$

Comparando esses dois últimos resultados, obtemos a seguinte relação:

$a \cdot \operatorname{sen} \hat{C} = c \cdot \operatorname{sen} \hat{A}$

$$\frac{a}{\operatorname{sen} \hat{A}} = \frac{c}{\operatorname{sen} \hat{C}} \quad (II)$$

Pelas relações (I) e (II), concluímos que:

$$\frac{a}{\operatorname{sen} \hat{A}} = \frac{b}{\operatorname{sen} \hat{B}} = \frac{c}{\operatorname{sen} \hat{C}}$$

> **Em qualquer triângulo ABC, as medidas dos lados são proporcionais aos senos dos ângulos opostos, ou seja:**
>
> $$\frac{a}{\operatorname{sen} \hat{A}} = \frac{b}{\operatorname{sen} \hat{B}} = \frac{c}{\operatorname{sen} \hat{C}}$$

Observação:

A lei dos senos relaciona as medidas dos lados de um triângulo com os senos dos ângulos opostos a esses lados. Pode-se provar (não o faremos aqui) que a constante de proporcionalidade na correspondente proporção é igual ao dobro da medida do raio da circunferência que circunscreve esse triângulo, isto é:

$$\frac{a}{\operatorname{sen} \hat{A}} = \frac{b}{\operatorname{sen} \hat{B}} = \frac{c}{\operatorname{sen} \hat{C}} = 2R$$

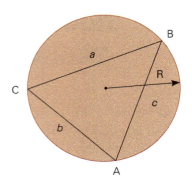

Exemplo:

Vamos obter a medida x do lado do triângulo representado a seguir.

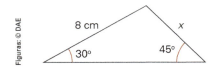

- Considerando os ângulos dados e as medidas dos lados opostos, podemos usar a lei dos senos para determinar x:

$$\frac{x}{\operatorname{sen} 30°} = \frac{8 \text{ cm}}{\operatorname{sen} 45°}$$

$$\frac{x}{\frac{1}{2}} = \frac{8 \text{ cm}}{\frac{\sqrt{2}}{2}}$$

$$x = \frac{8 \cdot \sqrt{2}}{\sqrt{2} \cdot \sqrt{2}} \text{ cm} \Rightarrow x = 4\sqrt{2} \text{ cm}$$

Utilizando a calculadora, podemos dizer que essa medida é aproximadamente 5,66 cm.

> **OBSERVAÇÃO:**
> Compare esse exemplo com a questão 2 dos Exercícios Resolvidos do capítulo anterior. Perceba que, utilizando a lei dos senos, a resolução de problemas como esse é menos trabalhosa, ou seja, os cálculos são facilitados.

Lei dos cossenos

Vamos considerar inicialmente um triângulo ABC, conforme a figura a seguir, e por meio dele verificar a chamada lei dos cossenos. Abordaremos aqui apenas o triângulo acutângulo, deixando que você verifique, posteriormente, como se dá a lei dos cossenos em um triângulo obtusângulo.

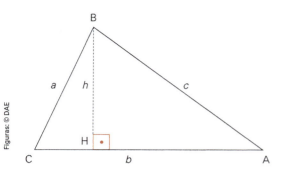

- Traçamos a altura h, que divide o triângulo acutângulo em dois triângulos retângulos (BHC e AHB).

- No triângulo AHB, temos duas relações:

$$\begin{cases} \cos \hat{A} = \dfrac{AH}{c} \Rightarrow AH = c \cdot \cos \hat{A} \text{ (I)} \\ c^2 = h^2 + AH^2 \Rightarrow AH^2 = c^2 - h^2 \text{ (II)} \end{cases}$$

- Substituindo (I) em (II), vem:

$(c \cdot \cos \hat{A})^2 = c^2 - h^2$

$h^2 = c^2 - c^2 \cdot \cos^2 \hat{A}$ (III)

- Considerando agora o triângulo BHC, temos a seguinte relação métrica:

$a^2 = h^2 + CH^2$

$a^2 = h^2 + (b - AH)^2$ (IV)

- Substituindo (I) em (IV), obtemos:

$a^2 = h^2 + (b - c \cdot \cos \hat{A})^2$

$a^2 = h^2 + b^2 - 2bc \cdot \cos \hat{A} + c^2 \cdot \cos^2 \hat{A}$ (V)

- Finalmente, substituindo (III) em (V), vem:

$a^2 = c^2 - c^2 \cdot \cos^2 \hat{A} + b^2 - 2bc \cdot \cos \hat{A} + c^2 \cdot \cos^2 \hat{A}$

$a^2 = b^2 + c^2 - 2bc \cdot \cos \hat{A}$

Em qualquer triângulo ABC, o quadrado da medida de um lado é igual à soma dos quadrados das medidas dos outros dois lados menos duas vezes o produto das medidas desses lados pelo cosseno do ângulo que eles formam, isto é:

$$a^2 = b^2 + c^2 - 2bc \cdot \cos \hat{A}$$
$$b^2 = a^2 + c^2 - 2ac \cdot \cos \hat{B}$$
$$c^2 = a^2 + b^2 - 2ab \cdot \cos \hat{C}$$

Observação:

A demonstração anterior foi feita para o ângulo A. Também poderíamos obter essa relação para o ângulo B e para o ângulo C.

Para exemplificar, vamos retomar a situação apresentada no início do capítulo, obtendo a distância entre a casa e a bomba:

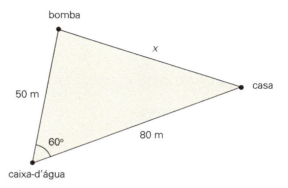

- Pela lei dos cossenos, temos:

$a^2 = b^2 + c^2 - 2bc \cdot \cos A$

$x^2 = 50^2 + 80^2 - 2 \cdot 50 \cdot 80 \cdot \cos 60°$

$x^2 = 2500 + 6400 - 8000 \cdot \dfrac{1}{2}$

$x^2 = 4900 \Rightarrow x = 70$

Portanto, a distância da bomba até a casa é de 70 metros.

Exemplo:

Há uma aplicação importante da lei dos cossenos na Física: o cálculo do módulo da resultante de duas forças aplicadas em um corpo, formando um ângulo de medida α, como sugere a figura a seguir.

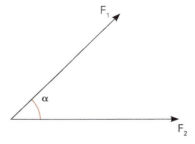

A resultante R é uma força que substitui as aplicações das forças F_1 e F_2. A chamada "regra do paralelogramo" é utilizada na Física para indicar a posição que a resultante ocupará (diagonal do paralelogramo). Temos então o seguinte esquema:

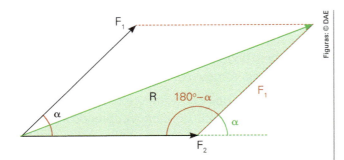

$R^2 = F_1^2 + F_2^2 - 2F_1F_2 \cos(180° - \alpha)$
$\downarrow \cos(180° - \alpha) = -\cos \alpha$
$R^2 = F_1^2 + F_2^2 - 2F_1F_2 \cdot (-\cos \alpha)$
$R^2 = F_1^2 + F_2^2 + 2F_1F_2 \cos \alpha$

Essa relação matemática permite calcular o módulo da resultante R, conhecendo os módulos das forças F_1 e F_2 e a medida do ângulo entre essas duas forças. É preciso ter cuidado ao utilizar essa relação – apesar de ter sido obtida por meio da lei dos cossenos, há uma diferença de sinal, pois o ângulo que utilizamos é o suplementar do ângulo interno do triângulo apresentado.

Considerando o triângulo destacado, cujos lados são os módulos das forças dadas, e aplicando a lei dos cossenos, temos que:

Exercícios resolvidos

1. Determine o valor de *x* no triângulo ABC.

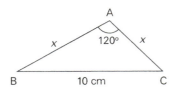

O triângulo ABC é isósceles de base $\overline{BC}$. Assim, os ângulos $A\hat{B}C$ e $A\hat{C}B$ são congruentes. Sendo $A\hat{B}C = A\hat{C}B = \alpha$, temos que:
$2\alpha + 120° = 180° \Rightarrow \alpha = 30°$
Aplicando a lei dos senos, temos que:

$\dfrac{AB}{\text{sen } 30°} = \dfrac{BC}{\text{sen } 120°} \Rightarrow \dfrac{x}{\frac{1}{2}} = \dfrac{10}{\frac{\sqrt{3}}{2}} \Rightarrow x = \dfrac{10}{\sqrt{3}} = \dfrac{10\sqrt{3}}{3}$ cm

2. Em um paralelogramo MNPQ, sabe-se que MN = PQ = = 4 cm, NP = MQ = 6 cm e $N\hat{M}Q = 60°$. Determine as medidas das diagonais de MNPQ.

Como os ângulos opostos de um paralelogramo são congruentes e os ângulos consecutivos são suplementares, de acordo com o enunciado podemos montar a seguinte figura:

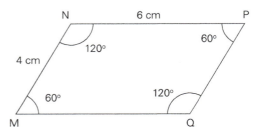

Aplicando a lei dos cossenos duas vezes, temos que:
$(MP)^2 = (MN)^2 + (NP)^2 - 2 \cdot MN \cdot NP \cdot \cos 120°$
$(MP)^2 = 4^2 + 6^2 - 2 \cdot 4 \cdot 6 \cdot \left(-\dfrac{1}{2}\right) = 76$
$MP = \sqrt{76} = 2\sqrt{19}$ cm
$(NQ)^2 = (MN)^2 + (MQ)^2 - 2 \cdot MN \cdot MQ \cdot \cos 60°$
$(NQ)^2 = 4^2 + 6^2 - 2 \cdot 4 \cdot 6 \cdot \dfrac{1}{2} = 28$
$NQ = \sqrt{28}$
$NQ = 2\sqrt{7}$ cm

Exercícios propostos

1. No triângulo a seguir, obtenha as medidas *x* e *y*.

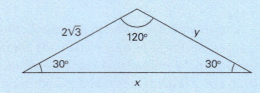

2. Em um triângulo ABC, dois de seus lados, que têm medidas 8 cm e $8\sqrt{3}$ cm, formam um ângulo de 30°.
a) Obtenha a medida do terceiro lado.
b) Obtenha as medidas dos dois ângulos desconhecidos.

3. Os ângulos A e C de um triângulo ABC medem, respectivamente, 45° e 15°. Sabendo que BC = 20 cm, determine a medida do lado AC.

Unidade 4 Trigonometria no triângulo

4. Considere o paralelogramo ABCD representado a seguir.

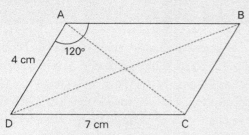

a) Quais são as medidas dos ângulos internos desse paralelogramo?
b) Obtenha a medida da diagonal BD.
c) Obtenha a medida da diagonal AC.

5. Considere a figura a seguir. Determine a razão $\dfrac{x}{y}$ em que x e y representam as medidas dos lados opostos, respectivamente, aos ângulos 45° e 60°.

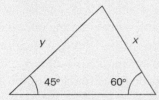

6. Duas forças de intensidade 4 N e 6 N são aplicadas num mesmo corpo, formando um ângulo de 60°, conforme a figura a seguir.

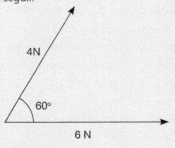

Determine o módulo da resultante.

7. Como a lei dos senos e a lei dos cossenos valem para quaisquer triângulos, aplique cada uma delas no triângulo retângulo a seguir para obter as medidas dos lados desconhecidos. Utilizando uma calculadora, você poderá obter os valores de seno e cosseno de 90°.

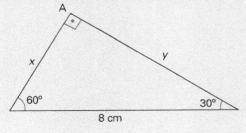

8. Calcule o raio de uma circunferência circunscrita em um triângulo ABC, sabendo que AB = 10 cm e o ângulo oposto ao lado AB mede 30°.

9. Em um triângulo ABC, os lados medem 15 cm, 15√3 cm e 30 cm. Calcule as medidas dos ângulos internos desse triângulo.

10. Em um hexágono regular ABCDEF de lado 6 cm, calcule a distância entre os vértices B e D.

11. Observe o trapézio isósceles a seguir.

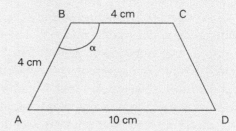

Calcule o valor de cos α.

12. A estrela de Davi é formada por dois triângulos equiláteros e congruentes sobrepostos, de modo que seus centros estejam coincidindo.

Sabendo que o lado de cada triângulo equilátero mede 3 cm, calcule o raio da circunferência circunscrita à estrela de Davi.

13. Em um triângulo isósceles, os lados congruentes medem 5 cm e o ângulo do vértice mede 45°. Calcule a medida da base desse triângulo.

14. Observe o triângulo ABC a seguir.

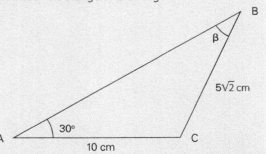

Sabendo que β é um ângulo agudo, calcule a medida desse ângulo.

TEXTOS DA MATEMÁTICA

Agora, vamos conhecer um pouco mais sobre a história da Trigonometria. Além de Hiparco, outros matemáticos contribuíram para o desenvolvimento dessa área da Matemática. Leia o texto a seguir.

A origem da trigonometria é incerta. Entretanto, pode-se dizer que o início do desenvolvimento da trigonometria se deu principalmente devido aos problemas gerados pela Astronomia, Agrimensura e Navegações, por volta do século IV ou V a.C., com os egípcios e babilônios. É possível encontrar problemas envolvendo a cotangente no Papiro Rhind, e também uma notável tábua de secantes na tábula cuneiforme babilônica Plimpton 322.

A palavra **trigonometria** significa "medida das partes de um triângulo". Não se sabe ao certo se o conceito da medida de ângulo surgiu com os gregos ou se eles, por contato com a civilização babilônica, adotaram suas frações sexagesimais. Mas os gregos fizeram um estudo sistemático das relações entre ângulos ou arcos numa circunferência e os comprimentos de suas cordas.

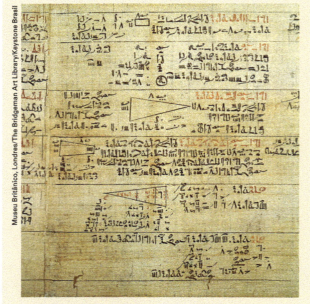

Papiro de Rhind, em escrita hierática de cerca de 1650 a.C.

O astrônomo e matemático **Hiparco** de Niceia, (180 a 125 a.C.), ganhou o direito de ser chamado "o pai da Trigonometria" pois, na segunda metade do século II a.C., fez um tratado em doze livros em que se ocupou da construção do que deve ter sido a primeira tabela trigonométrica, incluindo uma tábua de cordas. Evidentemente, Hiparco fez esses cálculos para usá-los em seus estudos de Astronomia. Hiparco foi uma figura de transição entre a Astronomia babilônica e a obra de **Ptolomeu**. As principais contribuições à Astronomia atribuídas a Hiparco se constituíram na organização de dados empíricos derivados dos babilônios, bem como na elaboração de um catálogo estelar, melhoramentos em constantes astronômicas importantes, como: duração do mês e do ano, o tamanho da Lua, o ângulo de inclinação da eclíptica e, finalmente, a descoberta da precessão dos equinócios.

A Trigonometria era então baseada no estudo da relação entre um arco arbitrário e sua corda. Hiparco escreve a respeito do cálculo de comprimentos das cordas. Apesar de a corda de um arco não ser o **seno**, uma vez conhecido o valor do seu comprimento, pode-se calcular o seno da metade do arco, pois a metade do comprimento da corda dividido pelo comprimento do raio do círculo é justamente esse valor, ou seja, para um círculo de raio unitário, o comprimento da corda subtendida por um ângulo x é $2 \cdot \text{sen}\left(\dfrac{x}{2}\right)$, conforme a figura:

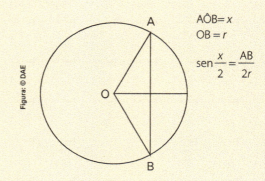

Unidade 4 Trigonometria no triângulo

Outro matemático grego, **Menelau de Alexandria**, por volta de 100 d.C., produziu um tratado sobre cordas num círculo, em seis livros, porém vários deles se perderam. Felizmente, o seu tratado *Sphaerica*, em três livros, se preservou numa versão árabe e é o trabalho mais antigo conhecido sobre Trigonometria esférica.

No livro I, estabelece uma base teórica para estudo dos triângulos esféricos, assim como Euclides fez para os triângulos planos, como teoremas usuais de congruência e teoremas sobre triângulos isósceles, entre outros. Além disso, o livro contém um teorema que não possui um análogo euclidiano: dois triângulos esféricos são congruentes quando os ângulos correspondentes são iguais (Menelau não fazia distinção entre triângulos esféricos congruentes e simétricos). Estabelece-se também o fato de que a soma dos ângulos de um triângulo esférico é maior que 180°. O livro II contém teoremas de interesse da Astronomia. No livro III desenvolve-se a trigonometria esférica através da proposição conhecida como teorema de Menelau: se uma transversal intercepta os lados BC, CA, AB de um triângulo ABC nos pontos L, M, N, respectivamente, então:

$$\left(\frac{AN}{NB}\right)\left(\frac{BL}{LC}\right)\left(\frac{CM}{MA}\right) = -1$$

Analogamente, na Trigonometria esférica, em vez de uma transversal temos um círculo máximo transversal interceptando os lados BC, CA, AB de um triângulo esférico ABC, respectivamente nos pontos L, M, N, e a conclusão correspondente é:

$$\left(\frac{\operatorname{sen} AN}{\operatorname{sen} NB}\right)\left(\frac{\operatorname{sen} BL}{\operatorname{sen} LC}\right)\left(\frac{\operatorname{sen} CM}{\operatorname{sen} MA}\right) = -1$$

Entretanto, a mais influente e significativa obra trigonométrica da antiguidade foi a *Syntaxis mathematica*, escrita por **Ptolomeu de Alexandria**, que contém 13 livros. Esse tratado é famoso por sua compacidade e elegância, e para

distingui-lo de outros foi associado a ele o superlativo *magiste*, ou "o maior". Mais tarde na Arábia o chamaram de *Almajesto*, e a partir de então a obra é conhecida por esse nome. Mostrando a mesma influência babilônica apresentada por Hiparco, Ptolomeu dividiu a circunferência em 360 partes e o diâmetro em 120 partes. Usou $\frac{377}{120}$ como aproximação para o número π. Embora

não fizesse uso dos termos **seno** e **cosseno**, mas das cordas, utilizou o que pode ser considerado o prenúncio da conhecida relação fundamental $\operatorname{sen}^2 x + \cos^2 x = 1$. Semelhantemente, em termos de cordas, Ptolomeu conhecia as propriedades que, em linguagem atual, são:

$$\operatorname{sen}(x + y) = \operatorname{sen} x \cdot \cos y + \operatorname{sen} y \cdot \cos x$$
$$\operatorname{sen}(x - y) = \operatorname{sen} x \cdot \cos y - \operatorname{sen} y \cdot \cos x$$
$$\cos(x + y) = \cos x \cdot \cos y - \operatorname{sen} y \cdot \operatorname{sen} x$$
$$\cos(x - y) = \cos x \cdot \cos y + \operatorname{sen} y \cdot \operatorname{sen} x$$
$$\frac{a}{\operatorname{sen} \hat{A}} = \frac{b}{\operatorname{sen} \hat{B}} = \frac{c}{\operatorname{sen} \hat{C}}$$

De posse do equivalente dessas fórmulas, **Ptolomeu** construiu uma tabela de cordas de uma circunferência, para ângulos que variam de meio em meio grau, entre 0° e 180°. Calculou comprimentos de cordas, inscrevendo polígonos regulares de 3, 4, 5, 6 e 10 lados num círculo. Isso lhe possibilitou encontrar a corda subtendida por ângulos de 36°, 60°, 72°, 90° e 120°. Descobriu então um método para encontrar a corda subtendida pela metade do arco de uma corda conhecida. Esse fato que, em nossa simbologia, é o mesmo que $\operatorname{sen}\left(\frac{\alpha}{2}\right) = \sqrt{\frac{1 - \cos \alpha}{2}}$, juntamente com interpolação, permitiu-lhe calcular cordas com um bom grau de precisão. Posteriormente, surgiu a necessidade de uma nova unidade de medida para os ângulos. Foi quando surgiu o radiano,

Trigonometria em um triângulo qualquer **Capítulo 12** **183** denominado **radian**, pois os estudiosos discutiam uma "expressão" do ângulo em termos de p, que primeiramente foi chamada "p-medida", "circular" ou "medida arcual". Nenhum autor explica por que fizeram uso dessa unidade, mas o seu uso simplificou várias fórmulas matemáticas e físicas. Durante seis séculos, o *Almajesto* representou a mais importante fonte de consulta para os astrônomos de todo o mundo. Porém no século VIII é que os cientistas voltariam a sua atenção para as obras trigonométricas de um povo que sempre surpreendera o mundo com sua Matemática original e criativa: os hindus.

A mais antiga tábua de **senos** foi descoberta na Índia, onde essas tábuas sem dúvida se originaram. Seus inventores, desconhecidos, conheciam as ideias matemáticas gregas e babilônias transmitidas como subprodutos de um florescente comércio romano com o sul da Índia, via Mar Vermelho e Oceano Índico. O *Surya Siddhanta*, cujo significado é "Sistemas de Astronomia", era um conjunto de textos matemáticos e regras enigmáticas de Astronomia, redigido em versos, em sânscrito, com poucas explicações e nenhuma prova. Foi composto no século IV ou V d.C., mas a versão que resta foi revista tantas vezes que é difícil dizer que partes estão em sua forma original.

O primeiro aparecimento real do **seno de um ângulo** se deu no trabalho dos hindus. **Aryabhata**, por volta do ano 500, elaborou tabelas envolvendo metade de cordas que agora realmente são tabelas de **senos** e usou **jiva** no lugar de **seno**. Essa mesma tabela foi reproduzida no trabalho de **Brahmagupta**, em 628, e um método detalhado para construir uma tabela de **senos** para qualquer ângulo foi dado por **Bhaskara** em 1 150. Durante algum tempo, os matemáticos árabes oscilaram entre o *Almajesto* e a Trigonometria de **jiva**, de origem hindu. O conflito chegou ao final quando, entre 850 e 929, o matemático árabe **Al-Battani** adotou a Trigonometria hindu, introduzindo uma preciosa inovação – o círculo de raio unitário –, surgindo o termo **função seno**.

[...]

O século XVIII viu as funções trigonométricas de uma variável complexa sendo estudadas. **Johann Bernoulli** achou a relação entre $sen^{-1}z$ e **log z** em 1702. **De Moivre** publicou seu famoso teorema $(\cos x + i \cdot sen\, x)^n = \cos nx + i \cdot sen\, nx$ em 1722, enquanto **Euler**, em 1748, forneceu a fórmula $e^{ix} = \cos x + i \cdot sen\, x$.

Disponível em:
<http://ecalculo.if.usp.br/historia/historia_trigonometria.htm>.
Acesso em: 5 fev. 2016. (adaptado.)

De acordo com o texto, responda:

1. Quais foram as contribuições à Astronomia que Hiparco deixou para a humanidade?
2. Quem é o autor da obra mais influente e significativa da Trigonometria antiga?
3. Onde foi descoberta a mais antiga tábua dos senos?

Aplicações de trigonometria em triângulos

Nos últimos capítulos, vimos triângulos retângulos e triângulos quaisquer. No estudo do triângulo retângulo, observamos as razões trigonométricas seno, cosseno e tangente. Já em triângulos quaisquer, duas leis foram estudadas: lei dos senos e lei dos cossenos.

Embora já tenham sido apresentados alguns exemplos de aplicações da Trigonometria em triângulos, veremos a seguir situações em que a utilização tanto das razões trigonométricas no triângulo retângulo como das leis do seno e do cosseno em triângulos quaisquer são importantes. Observe que nesses casos usamos medidas genéricas.

Cálculo da altura de uma montanha

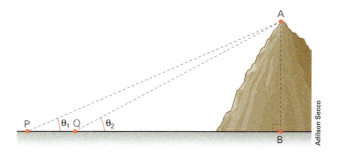

Queremos encontrar a altura da montanha correspondente, conforme esquema acima, ao comprimento AB.

Um procedimento para o cálculo dessa altura seria a determinação das medidas dos ângulos θ_1 e θ_2 e também da medida da distância PQ.

▸ Considerando o triângulo PAB, temos:

$\tg(\theta_1) = \dfrac{AB}{PQ + QB}$ (I)

▸ Considerando o triângulo QAB, temos:

$\tg(\theta_2) = \dfrac{AB}{QB} \Rightarrow QB = \dfrac{AB}{\tg(\theta_2)}$ (II)

▸ Substituindo (II) em (I), vem:

$\tg(\theta_1) = \dfrac{AB}{PQ + \dfrac{AB}{\tg(\theta_2)}}$

$\tg(\theta_1) = \dfrac{AB}{\dfrac{PQ \cdot \tg(\theta_2) + AB}{\tg(\theta_2)}}$

$\tg(\theta_1) = \dfrac{AB \cdot \tg(\theta_2)}{PQ \cdot \tg(\theta_2) + AB}$

$PQ \cdot \tg(\theta_1) \cdot \tg(\theta_2) + AB \cdot \tg(\theta_1) = AB \cdot \tg(\theta_2)$

$PQ \cdot \tg(\theta_1) \cdot \tg(\theta_2) = AB \cdot \tg(\theta_2) - AB \cdot \tg(\theta_1)$

$PQ \cdot \tg(\theta_1) \cdot \tg(\theta_2) = AB \cdot [\tg(\theta_2) - \tg(\theta_1)]$

$AB = \dfrac{PQ \cdot \tg(\theta_1) \cdot \tg(\theta_2)}{\tg(\theta_2) - \tg(\theta_1)}$

Questões e reflexões

1. Em relação ao cálculo da altura de uma montanha, explique como se pode obter a medida dos ângulos θ_1 e θ_2.
2. De acordo com a relação obtida, quantas medidas são necessárias para calcular a altura de uma montanha?
3. Calcule a altura da montanha, considerando que PQ = 100 m e os ângulos θ_1 e θ_2 medem 32° e 35°, respectivamente.

Cálculo do raio da Terra

Um procedimento de cálculo da medida R do raio da Terra já era conhecido pelos gregos antigos. No esquema a seguir, C representa o centro da Terra considerada aproximadamente esférica, h indica a al-tura conhecida de alguma construção (note que essa altura, proporcionalmente ao tamanho da Terra, está bastante exagerada no esquema) e α indica a medida do ângulo que a linha vertical da construção no ponto P forma com a linha do horizonte ($\overline{PQ}$).

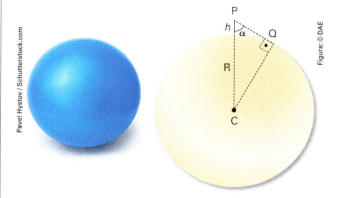

Observando o triângulo retângulo PCQ e considerando a razão trigonométrica seno, temos:

$\sen(\alpha) = \dfrac{QC}{PC}$

$\sen(\alpha) = \dfrac{R}{h + R}$

$h \cdot \sen(\alpha) + R \cdot \sen(\alpha) = R$

$h \cdot \sen(\alpha) = R - R \cdot \sen(\alpha)$

$h \cdot \sen(\alpha) = R \cdot [1 - \sen(\alpha)] \Rightarrow R = \dfrac{h \cdot \sen(\alpha)}{1 - \sen(\alpha)}$

Força de tração

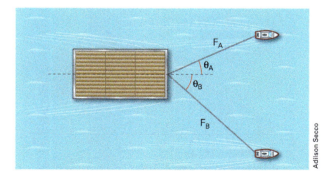

Considere que uma barcaça está sendo puxada por dois rebocadores, como sugere a figura acima. Sabendo que a resultante das forças exercidas pelos rebocadores é uma força R (em newtons) dirigida ao longo do eixo da barcaça e, além disso, conhecendo-se os ângulos de medidas θ_A e θ_B, precisamos determinar os módulos das forças de tração em cada um dos cabos (forças F_A e F_B).

▶ Inicialmente, utilizando o diagrama de forças aplicadas no mesmo ponto, temos:

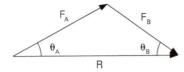

▶ Como a soma das medidas dos ângulos internos do triângulo é igual a 180°, o ângulo oposto à resultante nesse triângulo terá medida igual a $180° - (\theta_A + \theta_B)$. Assim, conforme a lei dos senos, podemos escrever que os módulos:

$$\frac{F_A}{\text{sen}(\theta_B)} = \frac{F_B}{\text{sen}(\theta_A)} = \frac{R}{\text{sen}[180° - (\theta_A + \theta_B)]}$$

> Troque ideias com seu professor de Física sobre a decomposição de forças e também sobre o cálculo de resultantes.

Cálculo da área de um triângulo

Vimos, na Unidade 2, que podemos calcular a área de um triângulo conhecendo as medidas de seus três lados (fórmula de Heron). Da mesma forma, podemos calcular a área de um triângulo conhecendo a medida de um lado e a da altura relativa a esse lado. Vamos conhecer agora duas outras maneiras de obter a área de um triângulo.

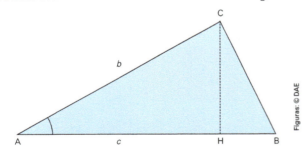

Primeira maneira: conhecendo as medidas de dois lados (na figura, b e c) e a medida do ângulo entre eles (ângulo A).

▶ Traçamos a altura $\overline{CH}$ relativa a um dos lados conhecidos, formando o triângulo retângulo AHC em H. Considerando a razão trigonométrica seno para o ângulo conhecido nesse triângulo retângulo, temos:

$$\text{sen}(A) = \frac{CH}{AC}$$

$$\text{sen}(A) = \frac{CH}{b} \Rightarrow CH = b \cdot \text{sen}(A) \quad (I)$$

▶ Como a área de um triângulo é a metade do produto da medida da base pela medida da altura, temos:

$$S = \frac{1}{2} \cdot (\text{base}) \cdot (\text{altura})$$

$$S = \frac{1}{2} \cdot AB \cdot CH$$

↓ (I)

$$S = \frac{1}{2} \cdot c \cdot b \cdot \text{sen}(A)$$

Segunda maneira: observe agora que podemos calcular a área de um triângulo conhecendo as medidas de seus três lados (sem utilizar a fórmula de Heron) e do raio da circunferência que o circunscreve.

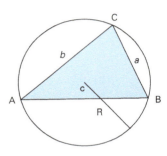

▶ Pela lei dos senos, temos que (o diâmetro é a constante de proporcionalidade):

$$\frac{a}{\text{sen}(A)} = \frac{b}{\text{sen}(B)} = \frac{c}{\text{sen}(C)} = 2R$$

▶ Considerando nessa lei a igualdade entre a primeira fração e o diâmetro da circunferência, temos:

$$\frac{a}{\text{sen}(A)} = 2R \Rightarrow \text{sen}(A) = \frac{a}{2R} \quad (I)$$

▶ Substituindo (I) na fórmula anterior (primeira maneira), obtemos:

$$S = \frac{1}{2} \cdot c \cdot b \cdot \text{sen}(A)$$

$$S = \frac{1}{2} \cdot c \cdot b \cdot \frac{a}{2R}$$

$$S = \frac{a \cdot b \cdot c}{4R}$$

> **Questões e reflexões**
>
> Qual das duas maneiras apresentadas de calcular a área de um triângulo é mais prática em situações reais? Explique e converse com os colegas.

Exercícios resolvidos

1. Um poste faz uma sombra de comprimento igual a 4 m, conforme mostra a figura a seguir.

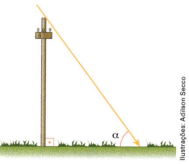

Sabendo que $\alpha = 60°$, calcule a altura do poste.
Sendo h a altura do poste, temos que:

$\text{tg } 60° = \dfrac{h}{4} \Rightarrow \sqrt{3} = \dfrac{h}{4} \Rightarrow h = 4\sqrt{3}\text{ m}$

A altura do poste é $4\sqrt{3}$ m.

2. O mapa do estado de São Paulo está representado a seguir.

Fonte: IBGE. *Atlas Geográfico Escolar*. Rio de Janeiro, 2012. p. 174.

A distância entre as cidades de Presidente Prudente (P) e Bauru (B) é de 240 km, e entre as cidades de Bauru e Araçatuba (A) é de 190 km. Calcule a distância entre as cidades de Presidente Prudente e Araçatuba, sabendo que $P\hat{B}A \cong 35°$.

Utilizando a lei dos cossenos, temos que:

$(AP)^2 = (PB)^2 + (AB)^2 - 2 \cdot PB \cdot AB \cdot \cos 35°$

$(AP)^2 = 240^2 + 190^2 - 2 \cdot 240 \cdot 190 \cdot \cos 35°$

Com o auxílio de uma calculadora científica, obtemos:

$(AP)^2 \cong 93\,700 - 74\,700$

$AP \cong \sqrt{19\,000} \cong 138$ km

3. Dois cabos estão presos à extremidade de uma estátua e fixados no chão, conforme a figura a seguir.

Qual é a distância do cabo que liga os pontos A e C? (Utilize $\sqrt{6} \cong 2{,}4$.)

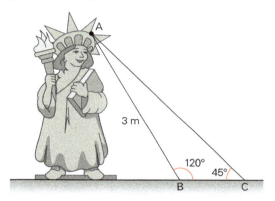

Pela lei dos senos, temos que:

$\dfrac{AC}{\text{sen } 120°} = \dfrac{AB}{\text{sen } 45°} \Rightarrow \dfrac{AC}{\frac{\sqrt{3}}{2}} = \dfrac{3}{\frac{\sqrt{2}}{2}} \Rightarrow$

$\Rightarrow AC \cdot \sqrt{2} = 3\sqrt{3} \Rightarrow AC = \dfrac{3\sqrt{3}}{\sqrt{2}} = \dfrac{3\sqrt{6}}{2} \cong 3{,}6$ m

Exercícios propostos

1. Determine a medida de x no triângulo ao lado, sabendo que:

sen 37° $\cong$ 0,602

cos 37° $\cong$ 0,799

tg 37° $\cong$ 0,759

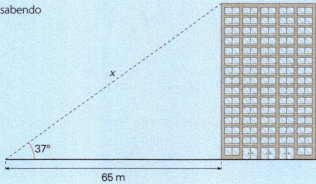

2. Na figura a seguir, os dois cabos têm uma das extremidades presa no poste e outra presa no chão, apresentando as medidas indicadas. Obtenha uma aproximação para a distância *d* entre os pontos A e B utilizando a lei dos senos e/ou a lei dos cossenos, com o auxílio de uma calculadora.

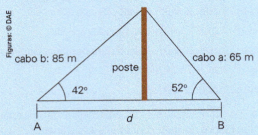

3. Uma mão francesa é uma estrutura triangular de madeira ou ferro destinada a sustentar beirais de telhado, caixas-d'água, prateleiras etc. Deseja-se construir uma mão francesa no formato de um triângulo retângulo com ângulos agudos medindo 30° e 60°. Se o cateto oposto ao maior ângulo agudo desse triângulo mede 5 m, quais são as medidas dos outros lados desse triângulo?

4. Alberto, Bruno e Carlos estão montando alguns jogos para a festa junina da escola. Para um desses jogos, é necessário cercar uma região triangular conforme a figura a seguir.

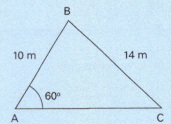

Determine a medida do segmento AC.

5. Uma escada é composta por duas partes de 2 m que formam um ângulo de 30° entre elas na parte superior.

Qual é a distância aproximada entre as duas partes da escada na parte inferior? (Utilize $\sqrt{3} \cong 1{,}75$.)

6. Um guindaste de 15 m de comprimento (BC = 15 m) vai içar um objeto ao ponto mais alto. O ângulo formado pelo guindaste com o plano do chão é de 60° (A$\hat{B}$C = 60°). O guindaste está sob um caminhão a 2 m de distância do chão ($\overline{AB}$ é paralelo ao plano do chão e a distância de $\overline{AB}$ ao chão é de 2 m).

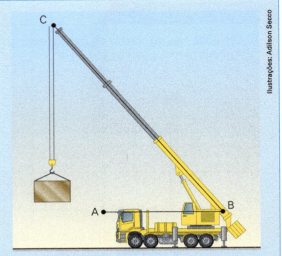

Qual é a altura máxima a que o guindaste consegue içar o objeto?

7. Um objeto sofre o efeito de duas forças, F_A e F_B, perpendiculares entre si. O vetor resultante dessas forças é mostrado a seguir.

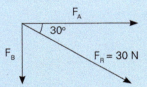

Calcule o módulo das forças F_A e F_B.

8. Para confeccionar um "telefone de barbante", são necessários dois copos de papel e um pedaço de barbante. Deve-se fazer um pequeno orifício no centro da parte inferior de cada um dos copos e, com o pedaço de barbante inextensível, amarrar as extremidades passando por cada orifício. Depois, deve-se dar nós para que o barbante não saia pelo orifício quando o fio for esticado. Quando as duas pessoas, cada uma com um copo, se distanciam de modo que o barbante fique esticado, é possível uma ouvir o que a outra diz no copo.

Três amigos, Rafaela, Paulo e Daniel estão brincando de "telefone de barbante". Os três estão no pátio da escola, dispostos conforme a figura a seguir.

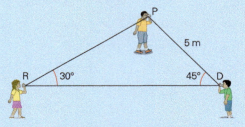

Segundo os dados da figura, qual é a distância entre Rafaela e Paulo? (Utilize $\sqrt{2} \cong 1{,}4$.)

9. Uma força de intensidade 500 N, que forma com a vertical um ângulo θ, está sendo aplicada para arrancar uma estaca fincada no chão.

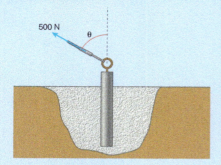

Sabendo que é necessária uma força vertical de intensidade mínima 250 N para arrancar a estaca, qual deve ser o maior valor do ângulo θ para que a força de 500 N arranque a estaca?

10. Na figura a seguir, um gancho está submetido a duas forças de intensidades 10 N e 15 N.

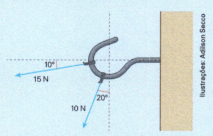

Determine a intensidade (módulo) da força resultante.

11. Um carro está sob o efeito de duas forças, F_1 e F_2, com uma resultante de intensidade 200 N.

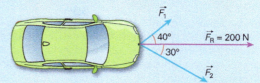

Considerando os dados da figura, determine a intensidade (módulo) das forças F_1 e F_2, aproximadamente. (Utilize sen 110° ≅ 0,94 e sen 40° ≅ 0,64.)

12. Rafael e Bruno estão a 200 m de distância um do outro e ambos observam um balão no céu. Rafael vê o balão sob um ângulo de 50° em relação à linha do horizonte. Bruno, por sua vez, vê o balão sob um ângulo de 70° em relação à linha do horizonte.

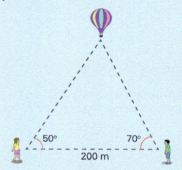

Utilizando sen 70° ≅ 0,94, sen 50° ≅ 0,77 e $\sqrt{3}$ ≅ 1,7, determine, aproximadamente:

a) a distância entre Rafael e o balão.
b) a distância entre Bruno e o balão.

Algumas conclusões

Reflita sobre as questões a seguir, que envolvem o estudo de triângulos realizado nesta unidade. Depois, procure responder a elas. Caso sinta dificuldade, sugerimos retomar os conceitos principais.

1. Como se pode definir a razão trigonométrica seno para um ângulo agudo em um triângulo retângulo?
2. Para determinar um ângulo agudo em um triângulo retângulo, que medidas dos lados desse triângulo são necessárias?
3. Qual razão trigonométrica corresponde ao quociente entre as medidas de dois catetos de um triângulo retângulo?
4. O seno de 45° é representado por um número real. Esse número é racional ou irracional?
5. Qual destas razões trigonométricas é maior: sen 30°, cos 30° ou tg 30°?
6. Como se enuncia a lei dos senos para um triângulo qualquer?
7. E a lei dos cossenos?
8. Se as medidas de dois lados de um triângulo e a medida do ângulo formado por esses dois lados são conhecidas, como se deve calcular a medida do terceiro lado desse triângulo?
9. Em um triângulo são fornecidas as medidas de dois ângulos e de um dos três lados. Como é possível obter a medida do outro ângulo e as medidas dos outros dois lados?

▶ Após responder às questões, converse com os colegas e verifique se vocês apresentaram respostas iguais. Em seguida, listem as dificuldades que encontraram e os assuntos que devem ser retomados.

Vestibulares e Enem

1. (Uepa – 2014)

Num dos trabalhos escritos no começo do século V d.C. na Índia, encontramos uma tabela "meias-cordas", representada na figura abaixo. Essas "meias-cordas" representam os nossos atuais senos. Os indianos pensavam na meia-corda como o real segmento em um círculo com raio particular, como, por exemplo, ocorre no livro *Almagest* de Claudius Ptolomeu (85-165), que utilizou um círculo de raio 60.

Texto adaptado do livro *A Matemática através dos tempos*, Editora Edgard Blücher, 2008.

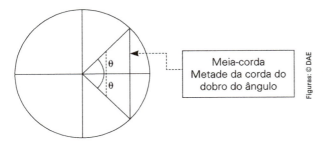

Utilizando o mesmo raio considerado por Ptolomeu, o valor da meia-corda indicado na figura para um ângulo θ = 45° é:

a) $30\sqrt{2}$.

b) $15\sqrt{2}$.

c) $\dfrac{15\sqrt{2}}{2}$.

d) $\dfrac{\sqrt{2}}{2}$.

e) $\dfrac{\sqrt{2}}{4}$.

2. (UEMG – 2014) Em uma de suas viagens para o exterior, Luís Alves e Guiomar observaram um monumento de arquitetura asiática. Guiomar, interessada em aplicar seus conhecimentos matemáticos, colocou um teodolito distante 1,20 m da obra e obteve um ângulo de 60°, conforme mostra a figura:

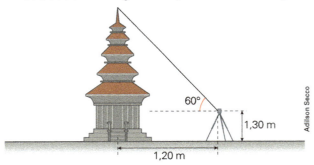

Sabendo-se que a altura do teodolito corresponde a 130 cm, a altura do monumento, em metros, é aproximadamente:

a) 6,86.

b) 6,10.

c) 5,24.

d) 3,34.

3. (Uerj – 2016) O raio de uma roda-gigante de centro C mede $\overline{CA} = \overline{CB} = 10$ m. Do centro C ao plano horizontal do chão há uma distância de 11m. Os pontos A e B, situados no mesmo plano vertical, ACB, pertencem à circunferência dessa roda e distam, respectivamente, 16 m e 3,95 m do plano do chão. Observe o esquema e a tabela:

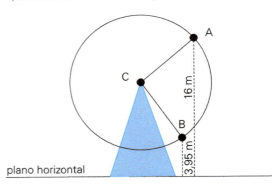

θ (graus)	sen θ
15°	0,259
30°	0,500
45°	0,707
60°	0,866

A medida, em graus, mais próxima do menor ângulo ACB corresponde a:

a) 45.

b) 60.

c) 75.

d) 105.

4. (Unifor-CE – 2014) Uma rampa retangular medindo 10 m² faz um ângulo de 25° em relação ao piso horizontal. Exatamente embaixo dessa rampa foi delimitada uma área retangular A para um jardim, conforme figura.

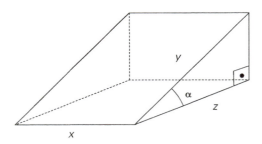

Considerando que cos 25° ≅ 0,9, a área A tem aproximadamente:

a) 3 m².

b) 4 m².

c) 6 m².

d) 8 m².

e) 9 m².

5. (Enem – 2013) As torres Puerta de Europa são duas torres inclinadas uma contra a outra, construídas numa avenida de Madri, na Espanha. A inclinação das torres é de 15° com a vertical e elas têm, cada uma, uma altura de 114 m (a altura é indicada na figura como o segmento AB). Estas torres são um bom exemplo de um prisma oblíquo de base quadrada e uma delas pode ser observada na imagem.

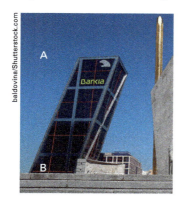

Utilizando 0,26 como valor aproximado para a tangente de 15° e duas casas decimais nas operações, descobre-se que a área da base desse prédio ocupa na avenida um espaço:

a) menor que 100 m².

b) entre 100 m² e 300 m².

c) entre 300 m² e 500 m².

d) entre 500 m² e 700 m².

e) maior que 700 m².

6. (Unifor-CE – 2014) Uma pessoa está a $80\sqrt{3}$ m de um prédio e vê o topo do prédio sob um ângulo de 30°, como mostra a figura abaixo.

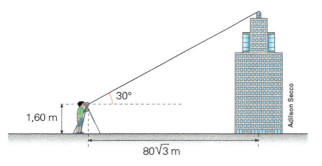

Se o aparelho que mede o ângulo está a 1,6 m de distância do solo, então podemos afirmar que a altura do prédio em metros é:

a) 80,2.   c) 82,0.   e) 83,2.

b) 81,6.   d) 82,5.

7. (Uneb-BA – 2014) A tirolesa é uma técnica utilizada para o transporte de carga de um ponto a outro. Nessa técnica, a carga é presa a uma roldana que desliza por um cabo, cujas extremidades geralmente estão em alturas diferentes. A tirolesa também é utilizada como prática esportiva, sendo considerada um esporte radical. Em certo ecoparque, aproveitando a geografia do local, a estrutura para a prática da tirolesa foi montada de maneira que as alturas das extremidades do cabo por onde os participantes deslizam estão a cerca de 52 m e 8 m, cada uma, em relação ao nível do solo, e o ângulo de descida formado com a vertical é de 80°. Nessas condições, considerando-se o cabo esticado e que tg 10° = 0,176, pode-se afirmar que a distância horizontal percorrida, em metros, ao final do percurso, é aproximadamente igual a:

a) 250.   c) 254.   e) 258.

b) 252.   d) 256.

8. (Unifor-CE – 2014) Sobre uma rampa de 3 m de comprimento e inclinação de 30° com a horizontal, devem-se construir degraus de altura 30 cm.

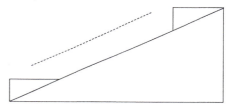

Quantos degraus devem ser construídos?

a) 4   c) 6   e) 8

b) 5   d) 7

9. (UPE – 2015) Num triângulo retângulo, temos que tg x = 3. Se x é um dos ângulos agudos desse triângulo, qual o valor de cos x?

a) $\dfrac{1}{2}$ c) $\dfrac{\sqrt{2}}{2}$ e) $\dfrac{\sqrt{10}}{10}$

b) $\dfrac{\sqrt{5}}{10}$ d) $\dfrac{1}{4}$

10. (Enem – 2011) Para determinar a distância de um barco até a praia, um navegante utilizou o seguinte procedimento: a partir de um ponto A, mediu o ângulo visual α fazendo mira em um ponto fixo P da praia. Mantendo o barco no mesmo sentido, ele seguiu até um ponto B de modo que fosse possível ver o mesmo ponto P da praia, no entanto sob um ângulo visual 2α. A figura ilustra essa situação:

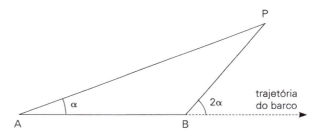

Trigonometria em um triângulo qualquer   Capítulo 12   191

Vestibulares e Enem

Suponha que o navegante tenha medido o ângulo α = 30° e, ao chegar ao ponto B, verificou que o barco havia percorrido a distância AB = 2 000 m. Com base nesses dados e mantendo a mesma trajetória, a menor distância do barco até o ponto fixo P será:

a) 1000 m.
b) 1000√3 m.
c) $2000\dfrac{\sqrt{3}}{3}$ m.
d) 2000 m.
e) 2000√3 m.

11. (UFPR – 2014) Dois navios deixam um porto ao mesmo tempo. O primeiro viaja a uma velocidade de 16 km/h em um curso de 45° em relação ao norte, no sentido horário. O segundo viaja a uma velocidade de 6 km/h em um curso de 105° em relação ao norte, também no sentido horário. Após uma hora de viagem, a que distância se encontrarão separados os navios, supondo que eles tenham mantido o mesmo curso e velocidade desde que deixaram o porto?

a) 10 km.
b) 14 km.
c) 15 km.
d) 17 km.
e) 22 km.

12. (UFG-GO – 2014) Um navio, que possui 20 m de altura sobre a água, passa por um canal e, em certo momento, o capitão da embarcação avista uma ponte plana sobre o canal, a qual ele desconhece as dimensões e tem de decidir se o navio pode passar sob a ponte. Para isso, ele inicia uma série de cálculos e medições. A primeira constatação que ele faz é a de que, a uma certa distância, d, da projeção da base da ponte, a inclinação do segmento que une a parte retilínea inferior da ponte e o ponto mais avançado do navio, que está a 4 m de altura sobre a água, é de 7°. Percorridos 102 m em linha reta em direção à ponte, ele volta a medir a inclinação, obtendo um ângulo de 10°, e verifica que a distância entre a parte retilínea inferior da ponte e o ponto mais avançado do navio é de 100 m, como ilustra a figura a seguir.

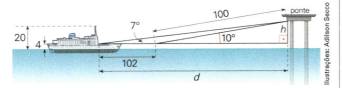

Diante do exposto, admitindo que a superfície do rio é plana, determine a altura da ponte e conclua se esta é suficiente para que o navio passe sob ela.
(Dados: tg (7°) ≅ 0,12 e cos10° ≅ 0,98.)

13. (Unifor-CE – 2014) Os pneus de uma bicicleta têm raio R e seus centros distam 3R. Além disso, a reta *t* passa por P e é tangente à circunferência do pneu, formando um ângulo α com a reta *s* que liga os dois centros.

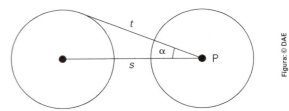

Pode-se concluir que cos α é igual a:

a) $\dfrac{2\sqrt{3}}{3}$.

b) $\dfrac{3\sqrt{2}}{2}$.

c) $\dfrac{3\sqrt{3}}{2}$.

d) $\dfrac{2\sqrt{2}}{3}$.

e) $\dfrac{\sqrt{3}}{3}$.

14. (Unesp-SP – 2015) A figura representa a vista superior do tampo plano e horizontal de uma mesa de bilhar retangular ABCD, com caçapas em A, B, C e D. O ponto P, localizado em AB, representa a posição de uma bola de bilhar, sendo $\overline{PB}$ = 1,5 m e $\overline{PA}$ = 1,2 m. Após uma tacada na bola, ela se desloca em linha reta, colidindo com BC no ponto T, sendo a medida do ângulo PT̂B igual a 60°. Após essa colisão, a bola segue, em trajetória reta, diretamente até a caçapa D.

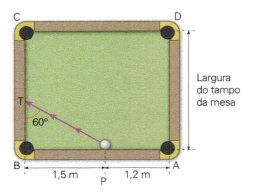

Nas condições descritas e adotando √3 ≅ 1,73, a largura do tampo da mesa, em metros, é próxima de:

a) 2,42.
b) 2,08.
c) 2,28.
d) 2,00.
e) 2,56.

15. (Mack-SP – 2015)

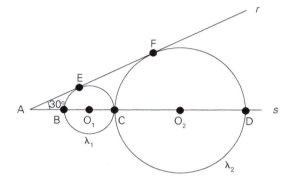

Na figura acima, as circunferências λ_1 e λ_2 são tangentes no ponto C e tangentes à reta r nos pontos E e F, respectivamente. Os centros O_1 e O_2, das circunferências pertencem à reta s. Sabe-se que r e s se interceptam no ponto A, formando um ângulo de 30°.

Se AE mede $2\sqrt{3}$ cm, então os raios das circunferências λ_1 e λ_2 medem, respectivamente:

a) $\sqrt{3}$ cm e $\sqrt{15}$ cm.
b) $\sqrt{3}$ cm e 2 cm.
c) 2 cm e 6 cm.
d) 2 cm e 4 cm.
e) $2\sqrt{3}$ cm e 4 cm.

16. (Unicamp-SP – 2014) Considere um hexágono, como o exibido na figura abaixo, com cinco lados com comprimento de 1 cm e um lado com comprimento de x cm.

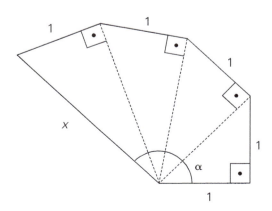

a) Encontre o valor de x.
b) Mostre que a medida do ângulo a é inferior a 150°.

17. (UFRGS-RS – 2014) Na figura abaixo, o retângulo ABCD tem lados que medem 6 e 9.

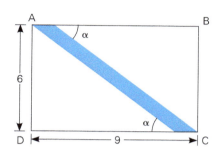

Se a área do paralelogramo sombreado é 6, o cosseno de α é:

a) $\dfrac{3}{5}$.

b) $\dfrac{2}{3}$.

c) $\dfrac{3}{4}$.

d) $\dfrac{4}{5}$.

e) $\dfrac{8}{9}$.

DESAFIO

(Udesc – 2015) Observe a figura.

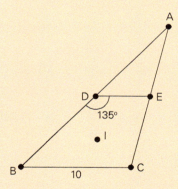

Sabendo que os segmentos BC e DE são paralelos, que o ponto I é incentro do triângulo ABC e que o ângulo BÎC é igual a 105°, então o segmento AC mede:

a) $5\sqrt{2}$.
b) $\dfrac{10\sqrt{2}}{3}$.
c) $20\sqrt{2}$.
d) $10\sqrt{2}$.
e) $\dfrac{20\sqrt{2}}{3}$.

Trigonometria em um triângulo qualquer Capítulo 12 **193**

EXPLORANDO HABILIDADES E COMPETÊNCIAS

Desde o ano 2000 a legislação brasileira vem desenvolvendo normas a serem seguidas por qualquer estabelecimento de atendimento ao público no que diz respeito à acessibilidade ao portador de deficiência ou com mobilidade reduzida.

A ABNT (Associação Brasileira de Normas Técnicas) é o órgão responsável por calcular, medir e divulgar os valores e padrões que um projeto de arquitetura urbana deve contemplar para ser classificado como acessível.

Entre essas normas, destaca-se a que se refere a áreas de circulação, que devem ter superfície regular, firme, estável e antiderrapante sob qualquer condição climática. Essas áreas também devem apresentar faixa de circulação de largura mínima de 1,20 m, livre de barreiras ou obstáculos, de modo a permitir o deslocamento em linha reta e manobras de rotação com ou sem deslocamento.

Determina-se também que qualquer faixa de circulação (como as calçadas) deve ter inclinação mínima de 1% para o escoamento da água e máxima de 2% para o conforto do usuário. Caso o piso tenha inclinação entre 2% e 3%, deve haver áreas de descanso fora do fluxo de circulação a cada 60 m, dimensionadas de modo que permitam a manobra de cadeiras de rodas. Para inclinações entre 3% e 5%, as áreas de descanso devem ser dispostas a cada 30 m. Pisos com mais de 5% de inclinação são considerados rampas.

As rampas devem ter no máximo 8,33% de inclinação e largura mínima de 1,20 m. Rampas curvas também devem ter inclinação máxima de 8,33% e raio mínimo de 3 m, no perímetro interno à curva. Sabendo dessas especificações, resolva as atividades a seguir.

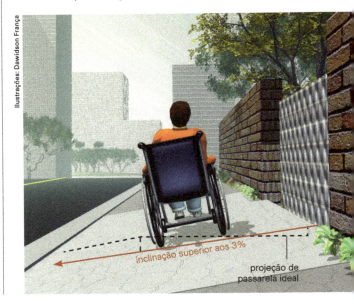

Questões e investigações

1. Observe a vista frontal da entrada de uma casa.

Por recomendação da prefeitura, a calçada será ampliada e reformada e a entrada da garagem e o muro da casa serão refeitos.

O planejamento prevê o recuo da casa, mantendo-se o muro a uma altura de 15 cm da horizontal e a borda da calçada com altura de 10 cm, garantindo inclinação suficiente para o escoamento da chuva. Veja a ilustração ao lado.

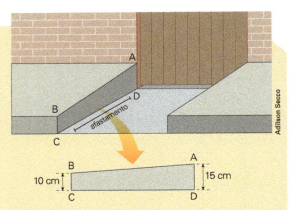

a) Para obter essas medidas de modo que a inclinação da reta AB seja a permitida pela ABNT, o realizador do projeto deve calcular a distância que a casa deve ter em relação à rua, determinando a largura a ser ocupada pela calçada. Considerando que a inclinação será calculada pela tangente do ângulo β da figura, de quanto deve ser o afastamento CD para garantir que a inclinação máxima da reta AB seja a permitida pela ABNT em um passeio sem área de descanso?

b) Uma vez calculado o recuo, o projetista desenhou a rampa de inclinação CA:

194 Unidade 4 Trigonometria no triângulo

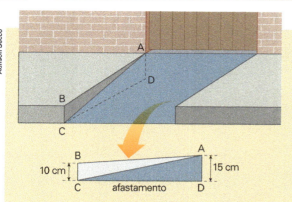

Qual é a porcentagem de inclinação dessa rampa? Sabendo essa porcentagem, qual é a medida do ângulo ACD? (Use uma calculadora científica ou uma tabela trigonométrica.)

c) Ao receber o projeto, o proprietário da casa percebeu que, embora a inclinação da rampa estivesse dentro dos padrões da ABNT, ela impediria a circulação acessível na calçada, formando um degrau. Assim, recomendou que a rampa fosse refeita, deixando espaço para a circulação. O projetista deu então duas opções ao proprietário, de acordo com os desenhos abaixo:

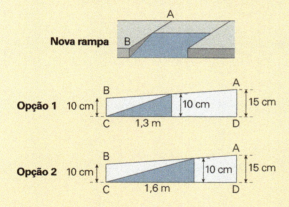

Os novos projetos estão de acordo com a ABNT? Caso não estejam, como podem ser corrigidos? (Dica: calcule x usando semelhança de triângulos no triângulo ABE.)

2. A fim de construir uma maquete onde uma rampa circular dá acesso ao segundo piso de uma construção, um estudante desenhou e recortou uma coroa circular como a da figura abaixo.

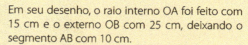

Em seu desenho, o raio interno OA foi feito com 15 cm e o externo OB com 25 cm, deixando o segmento AB com 10 cm.

Procurando seguir as normas da ABNT, o estudante determinou que a escala da maquete seria de 1:20, de modo que o raio de 15 cm representaria 3 m da realidade e a largura de 10 cm representaria 2 m, respeitando assim a mínima curvatura e a mínima largura de circulação permitidas. Em seguida, recortou a linha AB para montar uma rampa como a da figura a seguir.

Para que tudo esteja dentro dos padrões, o estudante decidiu manter a inclinação em 8%:

$$\frac{\text{elevação}}{\text{comprimento da rampa}} = 8\%$$

Uma vez determinada a altura do segundo piso, ele montou a estrutura da maquete de acordo com a seguinte vista lateral:

Com base nesses dados, determine algumas medidas da estrutura real representada por essa maquete, com base na escala 1:20.

a) Sabendo que o comprimento da rampa é medido de acordo com o raio médio da coroa (distância entre o centro O e o ponto médio de AB), determine o valor aproximado desse comprimento, em metros, utilizando $\pi = 3$.

b) Considerando a inclinação de 8%, calcule a elevação do segundo piso em metros.

c) Sabendo que as duas vigas têm a mesma medida, e sendo β o menor ângulo formado por elas, utilize a tabela abaixo para calcular o comprimento de cada viga e a distância horizontal entre as extremidades de suas bases.

Ângulo	Seno	Cosseno	Tangente
β = 73,7°	0,96	0,28	3,42

Trigonometria em um triângulo qualquer Capítulo 12 195

UNIDADE 5

FUNÇÕES EXPONENCIAIS

As descobertas de sítios arqueológicos contribuem para contar a nossa história. Para descobrir a idade de um fóssil, por exemplo, determina-se a quantidade de isótopo de carbono-14 residual.

O estudo da função exponencial e da função logarítmica está presente nesta unidade. Inúmeras são as aplicações desse conhecimento.

Ruínas da Igreja no Sítio Arqueológico de São Miguel Arcanjo – construção de 1735, São Miguel das Missões – RS. Foto de 2015.

CAPÍTULO 13
POTENCIAÇÃO NOS REAIS

Existem situações envolvendo determinados fenômenos em que é frequente se falar em crescimento exponencial. Um exemplo desse tipo de crescimento é o do número de microrganismos em uma cultura numa situação ideal de proliferação. Podemos também dizer que a quantidade de vírus tende a aumentar exponencialmente.

Um crescimento exponencial, sob certas condições, pode ser descrito de maneira aproximada por meio de uma função exponencial. Nesta unidade, vamos abordar esse tipo de função. Antes, é importante fazermos uma retomada do assunto potenciação, desenvolvido nos anos finais do Ensino Fundamental.

Potenciação

Vimos na Unidade 1 que o campo numérico teve diversas ampliações, passando do conjunto dos números naturais até o conjunto dos números reais. Para que possamos retomar o estudo de potenciação, vamos considerar potências com expoentes naturais, expoentes inteiros negativos, expoentes racionais e expoentes reais.

Uma ferramenta extremamente útil ao abordar a potenciação é a calculadora. Ela auxilia não apenas na verificação de resultados, como também permite observar regularidades numéricas. A ilustração a seguir representa uma calculadora científica.

Sugerimos que você utilize a calculadora ao longo desse nosso estudo.

Potência de expoente natural

Uma das primeiras ideias relacionadas à potenciação está ligada à multiplicação de fatores iguais. Assim, temos:

> Dados um número real a e um número natural n, com $n \geq 2$, denomina-se potência de base a e expoente n o número a^n, que é o produto de n fatores iguais ao número a.
> $$a^n = \underbrace{a \cdot a \cdot a \cdot \ldots \cdot a}_{n \text{ fatores}}$$

Como n é um número natural, temos dois casos especiais:
- Quando $n = 1$, definimos $a^1 = a$, pois não temos produto com um fator apenas.
- Quando $n = 0$ e sendo $a \neq 0$, definimos $a^0 = 1$.

Exemplos:

Observe a seguir algumas potências:
- $(-3)^5 = (-3) \cdot (-3) \cdot (-3) \cdot (-3) \cdot (-3) = -243$
- $\left(\dfrac{2}{5}\right)^4 = \left(\dfrac{2}{5}\right) \cdot \left(\dfrac{2}{5}\right) \cdot \left(\dfrac{2}{5}\right) \cdot \left(\dfrac{2}{5}\right) = \dfrac{16}{625}$
- $(-1,8)^3 = (-1,8) \cdot (-1,8) \cdot (-1,8) = -5,832$
- $\left(\sqrt{2}\right)^2 = \left(\sqrt{2}\right) \cdot \left(\sqrt{2}\right) = \sqrt{2 \cdot 2} = \sqrt{4} = 2$

Note que utilizamos neste último exemplo um resultado estudado no Ensino Fundamental, isto é, elevando ao quadrado o número irracional $\sqrt{2}$, obtivemos 2 como potência. Caso queira, é possível, por aproximação racional, conferir esse resultado. Uma possibilidade para essa aproximação é considerar $\sqrt{2} \cong 1,41$. Elevando esse número ao quadrado, chegamos a 1,9881.

Questões e reflexões

1. Fazendo $\sqrt{2} \cong 1,41$ e elevando ao quadrado, obtemos como resultado 1,9881. A diferença do resultado real 2 é mais ou menos que 1%?

2. Quando uma base é negativa e o expoente é um número natural diferente de zero, o que podemos afirmar sobre o sinal da potência resultante?

A partir da definição de potência de expoente natural, observe o que acontece quando multiplicamos duas potências de mesma base:

$$7^5 \cdot 7^6 = (7 \cdot 7 \cdot 7 \cdot 7 \cdot 7) \cdot (7 \cdot 7 \cdot 7 \cdot 7 \cdot 7 \cdot 7)$$

$$7^5 \cdot 7^6 = 7 \cdot 7 \cdot 7 \cdot 7 \cdot 7 \cdot 7 \cdot 7 \cdot 7 \cdot 7 \cdot 7 \cdot 7$$

$$7^5 \cdot 7^6 = 7^{11}$$

$$7^5 \cdot 7^6 = 7^{5+6}$$

Temos aqui a chamada propriedade fundamental da potenciação:

> Sendo m e n números naturais e a um número real não nulo, temos: $a^m \cdot a^n = a^{m+n}$

Isso quer dizer que repetimos a base e adicionamos os expoentes na multiplicação de potências de mesma base. Embora tenhamos mencionado apenas duas potências de mesma base, esse resultado continua sendo válido para um número qualquer de fatores.

Exemplos:

- $10^2 \cdot 10^4 \cdot 10^8 = 10^{2+4+8} = 10^{14}$

- $5^2 \cdot 5^2 \cdot 5^2 \cdot 5^2 \cdot 5^2 \cdot 5^2 = 5^{2+2+2+2+2+2} = 5^{12}$

Observações:

1. Esse último exemplo também poderia ser calculado de outra maneira:

$$5^2 \cdot 5^2 \cdot 5^2 \cdot 5^2 \cdot 5^2 \cdot 5^2 = \underbrace{5^2 \cdot 5^2 \cdot 5^2 \cdot 5^2 \cdot 5^2 \cdot 5^2}_{\text{6 fatores iguais}} = (5^2)^6$$

2. Comparando esse resultado com o que foi apresentado anteriormente, podemos concluir que:

$$(5^2)^6 = 5^{2 \cdot 6} = 5^{12}$$

Esse resultado é chamado de **potência de potência** e corresponde também a uma propriedade que mencionaremos a seguir.

Potência de expoente inteiro negativo

Vamos retornar à propriedade fundamental da potenciação e à definição de potência com expoente natural. Definimos, para $a \neq 0$, que $a^0 = 1$.

Essa definição leva em consideração a propriedade fundamental, ou seja, observe o que ocorre quando substituímos m por zero:

$$a^0 \cdot a^n = a^{0+n}$$

$$a^0 \cdot a^n = a^n$$

Para que esse último resultado ocorra, devemos ter $a^0 = 1$.

A ampliação para potência com expoente inteiro negativo pode ser feita considerando também a propriedade fundamental, sendo $a^0 = 0$:

$$a^0 = 1$$

$$a^{-n+n} = 1$$

$$a^{-n} \cdot a^n = 1 \Rightarrow a^{-n} = \frac{1}{a^n}$$

> Dados um número real a ($a \neq 0$) e um número natural n, chama-se potência de base a e expoente $-n$ ao número a^{-n} tal que
> $$a^{-n} = \frac{1}{a^n}$$

Exemplos:

- $7^{-3} = \frac{1}{7^3} = \frac{1}{343}$

- $\left(-\dfrac{2}{3}\right)^{-4} = \dfrac{1}{\left(-\dfrac{2}{3}\right)^4} = \dfrac{1}{\dfrac{16}{81}} = \dfrac{81}{16}$

- $a^{-1} = \dfrac{1}{a^1} = \dfrac{1}{a}\ (a \neq 0)$

Nesse último exemplo, dizemos que a^{-1}, para $a \neq 0$, é o **inverso de a**.

Além da propriedade fundamental, outras propriedades também podem ser obtidas e utilizadas quando calculamos potências com expoentes inteiros. Indicamos tais propriedades no quadro a seguir.

PROPRIEDADES	DESCRIÇÃO
$a^m \div a^n = a^{m-n}\ (a \neq 0)$	Na divisão de potências de mesma base não nula, repetimos a base e subtraímos os expoentes.
$(a \cdot b)^n = a^n \cdot b^n$	Na potenciação de um produto, elevamos cada fator desse produto ao expoente do produto.
$\left(\dfrac{a}{b}\right)^n = \dfrac{a^n}{b^n}\ (b \neq 0)$	Na potenciação de um quociente, elevamos cada termo desse quociente ao expoente do quociente.
$(a^m)^n = a^{m \cdot n}$	Na potência de potência, repetimos a base e multiplicamos os expoentes.

Potência de expoente racional

Vamos agora retomar a definição de raiz enésima aritmética estudada no final do Ensino Fundamental.

> Dados um número real não negativo a e um número natural n, $n > 1$, chama-se **raiz enésima aritmética** de a o número real não negativo b tal que b elevado a n resulta em a. Em símbolos:
> $$\sqrt[n]{a} = b \Leftrightarrow b^n = a$$

Observação:

Nessa definição consideramos que a é um número real não negativo. Porém, podemos considerar a um número real qualquer, desde que seja observado cada um dos casos:

- Se n for par e $a \geqslant 0$, então $\sqrt[n]{a}$ é o número b, com $b \geqslant 0$, tal que $b^n = a$.
- Se n for par e $a < 0$, então $\sqrt[n]{a}$ não existirá no conjunto dos números reais.
- Se n for ímpar, então $\sqrt[n]{a}$ é o número b, tal que $b^n = a$.

Ao ampliar a ideia de potenciação para expoentes racionais, devemos fazer de tal forma que a propriedade fundamental continue válida. Vamos partir de um exemplo numérico:

$$7 = 7^1$$
$$7 = 7^{\frac{1}{2} + \frac{1}{2}}$$
$$7 = 7^{\frac{1}{2}} \cdot 7^{\frac{1}{2}}$$

Por essa última igualdade, $7^{\frac{1}{2}}$ é um número positivo que, elevado ao quadrado, resulta em 7, pois $7^{\frac{1}{2}} \cdot 7^{\frac{1}{2}} = \left(7^{\frac{1}{2}}\right)^2$. Por outro lado, conforme a definição de raiz quadrada aritmética, temos $\left(\sqrt{7}\right)^2 = 7$. Dessa forma, podemos escrever que:

$$7^{\frac{1}{2}} = \sqrt{7}$$

Exemplo:

Considerando a propriedade fundamental e utilizando o que você estudou sobre raízes de outros índices diferentes de 2, temos:

- $5 = 5^1 = 5^{\frac{1}{3} + \frac{1}{3} + \frac{1}{3}} = 5^{\frac{1}{3}} \cdot 5^{\frac{1}{3}} \cdot 5^{\frac{1}{3}} = \left(5^{\frac{1}{3}}\right)^3$

Assim, $5^{\frac{1}{3}}$ é um número que elevado ao cubo resulta em 5. Dessa forma, podemos considerar que:

- $5^{\frac{1}{3}} = \sqrt[3]{5}$, pois $\left(5^{\frac{1}{3}}\right)^3 = \left(\sqrt[3]{5}\right)^3 = 5$

- $2 = 2^1 = 2^{\frac{1}{5} + \frac{1}{5} + \frac{1}{5} + \frac{1}{5} + \frac{1}{5}} =$
  $= 2^{\frac{1}{5}} \cdot 2^{\frac{1}{5}} \cdot 2^{\frac{1}{5}} \cdot 2^{\frac{1}{5}} \cdot 2^{\frac{1}{5}} = \left(2^{\frac{1}{5}}\right)^5$

Assim, $2^{\frac{1}{5}}$ é um número que elevado a 5 resulta em 2. Dessa forma, podemos considerar que:

$$2^{\frac{1}{5}} = \sqrt[5]{2}, \text{ pois } \left(2^{\frac{1}{5}}\right)^5 = \left(\sqrt[5]{2}\right)^5 = 2$$

É claro que apenas alguns exemplos não são suficientes para provar que se pode proceder sempre assim com expoentes racionais. Esses exemplos foram apresentados para indicar que, a partir dessa ideia, foi possível chegar à ampliação de potências, agora com expoente racional da forma $\dfrac{1}{n}$, sendo n um número natural diferente de zero. Assim, temos:

> Dado um número real positivo a e sendo n um número inteiro maior que 1, temos que
> $$a^{\frac{1}{n}} = \sqrt[n]{a^1} = \sqrt[n]{a}$$

Agora vamos considerar outros exemplos com expoentes racionais escritos na forma fracionária em que o numerador é diferente de 1.

Exemplos:

- $5^3 = 5^{2 \cdot \frac{3}{2}} = 5^{\frac{3}{2} + \frac{3}{2}} = 5^{\frac{3}{2}} \cdot 5^{\frac{3}{2}}$

Assim, $5^3 = \left(5^{\frac{3}{2}}\right)^2$ e, portanto, a raiz quadrada aritmética de 5^3 é igual a $5^{\frac{3}{2}}$, ou seja:

$$5^{\frac{3}{2}} = \sqrt[2]{5^3}$$

- $7^2 = 7^{3 \cdot \frac{2}{3}} = 7^{\frac{2}{3} + \frac{2}{3} + \frac{2}{3}} = 7^{\frac{2}{3}} \cdot 7^{\frac{2}{3}} \cdot 7^{\frac{2}{3}}$

Assim, $7^2 = \left(7^{\frac{2}{3}}\right)^3$ e, portanto, a raiz cúbica aritmética de 7^2 é igual a $7^{\frac{2}{3}}$, ou seja:

$$7^{\frac{2}{3}} = \sqrt[3]{7^2}$$

Embora não façamos aqui uma demonstração, os exemplos sugerem a seguinte definição:

> Dados um número real positivo a, um número inteiro m e um número natural n ($n > 1$), chama-se potência de base a e expoente $\dfrac{m}{n}$ a raiz enésima aritmética de a^m. Em símbolos:
> $$a^{\frac{m}{n}} = \sqrt[n]{a^m}$$

Potência de expoente real

Lembrando que a união entre o conjunto dos números racionais e o dos números irracionais resulta no conjunto dos números reais, precisamos agora tratar das potências com expoentes irracionais. Mesmo que tenhamos em mãos uma calculadora, o cálculo com o expoente irracional não é imediato. Veremos aqui apenas uma noção, utilizando para tanto aproximações que podem ser verificadas com a calculadora. Sugerimos que você acompanhe com uma calculadora, conforme o exemplo a seguir.

Exemplo:

Vamos obter aproximações para o resultado da potência $3^{\sqrt{3}}$.

- Como o expoente é um número irracional, utilizamos aproximações racionais para o número $\sqrt{3}$. Essas aproximações nos permitirão chegar também a uma aproximação para a potência $3^{\sqrt{3}}$. Os valores da tabela a seguir foram obtidos por meio de uma calculadora. Fizemos aproximações por falta e aproximações por excesso.

Aproximações por falta		Aproximações por excesso	
$\sqrt{3}$	$3^{\sqrt{3}}$	$\sqrt{3}$	$3^{\sqrt{3}}$
1,700	6,4730078	1,750	6,8385212
1,710	6,5445132	1,745	6,8010597
1,720	6,6168084	1,742	6,7786815
1,725	6,6532549	1,740	6,7638035
1,730	6,6899022	1,735	6,7267514
1,731	6,6972559	1,734	6,7193655
1,732	6,7046176	1,733	6,7118774
1,73205	6,7049859	1,73206	6,7050596
1,732051	6,7049933	1,732059	6,7050522
1,732052	6,7050006	1,732058	6,7050448
1,732053	6,7050080	1,732057	6,7050375
1,732054	**6,7050154**	1,732056	**6,7050301**
...	...	...	...

Observe que, ao realizarmos aproximações racionais dos expoentes para o valor de $\sqrt{3}$, a potência $3^{\sqrt{3}}$ se aproxima do valor 6,705 (utilizando apenas 3 casas decimais).

Temos, assim, a ideia de ampliação de potências com expoentes irracionais. Nessa ampliação, as propriedades apresentadas continuam sendo válidas. Apenas para exemplificar, observe o que acontece quando efetuamos potência de potência com expoentes irracionais.

Exemplo:

Vamos obter o valor de $\left(7^{\sqrt{3}}\right)^{\sqrt{3}}$:

- Utilizando uma aproximação com uma calculadora, temos:

$$\left(7^{\sqrt{3}}\right)^{\sqrt{3}} \cong \left(7^{1,7320508}\right)^{1,7320508}$$

$$\left(7^{\sqrt{3}}\right)^{\sqrt{3}} \cong (7)^{1,7320508 \cdot 1,7320508}$$

$$\left(7^{\sqrt{3}}\right)^{\sqrt{3}} \cong 7^{2,9999999}$$

$$\left(7^{\sqrt{3}}\right)^{\sqrt{3}} \cong 7^3 = 343$$

- Se considerarmos esse resultado e levarmos em conta que as potências com expoente irracional devem gozar também das mesmas propriedades que as potências com expoente inteiro, podemos considerar que:

$\left(7^{\sqrt{3}}\right)^{\sqrt{3}} = 7^{\sqrt{3} \cdot \sqrt{3}}$

$\left(7^{\sqrt{3}}\right)^{\sqrt{3}} = 7^3 = 343$

Chegamos assim às potências com expoentes reais. Nosso interesse nessa retomada é a preparação para o estudo de funções exponenciais.

Observações:

1. Sendo $a = 0$ e x um número real, a^x nem sempre estará definido em $\mathbb{R}$.

Exemplo: 0^{-4} não é definido em $\mathbb{R}$.

2. Sendo $a < 0$ e x um número real, a^x nem sempre estará definido em $\mathbb{R}$.

Exemplo: $(-9)^{\frac{1}{2}} = \sqrt{-9}$ não é definido em $\mathbb{R}$.

Notação científica

Ao estudar os conjuntos numéricos na Unidade 1, conduzimos uma atividade exploratória em planilha eletrônica envolvendo a notação científica. Nela mencionamos o exemplo a seguir.

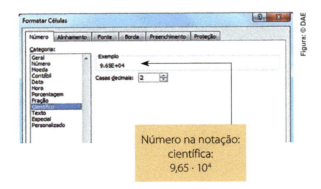

Número na notação científica: $9{,}65 \cdot 10^4$

Agora que já abordamos potenciação de expoentes reais, vamos observar um pouco mais a utilização dessa importante notação quando da representação de números muito grandes ou de números muito pequenos. Nas disciplinas de Física e Química, principalmente, a utilização da notação científica é fundamental.

> Um número escrito na forma $k \cdot 10^x$ está na notação científica se:
> - k é um número real tal que $1 \leq k < 10$.
> - x é um número inteiro.

Exemplo:

A velocidade da luz no vácuo é de aproximadamente 300 000 000 metros por segundo. Na notação científica, temos:

300 000 000 m/s = $3{,}0 \cdot 10^8$ m/s

Lemos: a velocidade da luz no vácuo é "3 vezes 10 elevado a 8 metros por segundo".

Você pode pesquisar nas disciplinas de Física e Química constantes importantes e, em seu caderno, escrevê-las na notação científica.

Exercícios resolvidos

1. Simplifique a expressão $A = 27^3 - (\sqrt{3})^{16}$.

$A = 27^3 - \left(\sqrt{3}\right)^{16} = (3^3)^3 - (3^{\frac{1}{2}})^{16} = 3^9 - 3^8 = 3^8(3-1) = 2 \cdot 3^8$

2. Calcule $\dfrac{2^5 \cdot \left(-\dfrac{1}{4}\right)^2}{3^{-2}}$.

$\dfrac{2^5 \cdot \left(-\dfrac{1}{4}\right)^2}{3^{-2}} = 2^5 \cdot \left(-\dfrac{1}{2^4}\right) \cdot 3^2 = -2 \cdot 3^2 = -18$

3. Simplifique a expressão $E = \dfrac{\left(-\dfrac{2}{3}\right)^3 \cdot \left(-\dfrac{4}{3}\right)^{-2} \cdot \left(-\dfrac{9}{16}\right)^{\frac{1}{2}}}{2 \cdot \left(\dfrac{3}{7}\right)^0 + \left(8^{\frac{1}{3}}\right)^{-1}}$ e escreva o resultado em notação científica.

$E = \dfrac{\left(-\dfrac{2}{3}\right)^3 \cdot \left(-\dfrac{4}{3}\right)^{-2} \cdot \left(\dfrac{9}{16}\right)^{\frac{1}{2}}}{2 \cdot \left(-\dfrac{3}{7}\right)^0 + \left(8^{\frac{1}{3}}\right)^{-1}} = \dfrac{-\dfrac{8}{27} \cdot \dfrac{3^2}{4} \cdot \sqrt{\dfrac{9}{16}}}{2 \cdot 1 + \dfrac{1}{\sqrt[3]{8}}} =$

$= \dfrac{-\dfrac{8}{27} \cdot \dfrac{9}{16} \cdot \dfrac{3}{4}}{2 + \dfrac{1}{2}} = \dfrac{-\dfrac{1}{8}}{\dfrac{5}{2}} = -\dfrac{1}{8} \cdot \dfrac{2}{5} = -\dfrac{1}{20} = -0{,}05 = -5 \cdot 10^{-2}$

4. Calcule o valor de $4{,}25 \cdot 10^{-2} + 2{,}47 \cdot 10 - 179$ e apresente o resultado em notação científica.

$4{,}25 \cdot 10^{-2} + 2{,}47 \cdot 10 - 179 = 0{,}0425 + 24{,}7 - 179 =$
$= -154{,}2575 = -1{,}542575 \cdot 10^2$

Exercícios propostos

1. Compare os valores de A e B indicados a seguir e, após, marque no caderno as afirmativas corretas:

$$A = (-12)^2 \qquad\qquad B = -12^2$$

a) Os dois resultados são iguais.

b) Os dois resultados são diferentes, sendo A menor do que B.

c) Nas duas expressões, -12 está elevado ao quadrado.

d) A expressão A apresenta como resultado 144 e B, -144.

e) A é um número real positivo e B é um número real negativo.

2. Observe a tabela e responda:

$5^5 = 3\,125$
$5^0 \cdot 5^5 = 3\,125$
$5 \cdot 5^4 = 3\,125$
$5^2 \cdot 5^3 = 3\,125$
$5^3 \cdot 5^2 = 3\,125$
$5^5 \cdot 5^0 = 3\,125$

O que podemos notar nos resultados apresentados em cada linha? Por que isso acontece?

3. Observe o que acontece com a divisão e responda:

$7^3 = 343$
$7^3 \div 7^0 = 343$
$7^4 \div 7 = 343$
$7^5 \div 7^2 = 343$
$7^6 \div 7^3 = 343$
$7^7 \div 7^4 = 343$

O que podemos notar nos resultados apresentados em cada linha? Explique por que isso acontece.

4. Calcule o valor de m, sabendo que

$$m = \frac{0,00001 \cdot 1000 \cdot (0,01)^2}{0,001}.$$

5. Qual é o valor de $(0,2)^3 + (0,4^2)^2$?

6. Na notação científica, cada número é representado na forma $a \cdot 10^n$, sendo n um número inteiro e a um número real em módulo, tal que $1 \leqslant |a| < 10$. Represente cada um dos seguintes números na notação científica:

a) 0,0000000042

b) $-2\,381\,000\,000$

c) 0,00000036

d) 321,03

e) 82 000 000 000

f) $-0,000749$

7. Escreva os radicais na forma de potência com expoente fracionário:

a) $\sqrt{7}$

b) $\sqrt[3]{2^2}$

c) $\sqrt[3]{\pi}$

d) $\sqrt[4]{5}$

e) $\sqrt[4]{2^3}$

f) $\sqrt{3^{-1}}$

8. Observe a sequência de potências de base dez representadas na forma fracionária e também na forma decimal:

$$10^{-1} = \frac{1}{10} = 0,1 \qquad 10^{-4} = \frac{1}{10\,000} = 0,0001$$

$$10^{-2} = \frac{1}{100} = 0,01 \qquad 10^{-5} = \frac{1}{100\,000} = 0,00001$$

$$10^{-3} = \frac{1}{1\,000} = 0,001$$

a) É possível estabelecer uma relação entre o expoente e o número de casas decimais na representação decimal do número? E entre o expoente e a quantidade de zeros do denominador da representação fracionária? Explique.

b) Sem fazer os cálculos, represente o número 10^{-12} nas formas fracionária e decimal.

9. Aplicando as propriedades das potências, reduza as expressões a uma só potência.

a) $7^5 \cdot 7^4$

b) $(x^2)^3$

c) $5^{n+1} \cdot 5^{n-2}$

d) $\dfrac{3^7}{3^5}$

10. Utilizando as propriedades de potência de mesma base, simplifique a expressão $\dfrac{7 \cdot 7^{x+1}}{7^x \cdot 7^{x+2}}$.

11. Utilizando as propriedades de potência, calcule:

a) $10^{12} \div 10^{10}$

b) $\dfrac{0,2^{-3}}{0,2^{-6}}$

c) $2^{-2} \cdot 2^{-3}$

d) $\dfrac{10^{-2} \cdot 10^{-3}}{10^{-2}}$

e) $\dfrac{10^{-3} \cdot 10^5}{10 \cdot 10^4}$

12. Determine o valor de $\sqrt{\sqrt[3]{27} + \sqrt{64} - \sqrt[3]{8^2} + \sqrt{4}}$

13. Certo tipo de aplicação rende juros de 1% ao mês. Considere que foram aplicados 15 mil reais e que a fórmula $M = x \, (1,01)^y$ nos dá o valor de M, que representa o total aplicado já corrigido. Sabendo que x representa o valor aplicado e y o período de aplicação em meses, calcule, com o auxílio de uma calculadora, M em:

a) 10 meses.

b) 1 ano e meio.

c) 3 anos.

d) 45 dias.

14. Os números a seguir estão escritos na forma de notação científica. Escreva-os em seu caderno usando a forma de representação usual, sem omitir zeros.

a) $3,4 \cdot 10^{-8}$

b) $1,8 \cdot 10^{-12}$

c) $5,2 \cdot 10^{-7}$

d) $1,9 \cdot 10^{-10}$

e) $7 \cdot 10^{-9}$

f) $5,3 \cdot 10^{11}$

g) $1,37 \cdot 10^9$

h) $4,5 \cdot 10^{-6}$

i) $8 \cdot 10^{-4}$

j) $2,14 \cdot 10^{12}$

15. Observando atentamente, podemos perceber que os números a seguir ainda não estão escritos na forma $a \cdot 10^n$, pois não satisfazem a condição $1 \leqslant |a| < 10$. Reescreva-os de modo que estejam em notação científica. Não se esqueça de que para isso você utilizará as propriedades de potência.

a) $34,2 \cdot 10^6$

b) $-17 \cdot 10^{-8}$

c) $46 \cdot 10^7$

d) $154 \cdot 10^{-9}$

e) $-62 \cdot 10^4$

f) $84 \cdot 10^{-11}$

Potenciação nos reais · Capítulo 13 · 203

TEXTOS DA MATEMÁTICA

A ideia de potência é muito antiga e desde tempos remotos suas aplicações facilitaram a vida humana, auxiliando e tornando possíveis muitas representações matemáticas, solucionando problemas de elevado grau de complexidade.

"...A utilização da palavra '**potência**', no contexto da matemática, é atribuída a **Hipócrates** de Quio (470 a.C.), autor que escreveu o primeiro livro de geometria elementar do qual, provavelmente, os *Elementos de Euclides* recolheram uma importante inspiração. Hipócrates designou o quadrado de um segmento pela palavra *dynamis*, que significa precisamente potência. Existem motivos para se crer que a generalização do uso da palavra potência resulte do fato dos Pitagóricos terem enunciado o resultado da proposição I.47 dos *Elementos de Euclides* sob a forma: "a potência total dos lados de um triângulo retângulo é a mesma que a da hipotenusa". Portanto, o significado original de "potência" era potência de expoente dois, somente passadas algumas décadas se conceberam potências de expoente superior (Ball, 1960)".

Mas foi com **Arquimedes** de Siracusa (287-212 a.C.), o maior matemático da Antiguidade e um dos maiores de todos os tempos, que as potenciações tiveram seus cálculos mais significativos. Arquimedes foi grande tanto na Matemática quanto na Física, e tinha grande habilidade na engenharia e na construção de sofisticados mecanismos.

Arquimedes, no seu livro *O contador de grãos de areia*, pretendia determinar o número de grãos de areia necessários para encher o universo solar, o que para ele consistia numa esfera tendo a Terra como centro e a sua distância ao Sol como raio. Obteve a solução 10^{51} que não podia ser escrita na numeração utilizada na altura (alfabética), uma vez que apenas permitia escrever números até 10 000 (uma miríade).

"... Arquimedes criou então um novo sistema: considerou os números de 1 a 10^8, ou seja, até uma miríade de miríade, que se podiam escrever na numeração grega como sendo de primeira ordem; depois, os números de 10^8 até 10^{16}, como sendo de segunda ordem, em que a unidade é 10^8, e assim, sucessivamente (Boyer, 1989)".

Arquimedes utilizou, então, uma regra equivalente à propriedade da multiplicação de potências com a mesma base: $10^{51} =$
$= 10^3 \cdot 10^8 \cdot 10^8 \cdot 10^8 \cdot 10^8 \cdot 10^8 \cdot 10^8$.

Com seus cálculos, o matemático grego contribuiu para a elaboração da potenciação e formulou algumas leis e propriedades das potências. Assim ele criou uma tabela, em que colocava duas séries de números, como se vê abaixo:

N	1	2	3	4	5	6	7	8	9	10
2^n	2	4	8	16	32	64	128	256	512	1 024

Os números da série de cima (superior) são os expoentes, e os da série de baixo (inferior) são os resultados da potência de 2 elevado ao expoente correspondente. Quando o número de cima é 5, o de baixo é o resultado de 2^5, isto é, 32.

A partir dessa tabela, Arquimedes enunciou a seguinte lei:

- Se queremos multiplicar dois números quaisquer, da série inferior, adicionamos os números correspondentes da série superior e procuramos o número correspondente a esta soma na série inferior.

- Ou seja: para multiplicar o número 4 por 32, por exemplo, basta tomar os expoentes correspondentes (2 e 5), somar (7), e procurar o resultado correspondente (128).

Texto adaptado de: <http://ubmatematica.blogspot.com.br/2015/04/uma-breve-historia-sobre-a-potenciacao-matematica-e-facil.html>. Acesso em: 5 fev. 2016.

BOYER, Carl B. *História da Matemática*. São Paulo: Edgar Blucher, 1996.

OLIVEIRA, H.; PONTE, J. P. *Marcos históricos no desenvolvimento do conceito de potência*. Educação & Matemática, 52, 29-34. (1999).

Em outras tábuas antigas encontraram-se tabelas contendo as potências sucessivas de um dado número. Elas eram utilizadas para resolver certos problemas de astronomia e de operações comerciais.

QUESTÕES

De acordo com o texto, responda:

1. O que o matemático Arquimedes pretendia determinar em seu livro *O contador de grãos de areia*?

2. Onde podemos encontrar uma das primeiras referências à operação de potenciação?

3. Qual lei Arquimedes enunciou a partir da seguinte tabela?

N	1	2	3	4	5	6	7	8	9	10
2^n	2	4	8	16	32	64	128	256	512	1024

204 Unidade 5 Funções exponenciais

CAPÍTULO 14

FUNÇÃO EXPONENCIAL

Observe a ilustração. Na disciplina de Física, essa figura representa a associação de roldanas, chamada talha exponencial. Sua finalidade maior é facilitar o levantamento de pesos.

Qual a força F que devemos aplicar para podermos suspender uma carga, por exemplo, de 1 600 kfg conforme indicada?

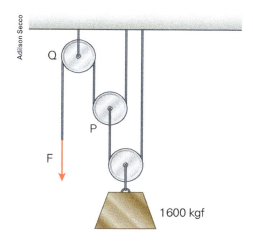

Nesse tipo de aplicação é possível expressar F como uma função de n, sendo n o número de roldanas móveis. Tal função é da forma:

$$F(n) = k \cdot a^n,$$

sendo a e k números reais.

Voltaremos a essa situação. Antes, precisamos definir e compreender o que é uma função exponencial.

Função exponencial

> Denomina-se função exponencial qualquer função $f: \mathbb{R} \to \mathbb{R}_+^*$ dada por uma lei da forma $f(x) = a^x$, em que a é um número real dado, sendo $a > 0$ e $a \neq 1$.

Exemplos:

Conforme a definição acima, são exemplos de funções exponenciais:

- $f(x) = 4^x$
- $f(x) = (0,3)^x$
- $f(x) = \left(\dfrac{1}{5}\right)^x$
- $f(x) = \left(\sqrt{2}\right)^x$

Conforme a definição apresentada, não são exemplos de funções exponenciais:

- $f(x) = 1^x \to$ a base é igual a 1. (Teremos uma função constante.)
- $f(x) = (-0,3)^x \to$ a base é negativa.
- $f(x) = 0^x \to$ a base é igual a zero.

Algumas vezes nos deparamos com funções que precisam ser colocadas na forma $f(x) = a^x$ para melhor caracterizá-las. Isso ocorre principalmente quando precisamos examinar seus comportamentos quanto ao crescimento, ou mesmo esboçar seus gráficos. Assim, por exemplo, considere a função definida por $f(x) = 7^{-x}$. Numa rápida olhada, podemos dizer que a base é 7. Contudo, não temos aí a forma $f(x) = a^x$. Observando as propriedades da potenciação, podemos reescrever essa função da seguinte maneira:

$$f(x) = 7^{-x}$$

$$f(x) = \dfrac{1}{7^x}$$

$$f(x) = \left(\dfrac{1}{7}\right)^x$$

Assim, temos a função exponencial cuja base é $\dfrac{1}{7}$.

> **OBSERVAÇÃO:**
>
> Funções $f: \mathbb{R} \to \mathbb{R}_+^*$ cujas leis de formação apresentam a variável x no expoente de alguma potência com base positiva e diferente de um, por exemplo,
>
> $f(x) = 4 \cdot 3^x$, $f(x) = 7 \cdot \left(\dfrac{1}{5}\right)^x$ e $f(x) = 9 \cdot 7^x - 2$,
>
> serão, em nosso estudo, tratadas como funções exponenciais por causa das semelhanças gráficas que apresentam com as funções exponenciais.

Gráfico de uma função exponencial

O gráfico de uma função exponencial pode ser obtido atribuindo-se valores à variável x e obtendo-se valores em correspondência para a variável y. Observe os dois exemplos a seguir.

Vamos construir o gráfico da função exponencial $f: \mathbb{R} \to \mathbb{R}_+^*$ definida por $y = f(x) = 2^x$.

x	y = 2ˣ
−4	$\frac{1}{16}$
−3	$\frac{1}{8}$
−2	$\frac{1}{4}$
−1	$\frac{1}{2}$
0	1
1	2
2	4
3	8
4	16

Nessa função, a partir da tabela ou do gráfico, é possível constatar que a função é **crescente**, isto é, quanto maior o valor da variável independente x, maior será o valor da variável dependente y.

> **Questões e reflexões**
>
> Considere a função $y = f(x) = 2^x$ esboçada anteriormente e responda:
>
> 1. Para quais valores de x temos $f(x) = 8$? E $f(x) = \frac{1}{8}$?
>
> 2. Existe algum valor de x real tal que $f(x) = 0$? E $f(x) = -1$?

Exemplo:

Vamos construir o gráfico da função exponencial $f: \mathbb{R} \to \mathbb{R}_+^*$ definida por $y = f(x) = \left(\frac{1}{2}\right)^x$

- Conforme tabela a seguir, consideramos alguns valores reais de x e calculamos os correspondentes valores para y. Depois, conforme a tabela, localizamos os pontos correspondentes e esboçamos o gráfico da função.

x	$y = \left(\frac{1}{2}\right)^x$
−4	16
−3	8
−2	4
−1	2
0	1
1	$\frac{1}{2}$
2	$\frac{1}{4}$
3	$\frac{1}{8}$
4	$\frac{1}{16}$

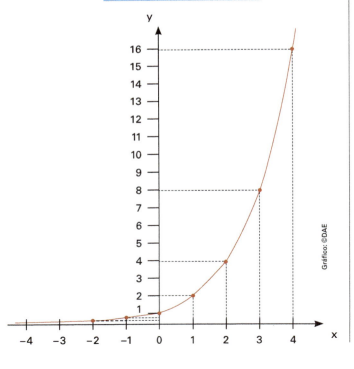

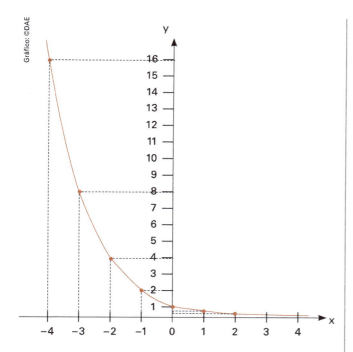

Nessa função, a partir da tabela ou do gráfico, é possível constatar que a função é **decrescente**, isto é, quanto maior o valor da variável independente x, menor será o valor da variável dependente y.

> **Questões e reflexões**
>
> Considere a função $y = f(x) = \left(\dfrac{1}{2}\right)^x$ esboçada anteriormente e responda:
>
> 1. Para quais valores de x temos $f(x) = 16$? e $f(x) = \dfrac{1}{16}$?
> 2. Existe algum valor de x real tal que $f(x) = 0$? e $f(x) = -1$?

Numa função exponencial $f: \mathbb{R} \to \mathbb{R}_+^*$ definida por $y = f(x) = a^x$, com $a > 0$ e $a \neq 1$, temos:

- **Domínio da função**: é o conjunto dos números reais, isto é, $D(f) = \mathbb{R}$
- **Imagem da função**: é o conjunto dos números reais positivos, isto é, $\text{Im}(f) = \mathbb{R}_+^*$
- **Crescimento da função**:
  Para $a > 1$, a função é crescente.
  Para $0 < a < 1$, a função é decrescente.

Além do conhecimento a respeito do gráfico, do domínio, da imagem e do crescimento de uma função exponencial, há uma característica fundamental que também devemos saber. Para explicar essa característica, vamos considerar a função $f(x) = 4^x$ (poderia ser outra função exponencial) atribuindo acréscimos iguais para os valores de x, conforme tabela:

x	y = f(x) = 4^x
0	$y = 4^0 = 1$
3	$y = 4^3 = 4^{0+3} = 4^0 \cdot 4^3$
6	$y = 4^6 = 4^{3+3} = 4^3 \cdot 4^3$
9	$y = 4^9 = 4^{6+3} = 4^6 \cdot 4^3$
12	$y = 4^{12} = 4^{9+3} = 4^9 \cdot 4^3$
15	$y = 4^{15} = 4^{12+3} = 4^{12} \cdot 4^3$
↑ Acréscimos iguais para x.	

Nesse exemplo, os valores de x, considerados em ordem crescente, sofreram acréscimos iguais (cada valor é 3 unidades maior que o imediatamente anterior). Note que os valores de y, em correspondência, também em ordem crescente, foram multiplicados pela mesma constante (cada y é 4^3 vezes o valor imediatamente anterior).

Esse é um resultado válido para as funções exponenciais. Se considerarmos uma função exponencial genérica, definida por $y = f(x) = a^x$, atribuindo-se acréscimos iguais para x (acréscimos de k unidades, por exemplo), constatamos que os valores de y (suas imagens) ficam multiplicadas por a^k. Vejamos:

$f(x_o) = a^{x_o}$
$f(x_o + k) = a^{x_o + k} = a^{x_o} \cdot a^k \to f(x_o + k) = f(x_o) \cdot a^k$
$f(x_o + 2k) = a^{x_o + 2k} = a^{x_o} \cdot a^{2k} \to f(x_o + 2k) = f(x_o) \cdot a^{2k}$
$f(x_o + 3k) = a^{x_o + 3k} = a^{x_o} \cdot a^{3k} \to f(x_o + 3k) = f(x_o) \cdot a^{3k}$
⋮

Equações e inequações exponenciais

Vimos anteriormente que, ao esboçarmos o gráfico de uma função exponencial $f: \mathbb{R} \to \mathbb{R}_+^*$ definida por $f(x) = a^x$, existem duas possibilidades quanto ao crescimento: função crescente ou função decrescente. Note que, se isso ocorre, podemos dizer que valores diferentes da variável independente x possuem imagens diferentes, ou, em outras palavras, cada valor de y na função exponencial é imagem de um só valor de x. Funções que têm essas características são conhecidas como funções injetoras.

> Uma função $f: A \to B$ é injetora quando elementos diferentes em A têm imagens diferentes em B. Em símbolos, sendo x_1 e x_2 elementos de A, então:
> $$x_1 \neq x_2 \Rightarrow f(x_1) \neq f(x_2)$$

Outra maneira de observar que uma função é injetora é dizendo que imagens iguais só ocorre para valores de x iguais.

Observando essa ideia aplicada na função exponencial $f(x) = a^x$, vem que:

$$f(x_1) = f(x_2) \Rightarrow a^{x_1} = a^{x_2} \Rightarrow x_1 = x_2$$

Questões e reflexões

1. A função $f(x) = 3x + 4$ definida no conjunto dos números reais é injetora?
2. E a função $f: \mathbb{R} \to \mathbb{R}$ definida por $f(x) = x^2$ é injetora?

Numa função que não é injetora, constata-se que existem imagens iguais para valores diferentes de x. O gráfico a seguir representa uma função que não é injetora.

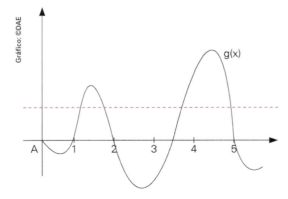

Note que a linha tracejada corta o gráfico de g(x) em 4 pontos distintos. Esses pontos têm a mesma imagem, porém valores diferentes de x.

O fato de dizer que a função exponencial é injetora permite-nos resolver certas equações exponenciais conforme exemplificamos a seguir.

1. Vamos resolver a seguinte equação exponencial: $4^{3x-1} = 512$

- Transformamos a equação apresentada numa igualdade contendo potências de mesma base nos dois membros. No caso, podemos expressar na base 2:

$$4^{3x-1} = 512$$
$$\left(2^2\right)^{3x-1} = 2^9$$
$$2^{6x-2} = 2^9$$
$$6x - 2 = 9$$
$$6x = 11 \Rightarrow x = \frac{11}{6}$$

Portanto, $S = \left\{\dfrac{11}{6}\right\}$

2. Vamos resolver a seguinte equação exponencial: $3^{2x} - 4 \cdot 3^x + 3 = 0$

- Observando que $3^{2x} = \left(3^x\right)^2$, a equação exponencial dada poderá ser resolvida por meio da resolução de uma equação do 2º grau, fazendo uma troca de incógnitas:

$$3^{2x} - 4 \cdot 3^x + 3 = 0$$
$$3^x = y$$
$$y^2 - 4y + 3 = 0 \Rightarrow \begin{cases} y = 3 \\ y = 1 \end{cases}$$

- Desfazendo a troca de incógnitas, vem:

$3^x = 3 \Rightarrow 3^x = 3^1 \Rightarrow x = 1$

ou

$3^x = 1 \Rightarrow 3^x = 3^0 \Rightarrow x = 0$

Portanto, S = {1, 0}

Ao esboçarmos o gráfico de uma função exponencial $f: \mathbb{R} \to \mathbb{R}_+^*$ definida por $f(x) = a^x$ ($a > 0$ e $a \neq 1$), vimos que existem duas possibilidades quanto ao crescimento:

$a > 1 \to$ função crescente.

$0 < a < 1 \to$ função decrescente.

Vamos observar melhor isso considerando as duas possibilidades graficamente.

- **$a > 1$**

Pelo gráfico, podemos dizer que: quanto maior o valor de y, maior o valor de x (ou, de forma equivalente, quanto menor o valor de y menor o valor de x). Em símbolos: $a^{x_1} < a^{x_2} \Rightarrow x_1 < x_2$

(O sentido da desigualdade se mantém.)

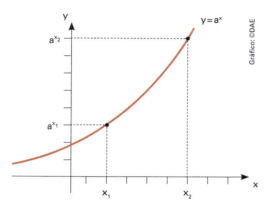

- **$0 < a < 1$**

Pelo gráfico, podemos dizer que: quanto maior o valor de y, menor o valor de x (ou, de forma equivalente, quanto menor o valor de y maior o valor de x). Em símbolos:

$a^{x_1} > a^{x_2} \Rightarrow x_1 < x_2$

(O sentido da desigualdade se inverte.)

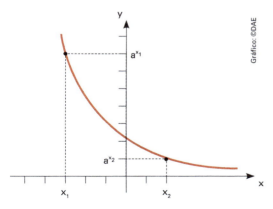

A partir dessas duas observações podemos resolver certas inequações exponenciais, como exemplificado a seguir.

1. Vamos determinar todos os valores de x para os quais a função f definida por $f(x) = 4^x$ tem imagem inferior a 128.

- Como a imagem deve ser menor que 128, escrevemos:

$4^x < 128$

$\left(2^2\right)^x < 2^7$

$2^{2x} < 2^7$

(Base maior que 1.)

$2x < 7$

$x < \dfrac{7}{2}$

Portanto, $S = \left\{ x \in \mathbb{R} \,/\, x < \dfrac{7}{2} \right\}$

2. Vamos resolver a seguinte inequação exponencial: $\left(\dfrac{1}{2}\right)^{x^2 - 4x} \leq \dfrac{1}{32}$

- Deixando bases iguais nos dois membros da desigualdade, temos:

$\left(\dfrac{1}{2}\right)^{x^2 - 4x} \leq \left(\dfrac{1}{2}\right)^5$

(Base entre 0 e 1.)

$x^2 - 4x \geq 5$

$x^2 - 4x - 5 \geq 0$

- Como resultou numa inequação do 2º grau, localizamos as raízes 5 e −1 no eixo das abscissas e estudamos o sinal resultante, destacando os valores que tornam o resultado positivo ou igual a zero.

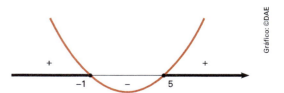

Portanto, $S = \{ x \in \mathbb{R} \,/\, x \leq -1 \text{ ou } x \geq 5 \}$.

Exercícios resolvidos

1. Considere a função exponencial $f(x)=\left(m-\dfrac{5}{2}\right)^x$, sendo m um número real. Para quais valores de m a função f é crescente? E decrescente?

Para que f seja crescente, temos que ter
$m-\dfrac{5}{2}>1 \Rightarrow m\dfrac{7}{2}$, com $m \in \mathbb{R}$.

Para que f seja decrescente, temos que ter
$0<m-\dfrac{5}{2}<1$; somando $\dfrac{5}{2}$ às três partes da inequação,
temos: $\dfrac{5}{2}<m<\dfrac{7}{2}$, com $m \in \mathbb{R}$.

2. Determine o conjunto solução das equações exponenciais:

a) $3 \cdot 27^{2x} = \dfrac{9^x}{81^{-2x}}$

b) $4^y - 17 \cdot 2^y = -16$

a) $3 \cdot 27^{2x} = \dfrac{9^x}{81^{-2x}} \Rightarrow 3 \cdot (3^3)^{2x} = \dfrac{(3^2)^x}{(3^4)^{-2x}} \Rightarrow$

$\Rightarrow 3 \cdot 3^{6x} = \dfrac{3^{2x}}{3^{-8x}} \Rightarrow 3^{6x+1} = 3^{2x-(-8x)} \Rightarrow$

$\Rightarrow 6x+1 = 10x \Rightarrow 4x=1 \Rightarrow x=\dfrac{1}{4}$

$S = \left\{\dfrac{1}{4}\right\}$

b) $4^y - 17 \cdot 2^y = -16 \Rightarrow (2^2)^y - 17 \cdot 2^y + 16 = 0 \Rightarrow$
$\Rightarrow (2^y)^2 - 17 \cdot 2^y + 16 = 0$

Chamando 2^y de k, temos:

$k^2 - 17k + 16 = 0 \quad k = 1$ ou $k = 16$

Como $2^y = k$, temos:

$k = 1 \Rightarrow 2^y = 1 \Rightarrow 2^y = 2^0 \Rightarrow y = 0$

$k = 16 \Rightarrow 2^y = 16 \Rightarrow 2^y = 2^4 \Rightarrow y = 4$

Assim, $S = \{0; 4\}$

3. Resolva, em $\mathbb{R}$, a inequação $\left(\dfrac{1}{4}\right)^{x^2} < 16^{-x-4}$.

$\left(\dfrac{1}{4}\right)^{x^2} < 16^{-2x-4} \Rightarrow (2^{-2})^{x^2} < (-4)^{-x-4} \Rightarrow$

$\Rightarrow 2^{-2x^2} < 2^{-4x-16} \Rightarrow -2x^2 < -4x - 16 \Rightarrow$

$\Rightarrow -2x^2 + 4x + 16 < 0 \Rightarrow -x^2 + 2x + 8 < 0$

As soluções da equação $-x^2 + 2x + 8 = 0$ são -2 e 4.

Fazendo a análise de sinal de $y = -x^2 + 2x + 8$:

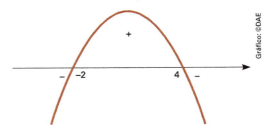

Como queremos $y < 0$, então $S = \{x \in \mathbb{R} / x < -2$ ou $x > 4\}$.

Exercícios propostos

1. Considere a função $f: \mathbb{R} \to \mathbb{R}$ definida por $f(x) = 6^x$. Responda:

a) Essa função é crescente ou decrescente?

b) É correto afirmar que $f(2) \cdot f(3) = f(5)$?

c) Qual o valor de $f(-4) \cdot f(4)$?

2. Agora considere a função $f: \mathbb{R} \to \mathbb{R}$, definida por $f(x)=\left(\dfrac{1}{5}\right)^x$. Responda:

a) Essa função é crescente?

b) Qual o maior valor: $f(3)$ ou $f(-3)$?

c) É correto afirmar que $f(-3) \cdot f(3) = 1$?

3. Na função exponencial definida no conjunto dos números reais por $f(x) = 10^x$, construa a sequência correspondente aos valores de $f(-4); f(-2); f(0); f(2); f(4)$. Depois, responda:

a) Há um padrão numérico para a sequência formada pelos valores de x. Qual é esse padrão?

b) Qual o padrão numérico formado pelos correspondentes valores de $f(-4); f(-2); f(0); f(2); f(4)$?

4. Em uma folha quadriculada, construa um esboço dos gráficos das seguintes funções reais: $f(x) = 2^x + 1$ e $g(x) = 2^x + 2$. Depois, indique o conjunto imagem de cada uma dessas funções.

5. Construa, numa folha quadriculada, o gráfico da função $f: \mathbb{R} \to \mathbb{R}$ definida por $f(x)=\left(\dfrac{1}{3}\right)^x$. Depois, responda:

a) Essa função é crescente ou decrescente?

b) Qual o conjunto imagem dessa função?

c) Qual o resultado de $f(\sqrt{2}) \cdot f(-\sqrt{2})$?

6. Considere a função exponencial definida no conjunto dos números reais por $f(x) = 7^x$.

a) Escreva como potência de base 7 os valores correspondentes a $f(1)$; $f(4)$; $f(7)$; $f(10)$; $f(13)$; $f(16)$.

b) Escreva também os seguintes quocientes como potência de base 7:

$$\frac{f(4)}{f(1)};\ \frac{f(7)}{f(4)};\ \frac{f(10)}{f(7)};\ \frac{f(13)}{f(10)};\ \frac{f(16)}{f(13)}$$

7. Na função exponencial definida no conjunto dos números reais por $f(x) = 5^x$, se $f(a) = k$, expresse em função de k o valor de $f(a + 3)$.

8. Seja a função $f: \mathbb{R} \to \mathbb{R}$ definida por $f(x) = 2^x$. Se k é um número real positivo, verifique a validade da sentença $f(k + 1) - f(k) = f(k)$.

9. O gráfico a seguir é de uma função da forma $y = f(x) = a \cdot b^x$. Considerando que os pontos $(0; 2)$ e $(1; 6)$ pertencem ao gráfico, determine:

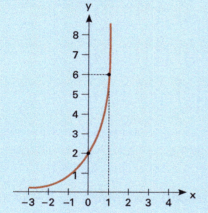

a) os valores de a e b.

b) o valor de $f(-2)$.

c) em função de k, o valor de $f(k + 1) - f(k)$.

10. Indique, em seu caderno, quais afirmações são verdadeiras e quais são falsas.

I) Se $2^x = 16$, então $x = 4$.

II) Se $4^x = 16$, então $x = 4$.

III) Se $3^x = 81$, então $x = 4$.

IV) Se $\left(\dfrac{1}{2}\right)^x = 16$, então $x = 4$.

V) Se $\left(\dfrac{1}{2}\right)^x = \dfrac{1}{32}$, então $x = 5$.

VI) Se $\left(\dfrac{1}{2}\right)^x = \dfrac{1}{32}$, então $x = -5$.

11. Determine o conjunto solução de cada equação exponencial a seguir:

a) $2^{y+3} - 62 = 2^{y-2}$

b) $5^{y+1} + 5^{y-2} = 126$

c) $3^{x-1} + 3^x + 3^{x+1} = 13$

d) $7^{x-1} + 7^{x-2} = 8$

12. Sem resolver, indique se as equações exponenciais apresentam ou não soluções no conjunto dos números reais. Justifique.

a) $2^x = -8$

b) $4^x = 0$

13. Observando que $a^{2x} = (a^x)^2$ para $a > 0$ e $a \neq 1$, resolva cada uma das equações exponenciais a seguir.

a) $2^{2x} - 9 \cdot 2^x + 8 = 0$

b) $5^{2y} - 625 \cdot 5^y = 0$

c) $3^{2x} - 6 \cdot 3^x = 27$

d) $4^m = 3 \cdot 2^m - 2$

e) $9^x - 12 \cdot 3^x + 27 = 0$

f) $25^m + 125 = 30 \cdot 5^m$

14. Considere as seguintes afirmações sobre funções exponenciais definidas no conjunto dos números reais por $y = f(x) = a^x$:

Afirmação 1: Quanto maior o valor da variável x, maior será o valor de y.

Afirmação 2: Quanto maior o valor da variável x, menor será o valor de y.

Afirmação 3: Quanto menor o valor da variável x, menor será o valor de y.

Afirmação 4: Quanto menor o valor da variável x, maior será o valor de y.

Responda:

Qual das afirmações corresponde a uma função crescente? E a uma função decrescente?

15. Analise as afirmações sobre inequações exponenciais:

I) $2^x > 2^3 \Rightarrow x > 3$

II) $3^x < 3^3 \Rightarrow x > 3$

III) $5^x < 5 \Rightarrow x < 1$

IV) $\left(\dfrac{1}{2}\right)^x > \dfrac{1}{4} \Rightarrow x < 2$

V) $\left(\dfrac{1}{3}\right)^x > \left(\dfrac{1}{3}\right)^4 \Rightarrow x < 4$

Indique quais são as verdadeiras e quais as falsas.

16. Determine todos valores reais de x para os quais as desigualdades a seguir são verdadeiras.

a) $(5)^{x-2} \geq 1$

b) $\dfrac{1}{3}^{2x-3} \geq \dfrac{1}{81}$

c) $(0,8)^{4x^2-x} > (0,8)^{3x+3}$

d) $a^{x^2-4x} > a^{-3}\ (a>1)$

e) $a^{x^2-4x} > a^{-3}\ (0<a<1)$

Aplicações relacionadas a funções exponenciais

O gráfico de uma função exponencial, quando a base é maior que 1, tem um crescimento acentuado. O interesse maior de abordarmos esse estudo é a possibilidade de interpretar melhor certos fenômenos nos quais os comportamentos das variáveis envolvidas podem ser descritos, pelo menos de forma aproximada, por funções exponenciais. Além das aplicações em Física, Química e Biologia, as funções exponenciais também aparecem dentro da própria Matemática, especificamente, em Matemática Financeira e também no comportamento de sequências numéricas.

Apresentamos, a seguir, algumas situações que representam aplicações de funções exponenciais. É importante que você analise cada uma dessas aplicações e discuta com seus colegas.

1ª situação – As roldanas

No desenho ao lado, estão representadas duas roldanas móveis e uma roldana fixa (situação apresentada no início do capítulo). Para levantar o peso de 1 600 kgf, deve-se aplicar uma força F que dependerá do número n de roldanas móveis, conforme a seguinte lei de formação:

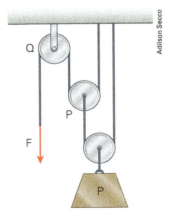

$$F(n) = P \cdot \left(\frac{1}{2}\right)^n$$

- Como sabemos o número de roldanas móveis e também o peso, então podemos calcular o valor da força F necessária:

$$F(2) = 1\,600 \cdot \left(\frac{1}{2}\right)^2$$

$$F(2) = 1\,600 \cdot \frac{1}{4}$$

$$F(2) = 400$$

Portanto, seria necessário aplicar uma força de 400 kgf para levantar o peso de 1 600 kgf.

Ainda sobre essa mesma situação, poderíamos fazer a seguinte pergunta: Quantas roldanas móveis seriam necessárias para levantar os mesmos 1 600 kgf com uma força de apenas 50 kgf?

- Como sabemos agora qual é a força que deve ser aplicada, precisamos calcular o número n de roldanas móveis. Assim, recaímos numa equação exponencial:

$$F(n) = P \cdot \left(\frac{1}{2}\right)^n$$

$$50 = 1\,600 \cdot \left(\frac{1}{2}\right)^n$$

$$\frac{50}{1\,600} = \left(\frac{1}{2}\right)^n$$

$$\frac{1}{32} = \left(\frac{1}{2}\right)^n$$

$$\left(\frac{1}{2}\right)^5 = \left(\frac{1}{2}\right)^n \quad n = 5$$

Portanto, serão necessárias 5 roldanas móveis, na situação apresentada, para levantar um peso de 1 600 kgf com uma força de 50 kgf.

2ª situação – Número de bactérias

Na Biologia existe o interesse de se estudar o número de bactérias de determinada cultura. Sabe-se que o crescimento das bactérias é, geralmente, descrito por meio de uma função que contém a variável tempo no expoente.

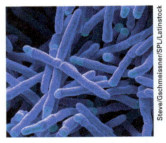

Colônia de bactérias smegmatis, ampliada 13 000 vezes.
Ilustração sem escala; cores-fantasia.

Considere que, num laboratório, um biólogo constate que o número N de bactérias de uma cultura, t horas após o início de um experimento, possa ser descrito por meio da função

$$N(t) = 1\,200 \cdot 2^{0,4 \cdot t}$$

Algumas perguntas poderiam aqui ser feitas para compreender o crescimento desse número de bactérias:

a) Qual o número de bactérias existente quando o experimento iniciou?

b) Após 5 horas do início desse experimento, se nada for feito, qual o número total de bactérias existente?

c) Mantendo-se as mesmas condições, em quanto tempo, após o início do experimento, o número de bactérias será 19 200?

- Para saber a quantidade inicial de bactérias, basta substituir na função a variável *t* por zero:

N(0) = 1 200 · $2^{0,4 \cdot 0}$

N(0) = 1 200 · 2^0 ⟹ N(0) = 1 200

A quantidade inicial de bactérias é 1 200.

- Substituindo a variável *t* por 5, vem:

N(5) = 1 200 · $2^{0,4 \cdot 5}$

N(5) = 1 200 · 2^2 ⟹ N(5) = 4 800

A quantidade de bactérias, após 5 horas do início do estudo, é 4 800.

- Substituindo o número de bactérias por 19 200, recaímos numa equação exponencial:

$19\,200 = 1\,200 \cdot 2^{0,4 \cdot t}$

$\dfrac{19\,200}{1\,200} = 2^{0,4 \cdot t}$

$16 = 2^{0,4 \cdot t}$

$2^4 = 2^{0,4 \cdot t}$

$4 = \dfrac{4}{10} \cdot t \quad t = 10$

Em 10 horas, a quantidade de bactérias será igual a 19 200.

3ª situação – Radioatividade

Na Química, há uma importante aplicação relacionada à função exponencial: a radioatividade. É comum se falar, por exemplo, em tempo de meia-vida de uma substância radioativa, isto é, o tempo necessário para que a metade da quantidade de material radioativo

se desintegre. Sabe-se que esse tempo é constante para cada radioisótopo (um isótopo radioativo). Vejamos um exemplo:

(Unicamp-SP) O decaimento radioativo do estrôncio 90 é descrito pela função P(t) = $P_0 \cdot 2^{-b \cdot t}$, em que *t* é um instante de tempo, medido em anos, *b* é uma constante real e P_0 é a concentração inicial de estrôncio 90, ou seja, a concentração no instante *t* = 0. Se a concentração de estrôncio 90 cai pela metade em 29 anos, isto é, se a meia-vida do estrôncio 90 é de 29 anos, determine o valor da constante *b*.

- Conhecemos o tempo de meia-vida *t* = 29. Substituindo na lei de formação da função e considerando que a quantidade de substância será a metade da inicial, temos:

$P(29) = P_0 \cdot 2^{-b \cdot 29}$

$\dfrac{P_0}{2} = P_0 \cdot 2^{-b \cdot 29}$

$2^{-1} = 2^{-b \cdot 29}$

$-1 = -29b \quad b = \dfrac{1}{29}$

Assim, determinamos o valor da constante *b*.

Note que podemos chegar ao valor de *b* observando se o tempo de meia-vida é igual a 29 anos, então a função que fornece a quantidade de substância em função do tempo deverá ser:

$P(t) = P_0 \cdot \left(\dfrac{1}{2}\right)^{\frac{t}{29}}$ (Substituindo *t* por 29, obtemos $\dfrac{1}{2} \cdot P_0$.)

Reescrevendo essa função, temos:

$P(t) = P_0 \cdot \left(2^{-1}\right)^{\frac{t}{29}}$

$P(t) = P_0 \cdot 2^{-\frac{t}{29}}$

$P(t) = P_0 \cdot 2^{-\frac{1}{29} \cdot t} \quad b = \dfrac{1}{29}$

Você poderá pesquisar nas disciplinas de Física, Química e Biologia aplicações de funções exponenciais. Anote-as em seu caderno e apresente-as aos colegas.

Exercícios resolvidos

1. A espessura de uma folha é de 0,08 mm. Ao dobrar essa folha, a medida M das folhas juntas passa a ser 0,16 mm. Ao dobrar novamente, a medida M das folhas juntas passa a ser 0,32 mm.

   a) Qual será a espessura M das folhas juntas após a terceira dobra?

   b) Qual será a espessura M das folhas juntas após a quarta dobra?

   c) Suponha que seja possível dobrar essa folha indefinidamente. Dessa forma, qual a expressão que relaciona a espessura M das folhas juntas após a n-ésima dobra?

   a) Como a medida M vai dobrando a cada dobra das folhas, temos, após a terceira dobra, $M = 0,32 \cdot 2 = 0,64$ mm.

   b) Após a quarta dobra, temos $M = 0,64 \cdot 2 = 1,28$ mm.

   c) Observe a tabela:

M (medida das folhas juntas em mm)	n (número de dobras)
0,08	0
$0,16 = 0,08 \cdot 2$	1
$0,32 = 0,16 \cdot 2 = (0,08 \cdot 2) \cdot 2 = 0,08 \cdot 2^2$	2
$0,64 = 0,32 \cdot 2 = (0,08 \cdot 2^2) \cdot 2 = 0,08 \cdot 2^3$	3
...	...
$M = 0,08 \cdot 2^n$	n

Assim, $M(n) = 0,08 \cdot 2^n$, com M em milímetros.

2. Após a aplicação de um inseticida em uma lavoura, a quantidade de pragas diminui segundo a expressão $N(t) = N_0 \cdot 2^{kt}$, em que N_0 representa a quantidade inicial de pragas na lavoura, N(t) a quantidade de pragas na lavoura após t horas, e k uma constante real. Sabe-se que metade da população inicial de pragas é dizimada logo após a quarta hora. Após 20 horas da aplicação do inseticida, qual a porcentagem de pragas ainda existentes na lavoura?

Como logo após a quarta hora a população inicial de pragas se reduz à metade, temos:

$$N(4) = \frac{N_0}{2} \qquad N_0 \cdot 2^{k \cdot 4} = \frac{N_0}{2} \qquad 2^{4k} = 2^{-1}$$

$$4k = -1 \qquad k = -\frac{1}{4}$$

Assim a expressão fica $N(t) = N_0 \cdot 2^{-\frac{t}{4}}$

Após 20 horas, temos:

$$N(20) = N_0 \cdot 2^{-\frac{20}{4}} = N_0 \cdot 2^{-5} = \frac{N_0}{32} = 0,03125 \cdot N_0$$

Logo, após 20 h da aplicação do inseticida, há 3,125% da quantidade inicial de pragas na lavoura.

3. O crescimento de uma cultura de bactérias obedece à relação $N(t) = N_0 \cdot 2^{\frac{t}{3}}$, em que N representa o número de bactérias no instante t, medido em horas. Sabendo que inicialmente havia 300 bactérias, determine o número de bactérias depois de 12 horas.

Temos N = 300 para $t = 0$. Assim:

$$N(0) = N_0 \cdot 2^{\frac{0}{3}} = 300 \qquad N_0 = 300$$

Depois de 12 horas, temos:

$$N(12) = 300 \cdot 2^{\frac{12}{3}} = 300 \cdot 2^4 = 4\,800 \qquad 4\,800 \text{ bactérias}$$

4. O tempo de meia-vida de uma substância radioativa é de 9 h.

   a) Escreva uma expressão que represente a quantidade dessa substância em função da quantidade inicial e do tempo.

   b) Se uma amostra dessa substância tem inicialmente 640 g, quantos gramas restarão após 36 horas?

   a) Observe a tabela:

Q (quantidade da substância)	t (tempo em horas)
Q_0	$0 = 0 \cdot 9$
$Q_0 \cdot \frac{1}{2}$	$9 = 1 \cdot 9$
$Q_0 \cdot \frac{1}{2} \cdot \frac{1}{2} = Q_0 \cdot \left(\frac{1}{2}\right)^2$	$18 = 2 \cdot 9$
$Q_0 \cdot \left(\frac{1}{2}\right)^2 \cdot \frac{1}{2} = Q_0 \cdot \left(\frac{1}{2}\right)^3$	$27 = 3 \cdot 9$
...	...
$Q_0 \cdot \left(\frac{1}{2}\right)^n$	$t = n \cdot 9$

Como $n = \frac{t}{9}$, temos:

$$Q(t) = Q_0 \cdot \left(\frac{1}{2}\right)^{\frac{t}{9}}$$

   b) Pela relação encontrada anteriormente, temos:

$$Q(36) = 640 \cdot \left(\frac{1}{2}\right)^{\frac{36}{9}} = 640 \cdot \frac{1}{16} = 40 \qquad 40\,g$$

5. A produção anual de cadeiras numa fábrica aumenta 10% em relação ao ano anterior. No 1º ano de funcionamento, essa fábrica teve uma produção de 10 000 cadeiras.

Unidade 5 Funções exponenciais

a) Escreva uma expressão que representa a produção anual dessa fábrica em função do tempo t, em anos.

b) Qual será a produção anual dessa fábrica ao final de seu 5º ano de funcionamento?

a) Observe a tabela:

P (produção anual)	t (tempo de funcionamento da fábrica, em anos)
$10\,000 \cdot 1,1^0$	$1 = 0 + 1$
$10\,000 \cdot 1,1^1$	$2 = 1 + 1$
$10\,000 \cdot 1,1^2$	$3 = 2 + 1$
$10\,000 \cdot 1,1^3$	$4 = 3 + 1$
...	...
$10\,000 \cdot 1,1^n$	$t = n + 1$

Como $n = t - 1$, temos:

$P(t) = 10\,000 \cdot 1,1^{t-1}$.

b) Temos:

$P(5) = 10\,000 \cdot 1.1^{5-1} = 14\,641 \Rightarrow 14\,641$ cadeiras.

6. Considere que a função $N(t) = 640 \cdot (1 - 2^{-0,5 \cdot t})$ modela o número de unidades N fabricadas por dia de um detereminado funcionário, após t dias do início do processo de fabricação. Para um determinado valor de t sabe-se que o número de peças fabricadas foi 635. Determine o valor de t.

Resolução:

• Na lei de formação desta função substituímos N por 635. Assim, temos:

$N(t) = 640 \cdot (1 - 2^{-0,5 \cdot t})$

$635 = 640 \cdot (1 - 2^{-0,5 \cdot t})$

$635 = 640 - 640 \cdot 2^{-0,5 \cdot t}$

$640 \cdot 2^{0,5 \cdot t} = 5$

$2^{-0,5 \cdot t} = \dfrac{5}{640}$

$2^{-0,5 \cdot t} = \dfrac{1}{128}$

$2^{-0,5 \cdot t} = 2^{-7}$

$0,5\, t = 7 \Rightarrow t = 14$

Exercícios propostos

1. Numa cultura de bactérias existem, inicialmente, 20 000 bactérias presentes e a quantidade N, após t minutos, é dada pela função $N(t) = 20\,000 \cdot 3^{0,6t}$. Então:

a) qual a quantidade de bactérias nessa cultura após 10 minutos?

b) em quanto tempo o número de bactérias é o triplo da quantidade inicial?

2. Considere que determinada substância radioativa não desintegrada $Q(t)$ seja, aproximadamente, dada pela relação $Q(t) = Q(0) \cdot 2^{-0,5t}$ sendo t o tempo em minutos e $Q(0) = 2000$ a quantidade inicial dessa substância.

a) Obtenha a quantidade de substância radioativa não desintegrada após 10 minutos.

b) Em quanto tempo a quantidade de substância não desintegrada é igual a $\dfrac{1}{64}$ da quantidade inicial?

Função exponencial   Capítulo 14   215

3. Pela função exponencial definida por $f(n) = 10000 \cdot (1,10)^n$, sendo n um número natural que representa quantidade de meses, podemos calcular, a cada mês, a partir de $n = 0$, o valor f de uma dívida em reais com um acréscimo de 10% ao mês.

a) Qual o valor inicial da dívida?

b) Qual o valor da dívida após 1 mês?

c) Qual o valor da dívida após 2 meses?

d) Qual o valor da dívida após 10 meses? (Utilize uma calculadora.)

4. Leia atentamente o texto:

A pressão que a camada de ar exerce sobre um corpo é de 1 atm (atmosfera) ao nível do mar. Sabe-se que, a cada 1 quilômetro acima do nível do mar, essa pressão cai aproximadamente 10%. Fazendo uma tabela, temos:

Altitude (km)	Pressão (em atm)
0	1
1	0,9
2	0,81
3	0,73
4	0,66

a) Determine a pressão atmosférica a 5 km de altitude.

b) Determine a pressão atmosférica a 6 km de altitude.

c) Obtenha a lei de formação da função que fornece a pressão P em função da altitude h.

5. O valor de um carro zero quilômetro é R$ 50.000,00. Suponha que a cada ano ele sofra uma desvalorização de 15% sobre o valor do ano anterior. Assim:

a) qual o valor do carro após 1 ano de uso?

b) depois de 2 anos, qual será o valor do carro?

6. Considere a função $f(n) = 50000 \cdot (0,85)^n$, sendo n um número natural.

a) Calcule $f(0)$, $f(1)$, $f(2)$.

b) Essa função é crescente ou decrescente?

c) O valor de $f(1)$ corresponde a quanto por cento do valor de $f(0)$?

d) O valor de $f(2)$ corresponde a quanto por cento do valor de $f(1)$?

e) Comparando essa atividade com a anterior, o que você conclui?

7. O valor de uma grande área no centro de uma capital brasileira aumenta aproximadamente 2% ao ano. Sendo n a quantidade de anos, V_0 o valor atual desse imóvel, obtenha a função que representa o valor V dessa área daqui a n anos.

Unidade 5   Funções exponenciais

8. O número de bactérias em um meio duplica de hora em hora. Considerando que inicialmente existem 8 bactérias, determine:

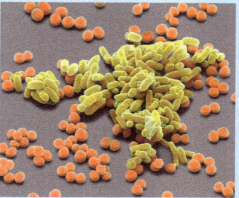

Ilustração sem escala; cores-fantasia.

a) o número de bactérias ao final de 2 horas.

b) o número de bactérias ao final de 6 horas.

c) o número de bactérias ao final de *t* horas.

9. Elabore um problema como o da atividade 3 sobre uma dívida que tenha um acréscimo, por conta de juros compostos, de 3% ao mês.

10. (Uerj) Um imóvel perde 36% do valor de venda a cada dois anos. O valor V(t) desse imóvel em *t* anos pode ser obtido por meio da fórmula a seguir, na qual V_0 corresponde ao seu valor atual.

$$V_{(t)} = V_0 \cdot (0,64)^{\frac{t}{2}}$$

Admitindo que o valor de venda atual do imóvel seja igual a 50 mil reais, calcule seu valor de venda daqui a três anos.

11. (UFMG) Pretende-se diluir 800 ml de ácido contidos em um recipiente. Para tanto, inicialmente, substituem-se *a* ml do ácido por *a* ml de água. Essa nova solução é homogeneizada e, com ela, repete-se o mesmo procedimento, usando-se o mesmo volume *a*. Esse procedimento é repetido certo número de vezes, até se conseguir a diluição desejada.

a) Considerando que o procedimento é repetido cinco vezes e que, na solução final obtida, restam 25 ml de ácido, determine a quantidade da solução *a* que foi substituída por água em cada uma das cinco etapas.

b) Considerando essa solução com 25 ml de ácido, determine quanto se deve substituir dela por água pura para se obter uma nova solução com 20 ml de ácido.

12. (UFPR) Um grupo de cientistas decidiu utilizar o seguinte modelo logístico, bastante conhecido por matemáticos e biólogos, para estimar o número de pássaros, P(t), de determinada espécie numa área de proteção ambiental: $P(t) = \dfrac{500}{1 + 2^{2-t}}$, sendo *t* o tempo em anos e *t* = 0 o momento em que o estudo foi iniciado.

a) Em quanto tempo a população chegará a 400 indivíduos?

b) À medida que o tempo *t* aumenta, o número de pássaros dessa espécie se aproxima de qual valor? Justifique sua resposta.

13. (UFPE) Em uma aula de Biologia, os alunos devem observar uma cultura de bactérias por um intervalo de tempo e informar o quociente entre a população final e a população inicial. Antônio observa a cultura de bactérias por 10 minutos e informa um valor Q. Iniciando a observação no mesmo instante que Antônio, Beatriz deve dar sua informação após 1 hora, mas, sabendo que a população de bactérias obedece à equação $P(t) = P_0 \cdot e^{kt}$, Beatriz deduz que encontrará uma potência do valor informado por Antônio. Qual é o expoente dessa potência?

Função exponencial   Capítulo 14

CAPÍTULO 15

LOGARITMOS

Logaritmos

Após o estudo de funções exponenciais, precisamos desenvolver outra noção também importante: a noção de logaritmo. A partir dela, estudaremos, no próximo capítulo, funções logarítmicas. Inicialmente, vamos compreender o que é logaritmo.

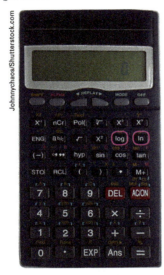

Logaritmo é uma palavra grega: *logos* + *arithmos*.

Logos significa razão e *arithmos*, número.

Ao observar atentamente uma calculadora, você encontra duas teclas relacionadas a logaritmo, como ilustrado acima. Uma dessas teclas, conforme veremos ainda neste capítulo, refere-se ao chamado "logaritmo na base dez" (tecla: log). Veremos que apertar essa tecla é o mesmo que calcular o logaritmo na base 10 do número que estava antes no visor. Além disso, esse número nada mais é do que um expoente.

Para compreendermos inicialmente isso, vamos considerar no plano cartesiano um esboço do gráfico da função exponencial de base 10, ou seja, $f(x) = 10^x$.

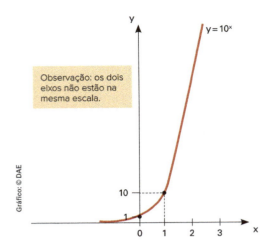

Observação: os dois eixos não estão na mesma escala.

Embora tenhamos apenas um esboço, esse gráfico indica que, para cada número real positivo no eixo y, podemos associar outro valor x tal que

$$y = 10^x$$

Mas como poderemos determinar o valor de x, dado o valor de y? Se tivermos potências de 10 para y, os valores de x serão evidentes, conforme a seguir:

$\vdots$

$0{,}000001 = 10^{-6}$ $1 = 10^0$

$0{,}00001 = 10^{-5}$ $10 = 10^1$

$0{,}0001 = 10^{-4}$ $100 = 10^2$

$0{,}001 = 10^{-3}$ $1\,000 = 10^3$

$0{,}01 = 10^{-2}$ $10\,000 = 10^4$

$0{,}1 = 10^{-1}$ $100\,000 = 10^5$

               $1\,000\,000 = 10^6$

$\vdots$

E se precisarmos calcular os valores de x para os valores de y, por exemplo, inteiros entre duas potências sucessivas de base 10? Quais serão os expoentes da base 10, por exemplo, para que as potências a seguir sejam verificadas?

$2 = 10^{??}$ $3 = 10^{??}$ $4 = 10^{??}$ $5 = 10^{??}$

$6 = 10^{??}$ $7 = 10^{??}$ $8 = 10^{??}$ $9 = 10^{??}$

Uma resposta provisória para essas perguntas é que esses expoentes poderão ser obtidos a partir do estudo de logaritmos.

Logaritmo de um número real positivo

Considere a seguinte questão: a que número devemos elevar 5 para obtermos como resultado 625? Sendo x o número que procuramos, temos a seguinte equação exponencial, cuja solução é 4:

$$5^x = 625$$
$$5^x = 5^4$$
$$x = 4$$

Esse expoente 4 é denominado logaritmo de 625 na base 5, e pode ser representado por

$$\log_5 625 = 4$$

Desse modo, podemos dizer que as seguintes expressões são equivalentes:

$$\log_5 625 = 4 \Leftrightarrow 5^4 = 625$$

Além disso, a pergunta inicial poderia ser substituída por: qual o logaritmo de 625 na base 5?

Vamos à definição de logaritmo!

> Dados os números reais positivos a e b, com $a \neq 1$, se $b = a^c$, então o expoente c chama-se logaritmo de b na base a. Em símbolos:
>
> $\log_a b = c \Leftrightarrow a^c = b$

É importante que você observe a equivalência entre as duas formas: a logarítmica e a exponencial. Nessas duas formas, há denominações para os termos:

Exponencial	Logarítmica
expoente $\uparrow$ $a^c = b \rightarrow$ potência $\downarrow$ base	logaritmando $\uparrow$ $\log_a b = c \rightarrow$ logaritmo $\downarrow$ base

Exemplo:

1. Observe as equivalências entre a forma exponencial e a logarítmica:

- $\log_7 343 = 3 \Leftrightarrow 7^3 = 343$
- $\log_2 128 = 7 \Leftrightarrow 2^7 = 128$
- $\log_5 \left(\dfrac{1}{25} \right) = -2 \Leftrightarrow 5^{-2} = \dfrac{1}{25}$
- $\log_3 \sqrt{3} = \dfrac{1}{2} \Leftrightarrow 3^{\frac{1}{2}} = \sqrt{3}$
- $\log_9 1 = 0 \Leftrightarrow 9^0 = 1$
- $\log_{10} 0,001 = -3 \Leftrightarrow 10^{-3} = 0,001$

> **OBSERVAÇÃO:**
> Quando a base do logaritmo for igual a 10, convenciona-se omiti-la. Assim, escrever log0,001 é o mesmo que $\log_{10}0,001$.

2. Utilizando a equivalência com a forma exponencial e o conhecimento de equações exponenciais, vamos calcular o valor da seguinte expressão:

$$E = \log_4 1024 + \log_{36} 216$$

- Calculamos cada logaritmo separadamente:
- $\log_4 1024 = x$

$$4^x = 1024$$
$$\left(2^2 \right)^x = 2^{10}$$
$$2^{2x} = 2^{10}$$
$$2x = 10 \Rightarrow x = 5$$

- $\log_{36} 216 = y$

$$36^y = 216$$
$$\left(6^2 \right)^y = 6^3$$
$$6^{2y} = 6^3$$
$$2y = 3 \Rightarrow y = 1,5$$

- Voltando a expressão inicial:

$$E = \log_4 1024 + \log_{36} 216$$
$$E = 5 + 1,5$$
$$E = 6,5$$

Logaritmo Capítulo 15 219

3. Considerando que $\log_{3\sqrt{3}} 729 = m$, vamos determinar o valor de **m**.

- Considerando a definição apresentada de logaritmo, vem:

$$\log_{3\sqrt{3}} 729 = m$$
$$(3\sqrt{3})^m = 729$$
$$\left(3^1 \cdot 3^{\frac{1}{2}}\right)^m = 3^6$$
$$\left(3^{\frac{3}{2}}\right)^m = 3^6$$
$$3^{\frac{3m}{2}} = 3^6$$
$$\frac{3m}{2} = 6 \Rightarrow m = 4$$

> **OBSERVAÇÃO:**
> Num logaritmo, tanto o logaritmando quanto a base devem ser números reais e positivos. Além disso, a base deverá ser diferente de 1. São as chamadas **condições de existência de um logaritmo**.

Exemplos:

1. Vamos obter os valores de **x** para os quais $\log_{x-2} 7$ exista no conjunto dos números reais.

• Note que o logaritmando (7) já é um número positivo.

• Base positiva: $x - 2 > 0 \Rightarrow x > 2$

• Base diferente de 1: $x - 2 \neq 1 \Rightarrow x \neq 3$

Como as condições devem ser verificadas simultaneamente, podemos utilizar a interseção de intervalos numéricos para obter todos os valores de **x**:

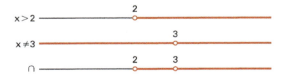

Portanto, esse logaritmo existirá para todo numero real **x** tal que $x > 2$ e $x \neq 3$

2. Vamos obter todos os valores de **x** para os quais exista $\log(x^2 - 4x)$

• A base é 10, portanto, positiva e diferente de 1.

• Logaritmando: $x^2 - 4x > 0$

Essa inequação pode ser resolvida observando o estudo do sinal de uma função quadrática, ou seja:

$$x^2 - 4x = 0$$
$$x(x - 4) = 0 \Rightarrow \begin{cases} x = 0 \\ x = 4 \end{cases}$$

Portanto, esse logaritmo existirá para todo número real **x** tal que $x < 0$ ou $x > 4$.

Consequências da definição de logaritmo

Ao calcular um logaritmo, estamos calculando um expoente. Logaritmo é expoente. Alguns resultados no cálculo de logaritmo são imediatos. São as chamadas **consequências da definição** de logaritmo. Consideradas as restrições quanto à existência, temos:

1ª consequência: $\log_a 1 = 0$

Pela definição, temos: $\log_a 1 = 0$, pois $a^0 = 1$.

2ª consequência: $\log_a a = 1$

Pela definição, temos: $\log_a a = 1$, pois $a^1 = a$.

3ª consequência: $\log_a a^n = n$

Pela definição, temos: $\log_a a^n = n$, pois $a^n = a^n$.

4ª consequência (N > 0): $a^{\log_a N} = N$

Pela definição, temos: $\log_a N = x \Rightarrow a^x = N$.

Nessa última igualdade, substituímos x por $\log_a N$, isto é: $a^x = N \Rightarrow a^{\log_a N} = N$.

5ª consequência:

(M > 0 e N > 0): $\log_a M = \log_a N \Leftrightarrow M = N$

Uma justificativa da 5ª consequência pode ser obtida a partir da definição de logaritmo e utilizando a igualdade de potências de mesma base (função exponencial injetora):

- Considerando cada um dos logaritmos:
  Se $\log_a M = x \Leftrightarrow a^x = M$ (I)
  Se $\log_a N = y \Leftrightarrow a^y = N$ (II)
- Se, por hipótese, M = N, então, igualando (I) e (II), vem:

$$a^x = a^y$$
$$x = y \Leftrightarrow \log_a M = \log_a N$$

- Se, por hipótese, $\log_a M = \log_a N$, então, temos:

$x = y$

$a^x = a^y \Leftrightarrow M = N$

Observação:

Essa 5ª consequência pode ser interpretada da seguinte maneira: dois logaritmos na mesma base são iguais se, e somente se, seus logaritmandos são iguais.

Exemplo:

Vamos calcular, utilizando a 4ª consequência, o valor da expressão **y**, considerando que $y = 25^{\log_5 3}$.

• Conforme propriedade de potenciação, podemos reescrever a expressão **y**:

$y = 25^{\log_5 3}$

$y = \left(5^2\right)^{\log_5 3}$

$y = \left(5^{\log_5 3}\right)^2$

• Observando nessa última expressão a 4ª consequência da definição de logaritmos, temos:

$y = \left(5^{\log_5 3}\right)^2$

$y = 3^2 \Rightarrow y = 9$

Exemplo:

Vamos resolver a seguinte equação relacionada a logaritmo: $\log_3\left(x^2 - 6x\right) = \log_3 7$

• Inicialmente, vamos estabelecer a condição de existência de logaritmo:

$$x^2 - 6x > 0$$

• Resolvendo essa inequação (omitimos a resolução), vem:

$$x < 0 \text{ ou } x > 6$$

• Como os logaritmos são iguais e suas bases são iguais, temos, pela 5ª consequência da definição de logaritmo, que seus logaritmandos também são iguais, isto é:

$x^2 - 6x = 7$

$x^2 - 6x - 7 = 0 \Leftrightarrow \begin{cases} x = 7 \\ x = -1 \end{cases}$

Como esses dois valores verificam a condição de existência, o conjunto solução da equação é $S = \{7, -1\}$.

Propriedades operatórias

Na história da Matemática, a origem dos logaritmos teve como principal motivo facilitar cálculos extremamente trabalhosos. Assim, por exemplo, uma multiplicação podia ser transformada numa adição, uma divisão numa subtração e uma potenciação numa multiplicação. Atualmente a utilização de calculadoras ou de aplicativos correspondentes facilitaram muito os cálculos.

Apresentamos, a seguir, as propriedades operatórias de logaritmos. Note que, antes de enunciar cada uma dessas propriedades, utilizamos um exemplo com o objetivo de auxiliar na compreensão delas.

Logaritmo do produto

Vamos obter o valor de $\log_3 6561$ e observar a relação com os valores $\log_3 27 = 3$ e $\log_3 243 = 5$

• Como $6561 = 3^8$, temos:

$\log_3 6561 = \log_3 3^8 = 8$

• A partir desse resultado, podemos escrever:

$\log_3 6561 = 8$

$\log_3 6561 = 3 + 5$

$\log_3 6561 = \log_3 27 + \log_3 243$

• Como o número 6561 é o produto dos números 27 e 243, então essa expressão é igual a:

$\log_3 (27 \cdot 243) = \log_3 27 + \log_3 243$

> O logaritmo de um produto é igual à soma dos logaritmos.

Esse resultado não é apenas uma coincidência numérica. Ele representa a seguinte propriedade:

> **Para os números reais $M > 0$, $N > 0$, $a > 0$ e $a \neq 1$, temos:**
>
> $$\log_a (M \cdot N) = \log_a M + \log_a N$$

Essa propriedade pode ser assim interpretada: o logaritmo de um produto é transformado na soma de logaritmos.

Demonstração:

• Vamos considerar que:

$\log_a (M \cdot N) = r$, $\log_a M = x$ e $\log_a N = y$ (I)

Logaritmo   Capítulo 15   221

- Pela definição de logaritmos essas três igualdades podem ser escritas como:

$$a^r = M \cdot N, \; a^x = M \; e \; a^y = N \quad \text{(II)}$$

- Observando a propriedade fundamental da potenciação, a igualdade de potências de mesma base e os resultados (I) e (II), temos:

$$a^r = M \cdot N$$

$$a^r = a^x \cdot a^y$$

$$a^r = a^{x+y}$$

$$r = x + y$$

$$\log_a (M \cdot N) = \log_a M + \log_a N$$

OBSERVAÇÃO:
Fizemos a demonstração para o produto de dois números reais positivos M e N. Essa propriedade também é válida quando o número de fatores positivos for superior a dois.

Questões e reflexões

Utilize a propriedade de produto e descubra como expressar

$$\log_a \left(\underbrace{M \cdot M \cdot M \cdot \ldots \cdot M}_{10 \text{ vezes}} \right)$$ em função de $\log_a M$, sendo

M positivo, a positivo e a diferente de um.

Logaritmo do quociente

Vamos obter o valor de $\log_3 243$ e observar a relação com os valores $\log_3 27 = 3$ e $\log_3 6561 = 8$

- Como $243 = 3^5$, temos:

$$\log_3 243 = \log_3 3^5 = 5$$

- A partir desse resultado, podemos escrever:

$$\log_3 243 = 5$$

$$\log_3 243 = 8 - 3$$

$$\log_3 243 = \log_3 6561 - \log_3 27$$

- Como o número 243 é o quociente dos números 6561 e 27, então essa expressão é igual a:

$$\log_3 \left(\frac{6561}{27} \right) = \log_3 6561 - \log_3 27$$

Também esse resultado não é apenas uma coincidência numérica. Ele representa a seguinte propriedade:

Para os números reais $M > 0$, $N > 0$, $a > 0$ e $a \neq 1$, temos:

$$\log_a \left(\frac{M}{N} \right) = \log_a M - \log_a N$$

Essa propriedade pode ser assim interpretada: o logaritmo de um quociente é transformado na diferença de logaritmos.

Demonstração:

- Vamos considerar que:

$$\log_a \left(\frac{M}{N} \right) = r, \; \log_a M = x \; e \; \log_a N = y \quad \text{(I)}$$

- Pela definição de logaritmo, essas três igualdades podem ser escritas como:

$$a^r = \frac{M}{N}, \; a^x = M \; e \; a^y = N \quad \text{(II)}$$

- Observando uma propriedade da potenciação, a igualdade de potências de mesma base e os resultados (I) e (II), temos:

$$a^r = \frac{M}{N}$$

$$a^r = \frac{a^x}{a^y}$$

$$a^r = a^{x-y}$$

$$r = x - y$$

$$\log_a \left(\frac{M}{N} \right) = \log_a M - \log_a N$$

Questões e reflexões

Utilize a propriedade do quociente e descubra como expressar

$$\log_a \left(\frac{1}{M} \right)$$ em função de $\log_a M$, sendo M positivo,

a positivo e a diferente de um.

- **Logaritmo da potência**

Note o que acontece quando utilizamos a propriedade do logaritmo do produto para expressar $\log_3 5^4$

$$\log_3 5^4 = \log_3 \left(\underbrace{5 \cdot 5 \cdot 5 \cdot 5}_{4 \text{ vezes}} \right)$$

$$\log_3 5^4 = \underbrace{\log_3 5 + \log_3 5 + \log_3 5 + \log_3 5}_{4 \text{ vezes}}$$

$$\log_3 5^4 = 4 \cdot \log_3 5$$

Também esse resultado não é apenas uma coincidência numérica. Ele representa a seguinte propriedade:

222 Unidade 5 Funções exponenciais

> Sendo k um número real qualquer, para os números reais $M > 0$, $a > 0$ e $a \neq 1$, temos:
>
> $$\log_a M^k = k \cdot \log_a M$$

Essa propriedade pode ser assim interpretada: o logaritmo de uma potência é transformado num produto.

Exemplo:

Como o auxílio de uma calculadora, você chegou aos seguintes logaritmos: $\log 2 \cong 0,301$ e $\log 3 \cong 0,477$. A partir desses valores, vamos calcular, apenas utilizando as propriedades operatórias, os seguintes logaritmos:

a) $\log 60$

$\quad \log 60 = \log (2 \cdot 3 \cdot 10)$

$\quad \log 60 = \log 2 + \log 3 + \log 10$

$\quad \log 60 \cong 0,301 + 0,477 + 1 \Rightarrow \log 60 \cong 1,778$

b) $\log 125$

$\quad \log 125 = \log 5^3$

$\quad \log 125 = 3 \cdot \log 5$

$\quad \log 125 = 3 \cdot \log \left(\dfrac{10}{2} \right)$

$\quad \log 125 = 3 \cdot (\log 10 - \log 2)$

$\quad \log 125 \cong 3 \cdot (1 - 0,301) \Rightarrow \log 125 \cong 2,097$

EXPLORANDO

Utilize uma calculadora ou algum aplicativo que tenha a calculadora científica. Nessa calculadora, localize a tecla que tenha o chamado logaritmo decimal, isto é, logaritmo na base 10.

1. Verifique inicialmente se, na calculadora que você tem, primeiro precisamos digitar o número e depois apertar a tecla "log", ou primeiro apertamos a tecla "log" e depois digitamos o número para calcular o logaritmo do número correspondente.

2. Nessa calculadora você irá calcular inicialmente o logaritmo decimal do número 999 999 999. A seguir, deverá calcular o logaritmo decimal do número que resultou no primeiro cálculo e prosseguir dessa forma, sempre calculando o logaritmo decimal do número que resultou no cálculo imediatamente anterior. Quantas vezes você teve que apertar a lecla "log" até que no visor da calculadora aparecesse a mensagem "erro"?

3. Observe que qualquer número real positivo sempre está compreendido entre duas potências inteiras e consecutivas de base 10. Exemplificando:

- O número $0,2 \rightarrow 10^{-1} \leq 0,2 < 10^0$
- O número $0,03 \rightarrow 10^{-2} \leq 0,03 < 10^{-1}$
- O número $5 \rightarrow 10^0 \leq 5 < 10^1$
- O número $34,4 \rightarrow 10^1 \leq 34,4 < 10^2$
- O número $455 \rightarrow 10^2 \leq 455 < 10^3$
- O número $6\,503 \rightarrow 10^3 \leq 6\,503 < 10^4$

Entre quais potências consecutivas de base 10 está o número $999\,999\,999$, cujo logaritmo você calculou anteriormente?

Exercícios resolvidos

1. Calcule o valor dos logaritmos:

a) $\log_8 64$

b) $\log_{\frac{1}{8}} 4\sqrt{2}$

c) $\log_{27} \sqrt[5]{3}$

d) $\log_5 0,00032$

e) $3^{\log_3 5 + \log_3 2}$

a) $\log_8 64 = x \Rightarrow 64 = 8^x \Rightarrow 8^2 = 8^x \Rightarrow x = 2.$

b) $\log_{\frac{1}{8}} 4\sqrt{2} = x \Rightarrow 4\sqrt{2} = \left(\dfrac{1}{8} \right)^x \Rightarrow$

$\Rightarrow 2^2 \cdot 2^{\frac{1}{2}} = (2^{-3})^x \Rightarrow 2^{\frac{5}{2}} = 2^{-3x} \Rightarrow -3x = \dfrac{5}{2} \Rightarrow x = -\dfrac{5}{6}$

c) $\log_{27} \sqrt[5]{3} = x \Rightarrow 3^{\frac{1}{5}} = 27^x \Rightarrow 3^{\frac{1}{5}} = 3^{3x} \Rightarrow 3x = \dfrac{1}{5} \Rightarrow$

$\Rightarrow x = \dfrac{1}{15}$

d) $\log_5 0,00032 = x \Rightarrow \dfrac{32}{100\,000} = 5^x \Rightarrow \left(\dfrac{2}{10} \right)^5 = 5^x \Rightarrow$

$\Rightarrow \left(5^{-1} \right)^5 = 5^x \Rightarrow x = -5$

e) $3^{\log_3 5 + \log_3 2} = x \Rightarrow 3^{\log_3 5 \cdot 2} = x \Rightarrow 5 \cdot 2 = x \Rightarrow 10 = x$

Logaritmo **Capítulo 15** 223

2. Sendo x um número real, determine o conjunto solução da equação

$$\log_2(2-x) - 2\log_2(x+4) = 0$$

Primeiro vamos analisar a condição de existência. Para isso, temos:

$$\text{C.E.:} \begin{cases} 2-x>0 \\ x+4>0 \end{cases} \Rightarrow \begin{cases} x<2 \\ x>-4 \end{cases} \Rightarrow -4 < x < 2$$

Utilizando as propriedades de logaritmos, temos:

$$\log_2(2-x) - 2\log_2(x+4) = 0$$

$$\log_2(2-x) - \log_2(x+4)^2 = 0$$

$$\log_2 \frac{(2-x)}{(x+4)^2} = 0 \Rightarrow \frac{(2-x)}{(x+4)^2} = 2^0 = 1$$

$$2-x = (x+4)^2 \Rightarrow 2-x = x^2 + 8x + 16$$

$$x^2 + 9x + 14 = 0 \Rightarrow x = -7 \text{ ou } x = -2$$

Como -7 não faz parte da condição de existência, -2 é a única solução.

$$S = \{-2\}$$

3. Sendo $\log 2 \cong 0,301$ e $\log 3 \cong 0,477$, calcule o valor de $\log \dfrac{\sqrt[3]{9 \cdot 72}}{\sqrt[4]{36}}$.

$$\log \frac{\sqrt[3]{9 \cdot 72}}{\sqrt[4]{36}} = \log \frac{3^{\frac{2}{3}} \cdot 3^2 \cdot 2^3}{6^{\frac{2}{4}}} = \log \frac{3^{\frac{2}{3}+2} \cdot 2^3}{(2\cdot 3)^{\frac{1}{2}}} =$$

$$\log 3^{\frac{8}{3}} \cdot 2^3 - \log(2\cdot 3)^{\frac{1}{2}} = \log 3^{\frac{8}{3}} + \log 2^3 - \frac{1}{2}\log(2\cdot 3) =$$

$$= \frac{8}{3}\log 3 + 3\log 2 - \frac{1}{2}(\log 2 + \log 3) \cong$$

$$\frac{8}{3} \cdot 0,477 + 3 \cdot 0,301 - \frac{1}{2}(0,301 + 0,477) \cong 1,786$$

Portanto, $\log \dfrac{\sqrt[3]{9 \cdot 72}}{\sqrt[4]{36}} \cong 1,786$.

4. Resolva a equação $\log_2 x^2 - (\log_2 x)^2 = 0$.

Primeiro vamos analisar a condição de existência. Para isso, temos:

$$\text{C.E.: } x > 0$$

Utilizando as propriedades de logaritmos, temos:

$$\log_2 x^2 - (\log_2 x)^2 = 0$$

$$2\log_2 x - (\log_2 x)(\log_2 x) = 0$$

$$\log_2 x(2 - \log_2 x) = 0 \Rightarrow \begin{matrix} \log_2 x = 0 \\ \text{ou} \\ \log_2 x = 2 \end{matrix} \Rightarrow \begin{matrix} x = 2^0 \\ \text{ou} \\ x = 2^2 \end{matrix} \Rightarrow \begin{matrix} x = 1 \\ \text{ou} \\ x = 4 \end{matrix}$$

$$S = \{1; 4\}$$

5. Considerando que $\log_{10} 5 \cong 0,7$, calcule o valor aproximado da expressão $E = (\log_{10} 5)^2 + \log_{10} 5^2$

Observe inicialmente que $(\log_{10} 5)^2 \neq \log_{10} 5^2$. Assim, o valor da expressão é:

$$E = (\log_{10} 5)^2 + \log_{10} 5^2$$

$$E = (\log_{10} 5)^2 + 2 \cdot \log_{10} 5$$

$$E \cong (0,7)^2 + 2 \cdot 0,7$$

$$E \cong 0,49 + 1,4 \Rightarrow E \cong 1,89$$

Exercícios propostos

1. Calcule os logaritmos:

a) $\log_5 625$

b) $\log_2 32$

c) $\log_3 81$

d) $\log_{0,01} 0,0001$

e) $\log_7 343$

f) $\log_6 216$

g) $\log_4 \dfrac{1}{8}$

h) $\log_{\sqrt[3]{5}} 27$

2. Em cada caso, calcule o valor da expressão.

a) $\log_2 8 + \log_3 \dfrac{1}{9} + \log_5 5^{\frac{1}{2}}$

b) $\log_3 9 + \log_{13} 169 - \log_3 81$

3. É possível que x seja igual a 3 para $\log_2(x-3)$? Explique.

4. Dê os valores de x de modo que as expressões a seguir representem um número real.

a) $\log(x-3)$

b) $\log_5(3x+21)$

c) $\log_2\left(\dfrac{x-1}{x+3}\right)$

5. Para cada item, calcule o valor de x e indique a resposta utilizando a notação de logaritmos:

a) $\left(\dfrac{1}{3}\right)^x = 27$

b) $5^x = 625$

c) $32^x = 16$

d) $3^x = 81$

e) $3^x = \dfrac{1}{81}$

f) $\left(\dfrac{13}{12}\right)^x = \dfrac{144}{169}$

6. Calcule os logaritmos na base 5 dos números a seguir.

a) 5

b) 25

c) 0,04

d) 125

e) 0,2

7. Quais os valores de x para que $\log_{x-2}(-2x+8)$ esteja definido?

8. Observando as consequências da definição de logaritmo, analise cada afirmação a seguir, indicando, em seu caderno, quais são verdadeiras.

I) $\log_4 1 = 0$

II) $\log_7 7 = 1$

III) $\log_4 y = \log_4 3 \Leftrightarrow y = 3$

IV) $\log_5 5^{22} = 22$

V) $\log_4 2 = 1$

9. Determine a condição de existência para $\log_{x+1}(x^2 + 3x + 18)$.

224 Unidade 5 Funções exponenciais

10. Verifique para quais valores de x as expressões a seguir representam um número real.

a) $\log_5(-4x+8)$

b) $\log_5(3x+21)$

c) $\log_{(-x+7)}(x^2-5^2)$

d) $\log_{x-2} 3$

11. Em cada equação a seguir, determine x:

a) $\log_4(3x+2) = \log_4(x+26)$

b) $\log_2(x+12) = \log_2(8x-x^2)$

c) $\log_{10}(10x-15) = \log_{10}(8x-x^2)$

12. Utilizando propriedades de potenciação e considerando as consequências da definição de logaritmos, determine o valor de cada expressão a seguir.

a) $A = 5^{3\log_5 2}$

b) $B = 3^{4-\log_3 5}$

13. Com a calculadora, obtenha os valores dos seguintes logaritmos na base 10. Anote os resultados e depois responda às questões propostas.

- $\log_{10} 2$
- $\log_{10} 20$
- $\log_{10} 200$
- $\log_{10} 2\,000$
- $\log_{10} 20\,000$
- $\log_{10} 200\,000$

a) Comparando os valores obtidos desses logaritmos, o que não alterou de um para outro?

b) E o que alterou?

14. Dados $\log 2 \cong 0{,}301$, $\log 3 \cong 0{,}4771$ e $\log 7 \cong 0{,}845$, calcule:

a) log 5

b) log 8

c) log 12

d) log 72

e) log 0,0001

f) log 14

g) log 15

h) log 1,2

15. Determine o valor das expressões:

a) $\log_5 8 + \log_5 12{,}5 - \log_5 4$

b) $\log 100 + \log 50 + \log 10 + \log 2$

16. Supondo satisfeitas as condições de existência, use as propriedades operatórias para determinar x.

$\log_a x = \log_a(m+1) - \log_a(m+8) + 4 \cdot \log_a m - 2 \cdot \log_a n$

17. Sendo A, B e C números reais positivos, analise as afirmações, indicando, em seu caderno, quais são verdadeiras.

I) $\log(A \cdot B) = \log A + \log B$

II) $\log C^3 = 3 \log C$

III) $\log A + \log B + \log C = \log(A \cdot B \cdot C)$

IV) $\frac{1}{3} \log B = \log B^3$

V) $\log \sqrt{A \cdot B} = \frac{1}{2}(\log A + \log B)$

VI) $\log A - \log C = \log\left(\frac{A}{C}\right)$

18. Considerando que $\log_2 a - \log_2 b = 5$, determine o resultado da divisão de a por b.

Mudança de base e equações exponenciais

Mesmo que possamos utilizar uma calculadora, teremos algumas dificuldades na resolução de determinadas equações exponenciais. Apenas para exemplificar, com o auxílio de uma calculadora, experimente descobrir qual é o valor de x na equação exponencial:

$2^x = 91$

Observando que $2^6 < 91 < 2^7$, podemos dizer que $6 < x < 7$.

Considerando a definição de logaritmo, podemos escrever a seguinte equivalência:

$2^x = 91 \Leftrightarrow \log_2 91 = x$

Assim, a solução dessa equação exponencial corresponde ao logaritmo de 91 na base 2. Mas a calculadora não fornece logaritmo na base 2 para que possamos calcular. Observando melhor a calculadora, encontramos duas teclas para calcular logaritmos:

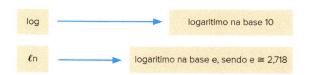

Sobre a base 10 já falamos anteriormente. O **logaritmo na base e** também é conhecido como sistema de logaritmos **neperianos**. Essa denominação está relacionada a John Napier, por seus trabalhos com logaritmos que, de certa maneira, envolviam o número **e** (ver texto mais adiante).

> **Questões e reflexões**
>
> Considere uma função definida por $f(x) = \left(1 + \frac{1}{x}\right)^x$.
>
> Utilize uma calculadora para determinar as imagens dessa função quando atribuímos a x valores cada vez maiores. Qual sua conclusão?

Voltemos à equação exponencial!

Teremos, de alguma forma, que recair numa dessas duas bases (base 10 ou base neperiana) para resolver a equação exponencial apresentada. Em outras palavras, devemos efetuar uma mudança de base. Uma ideia é utilizar as propriedades operatórias estudadas até aqui, isto é:

$$2^x = 91$$

$$\left(\text{aplicamos logaritmo na base } 10\right)$$

$$x \cdot \log 2^x = \log 91$$

$$\text{(logaritmo da potência)}$$

$$x \cdot \log 2 = \log 91$$

$$x = \frac{\log 91}{\log 2}$$

Considerando esse resultado e sabendo que $x = \log_2 91$, podemos escrever a seguinte igualdade:

$$\log_2 91 = \frac{\log 91}{\log 2}$$

Essa igualdade evidencia como podemos efetuar uma mudança de base: o logaritmo estava na base 2 e, por meio de mudança de base, foi expresso na base 10. Assim, utilizando a calculadora, agora podemos determinar o valor solicitado, ou seja:

$$2^x = 91$$

$$x = \log_2 91$$

$$x = \frac{\log 91}{\log 2} \cong \frac{1{,}959}{0{,}301} \Rightarrow x \cong 6{,}508$$

Vamos demonstrar agora que podemos fazer uma mudança de base, conforme propriedade a seguir:

> **Para os números reais** $N > 0$, $a > 0$, $b > 0$, $a \neq 1$ e $b \neq 1$, **temos:**
>
> $$\log_b N = \frac{\log_a N}{\log_a b}$$

Demonstração:

• Queremos mudar $\log_b N$ para a base a. Assim, considerando a definição de logaritmo e a 5ª consequência dessa definição, temos:

$$\log_b N = x$$

$$b^x = N$$

$$\log_a b^x = \log_a N$$

• Conforme a propriedade do logaritmo da potência, podemos isolar x:

$$x \cdot \log_a b = \log_a N$$

$$x = \frac{\log_a N}{\log_a b}$$

Exemplo:

Observe como podemos efetuar mudança de base:

• $\log_4 3 = \dfrac{\log_2 3}{\log_2 4} = \dfrac{\log_2 3}{2} \to$ mudança para a base 2

EXPLORANDO

Vamos explorar um pouco mais o uso da calculadora!

1. Utilizando a base 10 numa calculadora, calcule e anote o valor de log17 com aproximação de 8 casas decimais. Verifique se você obteve o valor 1,23044892.

2. Agora você vai efetuar o caminho inverso, isto é, vai descobrir qual é o número positivo cujo logaritmo decimal é 1,23044892. Nesse caso, precisará utilizar a segunda função da tecla "log", que é a tecla "10^x":

Numa calculadora, aperte a tecla "shift" (que nos dá acesso à segunda função de cada tecla). Em alguns modelos de calculadora, ela aparece com a denominação "2nD".

Aperte a tecla "log" (como você apertou antes "shift", estará usando a função 10^x). No visor aparecerá o número 10.

Digite então o número 1,23044892 (corresponde ao expoente da base 10) e aperte a tecla "=". No visor da calculadora aparecerá como resultado o número 16,99999995, que arredondando nos dá o valor 17.

Assim, você obteve 17, que corresponde ao número cujo logaritmo decimal é 1,23044892.

3. Quando calculamos o logaritmo decimal de um número real positivo x, determinamos o

Unidade 5 Funções exponenciais

expoente n a que se deve elevar a base 10 para resultar x. Por exemplo, se $\log 5 \cong 0{,}69897$, então $10^{0{,}69897} \cong 5$. Isso significa que $10^{0{,}69897}$ representa aproximadamente a escrita do número 5 na potência de base 10. Utilizando a calculadora, determine o expoente n em cada caso a seguir.

Logaritmo
log 12
log 2
log 14
log 6
log 19

4. Determine o número inteiro mais próximo de x, tal que $\log x = 1{,}977723605$.

Exercícios resolvidos

1. Se $\log 2 \cong 0{,}30$ e $\log 3 \cong 0{,}48$, calcule:

a) $\log_5 15$ b) $\log_6 45$

a) $\log_5 15 = \dfrac{\log 15}{\log 5} = \dfrac{\log(3 \cdot 5)}{\log 5} = \dfrac{\log 3 + \log 5}{\log 5} =$

$= \dfrac{\log 3 + \log\left(\dfrac{10}{2}\right)}{\log\left(\dfrac{10}{2}\right)} = \dfrac{\log 3 + \log 10 - \log 2}{\log 10 - \log 2} =$

$= \dfrac{\log 3 + \log 10 - \log 2}{\log 10 - \log 2} = \dfrac{0{,}48 + 1 - 0{,}30}{1 - 0{,}30} =$

$= \dfrac{1{,}18}{0{,}7} = \dfrac{118}{70} = \dfrac{59}{35}$

b) $\log_6 45 = \dfrac{\log 45}{\log 6} = \dfrac{\log(3^2 \cdot 5)}{\log(2 \cdot 3)} = \dfrac{\log 3^2 + \log 5}{\log 2 + \log 3} =$

$= \dfrac{2\log 3 + \log 5}{\log 2 + \log 3} = \dfrac{2\log 3 + \log\left(\dfrac{10}{2}\right)}{\log 2 + \log 3} =$

$= \dfrac{2\log 3 + \log 10 - \log 2}{\log 2 + \log 3} = \dfrac{2 \cdot 0{,}48 + 1 - 0{,}30}{0{,}30 + 0{,}48} =$

$= \dfrac{1{,}66}{0{,}78} = \dfrac{166}{78} = \dfrac{83}{39}$

2. Calcule o valor do produto $\log_9 2 \cdot \log_8 25 \cdot \log_5 81$.

$\log_9 2 \cdot \log_8 25 \cdot \log_5 81 =$

$= \dfrac{\log 2}{\log 3^2} \cdot \dfrac{\log 5^2}{\log 2^3} \cdot \dfrac{\log 3^4}{\log 5} = \dfrac{\log 2}{2\log 3} \cdot \dfrac{2\log 5}{3\log 2} \cdot \dfrac{4\log 3}{\log 5} =$

$= \dfrac{2 \cdot 4}{2 \cdot 3} = \dfrac{4}{3}$

3. Se $\log 2 = a$ e $\log 3 = b$, expresse $\log_{72} 20\sqrt{3}$ em função de a e b.

$\log_{72} 20\sqrt{3} = \dfrac{\log 20\sqrt{3}}{\log 72} = \dfrac{\log\left(2^2 \cdot 5 \cdot 3^{\frac{1}{2}}\right)}{\log\left(2^3 \cdot 3^2\right)} =$

$= \dfrac{\log 2^2 + \log 5 + \log 3^{\frac{1}{2}}}{\log 2^3 + \log 3^2} = \dfrac{2\log 2 + \log\left(\dfrac{10}{2}\right) + \dfrac{1}{2}\log 3}{3\log 2 + 2\log 3} =$

$= \dfrac{2\log 2 + \log 10 - \log 2 + \dfrac{1}{2}\log 3}{3\log 2 + 2\log 3} = \dfrac{2 \cdot a + 1 - a + \dfrac{1}{2} \cdot b}{3 \cdot a + 2 \cdot b} =$

$= \dfrac{a + 1 + \dfrac{1}{2} \cdot b}{3 \cdot a + 2 \cdot b} = \dfrac{\dfrac{2a + 2 + b}{2}}{3a + 2b} =$

$= \left(\dfrac{2a + 2 + b}{2}\right)\left(\dfrac{1}{3a + 2b}\right) = \dfrac{2a + 2 + b}{6a + 4b}$

Exercícios propostos

1. Utilizando mudança de base, escreva os seguintes logaritmos na base 10:

a) $\log_2 3$ e) $\log_{\sqrt{2}} 100$

b) $\log_5 8$ f) $\log_{\frac{1}{10}} 4$

c) $\log_{0{,}1} 50$ g) $\log_{0{,}2} 30$

d) $\log_8 7$

2. Sem utilizar uma calculadora, você poderá determinar o valor da expressão y abaixo. Para tanto, escolha uma base e transforme todos os logaritmos numa mesma base:

$y = (\log_2 9) \cdot (\log_3 8) \cdot (\log_{27} 3)$

3. Utilizando mudança de base, mostre que, para a, b números reais positivos e diferentes de 1, vale a seguinte relação:

$\log_a b = \dfrac{1}{\log_b a}$

Logaritmo **Capítulo 15** 227

4. Responda: se $\log_{10} 2 \cong 0{,}30$, qual o valor de $\log_2 10$?

5. Avalie, quanto à veracidade, cada afirmação abaixo:

I) $\log_{2^5} 7^5 = \log_2 7$

II) $(\log_3 31) \cdot (\log_{31} 3) \neq 1$

III) $\dfrac{1}{\log_2 10} + \dfrac{1}{\log_3 10} + \dfrac{1}{\log_5 10} = \log_{10} 30$

6. Sabendo que $\log_{20} 2 = a$ e $\log_{20} 3 = b$, expresse $\log_{54} 25$ em função de a e b.

7. (Unicamp-SP) Para certo modelo de computadores produzidos por uma empresa, o percentual dos processadores que apresentam falhas após T anos de uso é dado pela seguinte função:

$$P(T) = 100(1 - 2^{-0,1T})$$

a) Em quanto tempo 75% dos processadores de um lote desse modelo de computadores terão apresentado falhas?

b) Os novos computadores dessa empresa vêm com um processador menos suscetível a falhas. Para o modelo mais recente, embora o percentual de processadores que apresentam falhas também seja dado por uma função na forma $Q(T) = 100\left(1 - 2^{cT}\right)$, o percentual de processadores defeituosos após 10 anos de uso equivale a $\dfrac{1}{4}$ do valor observado, nesse mesmo período, para o modelo antigo (ou seja, o valor obtido empregando-se a função P(T) acima). Determine, nesse caso, o valor da constante c. Se necessário, utilize $\log_2(7) \cong 2{,}81$.

8. (UFPR) Suponha que o tempo t (em minutos) necessário para ferver água em um forno de micro-ondas seja dado pela função $t(n) = a \cdot n^b$, sendo a e b constantes e n o número de copos de água que se deseja aquecer.

Número de copos	Tempo de aquecimento
1	1 minuto e 30 segundos
2	2 minutos

a) Com base nos dados da tabela ao lado, determine os valores de a e b.

Sugestão: use $\log 2 = 0{,}30$ e $\log 3 = 0{,}45$.

b) Qual é o tempo necessário para se ferverem 4 copos de água nesse forno de micro-ondas?

9. (Ufscar-SP) Um forno elétrico estava em pleno funcionamento quando ocorreu uma falha de energia elétrica, que durou algumas horas. A partir do instante em que ocorreu a falha, a temperatura no interior do forno pôde ser expressa pela função:

$$T(t) = 2^t + 400 \times 2^{-t},$$

com t em horas, $t \geqslant 0$, e a temperatura em graus Celsius.

a) Determine as temperaturas do forno no instante em que ocorreu a falha de energia elétrica e uma hora depois.

b) Quando a energia elétrica voltou, a temperatura no interior do forno era de 40 graus. Determine por quanto tempo houve falta de energia elétrica. (Use a aproximação $\log 25 = 2{,}3$.)

HISTÓRIA DA MATEMÁTICA

Este texto evidencia o contexto histórico do surgimento dos logaritmos. Elaborado pelo professor Elon Lages Lima, fornece os nomes de personagens que contribuíram na criação dos logaritmos, como também, justificativas para tanto. Procure ler com atenção, pois o texto aborda as propriedades operatórias de logaritmos. São essas propriedades que, podemos dizer assim, justificam o surgimento dos logaritmos.

No fim do século XVI, o desenvolvimento da astronomia e da navegação exigia longos e laboriosos cálculos aritméticos. Um auxílio precioso já fora obtido com a recente invenção das frações decimais, embora ainda não suficientemente difundidas. Mesmo assim, achar um método que permitisse efetuar com presteza multiplicações, divisões, potenciações e extrações de raízes era, nos anos próximos de 1600, um problema fundamental.

Segundo o grau de dificuldade, as operações aritméticas podem ser classificadas em 3 grupos: adição e subtração formam as operações de 1ª espécie; multiplicação e divisão são de 2ª espécie, enquanto que potenciação e radiciação constituem as operações de 3ª espécie. Procurava-se então um processo que permitisse reduzir cada operação de 2ª ou 3ª espécie a uma de espécie inferior e, portanto, mais simples.

Acontece com frequência que uma grande descoberta científica é feita simultaneamente por duas ou mais pessoas trabalhando independentemente. Não se trata de simples coincidência: tal descoberta corresponde à solução de um problema importante, do qual muitos se vinham ocupando.

Assim aconteceu com os logaritmos. Jost Bürgi (1552-1632), suíço, fabricante de instrumentos astronômicos, matemático e inventor, e John Napier (1550-1617), um nobre escocês, teólogo e matemático, cada um deles desconhecendo inteiramente o outro, publicaram as primeiras tábuas de logaritmos. As tábuas de Napier foram publicadas em 1614 e as de Bürgi em 1620. A influência de Napier no desenvolvimento dos logaritmos foi muito maior do que a de Bürgi, devido a suas publicações e seu relacionamento com professores universitários.

Uma tábua de logaritmos consiste essencialmente de duas colunas de números. A cada número da coluna à esquerda corresponde um número à sua direita, chamado o seu logaritmo. Para multiplicar dois números, basta somar seus logaritmos; o resultado é o logaritmo do produto. Para achar o produto, basta ler na tábua, da direita para a esquerda, qual número tem aquele logaritmo. Semelhantemente, para dividir dois números basta subtrair os logaritmos. Para elevar um número a uma potência basta multiplicar o logaritmo do número pelo expoente. Finalmente, para extrair a raiz n-ésima de um número, basta dividir o logaritmo do número pelo índice da raiz. Na terminologia matemática de hoje, uma correspondência como essa – estabelecida por meio de uma tábua de logaritmos – é o que se chama de função. Convém notar, porém, que a invenção dos logaritmos foi anterior à introdução do conceito de função na Matemática. A utilidade original dos logaritmos resulta, portanto, da seguinte observação: o trabalho de elaborar uma tábua de logaritmos, por mais longo e cansativo que seja, é um só. Depois de executado, ninguém precisa mais, digamos, efetuar multiplicações, adições bastam.

Logo depois do aparecimento da primeira tábua de logaritmos de Napier, o matemático inglês Henry Briggs (1561-1630), professor da Universidade de Londres, e depois de Oxford, elaborou juntamente com Napier uma nova tábua, de mais fácil utilização, contendo os chamados logaritmos decimais, ou logaritmos ordinários, que tiram proveito do fato de usarmos um sistema de numeração decimal.

Durante os quase 4 séculos que sucederam à descoberta dos logaritmos, sua utilidade revelou-se decisiva na ciência e na tecnologia. Já Kepler, por volta de 1620, atestava seu reconhecimento pela nova descoberta que, segundo ele, "aumentava vastamente o poder computacional do astrônomo". O próprio Napier, um tanto imodestamente, reconhecendo o valor de sua descoberta, deu às tábuas o título *Mirifici logarithmorum canonis descriptio*, que significa "Uma descrição da maravilhosa regra dos logaritmos".

Recentemente, com a utilização cada vez mais divulgada das calculadoras, as tábuas de logaritmos perderam muito do seu interesse como instrumento de cálculo, o mesmo acontecendo com outras tabelas matemáticas. Mas o estudo dos logaritmos ainda é e continuará a ser de central importância. Com efeito, embora eles tenham sido inventados como acessório para facilitar operações aritméticas, o desenvolvimento da Matemática e das ciências em geral veio mostrar que diversas leis matemáticas e vários fenômenos físicos, químicos, biológicos e econômicos são estreitamente relacionados com os logaritmos. Assim sendo, os logaritmos, que no princípio eram importantes apenas por causa das tábuas, mostraram ter apreciável valor intrínseco.

LIMA, Elon Lages. *Logaritmos*. 2. ed. Rio de Janeiro: SBM, 1996. p. 1-3. (Coleção do Professor de Matemática).

QUESTÕES

De acordo com o texto, responda:

1. As operações aritméticas, devido ao grau de dificuldade, são classificadas em 3 grupos. Quais são esses grupos?

2. Após quase 4 séculos da descoberta dos logaritmos, em que áreas do conhecimento foi decisiva sua utilidade?

3. Qual a colaboração que Henry Briggs juntamente com John Napier deram para as definições dos logaritmos?

CAPÍTULO 16
FUNÇÃO LOGARÍTMICA

Em setembro de 2015, o Chile sofreu um terremoto que causou inúmeros estragos em diversas cidades chilenas.

Coquimbo, uma das áreas afetadas pelo terremoto que atingiu 8,3 de magnitude na escala Richter. Foto de 2015.

Detritos destroem casas em Coquimbo, Chile. Foto de 2015.

Mapa com a localização do sismo principal no Chile.

Conforme indicado no mapa, esse terremoto teve o epicentro no Oceano Pacífico a alguns quilômetros da cidade de Valparaíso. O tremor correspondeu a 8,4 pontos na escala Richter.

Mas o que é escala Richter?

Charles Francis Richter (1900-1985).

Beno Gutenberg (1889-1960).

Em 1935, Charles Francis Richter e Beno Gutenberg desenvolveram uma escala para medir a magnitude de um terremoto. Utilizaram como referência as ondas sísmicas que se propagam a partir do local de origem do tremor provocado no subsolo pelo movimento de placas tectônicas.

A escala ficou conhecida como escala Richter. Ela é uma medida logarítmica que possui pontuação de 0 a 9,5 graus de magnitude. É interessante observar que cada grau na escala de magnitude corresponde a uma diferença na ordem de 30 vezes na energia liberada. Mas como podemos saber que é 30 vezes e não outra quantidade?

Essa é uma das aplicações de logaritmos que veremos ao final do capítulo.

Unidade 5 Funções exponenciais

Funções inversas e funções compostas

Vimos, nesta unidade, funções exponenciais, logaritmos e suas propriedades. Ampliaremos agora nosso estudo, abordando as chamadas funções logarítmicas. Veremos que a função logarítmica está ligada à função exponencial, sendo que uma é a função inversa da outra na mesma base.

A partir da compreensão do que é uma função inversa, justificaremos que a função logarítmica é a inversa da função exponencial. Vamos utilizar um exemplo da geometria plana para dar uma ideia do que vem a ser função inversa.

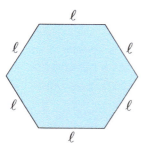

Podemos associar ao hexágono regular convexo, por exemplo, como representado na figura, duas funções:

- Perímetro P em função da medida do lado ℓ (função f):

$$P = f(\ell) = 6 \cdot \ell$$

Nessa função, para cada valor real positivo para a medida do lado ℓ, associamos o valor do perímetro.

- Medida do lado ℓ em função do perímetro P (função g):

$$\ell = g(P) = \frac{P}{6}$$

Nessa função, para cada valor real positivo do perímetro, associamos um valor da medida do lado do hexágono.

Utilizando o diagrama de Venn, vamos considerar alguns valores associados a essas funções, sendo o conjunto A formado por valores de medidas do lado do hexágono, e o conjunto B, pelos correspondentes perímetros:

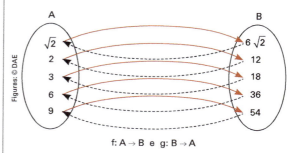

f: A → B e g: B → A

Note que, para cada elemento do conjunto A, há um só elemento em correspondência no conjunto B. Todos os elementos do conjunto B estão relacionados com elementos no conjunto A. Observando essas duas funções, podemos afirmar que:

- Função f:
- $D(f) = \{\sqrt{2}, 2, 3, 6, 9\}$ – conjunto domínio de f.
- $\text{Im}(f) = \{6\sqrt{2}, 12, 18, 36, 54\}$ – conjunto imagem de f.
- Valores diferentes no domínio A têm imagens diferentes no contradomínio B.
- Todos os elementos do contradomínio B são imagens de algum elemento do domínio A.
- Função g:
- $D(g) = \{6\sqrt{2}, 12, 18, 36, 54\}$ – conjunto domínio de g.
- $\text{Im}(g) = \{\sqrt{2}, 2, 3, 6, 9\}$ – conjunto imagem de g.
- Valores diferentes no domínio B têm imagens diferentes no contradomínio A.

- Todos os elementos do contradomínio A são imagens de algum elemento do domínio B.

Em situações como no exemplo apresentado, dizemos que as duas funções são bijetivas. Além disso, observe que Im(f) = D(g) e D(f) = Im(g). Sendo assim, podemos dizer que uma função é inversa da outra, isto é:

> Dada uma função f : A → B, bijetiva, denomina-se função inversa de f a função g : B → A tal que:
>
> se f(a) = b, então g(b) = a, sendo a ∈ A e b ∈ B

Agora, precisamos saber como obter a lei de formação da inversa de uma função bijetiva. Observe o diagrama a seguir, que representa uma função bijetiva f : A → B e sua inversa, que representaremos por f^{-1} : B → A.

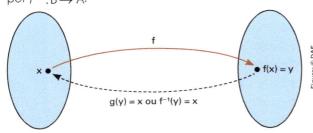

Pelo diagrama, temos que para x ∈ A e y ∈ B:

$g(y) = g(f(x)) = x$

e

$f(g(y)) = f(x) = y$

Vamos utilizar o exemplo das funções associadas ao hexágono, em que a função bijetiva f admite como inversa a função bijetiva g. Assim, para quais valores de ℓ ∈ A e P ∈ B, temos:

$g(P) = g(f(\ell)) = g(6\ell) = \dfrac{6\ell}{6} = \ell$

e

$f(g(P)) = f\left(\dfrac{P}{6}\right) = 6 \cdot \dfrac{P}{6} = P$

Existe um procedimento que permite obter a lei de formação da inversa de uma função bijetiva dada, isto é, uma função invertível.

> **Procedimento para obter a inversa de uma função bijetiva:**
>
> • Trocamos, na função invertível f, as variáveis (x por y e y por x: os papéis das variáveis se invertem).
>
> • Isolamos y na expressão obtida após a troca de variáveis (y isolado estará representando a função inversa).

Exemplos:

- Vamos obter a lei de formação da função bijetiva f: ℝ → ℝ definida por $f(x) = 3x - 7$:

  $y = 3x - 7$
  (trocamos as variáveis)
  $x = 3y - 7$
  (isolamos y)
  $x + 7 = 3y$
  $\dfrac{x+7}{3} = y \Rightarrow f^{-1}(x) = \dfrac{x+7}{3}$

Observe que, no exemplo anterior, as funções $f(x) = 3x - 7$ e $f^{-1}(x) = \dfrac{x+7}{3}$ são inversas entre si. Vamos verificar o que ocorre quando substituímos x numa dessas funções pela lei de formação de sua inversa:

- Na função f vamos substituir x por $f^{-1}(x)$:

  $f(x) = 3x - 7$
  $f(f^{-1}(x)) = 3 \cdot f^{-1}(x) - 7$
  $f(f^{-1}(x)) = 3 \cdot \left(\dfrac{x+7}{3}\right) - 7 \Rightarrow f(f^{-1}(x)) = x$

- Na função f^{-1} vamos substituir x por f(x):

  $f^{-1}(x) = \dfrac{x+7}{3}$
  $f^{-1}(f(x)) = \dfrac{f(x)+7}{3}$
  $f^{-1}(f(x)) = \dfrac{3x-7+7}{3} \Rightarrow f^{-1}(f(x)) = x$

Observações:

1. De modo geral, podemos dizer que a função g: B → A é a inversa da função f: A → B quando se tem: $g(f(x)) = x$ para qualquer x ∈ A e $f(g(x)) = x$ para qualquer x ∈ B

2. No estudo de funções, a função $g(f(x))$, também representada por $(g \cdot f)(x)$, é chamada de função g composta com a função f.

Exemplo:

Dadas as funções reais f e g definidas por $f(x) = 4x - 1$ e $g(x) = x^2 - 3$, vamos obter:

a) a função composta $(f \cdot g)(x)$.

b) a função composta $(g \cdot f)(x)$.

c) os valores numéricos correspondentes a $(f \cdot g)(2)$ e $(g \cdot f)(\sqrt{2})$.

a) Substituímos x, na função f, pela lei de formação da função g:

$f(x) = 4x - 1$
$f(g(x)) = 4 \cdot g(x) - 1$
$f(g(x)) = 4 \cdot (x^2 - 3) - 1 \Rightarrow f(g(x)) = 4x^2 - 13$

b) Substituímos x, na função g, pela lei de formação da função f:

$g(x) = x^2 - 3$
$g(f(x)) = (f(x))^2 - 3$
$g(f(x)) = (4x - 1)^2 - 3 \Rightarrow g(f(x)) = 16x^2 - 8x - 2$

c) Pode-se substituir x por 2 na função composta $(f \cdot g)(x)$ e substituir x por $\sqrt{2}$ na função composta $(g \cdot f)(x)$. Outra possibilidade, conforme mostramos a seguir, é:

$(f \cdot g)(2) = f(g(2))$
$(f \cdot g)(2) = f(2^2 - 3)$
$(f \cdot g)(2) = f(1)$
$(f \cdot g)(2) = 4 \cdot 1 - 1 \Rightarrow (f \cdot g)(2) = 3$

$(g \cdot f)(\sqrt{2}) = g(f(\sqrt{2}))$
$(g \cdot f)(\sqrt{2}) = g(4\sqrt{2} - 1)$
$(g \cdot f)(\sqrt{2}) = (4\sqrt{2} - 1)^2 - 3$
$(g \cdot f)(\sqrt{2}) = 32 - 8\sqrt{2} + 1 - 3 =$
$(g \cdot f)(\sqrt{2}) = 30 - 8\sqrt{2}$

Função logarítmica

Considerando a função exponencial $\mathbb{R} \to \mathbb{R}^*_+$ definida por $f(x) = a^x$, sendo a um número real positivo e diferente de 1, estaremos diante de uma função bijetiva, pois na função exponencial temos:

- $a > 1 \to f$ é crescente.
- $0 < a < 1 \to f$ é decrescente.
- $\text{Im}(f) = \mathbb{R}^*_+ \to$ cada elemento do contradomínio da função é imagem de algum x no domínio da função
- $f(x_1) = f(x_2) \Rightarrow x_1 = x_2 \to$ imagens iguais só ocorrem para valores iguais de x.

Pelo que vimos anteriormente, a função exponencial, se é bijetiva, admite inversa. Para obter a lei de formação da inversa, vamos utilizar o procedimento já mencionado:

$y = a^x$

(trocamos as variáveis)

$x = a^y$

(isolamos y)

$y = \log_a x \Rightarrow f^{-1}(x) = \log_a x$

A inversa da função exponencial é a função logarítmica:

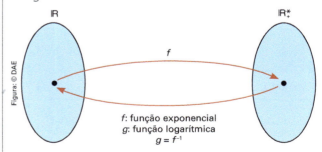

f: função exponencial
g: função logarítmica
$g = f^{-1}$

Dado um número real $a > 0$ e $a \neq 1$, denomina-se a função $f: \mathbb{R} \to \mathbb{R}^*_+$ definida por $f(x) = \log_a x$ como **função logarítmica na base a**.

Essa função logarítmica associa cada número real positivo ao seu logaritmo na base a.

Exemplo:

São funções logarítmicas:

- $f(x) = \log x \to$ função logarítmica de base 10.
- $f(x) = \log_2 x \to$ função logarítmica de base 2.
- $f(x) = \log_{0,3} x \to$ função logarítmica de base 0,3.

Questões e reflexões

1. Qual a função inversa da função $f: \mathbb{R} \to \mathbb{R}_+^*$ definida por $f(x) = 6^x$?

2. Qual a função inversa da função $f: \mathbb{R}_+^* \to \mathbb{R}$ definida por $f(x) = \log_4 x$?

Gráfico de uma função logarítmica

Para obtermos o gráfico de uma função logarítmica, o procedimento é o mesmo adotado em outras funções: atribuímos valores à variável independente x no domínio da função e conseguimos os correspondentes valores para a variável dependente y. A partir daí localizamos os pontos no plano cartesiano e os ligamos convenientemente para termos um esboço do gráfico. A seguir, exemplificamos.

Exemplo:

Vamos esboçar, no plano cartesiano, o gráfico da função $f: \mathbb{R}_+^* \to \mathbb{R}$ definida por $f(x) = \log_2 x$

- Atribuindo valores para x e obtendo suas imagens:

x	$\frac{1}{8}$	$\frac{1}{8}$	$\frac{1}{2}$	1	2	4	8
$y = \log_2 x$	−3	−2	−1	0	1	2	3

- Localizando pontos e esboçando a curva:

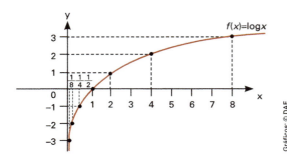

Note que essa função é crescente, assim como também é crescente sua inversa exponencial na mesma base.

Exemplo:

Vamos esboçar, no plano cartesiano, o gráfico da função $f: \mathbb{R}_+^* \to \mathbb{R}$ definida por $f(x) = \log_{\frac{1}{2}} x$.

- Atribuindo valores para x e obtendo suas imagens:

x	$\frac{1}{8}$	$\frac{1}{4}$	$\frac{1}{2}$	1	2	4	8
$y = \log_{\frac{1}{2}} x$	3	2	1	0	−1	−2	−3

- Localizando pontos e esboçando a curva:

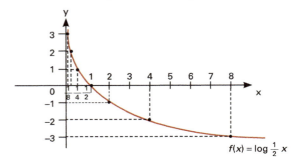

Observe agora que essa função é decrescente, assim como sua inversa exponencial na mesma base.

Embora tenhamos apresentado apenas dois exemplos de gráficos de funções logarítmicas, de modo geral podemos dizer que o comportamento gráfico de uma função $f: \mathbb{R}_+^* \to \mathbb{R}$ definida por $f(x) = \log_a x$ tem as seguintes características:

- $D(f) = \mathbb{R}_+^* \to$ conjunto **domínio** da função.
- $\text{Im}(f) = \mathbb{R} \to$ conjunto **imagem** da função.
- Crescimento:

  Se $a > 1$, a função é crescente.

  Se $0 < a < 1$, a função é decrescente.

Assim como ocorre com a função exponencial, o crescimento da função logarítmica pode ser observado pelo conhecimento do valor da base. Além disso, como essas funções numa mesma base são inversas entre si, há uma relação importante entre seus gráficos:

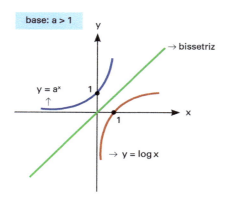

base: a > 1

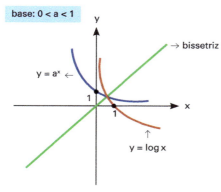

base: 0 < a < 1

Os gráficos das funções logarítmicas e exponenciais, numa mesma base, são simétricos em relação à bissetriz dos quadrantes ímpares. Essa característica ocorre sempre que esboçamos o gráfico de uma função e de sua inversa num mesmo plano cartesiano. Você pode observar isso no procedimento que descrevemos para obter a inversa de uma função dada: trocamos as variáveis. Dessa forma, se o ponto (3, 8) pertencer ao gráfico de uma função bijetiva f, o ponto de coordenadas (8, 3) fará parte do gráfico de sua inversa f^{-1}. Como ilustrado a seguir, é imediato que esses pontos estão situados à mesma distância da bissetriz dos quadrantes ímpares.

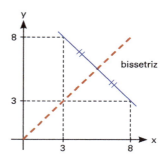

Exercícios resolvidos

1. Na figura a seguir estão representados os gráficos das funções f e g. Sabe-se que

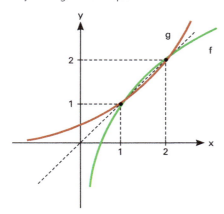

$f(x) = \log_m(kx)$ e que g é a inversa de f.

a) Determine as constantes k e m.
b) Determine a lei de formação de $g(x)$.
c) Determine o domínio e a imagem de f e g.
d) Calcule $f(g(5))$ e $g(f(4))$.

a) Os pontos (1; 1) e (2; 2) pertencem a f e g. Assim,
$f(1) = 1 \Rightarrow \log_m(k \cdot 1) = 1 \Rightarrow m^1 = k \Rightarrow m = k$ (I)

$f(2) = 2 \Rightarrow \log_m(k \cdot 2) = 2 \Rightarrow m^2 = 2k \Rightarrow m^2 - 2k = 0$ (II)

Substituindo (I) em (II), temos:

$m^2 - 2m = 0 \Rightarrow m(m-2) = 0 \Rightarrow \begin{cases} m = 0 \\ \text{ou} \\ m = 2 \end{cases}$

Como a base de um logaritmo só pode ser um número positivo e diferente de 1, então $m = 2$ e, assim, $k = 2$.

b) Como g é a função inversa de f, temos:

$y = \log_2(2x) \Rightarrow 2x = 2^y \Rightarrow x = \dfrac{2^y}{2} = 2^{y-1}$

Logo, $g(x) = 2^{x-1}$.

c) Função f:
Domínio: $\mathbb{R}_+^*$ e Imagem: $\mathbb{R}$

Função g:
Domínio: $\mathbb{R}$ e Imagem: $\mathbb{R}_+^*$

d) Calculando $f(g(5))$:

$g(5) = 2^{5-1} = 2^4 = 16 \Rightarrow f(16) = \log_2(2 \cdot 16) = \log_2 32 = 5$

Calculando $g(f(4))$:

$f(4) = \log_2(2 \cdot 4) = \log_2 8 = 3 \Rightarrow g(3) = 2^{3-1} = 2^2 = 4$

Assim:

$f(g(5)) = 5$ e $g(f(4)) = 4$

Exercícios propostos

1. Considere que f é a função inversa da função g. Se $g(2) = 10$, obtenha:

a) $f(10)$ b) $f(g(2))$

2. Obtenha a lei de formação da inversa de cada função bijetora a seguir:

a) $f(x) = 3x - 10$ c) $f(x) = 9 - 2x$ e) $f(x) = 2x^3 + 5$

b) $f(x) = x^3$ d) $f(x) = \sqrt{x}$ para $x \geq 0$ f) $f(x) = \sqrt[3]{x}$

3. A função real definida por $f(x) = x^3 - 1$ admite a função g como função inversa. Então:

a) obtenha a lei de formação dessa função g.

b) calcule $f(-4)$ e $g(f(-4))$.

c) obtenha a lei de formação da função composta $f(g(x))$.

d) obtenha a lei de formação da função composta $g(f(x))$.

4. Considere uma função real definida por $f(x) = 3x - 4$. Em relação a essa função, obtenha:

a) a lei de formação da inversa.

b) o valor correspondente a $f(f(10))$.

c) o valor correspondente a $f(f^{-1}(f(10)))$.

5. Elabore a lei de formação de uma função afim e, depois:

a) escreva a lei de formação de sua inversa.

b) represente, num mesmo plano cartesiano, os gráficos dessas duas funções.

c) responda: esses gráficos são simétricos em relação à bissetriz dos quadrantes ímpares?

6. Considere que a função $f: \mathbb{R}_+^* \to \mathbb{R}$ está definida por $f(x) = \log_5 x$. Então:

a) calcule os valores de $f(1)$; $f(5)$; $f(25)$; $f(125)$ e $f(625)$.

b) obtenha os valores de $f\left(\dfrac{1}{5}\right)$; $f\left(\dfrac{1}{25}\right)$; $f\left(\dfrac{1}{125}\right)$; $f\left(\dfrac{1}{625}\right)$

c) para quais valores de x, nessa função, temos $f(x) < 0$?

d) para quais valores de x, nessa função, temos $f(x) > 0$?

e) para quais valores de x temos $f(x) = 0$?

7. Considere a função exponencial $f: \mathbb{R} \to \mathbb{R}_+^*$ definida por $g(x) = 5^x$ e faça o que se pede.

a) Calcule os valores de $g(0)$; $g(1)$; $g(2)$; $g(3)$; $g(4)$.

b) Obtenha os valores de $g(-1)$; $g(-2)$; $g(-3)$; e $g(-4)$.

c) Para quais valores de x, nessa função, temos $g(x) < 0$?

d) Para quais valores de x, nessa função, temos $g(x) > 0$?

e) Existe algum valor de x para o qual $g(x) = 0$?

8. Após resolver as duas atividades anteriores, faça o que se pede.

a) Comparando as respostas das duas atividades, escreva o que você concluiu.

b) Obtenha a lei de formação da função inversa da função $f: \mathbb{R}_+^* \to \mathbb{R}$ definida por $f(x) = \log_5 x$.

c) Sendo g a função inversa obtida, calcule os seguintes valores: $g(f(1))$; $g(f(5))$; $g(f(25))$; $g(f(125))$ e $g(f(625))$.

d) Ainda considerando que g é a função inversa da função f dada, obtenha os seguintes valores: $f(g(-1))$; $f(g(-2))$; $f(g(-3))$ e $f(g(-4))$.

9. Sendo $f: \mathbb{R}_+^* \to \mathbb{R}$ definida por $f(x) = 10^x$, obtenha:

a) a lei de formação da função inversa de f, isto é, f^{-1}.

b) o resultado de $f(f^{-1}(x))$.

10. Na função $f: \mathbb{R}_+^* \to \mathbb{R}$ definida por $f(x) = \log x$, considere que $f(2) \cong 0,301$. A partir desse valor, calcule:

a) $f(20)$

b) $f(200)$

c) $f(2\,000)$

d) $f(20\,000)$

e) $f(2 \cdot 10^k)$, sendo k um número inteiro.

Equações e inequações logarítmicas

Você já estudou anteriormente o procedimento para a resolução de equações exponenciais. Veremos agora a resolução de equações envolvendo logaritmos. Ao resolver essas equações, devemos lembrar-nos das condições de existência de um logaritmo:

$$\log_a N \Leftrightarrow \begin{cases} N > 0 \\ a > 0 \\ a \neq 1 \end{cases}$$

Na resolução de equações logarítmicas, além da definição de logaritmo, das propriedades operatórias, algumas vezes precisaremos também efetuar mudança de base. Apresentamos alguns exemplos de equações e suas resoluções. Procure analisar cada um dos exemplos a seguir.

1. Resolva a equação $\log_5(x-4)=1$.

- Condição de existência do logaritmo:

  $x-4>0 \Rightarrow x>4$

- Conforme definição de logaritmo, temos:

  $\log_5(x-4)=1$

  $x-4=5^1 \Rightarrow x=9$

  Como $x=9$ satisfaz a condição de existência do logaritmo, temos que $S=\{9\}$.

- Outra maneira de resolver essa equação é utilizar uma consequência da definição de logaritmos:

  $\log_5(x-4)=1$

  $\log_5(x-4)=\log_5 5$

  $x-4=5 \Rightarrow x=9$

2. Obtenha o conjunto solução da equação $\log_x(4x-3)=2$.

- Condições de existência:

  Base: $x>0$ e $x \neq 1$

  Logaritmando: $4x-3>0 \Rightarrow x>\dfrac{3}{4}$

- Pela definição de logaritmo:

  $\log_x(4x-3)=2$

  $x^2=4x-3$

  $x^2-4x+3=0 \Rightarrow x=1 \text{ ou } x=3$

  Como as condições de existência não são verificadas para $x=1$, temos que $S=\{3\}$.

3. Determine todos os valores de x que verificam a equação $\log_3 x+\log_3(2x)=\log_3 18$.

- Condições de existência:

  Logaritmandos: $x>0$ e $2x>0 \Rightarrow x>0$

- Utilizando a propriedade do logaritmo do produto, reduzimos o primeiro membro da equação a apenas um logaritmo. A seguir, pela consequência da definição de logaritmo, eliminamos os logaritmos:

$\log_3 x+\log_3(2x)=\log_3 18$

$\log_3[x \cdot (2x)]=\log_3 18$

$2x^2=18$

$x^2=9 \qquad x=3 \text{ ou } x=-3$

Observando que $x=-3$ não satisfaz a condição de existência, temos $S=\{3\}$.

4. Resolva a seguinte equação:

$$(\log x)^2 - 5 \cdot \log x - 6 = 0$$

- Condição de existência:

  $x>0$

- A equação apresentada é redutível a uma equação do $2^{\underline{o}}$ grau, basta fazer $\log x = m$

$$\begin{cases} (\log x)^2 - 5 \cdot \log x - 6 = 0 \\ \log x = m \\ m^2 - 5m - 6 = 0 \Rightarrow m=6 \text{ ou } m=-1 \end{cases}$$

- Voltando à expressão $\log x = m$ e utilizando a definição de logaritmo, obtemos:

$\log x = 6 \Rightarrow x = 10^6$

ou

$\log x = -1 \Rightarrow x = 10^{-1}$

Como esses dois valores verificam a condição de existência, temos $S=\left\{10^6, 10^{-1}\right\}$.

5. Obtenha o conjunto solução da equação $\log_2 x + \log_4 x + \log_8 x = 22$

- Condição de existência dos três logaritmos:

  $x>0$

- Como os três logaritmos estão em bases que são potências de 2, vamos deixá-los na base 2:

$\log_2 x + \log_4 x + \log_8 x = 22$

$\log_2 x + \dfrac{\log_2 x}{\log_2 4} + \dfrac{\log_2 x}{\log_2 8} = 22$

$\log_2 x + \dfrac{\log_2 x}{2} + \dfrac{\log_2 x}{3} = 22$

$\log_2 x \cdot \left(1 + \dfrac{1}{2} + \dfrac{1}{3}\right) = 22$

$\log_2 x \cdot \left(\dfrac{6+3+2}{6}\right) = 22$

$\log_2 x = 12$

$x = 2^{12} \Rightarrow x = 4096$

Como esse valor satisfaz a condição de existência, temos que $S=\{4\,096\}$

Inequações logarítmicas

Ao abordarmos a construção do gráfico de uma função logarítmica $f: \mathbb{R}_+^* \to \mathbb{R}$ definida genericamente por $f(x) = a^x$, verificamos que existem duas possibilidades quanto ao crescimento:

a > 1 → função crescente;

0 < a < 1 → função decrescente.

Uma análise do comportamento gráfico de tais funções permite obtermos um procedimento para a resolução de inequações logarítmicas. Vamos analisar, então, essas duas possibilidades graficamente:

- Considerando o esboço gráfico de uma função logarítmica crescente $(a > 1)$, temos:

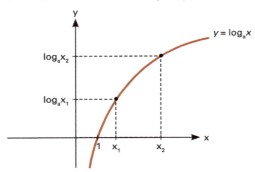

Pelo gráfico:
$\log_a x_1 < \log_a x_2 \Rightarrow x_1 < x_2$

(O sentido da desigualdade é mantido.)

Note que eliminamos os logaritmos e comparamos apenas os logaritmandos.

- Considerando o esboço gráfico de uma função logarítmica decrescente $(0 < a < 1)$, temos:

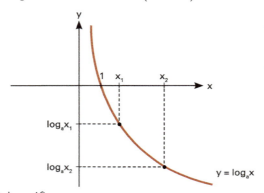

Pelo gráfico:
$\log_a x_1 > \log_a x_2 \Rightarrow x_1 < x_2$

(O sentido da desigualdade é invertido.)

Note que eliminamos os logaritmos e comparamos apenas os logaritmandos.

A partir da análise de gráficos de funções logarítmicas (como fizemos anteriormente), podemos resolver inequações logarítmicas. Na resolução de tais inequações, entretanto, devemos considerar as condições de existência dos correspondentes logaritmos.

Vamos exemplificar!

1. Determine todos os valores reais de x que verificam $\log_2(x^2 - 9) > 2$

- Condição de existência:

  $x^2 - 9 > 0$

  (omitimos a resolução da inequação do 2º grau)

  $x < -3$ ou $x > 3$

- Deixamos logaritmos nos dois membros da desigualdade:

  $\log_2(x^2 - 9) > 2$

  $\log_2(x^2 - 9) > \log_2 4$

- Observando que a base é maior que 1, o sentido da desigualdade é mantido quando eliminamos os logaritmos, isto é:

$x^2 - 9 > 4$

$x^2 - 13 > 0$

(omitimos a resolução da inequação do 2º grau)

$x < -\sqrt{13}$ ou $x > \sqrt{13}$

- Como os valores obtidos devem verificar a condição inicial de existência do logaritmo, fazemos a interseção conforme figura a seguir:

Portanto, $S = \{x \in \mathbb{R} \mid x < -\sqrt{13} \text{ ou } x > \sqrt{13}\}$

2. Obtenha o conjunto solução da inequação $\log_{0,2}(3 - 9x) \le \log_{0,2}(x + 3)$.

- Iniciamos verificando as condições de existência dos dois logaritmos:

  $3 - 9x > 0 \Rightarrow x < \dfrac{1}{3}$

  e

  $x + 3 > 0 \Rightarrow x > -3$

- Como os logaritmos estão numa mesma base maior que zero e menor que 1, eliminamos esses logaritmos e invertemos o sentido da desigualdade:

$\log_{0,2}(3-9x) \leq \log_{0,2}(x+3)$

$3-9x \geq x+3$

$-10x \geq 0 \Rightarrow x \leq 0$

- Como os valores obtidos devem verificar as condições de existência dos logaritmos, fazemos a interseção conforme figura a seguir:

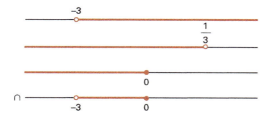

Portanto, $S = \{x \in \mathbb{R} / -3 < x \leq 0\}$.

Aplicações de logaritmos

Após termos estudado o conceito de logaritmo e verificado que uma função logarítmica é a função inversa de uma função exponencial bijetiva de mesma base, vamos observar algumas das aplicações desse estudo. Por meio de algumas situações, vamos destacar aplicações de logaritmos. Observe cada exemplo e, caso seja necessário, pesquise um pouco mais a respeito.

1ª situação – Resolução de equações exponenciais

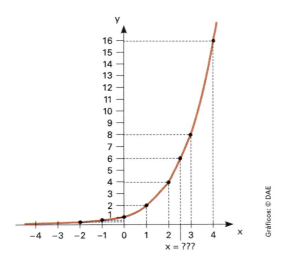

Considere que você construiu o gráfico da função exponencial definida por $f(x) = 2^x$ atribuindo valores para x conforme representado ao lado. Pelo gráfico, quando a imagem dessa função é igual a 6, sabemos que x será um número real entre 2 e 3. Como podemos determinar esse valor?

- Note que, para responder a essa pergunta, temos que resolver a seguinte equação exponencial:

$2^x = 6$

- Aplicamos logaritmo nos dois membros dessa igualdade (consequência da definição de logaritmo). Como a calculadora nos fornece base 10 e base e, o logaritmo pode ser em qualquer uma dessas bases:

$2^x = 6$

$\log 2^x = \log 6$

$x \cdot \log 2 = \log 6$

(calculadora: 3 casas decimais)

$x \cdot 0,301 \cong 0,778 \Rightarrow x \cong 2,585$

2ª situação – Matemática Financeira

No volume 2 desta coleção veremos que a fórmula $M(t) = C \cdot (1+i)^t$ fornece o montante M (capital + juro) de um capital C aplicado à taxa de i (porcentagem correspondente a i/100) na modalidade de juros compostos ao longo de t períodos de aplicação. Utilizando essa fórmula, considere que você depositou R\$ 20.000,00 numa aplicação que promete render 1% ao mês na modalidade juros compostos. Após quanto tempo de aplicação, esse capital vai duplicar?

- Na relação apresentada, temos que C = 20 000, i = 0,01 e, como o montante corresponderá ao dobro do capital, verificamos a seguinte equação exponencial:

$M(t) = C \cdot (1+i)^t$

$40\,000 = 20\,000 \cdot (1+0,01)^t$

$\dfrac{40\,000}{20\,000} = 1,01^t$

$2 = 1,01^t$

- Aplicando logaritmo neperiano aos dois lados da igualdade, e utilizando uma calculadora, temos:

$2 = 1,01^t$

$\ln(2) = \ln(1,01)^t$

$\ln(2) = t \cdot \ln(1,01)$

(calculadora: 8 casas decimais)

$0,69314718 \cong t \cdot 0,00995033 \Rightarrow t \cong 69,66072281$

Portanto, o capital duplicará em aproximadamente 70 meses.

Questões e reflexões

1. Na 1ª situação aplicamos logaritmo decimal para resolver a equação. Aplique logaritmo neperiano e compare os resultados. Qual a conclusão?

2. Na 2ª situação aplicamos logaritmo neperiano para resolver a equação. Aplique logaritmo decimal e compare os resultados. Qual a conclusão?

3ª situação – Escala Richter

A escala Richter corresponde ao logaritmo da medida da amplitude das ondas sísmicas a 100 km do epicentro. A intensidade I de um terremoto é um número que varia de I = 0 a I = 9,5 para o maior terremoto conhecido. Essa intensidade pode ser obtida pela fórmula:

$$I = \frac{2}{3} \cdot \log_{10}\left(\frac{E}{E_o}\right)$$

em que E é a energia liberada em quilowatthora e $E_o = 7 \cdot 10^{-3}$ kWh. Ao iniciar este capítulo comentamos:

"É interessante observar que cada grau na escala de magnitude corresponde a uma diferença na ordem de 30 vezes na energia liberada. Mas como podemos saber que é 30 vezes e não outra quantidade?"

- Vamos, inicialmente, isolar o valor de E na equação acima:

$$I = \frac{2}{3} \cdot \log_{10}\left(\frac{E}{E_o}\right)$$

$$\frac{3 \cdot I}{2} = \log_{10}\left(\frac{E}{E_o}\right)$$

$$10^{\frac{3 \cdot I}{2}} = \frac{E}{E_o} \Rightarrow E = E_o \cdot 10^{\frac{3 \cdot I}{2}}$$

- Consideremos agora que a intensidade sofra um aumento de 1 ponto. Sendo E_f a energia liberada, temos:

$$E_f = E_0 \cdot 10^{\frac{3 \cdot (I+1)}{2}}$$

$$E_f = E_0 \cdot 10^{\frac{3I}{2} + \frac{3 \cdot 1}{2}}$$

$$E_f = E_0 \cdot 10^{\frac{3I}{2}} \cdot 10^{\frac{3}{2}}$$

$$E_f = E \cdot \sqrt[2]{10^3} \Rightarrow E_f \cong E \cdot 31,62$$

Portanto, podemos dizer que o aumento de 1 ponto na intensidade significa que a energia liberada é aproximadamente 31 vezes a energia liberada anterior, isto é, uma diferença de aproximadamente 30 vezes em relação à outra.

4ª situação – Equação da velocidade numa reação

Ao iniciar uma reação química, a concentração de um reagente é $[R]_0$. Durante a reação, a concentração de R diminui com o tempo, de acordo com a chamada equação da velocidade, dada por:

$$[R]_t = [R]_0 \cdot e^{-kt}$$

Nessa equação, $[R]_t$ é a concentração de reagente R no tempo t depois que a reação começou, e k é a constante de velocidade. Em situações como essa é preciso, por exemplo, obter o valor do tempo t.

- Vamos isolar inicialmente a expressão que contém a exponencial e^{-kt}:

$$[R]_t = [R]_0 \cdot e^{-kt}$$

$$\frac{[R]_t}{[R]_0} = e^{-kt}$$

- Como a base da expressão exponencial é o número e, vamos aplicar logaritmo membro a membro nessa base:

$$\frac{[R]_t}{[R]_0} = e^{-kt}$$

$$\ln\left(\frac{[R]_t}{[R]_0}\right) = \ln\left(e^{-kt}\right)$$

$$\ln\left(\frac{[R]_t}{[R]_0}\right) = -kt \cdot \ln(e)$$

$$\ln(e)=\log_e e=1$$

$$\ln\left(\frac{[R]_t}{[R]_0}\right)=-kt\cdot 1 \Rightarrow t=-\frac{1}{k}\cdot\ln\left(\frac{[R]_t}{[R]_0}\right)$$

5ª situação – Nível sonoro

A menor intensidade sonora audível (limiar de audibilidade) possui intensidade $I_0 = 10^{-12}$ W/m^2. A relação entre as intensidades sonoras permite calcular o nível sonoro do ambiente que é dado em decibel. Como os valores dessas intensidades são muito pequenos ou muito grandes, utiliza-se no cálculo a seguinte relação:

$$NS=10\cdot\log\left(\frac{I}{I_0}\right)$$

sendo NS o nível sonoro, I a intensidade do som considerado e/ou limiar de audibilidade.

No quadro a seguir, apresentamos algumas situações reais com o nível sonoro aproximado.

SOM	NÍVEL SONORO	SOM	NÍVEL SONORO
Silêncio absoluto	0 dB	Aspirador de pó	80 dB
Interior de uma igreja	10 dB	Interior de fábrica têxtil	90 dB
Conversação em voz baixa	20 dB	Buzina de caminhão	100 dB
Respiração ofegante	30 dB	Britadeira	110 dB
Bairro residencial à noite	40 dB	Conjunto de *rock*	120 dB
Automóvel bem regulado	50 dB	Trovão	130 dB
Conversação em voz normal	60 dB	Decolagem de avião	140 dB
Interior de um restaurante	70 dB	Aterrissagem de avião a jato	150 dB

Disponível em: <http://osfundamentosdafisica.blogspot.com.br/2010/06/intensidade-sonora.html>. Acesso em: 4 jan. 2016.

Você pode pesquisar outras aplicações envolvendo logaritmo nas disciplinas de Física e Química. Após, apresente o resultado da pesquisa para seus colegas.

Exercícios resolvidos

1. Determine o conjunto solução da equação $\log_4(2x+4)-\log_2(x-1)=1$.

Determinando a condição de existência:

$$\text{C.E.:}\begin{cases}2x+4>0\\x-1>0\end{cases}\Rightarrow\begin{cases}x>-2\\x>1\end{cases}\Rightarrow x>1$$

Colocando todos os logaritmos na base 2:

$$\log_4(2x+4)-\log_2(x-1)=1\Rightarrow$$

$$\Rightarrow\frac{\log_2(2x+4)}{\log_2 4}-\log_2(x-1)=1\Rightarrow$$

$$\Rightarrow\frac{\log_2(2x+4)}{2}-\log_2(x-1)=1$$

Multiplicando cada parte por 2:

$$\log_2(2x+4)-2\log_2(x-1)=2\Rightarrow$$

$$\Rightarrow\log_2(2x+4)-\log_2(x-1)^2=2$$

Eliminando o logaritmo:

$$\log_2\frac{2x+4}{(x-1)^2}=2\Rightarrow\frac{2x+4}{(x-1)^2}=2^2\Rightarrow$$

$$\Rightarrow 2x+4=4(x^2-2x+1)\Rightarrow 4x^2-10x=0$$

Resolvendo a equação:

$$4x^2-10x=0\Rightarrow x=0 \text{ ou } x=\frac{5}{2}$$

Como x = 0 não satisfaz a condição de existência da equação, temos:

$$S=\left\{\frac{5}{2}\right\}$$

2. Resolva a inequação $\log_{\frac{1}{2}}x+\log_{\frac{1}{2}}(2x+3)<\log_{\frac{1}{2}}2$.

Determinando a condição de existência:

$$\text{C.E.:}\begin{cases}x>0\\2x+3>0\end{cases}\Rightarrow\begin{cases}x>0\\x>-\frac{3}{2}\end{cases}\Rightarrow x>0$$

Simplificando a inequação:

$$\log_{\frac{1}{2}}x+\log_{\frac{1}{2}}(2x+3)<\log_{\frac{1}{2}}2\Rightarrow$$

$$\Rightarrow\log_{\frac{1}{2}}x(2x+3)<\log_{\frac{1}{2}}2\Rightarrow 2x^2+3x-2>0$$

Resolvendo a inequação resultante:

$$2x^2+3x-2>0\Rightarrow x<-2 \text{ ou } x>$$

Função logarítmica Capítulo 16 241

Como x > 0 pela condição de existência, temos:

$$S = \left\{ x \in \mathbb{R} \mid x > \frac{1}{2} \right\}$$

3. Juros compostos são os juros que, obtidos ao final de cada período t, são somados ao capital, gerando um novo capital, que será aplicado no próximo período. Como o capital vai sendo alterado a cada período, a aplicação é denominada juros compostos. A fórmula utilizada nos juros compostos é a seguinte:

$M = C_0 (1 + i)^t$, em que:

M: montante (valor obtido após a aplicação)

C_0: capital inicial

t: tempo de aplicação

i: taxa (deve estar em porcentagem: $i\% = i/100$)

a) Encontre uma função que fornece o tempo na relação de juros compostos.

b) Determine o tempo mínimo necessário para que uma aplicação dobre de valor a uma taxa de 5% ao mês. (Utilize uma calculadora científica para obter o valor aproximado.)

a) Temos de isolar a variável t na expressão de juros compostos. Assim:

$$M = C_o (1+i)^t \Rightarrow \frac{M}{C_o} = (1+i)^t \Rightarrow \log_{1+i}\left(\frac{M}{C_o}\right) = t$$

Logo, $t = \log_{1+i}\left(\frac{M}{C_o}\right)$.

b) Temos que $M = 2C_0$ e $i = 0,05$. Então:

$$t = \log_{1+0,05}\left(\frac{2C_o}{C_o}\right) \Rightarrow t = \log_{1,05} 2$$

Com o auxílio de uma calculadora científica, obtemos

$t \cong 14,2$. Assim, são necessários no mínimo 15 meses para que a aplicação dobre de valor.

4. Qual é o tempo necessário para que um capital inicial empregado a taxa de 2% ao mês de juros compostos dobre de valor? (Dados: log 1,02 ≅ 0,0086 ; log 2 ≅ 0,3010.)

Sendo C_0 o capital aplicado, pela relação de juros compostos, temos:

$$2C_0 = C_0(1+0,02)^t \Rightarrow 2 = 1,02^t$$

Pela definição de logaritmos, temos:

$$2 = 1,02^t \Rightarrow t = \log_{1,02} 2 = \frac{\log 2}{\log 1,02} \cong \frac{0,3010}{0,0086} \cong 35$$

São necessários 35 meses para que o capital inicial dobre de valor.

5. Pedro acaba de comprar um terreno em uma região com valorização de 12% ao ano. Calcule o tempo necessário para que o valor do terreno quadriplique. (Dados: log 2 ≅ 0,30 e log 7 ≅ 0,84.)

Sendo P_0 o valor inicial do terreno, pela relação de juros compostos, temos:

$$4P_0 = P_0(1+0,12)^t \Rightarrow 4 = 1,12^t$$

Pela definição de logaritmos, temos:

$$4 = 1,12^t \Rightarrow t = \log_{1,12} 4 = \frac{\log 4}{\log 1,12} = \frac{\log 2^2}{\log \frac{112}{100}} =$$

$$= \frac{2\log 2}{\log(7 \cdot 2^4) - \log 100} = \frac{2\log 2}{\log 7 + 4\log 2 - 2\log 10} \cong$$

$$\cong \frac{2 \cdot 0,30}{0,84 + 4 \cdot 0,30 - 2} \cong 15$$

São necessários 15 anos para que o valor do terreno quadruplique.

Exercícios propostos

1. Obtenha o conjunto solução em cada equação logarítmica abaixo:

a) $\log_2(4x - 8) = 8$

b) $\log_3(9x + 1) = \log_3 19$

c) $\log_5(x^2 - 9) = \log_5 16$

d) $\log_4(x^2 + 2x) = 0$

2. Utilizando as propriedades operatórias e a mudança de base, resolva a equação logarítmica:

$$\log_x 0,25 - \log_x \sqrt{2} = -\frac{5}{2}$$

3. Na igualdade a seguir, você deverá determinar o valor de x. Utilize as propriedades operatórias para reduzir cada um dos membros dessa igualdade a apenas um logaritmo:

$$\log_2(2x) - \log_2 5 = 4\log_2 3 + \log_2 10$$

4. Em cada equação logarítmica abaixo você precisará, inicialmente, fazer uma mudança de base para reduzir a uma só base. Após, obtenha os correspondentes conjuntos soluções:

a) $\log_2 x - \log_8 x = 1$

b) $\log_9 x + \log_3 x = 2$

c) $\log_{\sqrt{2}} x - 2\log_2 x = \frac{1}{2} - \log_4(3x)$

5. Determine o conjunto solução da equação:
$(\log_5 y)^2 - 2\log_5 y - 8 = 0$

242 Unidade 5 Funções exponenciais

6. O sistema abaixo é formado por duas equações nas incógnitas x e y:

$$\begin{cases} 2\log_3(x+1)=\log_3 y \\ \log_{x+1}(y-3)-\log_{x+1}x=1 \end{cases}$$

Resolva esse sistema.

7. Considere as seguintes afirmações, indicando, em seu caderno, as verdadeiras.

   I) $\log_2 x > \log_2 5 \Rightarrow x < 5$

   II) $\log_{0,5} x > \log_{0,5} 5 \Rightarrow x > 5$

   III) $\log_7 y > \log_7 49 \Rightarrow y > 49$

   IV) $\log_{0,1} 2 > \log_{0,1} 5$

   V) $\log_{\sqrt{2}} m > \log_{\sqrt{2}} 6 \Rightarrow m < 6$

8. Resolva as inequações logarítmicas a seguir:

   a) $\log_2(x-4) \geqslant \log_2 3$

   b) $\log_{0,1}(3x+1) < \log_{0,1} 10$

   c) $\log_{\frac{1}{3}}(7-2y) < \log_{\frac{1}{3}} 13$

   d) $\log(x-1)^2 \leqslant \log 1$

9. Mateus encontrou em um livro de Matemática a resolução de uma inequação logarítmica que, no final, recaía numa inequação exponencial, isto é:

$$\log_a b^x > \log_a b^2 \underset{(I)}{\Longrightarrow} b^x < b^2 \underset{(II)}{\Longrightarrow} x > 2$$

Observando que a resolução dessa inequação está correta sendo a e b dois números reais positivos e diferentes de 1, responda:

   a) O que ocorreu na passagem (I) e o que você pode dizer a respeito do valor de a?

   b) O que ocorreu na passagem (II) e o que você pode dizer a respeito do valor de b?

10. A intensidade I de um terremoto, medida na escala Richter, é um número que varia de I = 0 até I = 9,5 para o maior terremoto conhecido. Sendo E a energia (em quilowatt-hora) liberada no terremoto e

$E_0 = 7 \cdot 10^{-3}$ kWh, I pode ser dada pela fórmula: $I = \dfrac{2}{3}\log\left(\dfrac{E}{E_0}\right)$

   a) Calcule a energia liberada num terremoto com intensidade 7.

   b) Calcule a energia liberada num terremoto com intensidade 8.

11. A massa de uma substância radioativa, ao término de t dias, pode ser calculada pela função $m(t) = m(0) \cdot e^{-0,2t}$ em que e é o número irracional correspondente a aproximadamente 2,718 e m(0) é a massa inicial (no tempo zero).

   Sugestão: utilize uma calculadora na resolução.

   a) Considerando que m(0) = 38 g, qual a massa dessa substância após 1 ano?

   b) Depois de quanto tempo a massa inicial estará reduzida a um terço?

12. O nível sonoro β (dado em decibéis: dB) depende da intensidade sonora I (dada em W/m²)

   conforme a relação $\beta = f(I) = 10 \cdot \log\left(\dfrac{I}{I_0}\right)$. Considerando que $I_0 = 10^{-12}$ W/m², obtenha:

   a) a intensidade de uma britadeira, considerando que o nível sonoro é de 100 dB.

   b) o nível sonoro de um avião a jato aterrissando sabendo que sua intensidade é de 10^2 W/m².

Função logarítmica   Capítulo 16   243

13. Na escala Richter, a intensidade I do terremoto pode ser calculada a partir da energia liberada E, conforme a relação matemática:

$$I = \frac{2}{3} \cdot \log\left(\frac{E}{E_0}\right)$$

Essa mesma relação pode ser apresentada por $I = \log P$ em que P indica quantas vezes a amplitude da onda sísmica do terremoto foi maior, em comparação com a onda de referência correspondente a uma situação normal. Apenas para exemplificar, dizer que a intensidade de um terremoto na escala Richter foi maior que a de outro terremoto em 3 unidades significa que foi 10^3 vezes maior que a intensidade desse outro terremoto.

Comparando as duas relações apresentadas para a intensidade I de um terremoto, obtenha P em função de E e de E_0.

14. O grau de acidez de uma solução química é indicado por uma grandeza chamada pH (potencial de hidrogênio). O pH indica a concentração de íons de hidrogênio (H^+) na solução. Ele pode ser determinado pela seguinte função: $pH = f(H^+) = -\log[H^+]$, em que $[H_+]$ representa a concentração de íons de hidrogênio por litro da substância em mol/litro. Conforme o pH da substância, temos:

pH	Solução
7 (água pura)	Neutra
Maior que 7	Básica
Menor que 7	Ácida

a) A concentração de íons de hidrogênio examinada numa amostra de água que foi extraída de um riacho é de 10^{-4} mols por litro. Calcule o pH dessa concentração e verifique a que tipo de solução corresponde.

b) O pH de uma amostra de água que foi extraída de um rio perto de uma grande cidade é de 4,699. Determine a concentração de íons de hidrogênio dessa amostra.

Algumas conclusões

Procure responder ou mesmo pensar sobre possíveis respostas a algumas questões envolvendo potenciação, função exponencial, equações exponenciais, logaritmos e funções logarítmicas, tópicos que foram desenvolvidos nesta unidade. Caso sinta alguma dificuldade em obter respostas, sugerimos retomar os conceitos principais:

1. Qual é a propriedade fundamental da potenciação?

2. Qual número é maior: $\left(3^{100}\right)^2$ ou 3^{100^2}?

3. Numa função exponencial, $f(x) = a^x$, quais são os possíveis valores para a base? E para x?

4. Numa função logarítmica, $f(x) = \log_a x$, quais são os possíveis valores para a base? E para x?

5. Qual a condição para que uma função exponencial da forma $f(x) = a^x$ seja crescente? E decrescente?

6. Qual é a condição para que uma função logarítmica da forma $f(x) = \log_a x$ seja crescente? E decrescente?

7. Enuncie as três propriedades operatórias de logaritmos.

8. Explique como você poderá obter a solução da equação exponencial $3^x = 10$.

9. Se num mesmo plano cartesiano você esboçar os gráficos das funções $f: \mathbb{R} \to \mathbb{R}_+^*$ definida por $f(x) = 3^x$, e $g: \mathbb{R} \to \mathbb{R}_+^*$, definida por $g(x) = \log_3 x$, qual simetria pode ser constatada? O que essas duas funções são entre si?

10. É possível que números positivos distintos tenham logaritmos decimais iguais? Justifique.

Troque ideias com seus colegas a respeito das respostas às questões acima. Depois liste as dificuldades encontradas e os assuntos que devem ser retomados.

244 **Unidade 5** Funções exponenciais

Vestibulares e Enem

1. (UEL-PR) A mitose é uma divisão celular, na qual uma célula duplica o seu conteúdo, dividindo-se em duas, ditas células-filhas. Cada uma destas células-filhas se divide, dando origem a outras duas, totalizando quatro células-filhas e, assim, o processo continua se repetindo sucessivamente.

Assinale a alternativa que corresponde, corretamente, à função que representa o processo da mitose.

a) $f: \mathbb{Z} \to \mathbb{N}$, dada por $f(x) = x^2$

b) $f: \mathbb{Z} \to \mathbb{N}$, dada por $f(x) = 2^x$

c) $f: \mathbb{N}^* \to \mathbb{N}$, dada por $f(x) = 2^x$

d) $f: \mathbb{R}_+ \to \mathbb{R}_+$, dada por $f(x) = 2^x$

e) $f: \mathbb{R}_+ \to \mathbb{R}_+^*$, dada por $f(x) = 2^x$

2. (Uerj) Admita que a ordem de grandeza de uma medida x é uma potência de base 10, com expoente n inteiro, para $10^{n-\frac{1}{2}} \leq x < 10^{n+\frac{1}{2}}$. Considere que um terremoto tenha liberado uma energia E, em joules, cujo valor numérico é tal que $\log_{10} E = 15{,}3$. A ordem de grandeza de E, em joules, equivale a:

a) 10^{14}
b) 10^{15}
c) 10^{16}
d) 10^{17}

3. (UFSM-RS) Quando um elemento radioativo, como o Césio 137, entra em contato com o meio ambiente, pode afetar o solo, os rios, as plantas e as pessoas. A radiação não torna o solo infértil, porém tudo que nele crescer estará contaminado. A expressão $Q(t) = Q_0 e^{-0{,}023t}$ representa a quantidade, em gramas, de átomos radioativos de Césio 137 presentes no instante t, em dias, onde Q_0 é a quantidade inicial. O tempo, em dias, para que a quantidade de Césio 137 seja a metade da quantidade inicial é igual a:

Use $\ln 2 = 0{,}69$

a) 60
b) 30
c) 15
d) 5
e) 3

4. (PUC-RJ) Se $\log_{\frac{1}{2}} x = -3$, então $\sqrt[3]{x} + x^2$ vale:

a) $\frac{3}{4}$
b) 6
c) 28
d) 50
e) 66

5. (Unesp-SP) No artigo "Desmatamento na Amazônia Brasileira: com que intensidade vem ocorrendo?", o pesquisador Philip M. Fearnside, do INPA, sugere como modelo matemático para o cálculo da área de desmatamento a função $D(t) = D(0) \cdot e^{k \cdot t}$, em que $D(t)$ representa a área de desmatamento no instante t, sendo t medido em anos desde o instante inicial, $D(0)$ a área de desmatamento no instante inicial $t = 0$, e k a taxa média anual de desmatamento da região. Admitindo que tal modelo seja representativo da realidade, que a taxa média anual de desmatamento (k) da Amazônia seja 0,6% e usando a aproximação $\ln 2 \cong 0{,}69$, o número de anos necessários para que a área de desmatamento da Amazônia dobre seu valor, a partir de um instante inicial prefixado, é aproximadamente:

a) 51
b) 115
c) 15
d) 151
e) 11

6. (PUC-PR) O número de bactérias N em um meio de cultura que cresce exponencialmente pode ser determinado pela equação $N = N_0 e^{kt}$ em que N_0 é a quantidade inicial, isto é, $N_0 = N(0)$ e k é a constante de proporcionalidade. Se inicialmente havia 5000 bactérias na cultura e 8000 bactérias 10 minutos depois, quanto tempo será necessário para que o número de bactérias se torne duas vezes maior que o inicial? (Dados: $\ln 2 = 0{,}69$; $\ln 5 = 1{,}61$ e t varia em horas)

a) 11 minutos e 25 segundos.
b) 11 minutos e 15 segundos.
c) 15 minutos.
d) 25 minutos.
e) 25 minutos e 30 segundos.

7. (Enem) A Agência Espacial Norte Americana (NASA) informou que o asteroide YU 55 cruzou o espaço entre a Terra e a Lua no mês de novembro de 2011. A ilustração a seguir sugere que o asteroide percorreu sua trajetória no mesmo plano que contém a órbita descrita pela Lua em torno da Terra. Na figura, está indicada a proximidade do asteroide em relação à Terra, ou seja, a menor distância que ele passou da superfície terrestre.

Disponível em: <http://noticias.terra.com.br> (adaptado).

Com base nessas informações, a menor distância que o asteroide YU 55 passou da superfície da Terra é igual a:

a) $3{,}25 \times 10^2$ km
b) $3{,}25 \times 10^3$ km
c) $3{,}25 \times 10^4$ km
d) $3{,}25 \times 10^5$ km
e) $3{,}25 \times 10^6$ km

Vestibulares e Enem

8. (UPE) Os biólogos observaram que, em condições ideais, o número de bactérias $Q(t)$ em uma cultura cresce exponencialmente com o tempo t, de acordo com a lei $Q(t) = Q_0 \cdot e^{kt}$, sendo $k > 0$ uma constante que depende da natureza das bactérias; o número irracional e vale aproximadamente 2,718 e Q_0 é a quantidade inicial de bactérias.

Se uma cultura tem inicialmente 6000 bactérias e, 20 minutos depois, aumentou para 12000, quantas bactérias estarão presentes depois de 1 hora?

a) $1,8 \times 10^4$

b) $2,4 \times 10^4$

c) $3,0 \times 10^4$

d) $3,6 \times 10^4$

e) $4,8 \times 10^4$

9. (FGV-SP) Se $\dfrac{m}{n}$ é a fração irredutível que é solução da equação exponencial $9^x - 9^{x-1} = 1.944$, então, $m - n$ é igual a:

a) 2

b) 3

c) 4

d) 5

e) 6.

10. (Unesp-SP) O cálculo aproximado da área da superfície externa de uma pessoa pode ser necessário para a determinação da dosagem de algumas medicações. A área A (em cm²) da superfície externa de uma criança pode ser estimada por meio do seu "peso" P (em kg) e da sua altura H (em cm) com a seguinte fórmula, que envolve logaritmos na base 10:
$\log A = 0{,}425 \log P + 0{,}725 \log H + 1{,}84$

(Delafield Du Bois e Eugene Du Bois.
A formula to estimate the approximate surface area if height and weight be known, 1916. Adaptado.)

Rafael, uma criança com 1m de altura e 16 kg de "peso", precisa tomar uma medicação cuja dose adequada é de 1mg para cada 100 cm² de área externa corporal. Determine a dose adequada dessa medicação para Rafael.
Adote nos seus cálculos log2 = 0,30 e a tabela a seguir.

x	10^x
3,3	1995
3,4	2512
3,5	3162
3,6	3981
3,7	5012
3,8	6310
3,9	7943

11. (UPF-RS) Sendo $\log_a x = 2$, $\log_b x = 3$ e $\log_c x = 5$, o valor de $\log_{abc} x$ é:

a) 30

b) 31

c) $\dfrac{31}{30}$

d) $\dfrac{30}{31}$

e) $\dfrac{1}{3}$

12. (Insper-SP) Analisando o comportamento das vendas de determinado produto em diferentes cidades, durante um ano, um economista estimou que a quantidade vendida desse produto em um mês (Q), em milhares de unidades, depende do seu preço (P), em reais, de acordo com a relação $Q = 1 + 4 \cdot (0{,}8)^{2P}$.

No entanto, em Economia, é mais usual, nesse tipo de relação, escrever o preço P em função da quantidade Q. Dessa forma, isolando a variável P na relação fornecida acima, o economista obteve

a) $P = \log_{0,8} \sqrt{\dfrac{Q-1}{4}}$.

b) $P = \log_{0,8} \dfrac{Q-1}{8}$.

c) $P = 0{,}5 \cdot {}^{0,8}\!\sqrt{\dfrac{Q-1}{4}}$.

d) $P = {}^{0,8}\!\sqrt{\dfrac{Q-1}{8}}$.

e) $P = 0{,}5 \cdot \log_{0,8} \dfrac{Q}{4} - 1$.

13. (Enem) Em setembro de 1987, Goiânia foi palco do maior acidente radioativo ocorrido no Brasil, quando uma amostra de césio-137, removida de um aparelho de radioterapia abandonado, foi manipulada inadvertidamente por parte da população. A meia-vida de um material radioativo é o tempo necessário para que a massa desse material se reduza à metade. A meia-vida do césio-137 é 30 anos e a quantidade restante de massa de um material radioativo, após t anos, é calculada pela expressão $M(t) = A \cdot (2{,}7)^{kt}$, onde A é a massa inicial e k é uma constante negativa.

Considere 0,3 como aproximação para $\log_{10} 2$.

Qual o tempo necessário, em anos, para que uma quantidade de massa do césio-137 se reduza a 10% da quantidade inicial?

a) 27

b) 36

c) 50

d) 54

e) 100

14. (Udesc) Considere a função $f(x) = \log_8 (x+3)^3$. A quantidade de números inteiros que pertencem ao conjunto solução da inequação $4 f(x) \leq 2x + 105$ é igual a:

a) 8

b) 12

c) 21

d) 19

e) 11

15. (Uece) O maior valor de k para o qual a desigualdade $\log_2 x + \log_x 2 \geq k$ se verifica para todo número real x maior do que um é:

a) 1,5

b) 2,0

c) 2,5

d) 3,0

16. (PUC-RJ) Seja $f(x) = 4^x - 6 \cdot 2^x + 8$.

a) Calcule $f(0)$.

b) Encontre todos os valores reais de x para os quais $f(x) = 168$.

c) Encontre todos os valores reais de x para os quais $f(x) < 0$.

17. (FGV-SP) Um investidor aplicou certa quantia, em reais, à taxa de juro composto de 1% ao mês. Neste problema, desprezando qualquer tipo de correção monetária devido à inflação, responda as perguntas a seguir.

a) Neste investimento, após 2 meses, seria possível resgatar o valor aplicado com lucro de R$ 4.020,00. Calcule o valor inicialmente aplicado.

b) No investimento indicado, é possível resgatar um montante de 4 vezes o capital inicialmente aplicado em 139,3 meses. Caso o cálculo fosse feito adotando-se log2 = 0,301 e log202 = 2,305 que são logaritmos com apenas 3 casas decimais de aproximação, seria obtido um valor aproximado de t anos. Chamando de $E = t - 139,3$ ao erro cometido no cálculo devido ao uso de apenas 3 casas decimais de aproximação nos logaritmos indicados, calcule E.

18. (Uerj) Ao digitar corretamente a expressão $\log_{10}(-2)$ em uma calculadora, o retorno obtido no visor corresponde a uma mensagem de erro, uma vez que esse logaritmo não é um número real.

Determine todos os valores reais de x para que o valor da expressão $\log_{0,1}(\log_{10}(\log_{0,1}(x)))$ seja um número real.

19. (UCS-RS) Uma escada de 15 m, encostada em uma parede, fica estável quando a distância do chão ao seu topo é 5 m maior que a distância da parede à base da escada. Nessa posição, qual é, em metros, aproximadamente, a altura que a escada alcança na parede, considerando que as bases da escada e da parede estão no mesmo nível? Use para o cálculo a aproximação $\log_{4,12} 17 \cong 2$.

a) 7,80

b) 8,24

c) 10,00

d) 12,80

e) 13,40

20. (UFRGS-RS) Se $10^x = 20^y$, atribuindo 0,3 para log2, então o valor de $\dfrac{x}{y}$ é:

a) 0,3

b) 0,5

c) 0,7

d) 1

e) 1,3

21. (FUVEST-SP) Use as propriedades do logaritmo para simplificar a expressão

$$S = \frac{1}{2 \cdot \log_2 2016} + \frac{1}{5 \cdot \log_3 2016} + \frac{1}{10 \cdot \log_7 2016}$$

O valor de S é

a) $\dfrac{1}{2}$

b) $\dfrac{1}{3}$

c) $\dfrac{1}{5}$

d) $\dfrac{1}{7}$

e) $\dfrac{1}{10}$

22. (FGV-SP) A soma dos montantes de n depósitos anuais, de valor R cada um, feitos nos anos 1, 2, 3, ..., n a juros compostos e à taxa anual i, calculados na data n, é dada pela fórmula:

$$S = R \frac{\left[(1+i)^n - 1\right]}{i}$$

Se forem feitos depósitos anuais de R$ 20 000,00 à taxa anual de 20%, o número n de depósitos para que a soma dos montantes seja R$ 148 832,00 é:

a) $\dfrac{\log 1,48832}{\log 1,2}$

b) $\dfrac{\log 3,48832}{\log 1,2}$

c) $\dfrac{\log 0,48832}{\log 1,2}$

d) $\dfrac{\log 4,48832}{\log 1,2}$

e) $\dfrac{\log 2,48832}{\log 1,2}$

DESAFIO

(IME-RJ) Resolver o sistema de equações

$$\begin{cases} \sqrt{x} - \sqrt{y} = \log_3 \dfrac{y}{x} \\ 2^{x+2} + 8^x = 5 \cdot 4^y \end{cases}$$

Função logarítmica   Capítulo 16   **247**

EXPLORANDO HABILIDADES E COMPETÊNCIAS

Transformando produtos em somas

No passado, antes das calculadoras eletrônicas, muitos resultados eram encontrados em tabelas. É o caso da própria tabuada e das tabelas trigonométricas que você já conhece e que foram muito utilizadas para resolver cálculos complicados sem o uso de aparelhos eletrônicos.

Multiplicações e divisões que fazemos até hoje sem dificuldade seriam praticamente impossíveis de serem realizadas se não soubéssemos os resultados da tabuada. Algumas multiplicações, entretanto, continuaram sendo um empecilho para o cálculo sem calculadora, como por exemplo, 0,087156 x 0,999391.

Uma forma que era amplamente utilizada para esse tipo de cálculo era o uso das tabelas trigonométricas e de algumas regras de transformação de produto em soma. Para esse caso, seria feito o seguinte:

Fórmula: sen(a) . cos (b) = [sen (a + b) + sen (a – b)]:2
Olhando para a tabela, temos:
0,087156 x 0,999391 = sen (5°) . cos (2°)
Aplicando a fórmula, temos:
[sen (5° + 2°) + sen (5° – 2°)]:2 = [sen (7°) + sen (3°)]:2
Desse modo, transformou-se a multiplicação em uma adição:
0,087156 x 0,999391 = (0,121869 + 0,99863) : 2
= 0,1742053 : 2 = 0,08710265

Ângulo	Seno	Cosseno
0°	0	1
1°	0,017452	0,999848
2°	0,034899	0,999391
3°	0,052336	0,99863
4°	0,069756	0,997564
5°	0,087156	0,996195
6°	0,104528	0,994522
7°	0,121869	0,992546

Esse método ficou conhecido como **prostaférese** e foi amplamente utilizado em cálculos de navegação e astronomia. Embora facilitasse os cálculos, ele não era ainda ideal, uma vez que nem todos os resultados constavam das tabelas e o tempo para realizar tais transformações era ainda dispendioso.

Ainda na época das Grandes Navegações, em 1550, nasceu John Napier, matemático escocês. Em 1614 Napier publicou *Mirifici logarithmorum canonis descriptio* (Uma descrição do maravilhoso cânon de logaritmos), obra em que desenvolveu um novo método para simplificação de multiplicações.

Baseado nas conhecidas propriedades de potências, Napier propunha uma nova maneira de transformar multiplicações em somas. A descrição de seu método consistia em utilizar uma tabela contendo todas as potências de um determinado número e assim utilizar as propriedades para simplificar os cálculos. Veja o exemplo:

Observe nesse exemplo que, em vez de calcular 49 · 343, foi preciso apenas somar 2 com 3 e usar a tabela para encontrar o resultado. Note também que os números na linha de baixo são as potências que resultam quando elevamos a base 7 a cada um dos expoentes da linha de cima.

Veja que usando essa tabela (dada apenas para valores inteiros do expoente *x*), não é possível calcular nenhuma multiplicação de números que não estejam na linha de baixo.

O trabalho de Napier consistiu então em escolher uma base conveniente e calcular qual expoente aplicado nessa base resulta em cada um dos números que se deseja multiplicar. Napier deu a esses expoentes o nome de logaritmos.

Observe agora uma parte da tabela completa de logaritmos para a base 10:

		0	1	2	3	4	5	6	7	8	9
Característica 0	1	0000	0414	0792	1139	1461	1761	2041	2304	2553	2788
	2	3010	3222	3424	3617	3802	3979	4150	4314	4472	4624
	3	4771	4914	5051	5185	5315	5441	5563	5682	5798	5911
	4	6021	6128	6232	6335	6435	6532	6628	6721	6812	6902
	5	6990	7076	7160	7243	7324	7404	7482	7559	7634	7709
	6	7782	7853	7924	7993	8062	8129	8195	8261	8325	8388
	7	8451	8513	8573	8633	8692	8751	8808	8865	8921	8976
	8	9031	9085	9138	9191	9242	9294	9345	9395	9445	9404
	9	9542	9590	9638	9685	9731	9777	9823	9868	9912	9956
Característica 1	10	0000	0043	0086	0128	0170	0212	0253	0294	0334	0374
	11	0414	0453	0492	0531	0569	0607	0645	0682	0719	0755
	12	0792	0828	0864	0899	0934	0969	1004	1038	1072	1106
	13	1139	1173	1206	1239	1271	1303	1335	1367	1399	1430
	14	1461	1492	1523	1553	1584	1614	1644	1673	1703	1732
	15	1761	1790	1818	1847	1875	1903	1931	1959	1987	2014
	16	2041	2068	2095	2122	2148	2175	2201	2227	2253	2279
	17	2304	2330	2355	2380	2405	2430	2455	2480	2504	2529
	18	2553	2577	2601	2625	2648	2672	2695	2718	2742	2765
	19	2788	2810	2833	2856	2878	2900	2923	2945	2967	2989
	20	3010	3032	3054	3075	3096	3118	3139	3160	3181	3201
	21	3222	3243	3263	3284	3304	3324	3345	3365	3385	3404
	22	3424	3444	3464	3483	3502	3522	3541	3560	3579	3598
	23	3617	3636	3655	3674	3692	3711	3729	3747	3766	3784
	24	3802	3820	3838	3856	3874	3892	3909	3927	3945	3962
	25	3979	3997	4014	4031	4048	4065	4082	4099	4116	4133
	26	4150	4166	4183	4200	4216	4232	4249	4265	4281	4298
	27	4314	4330	4346	4362	4378	4393	4409	4425	4440	4456
	28	4472	4487	4502	4518	4533	4548	4564	4579	4594	4609
	29	4624	4639	4654	4669	4683	4698	4713	4728	4742	4757

Nessa tabela, a característica é a parte inteira do logaritmo e a parte decimal é encontrada na tabela. Assim, podemos calcular o produto $1,8 \cdot 11,5$ utilizando logaritmos:

• Para o 1,8 encontramos 0 como parte inteira e, olhando na linha 1, coluna 8, encontramos 2553 como parte decimal.

• Para o 11,5 encontramos 1 como parte inteira e, olhando na linha 11, coluna 5, encontramos 0607 como parte decimal.

Logo:

$$1,8 \cdot 11,5 = 10^{0,2553} \cdot 10^{1,0607} = 10^{(0,2553 + 1,0607)} = 10^{1,3160}$$

Observando a tabela, temos $1,3160 = \log 20,7$. Então, $1,8 \cdot 11,5 = 20,7$.

Questões e investigações

1. Multiplique $1,8 \cdot 11,5$ e verifique o resultado dado no exemplo.

2. Utilizando esse método e a tabela acima, calcule $3,5 \cdot 4,4$.

3. Utilizando a tabela e o que você sabe sobre propriedades de potências, encontre um valor aproximado para $1,4^{2,7}$. Em seguida, verifique em uma calculadora científica se seu resultado está correto.

Função logarítmica Capítulo 16 249

UNIDADE 6

SEQUÊNCIAS NUMÉRICAS

Cada um dos planetas do Sistema Solar tem um período de translação em torno do Sol. Assim, por exemplo, Júpiter, o maior planeta desse sistema, a cada 11 anos e 315 dias completa sua translação em torno do Sol.

Nesta unidade, estudaremos duas sequências importantes: progressão aritmética e progressão geométrica. Essas sequências numéricas estão, muitas vezes, relacionadas a padrões numéricos.

Representação das órbitas dos planetas em torno do Sol. Sistema solar. Ilustração sem escalas; cores-fantasia.

CAPÍTULO 17 — SEQUÊNCIAS

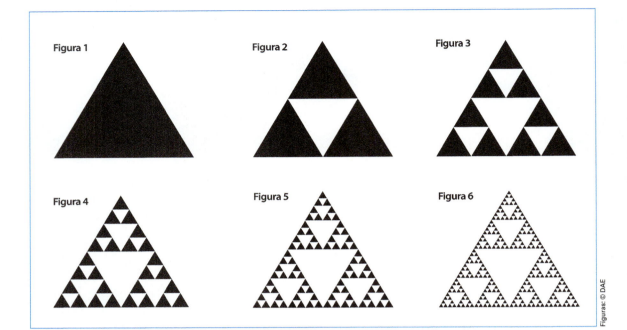

Observe atentamente a sequência acima, formada por triângulos equiláteros.

A formação dessa sequência pode ser descrita assim:

▸ Construir um triângulo equilátero.

▸ Construir internamente no triângulo construído, a partir de seus pontos médios, um novo triângulo equilátero, eliminando o triângulo central.

▸ Repetir indefinidamente os dois procedimentos anteriores para os triângulos restantes.

É dessa forma que construímos o chamado **triângulo de Sierpinski**. Trata-se de uma figura geométrica obtida por meio de um processo recursivo. Representa uma das formas elementares da chamada geometria **fractal** por apresentar algumas propriedades interessantes, entre as quais destaca-se a de ser autossemelhante, isto é, por uma de suas partes ser idêntica ao todo.

Utilizando a sequência de triângulos construídos e observando, por exemplo, a quantidade de triângulos brancos e pretos, podemos construir a seguinte tabela:

	Fig. 1	Fig. 2	Fig. 3	Fig. 4	Fig. 5	Fig. 6
Número de triângulos brancos	0	1	4	13	40	????
Número de triângulos pretos	1	3	9	27	81	????

Questões e reflexões

1. Qual é a quantidade de triângulos pretos na 6ª figura da sequência?

2. Sem construir a figura 7, você poderia informar a quantidade de triângulos pretos que ela terá, mantendo-se o mesmo padrão de construção? Explique.

Neste capítulo abordaremos aspectos gerais a respeito de sequências numéricas.

Sequências numéricas

CALENDÁRIO 2020

Janeiro

Dom	Seg	Ter	Qua	Qui	Sex	Sáb
			1	2	3	4
5	6	7	8	9	10	11
12	13	14	15	16	17	18
19	20	21	22	23	24	25
26	27	28	29	30	31	

Fevereiro

Dom	Seg	Ter	Qua	Qui	Sex	Sáb
						1
2	3	4	5	6	7	8
9	10	11	12	13	14	15
16	17	18	19	20	21	22
23	24	25	26	27	28	29

Março

Dom	Seg	Ter	Qua	Qui	Sex	Sáb
1	2	3	4	5	6	7
8	9	10	11	12	13	14
15	16	17	18	19	20	21
22	23	24	25	26	27	28
29	30	31				

Abril

Dom	Seg	Ter	Qua	Qui	Sex	Sáb
			1	2	3	4
5	6	7	8	9	10	11
12	13	14	15	16	17	18
19	20	21	22	23	24	25
26	27	28	29	30		

Maio

Dom	Seg	Ter	Qua	Qui	Sex	Sáb
					1	2
3	4	5	6	7	8	9
10	11	12	13	14	15	16
17	18	19	20	21	22	23
24	25	26	27	28	29	30
31						

Junho

Dom	Seg	Ter	Qua	Qui	Sex	Sáb
	1	2	3	4	5	6
7	8	9	10	11	12	13
14	15	16	17	18	19	20
21	22	23	24	25	26	27
28	29	30				

Julho

Dom	Seg	Ter	Qua	Qui	Sex	Sáb
			1	2	3	4
5	6	7	8	9	10	11
12	13	14	15	16	17	18
19	20	21	22	23	24	25
26	27	28	29	30	31	

Agosto

Dom	Seg	Ter	Qua	Qui	Sex	Sáb
						1
2	3	4	5	6	7	8
9	10	11	12	13	14	15
16	17	18	19	20	21	22
23	24	25	26	27	28	29
30	31					

Setembro

Dom	Seg	Ter	Qua	Qui	Sex	Sáb
		1	2	3	4	5
6	7	8	9	10	11	12
13	14	15	16	17	18	19
20	21	22	23	24	25	26
27	28	29	30			

Outubro

Dom	Seg	Ter	Qua	Qui	Sex	Sáb
				1	2	3
4	5	3	6	8	9	10
11	12	10	13	15	16	17
18	19	17	20	22	23	24
25	26	24	27	29	30	31

Novembro

Dom	Seg	Ter	Qua	Qui	Sex	Sáb
1	2	3	4	5	6	7
8	9	10	11	12	13	14
15	16	17	18	19	20	21
22	23	24	25	26	27	28
29	30					

Dezembro

Dom	Seg	Ter	Qua	Qui	Sex	Sáb
		1	2	3	4	5
6	7	8	9	10	11	12
13	14	15	16	17	18	19
20	21	22	23	24	25	26
27	28	29	30	31		

Figuras: © DAE

A ideia de sequência ou sucessão pode ser observada em diversas situações. Assim, por exemplo, em relação ao tempo, podemos identificar a sucessão dos meses de um ano, a sucessão dos dias de um mês e a dos dias de uma semana, como no calendário do ano 2020.

Os anos em que são realizadas as Copas do Mundo de futebol e os anos em que são realizadas as Olimpíadas são também exemplos curiosos a respeito de sequências. Tanto as Copas quanto as Olimpíadas são realizadas de 4 em 4 anos. Isso representa um padrão numérico. Se a última Olimpíada ocorreu no ano 2016, a próxima será realizada em 2020.

São exemplos de sequências:

▸ Os sete dias de uma semana formam uma sequência, sendo cada um deles um de seus termos. Essa sequência pode ser representada por:

(domingo, segunda-feira, terça-feira, quarta-feira, quinta-feira, sexta-feira, sábado)

Sequências   Capítulo 17   253

▶ A sequência dos números naturais ímpares possui infinitos termos e é representada por:

(1, 3, 5, 7, 9, 11, 13, 15, 17, ...) → Sequência infinita

▶ A sequência dos dias do mês de fevereiro de 2020 possui 29 termos e é representada por:

(1, 2, 3, 4, 5, 6, ..., 28, 29) → Sequência finita

Nos exemplos apresentados de sequências há certa ordem nos elementos, isto é, nos termos. Assim, se considerarmos a sequência formada pelos nomes dos dias da semana, teremos:

1º termo	domingo
2º termo	segunda-feira
3º termo	terça-feira
4º termo	quarta-feira
5º termo	quinta-feira
6º termo	sexta-feira
7º termo	sábado

Há uma notação especial para representar os termos de uma sequência. Nela, utilizamos em geral a letra *a* com um índice numérico. Assim, por exemplo, ainda sobre a sucessão dos dias da semana, temos:

a_1 → domingo
a_2 → segunda-feira
a_3 → terça-feira
a_4 → quarta-feira
a_5 → quinta-feira
a_6 → sexta-feira
a_7 → sábado

Note que o índice indica a posição do termo na sequência. Caso queiramos representar uma sequência qualquer de termos numéricos, escrevemos:

$(a_1, a_2, a_3, a_4, a_5, a_6, ..., a_n, ...)$

Nessa notação, a_n é o termo genérico de ordem *n* – isto é, um termo que ocupa a enésima posição –, a_1 representa o 1º termo, a_2 o 2º termo, e assim por diante.

▶ **Sequência finita:**

Uma sequência finita de *n* termos é uma função cujo domínio é {1, 2, 3, ..., n}. Os elementos do conjunto imagem são indicados por:

$a_1 = f(1), a_2 = f(2), a_3 = f(3), ..., a_n = f(n)$

▶ **Sequência infinita:**

Uma sequência infinita é uma função cujo domínio é $\mathbb{N}^*$. Os elementos do conjunto imagem são indicados por:

$a_1 = f(1), a_2 = f(2), a_3 = f(3), ..., a_n = f(n), ...$

Observação:

Em uma sequência numérica, o contradomínio é o conjunto dos números reais. Veja:

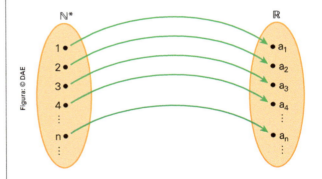

No diagrama está representada uma sequência infinita. Assim, todos os elementos do domínio estariam relacionados com algum elemento do contradomínio.

Exemplo:

Na sequência formada pelos 10 primeiros números inteiros positivos múltiplos de 3, temos:

(3, 6, 9, 12, 15, 18, 21, 24, 27, 30)

$a_1 = 3$	$a_6 = 18$
$a_2 = 6$	$a_7 = 21$
$a_3 = 9$	$a_8 = 24$
$a_4 = 12$	$a_9 = 27$
$a_5 = 15$	$a_{10} = 30$

Determinação de uma sequência

Algumas sequências podem ser definidas por meio de fórmulas, isto é, por uma **lei de formação** ou um **termo geral**. A lei de formação permite obter cada termo conhecendo-se a posição que ele ocupa na sequência correspondente.

Exemplo:

Vamos considerar a sequência formada pelos múltiplos naturais do número 7 na tabela:

1º termo: a_1	0 ou $7 \cdot 0$
2º termo: a_2	7 ou $7 \cdot 1$
3º termo: a_3	14 ou $7 \cdot 2$
4º termo: a_4	21 ou $7 \cdot 3$
5º termo: a_5	28 ou $7 \cdot 4$
6º termo: a_6	35 ou $7 \cdot 5$
...	...
n-ésimo termo: a_n	$7 \cdot (n - 1)$

▶ Na última linha dessa tabela está indicado o enésimo termo em função de n, ou seja, o termo geral ou a lei de formação da sequência. Atribuindo-se valores a n, podemos obter os termos dessa sequência:

$a_n = f(n) = 7 \cdot (n - 1)$

$n = 1 \rightarrow a_1 = f(1) = 7 \cdot (1 - 1) = 0$

$n = 2 \rightarrow a_2 = f(2) = 7 \cdot (2 - 1) = 7$

$n = 3 \rightarrow a_3 = f(3) = 7 \cdot (3 - 1) = 14$

$\vdots$

$n = 20 \rightarrow a_{20} = f(20) = 7 \cdot (20 - 1) = 133$

$\vdots$

Exemplo:

Vamos escrever a sequência numérica definida por:

$$\begin{cases} a_1 = 10 \\ a_n = a_{n-1} - 2, \text{ para } n \in \mathbb{N}^*, n \geqslant 2 \end{cases}$$

▶ Como conhecemos o primeiro termo, podemos obter a partir dele os demais, fazendo:

$n = 2 \rightarrow a_2 = a_1 - 2 = 10 - 2 = 8$

$n = 3 \rightarrow a_3 = a_2 - 2 = 8 - 2 = 6$

$n = 4 \rightarrow a_4 = a_3 - 2 = 6 - 2 = 4$

$n = 5 \rightarrow a_5 = a_4 - 2 = 4 - 2 = 2$

$\vdots$

Portanto, temos a sequência (10, 8, 6, 4, 2, ...).

Observações:

1. Nesse exemplo foi utilizada uma maneira diferente de expressar uma sequência, conhecida como fórmula de recorrência. Note que a fórmula de recorrência, nesse exemplo, é formada por duas regras: a primeira identifica o primeiro termo da sequência e a segunda permite calcular cada termo com base no termo anterior.

2. Outra maneira de determinar uma sequência é caracterizando-a por meio de uma propriedade de seus termos. Considere o exemplo a seguir.

Vamos obter uma sequência conforme a seguinte propriedade: sequência crescente formada por números naturais que são primos.

▶ A propriedade dada indica que os termos serão números primos, isto é, números naturais que apresentam apenas dois divisores naturais (o próprio número e a unidade). Vamos escrever os 10 primeiros termos dessa sequência:

(2, 3, 5, 7, 11, 13, 17, 19, 23, 29, ...)

Sequência dos números naturais primos

Já na época dos pitagóricos a disposição dos números de acordo com certas regularidades despertava a atenção. Sequências muitas vezes intrigantes levavam as pessoas a se debruçarem sobre elas, na tentativa de desvendar enigmas e curiosidades.

Sequências   Capítulo 17   255

Exemplos:

1. Os números triangulares

Vamos considerar a sequência (1, 3, 6, 10, 15, 21, ...), dita sequência dos números triangulares devido à forma geométrica que é possível associar a cada um de seus termos.

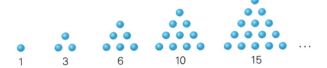

Essa sequência é formada segundo um padrão numérico cuja fórmula de recorrência é dada por:

$$\begin{cases} a_1 = 1 \\ a_n = a_{n-1} + n, \text{ para } n \in \mathbb{N}^*, n \geq 2 \end{cases}$$

Questões e reflexões

1. Explique com suas palavras como é formada a sequência dos números triangulares.
2. Qual é o 6º termo dessa sequência? E o 7º termo?

2. Os números quadrados

Vamos considerar a sequência (1, 4, 9, 16, 25, 36, ...), dita sequência dos números quadrados (são os números naturais quadrados perfeitos) devido à forma geométrica que é possível associar a cada um de seus termos.

Há uma curiosidade interessante relacionada aos quadrados perfeitos e aos números ímpares. Podemos obter os quadrados perfeitos por meio da somas de números ímpares:

$1 = 1^2$

$1 + 3 = 2^2$

$1 + 3 + 5 = 3^2$

$1 + 3 + 5 + 7 = 4^2$

$1 + 3 + 5 + 7 + 9 = 5^2$

$1 + 3 + 5 + 7 + 9 + 11 = 6^2$

⋮

Observação:

Outra curiosidade é a relação entre o quadrado de somas de números naturais e a soma de cubos de números naturais:

$1^2 = 1^3$

$(1 + 2)^2 = 1^3 + 2^3$

$(1 + 2 + 3)^2 = 1^3 + 2^3 + 3^3$

$(1 + 2 + 3 + 4)^2 = 1^3 + 2^3 + 3^3 + 4^3$

$(1 + 2 + 3 + 4 + 5)^2 = 1^3 + 2^3 + 3^3 + 4^3 + 5^3$

⋮

A sequência de Fibonacci

Vamos considerar a sequência formada por números naturais, conforme a fórmula de recorrência:

$$\begin{cases} a_1 = 1 \\ a_2 = 1 \\ a_{n+2} = a_n + a_{n+1}, n \in \mathbb{N}^* \end{cases}$$

▸ Como conhecemos os dois primeiros termos, cada termo, a partir do terceiro, é igual à soma dos dois termos imediatamente anteriores. Assim, temos:

$a_1 = 1$

$a_2 = 1$

$a_3 = a_1 + a_2 = 1 + 1 = 2$

$a_4 = a_2 + a_3 = 1 + 2 = 3$

$a_5 = a_3 + a_4 = 2 + 3 = 5$

$a_6 = a_4 + a_5 = 3 + 5 = 8$

$a_7 = a_5 + a_6 = 5 + 8 = 13$

⋮

Questões e reflexões

1. Escreva os três próximos números da sequência de Fibonacci.
2. Pesquise sobre a contribuição de Fibonacci a respeito do sistema de numeração decimal. Que obra ele escreveu?

Exercícios resolvidos

1. Considere que $a_n = 4n - 1$ é o termo geral de uma sequência de números reais, com $n \in \mathbb{N}^*$.

a) Calcule o 3º e o 6º termos dessa sequência.
b) Qual é a posição do termo igual a 43?
c) Calcule $a_{12} - a_5$.
d) Verifique se 1 257 é termo dessa sequência.

a) Como os termos dessa sequência satisfazem a relação $a_n = 4n - 1$, temos que:
$a_3 = 4 \cdot 3 - 1 = 11$ e $a_6 = 4 \cdot 6 - 1 = 23$
b) $a_n = 43 \Rightarrow 4n - 1 = 43 \Rightarrow 4n = 44 \therefore n = 11$
c) $a_{12} - a_5 = 4 \cdot 12 - 1 - (4 \cdot 5 - 1) = 47 - 19 = 28$.
d) $a_n = 1257 \Rightarrow 4n - 1 = 1257 \Rightarrow 4n = 1258 \Rightarrow$
$\Rightarrow n = 314,5$. Como n não é um número natural, 1 257 não é um dos termos dessa sequência.

2. No quadro abaixo, considere alguns termos de uma sequência numérica:

$a_1 = 1$	$a_2 = 4$	$a_3 = 9$	$a_4 = 16$	$a_5 = 25$

a) Quais são os próximos quatro termos dessa sequência?
b) Escreva uma expressão correspondente ao termo geral dessa sequência em função de um número natural n diferente de zero.

a) Observe que a sequência é formada pelos quadrados perfeitos de n, com $n \in \mathbb{N}^*$. Assim,
$a_6 = 36, a_7 = 49, a_8 = 64$ e $a_9 = 81$.
b) $a_n = n^2$ ($n \in \mathbb{N}^*$).

3. Escreva a sequência formada pelos cinco números primos maiores que 70 e menores que 90.

A sequência é (71, 73, 79, 83, 89).

4. Escreva o termo geral da sequência formada por:
$2, \dfrac{3}{4}, \dfrac{4}{9}, \dfrac{5}{16}, \dfrac{6}{25}, \dfrac{7}{36}, \ldots$

Observe que a sequência pode ser reescrita como:
$\dfrac{1+1}{1^2}, \dfrac{2+1}{2^2}, \dfrac{3+1}{3^2}, \dfrac{4+1}{4^2}, \dfrac{5+1}{5^2}, \dfrac{6+1}{6^2}, \ldots,$
$\dfrac{n+1}{n^2}, \ldots$

Assim, $a_n = \dfrac{n+1}{n^2}, n \in \mathbb{N}^*$.

Exercício proposto

1. Escreva, em seu caderno, a sucessão dada pelo termo geral $a_n = 3_n$, com $n \in \{1, 2, 3, 4, 5\}$.

2. A partir dos termos gerais definidos nos itens abaixo, escreva, em seu caderno, os quatro primeiros termos de cada sequência, considerando $n \in \mathbb{N}^*$.
a) $a_n = 2n + 1$
b) $a_n = 3n - 1$
c) $a_n = 3 \cdot 2^{n-1}$
d) $a_n = 2n^2 - 1$

3. Determine o quarto termo da sequência dada por $a_n = -3 + 5n$, com $n \in \mathbb{N}^*$.

4. O termo geral de uma sequência é dado por $a_n = \left(\dfrac{1}{2}\right)^{n-1}$. Encontre a posição k do termo $a_k = 0,25$.

5. Considere uma função $f: \mathbb{N}^* \to \mathbb{R}$ definida por $f(x) = 4x - 11$.
a) Construa a sequência numérica formada pelos seguintes valores: $f(1); f(2); f(3); f(4); f(5); \ldots$
b) Explique como essa sequência é formada.
c) Represente no plano cartesiano o gráfico dessa função.

6. Considere uma função $f: \mathbb{N}^* \to \mathbb{R}$ definida por $f(x) = -7x + 1$.
a) Construa a sequência numérica formada pelos seguintes valores: $f(1); f(2); f(3); f(4); f(5); \ldots$
b) Explique como essa sequência é formada.
c) Represente no plano cartesiano o gráfico dessa função.

7. Escreva os cinco primeiros termos da sequência definida por $a_n = 2 \cdot 3^n$, considerando que $n \in \mathbb{N}^*$.

8. Obtenha a sequência numérica formada pelos valores de $f(1); f(2); f(4); f(8); f(16); \ldots$, considerando que $f(x) = \log_2 x$.

9. A figura a seguir representa uma sequência de quadrados construídos a partir do menor deles, cuja medida do lado é 1 cm. Observe que cada quadrado, exceto o menor, tem como medida do lado a diagonal de outro quadrado.

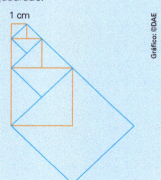

a) Escreva os seis termos da sequência formada pelas medidas dos lados desses quadrados, do menor para o maior.

b) Construa a sequência correspondente às áreas dos seis quadrados, sabendo que o primeiro termo dessa sequência é a área do quadrado de lado 1 cm.

10. Considere um triângulo equilátero de lado medindo L cm. Ligando-se os pontos médios de seus lados, obtém-se um novo triângulo equilátero. Novamente, ligando-se os pontos médios desse último triângulo, chega-se a outro triângulo, e assim sucessivamente, como sugere a figura ao lado.

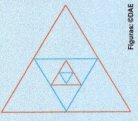

Escreva a sequência decrescente formada pelas medidas dos quatro primeiros triângulos equiláteros assim construídos.

11. Para que as figuras ao lado formem uma sequência, quantos cubos devem ser acrescentados para formar a próxima figura? O décimo termo será formado por quantos cubos?

Ilustração sem escala; cores-fantasia.

12. Elabore um problema similar ao da atividade 10, porém com um quadrado, como sugere a figura abaixo.

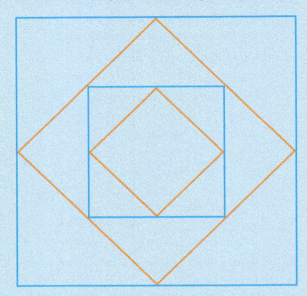

13. Escreva o termo geral da sequência formada por $1, \dfrac{1}{2}, \dfrac{1}{3}, \dfrac{1}{4}, \dfrac{1}{5}, \ldots$

14. Escreva os quatro primeiros termos da sequência cujo termo geral é:

$$\begin{cases} a_1 = 8 \\ a_{n+1} = a_n \cdot \dfrac{1}{2}, \text{ com } n \in \mathbb{N}^* \end{cases}$$

HISTÓRIA DA MATEMÁTICA

Vamos destacar agora um pouco sobre a história e o surgimento das sequências e séries, assim como as contribuições dos matemáticos que estudaram e desenvolveram algumas propriedades e aplicações de sequências.

Zenão de Eléa (490-425 a.C.) escreveu um livro com 40 paradoxos relativos ao contínuo e ao infinito. Pelo menos quatro dos paradoxos influenciaram o desenvolvimento da Matemática para explicar os fenômenos relevantes. Infelizmente, o livro não sobreviveu até os tempos modernos, assim conhecemos estes paradoxos a partir de outras fontes. Os paradoxos de Zenão sobre o movimento desconcertaram matemáticos por séculos. No final, eles reduzem a soma de um número infinito de termos positivos a um número finito, o qual é a essência da convergência de uma série infinita de números. Vários matemáticos contribuíram para o entendimento das propriedades de sequências e séries.

Zenão não foi o único matemático da Antiguidade a trabalhar com sequências. Diversos matemáticos da Grecia antiga usaram seu método de exaustão (um argumento sequencial) para medir áreas de figuras e regiões. Usando sua técnica refinada de raciocínio, chamada de "método",

Arquimedes (287-212 a.C.) alcançou vários resultados importantes envolvendo áreas e volumes de figuras e sólidos. Na verdade, ele construiu diversos exemplos e tentou explicar como somas infinitas poderiam ter resultados finitos. Entre seus resultados, consta que a área sob um arco parabólico é sempre dois terços da base vezes a altura. Seu trabalho não foi tão completo ou rigoroso como o daqueles matemáticos que vieram depois e desenvolveram sequências e séries, como Newton e Leibniz, mas foi tão impressionante quanto. Embora Arquimedes tenha sido obstruído pela falta de precisão e notação eficiente, foi capaz de descobrir muitos dos elementos da análise moderna de sequências e séries.

O próximo contribuinte importante para esta área da Matemática foi Fibonacci (1170-1240).

No limiar do século XIII, despontou a figura de Leonardo Fibonacci ("Leonardo filho de Bonaccio", c. 1175-1250), o matemático mais talentoso da Idade Média. Também conhecido como Leonardo de Pisa (ou Leonardo Pisano), Leonardo nasceu em Pisa, centro comercial importante, onde seu pai era ligado aos negócios mercantis.

Muitas das grandes cidades comerciais italianas daqueles tempos mantinham entrepostos em várias partes do mundo mediterrâneo. Esse foi o caminho que levou Leonardo a receber parte de sua educação em Bejaia, norte da África, onde seu pai fora desempenhar uma função alfandegária.

As atividades do pai logo despertaram no garoto um interesse pela aritmética, que se canalizou, posteriormente, para extensas viagens ao Egito, à Sicília, à Grécia e à Síria, onde pôde entrar em contato direto com os procedimentos matemáticos orientais e árabes. Inteiramente convencido da superioridade prática dos métodos indo-arábicos de cálculo, Fibonacci, em 1202, logo depois de retornar a sua terra natal, publicou sua famosa obra intitulada *Liber abaci*.

Conhecemos esse trabalho através de uma segunda versão surgida em 1228. O trabalho se ocupa de aritmética e álgebra elementares e, embora seja em essência uma pesquisa independente, mostra a influência das álgebras de al-Khwârizmî e Abû Kâmil. O livro ilustra com profusão e defende com energia a notação indo-arábica, muito se devendo a ele pela introdução desses numerais na Europa.

Leonardo Fibonacci (1170?-1240?).

EVES, Howard. *Introdução à história da matemática*. 2. ed. Campinas: Ed. da Unicamp, 1997. p. 292-293.

Leonardo Fibonacci descobriu uma sequência de inteiros na qual cada número é igual à soma dos dois antecessores (1,1,2,3,5,8,...), introduzindo-a em termos de modelagem de uma população reprodutiva de coelhos. Essa sequência tem muitas propriedades curiosas e interessantes, e continua sendo aplicada em várias áreas da Matemática moderna e da ciência.

Durante o mesmo período, astrônomos chineses desenvolveram técnicas numéricas para analisar resultados experimentais. Nos séculos XIII e XIV, matemáticos chineses usaram a ideia de diferenças finitas para analisar tendências em seus dados. Hoje, métodos como os deles são usados para entender o comportamento a longo prazo e os limites de sequências infinitas. Esse trabalho inicial na Ásia levou a mais investigação e análise de várias progressões e séries, mas teve pouca influência sobre os matemáticos europeus.

Fontes: EVES, Howard. *Introdução à história da matemática*. 2. ed. Campinas: Ed. da Unicamp, 1997. p. 292-293; <www.mat.ufmg.br/calculoII/h1sese.html>. Acesso em: 5 fev. 2016.

QUESTÕES

De acordo com o texto, responda:

1. Quais foram os matemáticos citados no texto que estudaram e desenvolveram algumas propriedades e aplicações de sequências?

2. Qual descoberta de Leonardo Fibonacci ainda é utilizada nos dias atuais?

3. Quais foram os outros povos que nos séculos XIII e XIV desenvolveram técnicas numéricas?

CAPÍTULO 18
PROGRESSÃO ARITMÉTICA

O quadro abaixo mostra o planejamento feito para o faturamento de uma pequena empresa nos seis primeiros meses do ano. Nesse planejamento, de um mês para o seguinte, considerou-se sempre um mesmo aumento no planejamento.

Mês	Faturamento
Janeiro	R$ 1 440,00
Fevereiro	R$ 1 520,00
Março	R$ 1 600,00
Abril	R$ 1 680,00
Maio	R$ 1 760,00
Junho	R$ 1 840,00

Questões e reflexões

Considerando que a previsão de crescimento do faturamento se mantenha ao longo dos próximos seis meses, responda:

Qual é o valor previsto para o faturamento no mês de julho? E no mês de agosto?

Nessa previsão de faturamento é possível observar que a sequência formada pelos números correspondentes tem uma regularidade: cada termo a partir do segundo é o anterior acrescido de uma constante. Esse tipo de sequência é definido como progressão aritmética.

> **Progressão aritmética** é toda sequência numérica na qual cada termo, a partir do segundo, é igual ao termo anterior adicionado a uma constante. Essa constante é chamada de **razão** da progressão.

Uma progressão aritmética também pode der conceituada da seguinte maneira: sequência numérica na qual a diferença entre cada termo – a partir do segundo – e o termo anterior é constante. Representamos a constante pela letra r (razão da progressão aritmética)

$$r = a_2 - a_1 = a_3 - a_2 = a_4 - a_3 = \ldots = a_n - a_{n-1} = \ldots$$

São exemplos de progressões aritméticas (P.A.):

▶ (10, 15, 20, 25, 30, 35, 40, 45, ...)

É uma progressão aritmética infinita de razão $r = 5$. Temos aqui um exemplo de progressão aritmética crescente.

▶ $(7\sqrt{2}, 4\sqrt{2}, \sqrt{2}, -2\sqrt{2}, -5\sqrt{2}, -8\sqrt{2})$

É uma progressão aritmética finita de razão $r = -3\sqrt{2}$. Temos aqui um exemplo de progressão aritmética decrescente.

▶ (7, 7, 7, 7, 7, ...)

É uma progressão aritmética infinita de razão $r = 0$. Temos aqui um exemplo de progressão aritmética constante.

▶ (0, 1, 2, 3, 4, 5, 6, ...)

A sequência formada pelos números naturais é um exemplo de progressão aritmética de razão igual a 1.

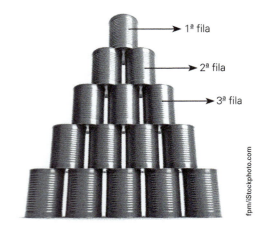

Questões e reflexões

1. A pilha de latas ilustrada na página anterior foi construída com base em um padrão numérico na quantidade de latas. Qual é esse padrão?

2. A sequência formada pelos números naturais pares é uma P.A.? E a sequência formada pelos números naturais ímpares?

De modo geral, representamos uma progressão aritmética por:

$$(a_1, a_2, a_3, a_4, a_5, a_6, ..., a_n, ...)$$

Observações:

1. De acordo com a razão r, podemos classificar as progressões aritméticas da seguinte maneira:

▸ Se $r > 0$, a progressão aritmética é crescente.

▸ Se $r < 0$, a progressão aritmética é decrescente.

▸ Se $r = 0$, a progressão aritmética é constante.

2. Quando consideramos três termos consecutivos em progressão aritmética, o termo do meio é a média aritmética dos outros dois. Essa é uma propriedade que pode ser obtida por meio da definição de P.A. Considere, por exemplo, a progressão aritmética $(..., a, b, c, ...)$.

▸ Como um termo menos o seu antecedente resulta na razão da sequência, temos:

$$b - a = c - b$$
$$2b = a + c \Rightarrow b = \frac{a + c}{2}$$

Termo geral de uma progressão aritmética

Numa progressão aritmética, quando conhecemos o primeiro termo e a razão, podemos obter o segundo termo. A partir do segundo, adicionando a razão, chegamos ao terceiro termo. Tendo o terceiro e acrescentando a razão, obtemos o quarto termo, e assim sucessivamente. Esse procedimento permite chegar em qualquer termo que desejarmos, porém é muito trabalhoso. Há uma relação matemática que permite calcular qualquer termo de uma progressão aritmética conhecendo-se apenas o primeiro termo e a razão. Essa relação é chamada fórmula do termo geral da P.A. Vamos obtê-la da seguinte maneira:

$$a_2 = a_1 + r$$
$$a_3 = a_2 + r = a_1 + r + r = a_1 + 2r$$
$$a_4 = a_3 + r = a_1 + 2r + r = a_1 + 3r$$
$$a_5 = a_4 + r = a_1 + 3r + r = a_1 + 4r$$
$$a_6 = a_5 + r = a_1 + 4r + r = a_1 + 5r$$
$$\vdots$$

Observando que o coeficiente da razão, nos casos particulares acima, é uma unidade inferior ao índice do termo considerado, podemos dizer que, de modo geral:

$$a_n = a_1 + (n - 1) \cdot r \ \textbf{(fórmula do termo geral)}$$

Nessa relação, temos:

▸ $a_n \rightarrow$ termo geral

▸ $a_1 \rightarrow$ primeiro termo

▸ $n \rightarrow$ número de termos (ou ordem do termo)

▸ $r \rightarrow$ razão da progressão aritmética

Exemplos:

1. Vamos obter o 100° termo da progressão aritmética $(-7, -3, 1, 5, 9, ...)$.

▸ Temos o primeiro termo igual a -7 e a razão da P.A. igual a 4. Assim, substituindo n por 100 na fórmula do termo geral, vem:
$$a_{100} = a_1 + 99r$$
$$a_{100} = -7 + 99 \cdot 4 \Rightarrow a_{100} = 389$$

Progressão aritmética **Capítulo 18** 261

2. Vamos determinar o número de termos da progressão aritmética (25, 30, 35, 40, 45, ..., 285).

▶ Como conhecemos o primeiro termo, a razão e o último termo, utilizamos a fórmula do termo geral para obter a quantidade de termos:

$a_n = a_1 + (n-1) \cdot r$
$285 = 25 + (n-1) \cdot 5$
$285 = 25 + 5n - 5$
$265 = 5n \Rightarrow n = 53$

Portanto, são 53 termos nessa sequência.

Observação:

Mencionamos anteriormente a propriedade de que, quando temos três termos consecutivos em progressão aritmética, o termo do meio é a média aritmética dos outros dois termos. Além dessa propriedade, temos a seguinte:

▶ A soma de dois termos equidistantes dos extremos é igual à soma dos termos extremos.

Essa propriedade pode ser assim justificada:

Considere a progressão aritmética finita de n termos, em que os termos a_p e a_q sejam equidistantes dos extremos, ou seja, $p - 1 = n - q$:

$(a_1, a_2, a_3, ..., a_p, ..., a_q, ..., a_{n-2}, a_{n-1}, a_n)$

Utilizando a fórmula do termo geral, vamos expressar a_p e a_q:

$a_p = a_1 + (p-1) \cdot r$
$a_q = a_1 + (q-1) \cdot r$

Adicionando membro a membro essas igualdades, vem:

$a_p + a_q = a_1 + (p-1) \cdot r + a_1 + (q-1) \cdot r$
$a_p + a_q = a_1 + a_1 + [(p-1) + (q-1)] \cdot r$
$a_p + a_q = a_1 + a_1 + [p - 1 + q - 1] \cdot r$
↓
$p - 1 = n - q$
$a_p + a_q = a_1 + a_1 + [n - q + q - 1] \cdot r$
$a_p + a_q = a_1 + a_1 + (n-1) \cdot r$
$a_p + a_q = a_1 + a_n$

Exemplo:

A soma de três números reais é 24, e o produto deles é 440. Vamos determinar esses números.

▶ Existe um artifício interessante para representar três números desconhecidos em progressão aritmética: $(x - r, x, x + r)$. Assim, conforme as informações, temos:

Soma dos três números:

$x - r + x + x + r = 24$
$3x = 24$
$x = 8$

Produto dos três números:

$(8 - r) \cdot 8 \cdot (8 + r) = 440$
$64 - r^2 = 55$
$r^2 = 9 \rightarrow \begin{cases} r = 3 \rightarrow (5, 8, 11) \\ r = -3 \rightarrow (11, 8, 5) \end{cases}$

Portanto, os números são 5, 8 e 11.

Funções e progressão aritmética

Há uma relação direta entre uma progressão aritmética e uma função afim. Para observar melhor essa relação, vamos considerar, por exemplo, a progressão aritmética $(-5, -2, 1, 4, 7, 10, ...)$. Essa sequência é uma função f de domínio $\mathbb{N}^*$, formado pelos índices que indicam a ordem de seus termos, como ilustrado no diagrama a seguir.

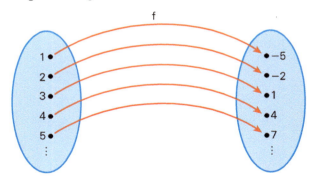

Representando essa função no plano cartesiano, temos um conjunto formado por pontos:

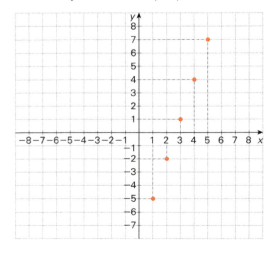

Note que, embora os pontos estejam alinhados, o gráfico não é uma reta, mas um conjunto de pontos alinhados. Isso se deve ao fato de o domínio ser formado por valores de x que pertencem aos naturais diferentes de zero. Utilizando a fórmula do termo geral da progressão aritmética, podemos obter o termo de ordem n em função de n, cuja função é uma função afim com domínio em $\mathbb{N}^*$, isto é:

$(-5, -2, 1, 4, 7, 10, ...)$

$a_n = a_1 + (n-1) \cdot r$

$a_n = -5 + (n-1) \cdot 3$

$a_n = 3n - 8 \Rightarrow a_n = f(n) = 3n - 8$ — Função afim com domínio em $\mathbb{N}^*$.

Observação:

A taxa de crescimento da função afim, com domínio em $\mathbb{N}^*$, representa a razão da progressão aritmética. Assim, quando em algum fenômeno se diz que o crescimento é em progressão aritmética, significa que esse crescimento é linear (gráfico formado por pontos alinhados).

Exemplo:

Vamos considerar a função afim definida no conjunto dos reais por $f(x) = -4x + 5$ e obter a sequência formada por:

$(f(1), f(2), f(3), f(4), ...)$

▸ Substituindo x na lei de formação da função por valores em $\mathbb{N}^*$, temos:

$f(1) = -4 \cdot 1 + 5 = 1$

$f(2) = -4 \cdot 2 + 5 = -3$

$f(3) = -4 \cdot 3 + 5 = -7$

$f(4) = -4 \cdot 4 + 5 = -11$

⋮

A sequência obtida é $(1, -3, -7, -11, ...)$, ou seja, uma progressão aritmética de razão 4.

Interpolação aritmética

Numa progressão aritmética finita $(a_1, a_2, a_3, ..., a_n)$, os termos a_1 e a_n são chamados termos extremos, enquanto todos os demais são chamados meios. Uma situação interessante associada à progressão aritmética é aquela em que fornecemos os dois termos extremos da sequência e desejamos inserir meios entre eles, de modo a obter uma progressão aritmética. Temos aí um problema de **interpolação aritmética**.

> Interpolar ou inserir k meios aritméticos entre dois números dados (extremos) é obter uma progressão aritmética na qual os dois números dados sejam o primeiro e o último termos.

Exemplo:

Vamos inserir oito meios aritméticos entre -2 e 133. Para isso, devemos obter a razão da progressão aritmética formada por dez termos:

$(-2, \_, \_, \_, \_, \_, \_, \_, \_, 133)$

▸ Pela fórmula do termo geral, temos:

$a_n = a_1 + (n-1) \cdot r$

$a_{10} = a_1 + 9r$

$133 = -2 + 9r$

$135 = 9r \Rightarrow r = 15$

Assim, a progressão aritmética é $(-2, 13, 28, 43, 58, 73, 88, 103, 118, 133)$.

Exemplo:

Vamos considerar que entre duas circunferências concêntricas de diâmetros 1 cm e 13 cm você tenha de desenhar cinco outras circunferências, de tal forma que os diâmetros dessas circunferências formem uma progressão aritmética, como sugere o desenho abaixo.

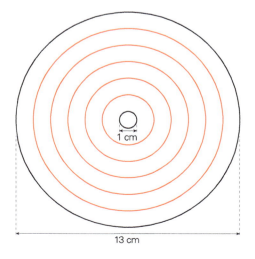

Questões e reflexões

1. Se os diâmetros estiverem em progressão aritmética, qual será a razão dessa sequência?
2. Quais são as medidas dos diâmetros?

Juro simples

Você já ouviu falar em juros simples?

Considere, por exemplo, a seguinte situação: Marta emprestou a quantia de R$ 2 500,00 de uma amiga. Foi combinado que não haveria pressa em quitar a dívida, mas a cada mês sem pagamento seriam cobrados juros de 2% sobre a quantia emprestada. Supondo que Marta não pague essa dívida ao longo de 6 meses, vamos elaborar uma tabela indicando mês a mês sua dívida total.

▶ Como 2% de R$ 2 500,00 é igual a R$ 50,00, temos:

Mês	Juros simples	Dívida
1º	50,00	2 550,00
2º	50,00	2 600,00
3º	50,00	2 650,00
4º	50,00	2 700,00
5º	50,00	2 750,00
6º	50,00	2 800,00

Note que a dívida aumenta em progressão aritmética de razão 50. Quando os juros são cobrados na modalidade juros simples, o cálculo é feito somente sobre o capital inicial (no nosso exemplo, o dinheiro emprestado).

Veremos no próximo volume desta coleção que, além desse tipo de modalidade, existe também a de juros compostos.

EXPLORANDO

O gráfico de colunas a seguir foi elaborado em uma planilha eletrônica com os dados correspondentes à situação apresentada anteriormente.

1. Considere a mesma dívida de R$ 2 500,00 ao longo de 6 meses, mas a juros simples de 1,5% ao mês. Elabore uma tabela e também um gráfico de colunas (utilizando uma planilha eletrônica) com os valores, mês a mês, dessa dívida, considerando que não houve pagamentos.
2. Agora, elabore uma tabela, mas calculando a dívida mês a mês da seguinte maneira: a dívida de um mês corresponde à dívida do mês anterior com o acréscimo de 1,5% sobre o saldo devedor.

264 Unidade 6 Sequências numéricas

Exercícios resolvidos

1. Considere uma P.A. em que o primeiro termo é -4 e a razão é 3.

a) Calcule o valor do 12º termo dessa P.A.

b) O número 83 ocupa qual posição nessa P.A?

a) Com $a_1 = -4$ e $r = 3$, temos que:

$a_n = a_1 + (n - 1) \cdot r \Rightarrow a_{12} = -4 + (12 - 1) \cdot 3 = -4 + 33 = 29$

Portanto, o 12º termo dessa P.A. é 29.

b) Sendo $a_n = 83$, temos que:

$a_n = a_1 + (n - 1) \cdot r \Rightarrow 83 = -4 + (n - 1) \cdot 3 \Rightarrow$
$\Rightarrow 83 = -4 + 3n - 3 \Rightarrow 90 = 3n \Rightarrow n = 30$

Portanto, 83 é o 30º termo dessa P.A.

2. Em uma P.A., o sétimo termo é -21, e o décimo quarto termo é -42. Determine o primeiro termo dessa P.A.

Sendo $a_1, a_2, a_3, ...$ essa P.A., temos que:

$a_{14} = a_7 + (14 - 7) \cdot r \Rightarrow -42 = -21 + 7 \cdot r \therefore r = -3$

Conhecendo a razão e mais um termo, conseguimos calcular a_1:

$a_7 = a_1 + 6 \cdot r \Rightarrow -21 = a_1 + 6 \cdot (-3) \therefore a_1 = -3$

3. Quantos números múltiplos de 6 existem entre 71 e 200?

Temos que encontrar o primeiro e o último múltiplo de 6 entre 71 e 200. Observe que 60 é múltiplo de 6 e, assim, 66 e 72 também são múltiplos de 6. Temos também que 180 é múltiplo de 6 (180 = 60 · 3) e, assim, 186, 192 e 198 também são múltiplos de 6. Logo, temos a P.A. de razão 6: (72, 78, ..., 192, 198). Sendo $a_1 = 72$, $r = 6$ e $a_n = 198$, temos que:

$a_n = a_1 + (n - 1) \cdot r \Rightarrow 198 = 72 + (n - 1) \cdot 6 \Rightarrow$
$\Rightarrow 198 = 72 + 6n - 6 \Rightarrow 132 = 6n \Rightarrow n = 22$

Portanto, existem 22 múltiplos de 6 entre 71 e 200.

4. Interpole 7 meios aritméticos entre -27 e 61 e escreva essa sequência.

Essa P.A. tem nove termos, sendo $a_1 = -27$ e $a_9 = 61$. Assim:

$a_9 = a_1 + (9 - 1) \cdot r \Rightarrow 61 = -27 + 8r \Rightarrow r = 11$

Logo, a sequência é $(-27, -16, -5, 6, 17, 28, 39, 50, 61)$.

5. Observe esta sequência: $(-14, -9, -4, 1, 6, 11, 16, ...)$.

a) Escreva a lei de formação de uma função afim f(n), com $n \in \mathbb{N}^*$, para a sequência dada.

b) Qual é a taxa de crescimento da função f?

a) Temos que $a_1 = -14$ e $r = 5$. Assim:

$a_n = a_1 + (n - 1) \cdot r \Rightarrow a_n = -14 + (n - 1) \cdot 5 \Rightarrow$
$\Rightarrow a_n = 5n - 19$

Logo, a lei de formação da função é $f(n) = 5n - 19$, $n \in \mathbb{N}^*$.

b) A taxa de crescimento da função é de 5 unidades.

Exercícios propostos

1. Obtenha os cinco primeiros termos de uma P.A., dados:

a) $a_3 = 6, r = 2$

b) $a_1 = 6, r = -1$

c) $a_5 = 15, r = -3$

2. Determine a razão de cada uma das progressões aritméticas; em seguida, classifique-as como crescente, decrescente ou constante.

a) (3; 6; 9; 12; 15; ...)

b) $(-100; -90; -80; -70; ...)$

c) (24; 20; 16; 12; 8; ...)

d) (x; x + 3; x + 6; x + 9; x + 12; ...)

e) $\left(\dfrac{1}{4}; \dfrac{1}{2}; \dfrac{3}{4}; 1; \dfrac{5}{4}\right)$

f) $(\sqrt{2}; \sqrt{2}; \sqrt{2}; \sqrt{2}; ...)$

3. Determine o valor de a para que $(2a, 3a - 1, 5a + 1)$ seja uma P.A. decrescente.

4. Qual é a razão da P.A. $\left(6, \dfrac{11}{2}, 5, \dfrac{9}{2}, 4, ...\right)$? Esta P.A. é crescente ou decrescente?

5. Os polígonos a seguir estão dispostos de forma a evidenciar a progressão aritmética do número de lados. Quantos lados terá o próximo polígono?

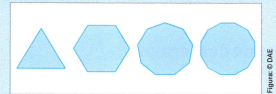

6. Ao atrasarmos o pagamento de impostos, a multa é cobrada em relação ao número de dias atrasados. Sobre certo imposto incide multa de 12 reais no primeiro dia e, nos dias subsequentes, o valor cobrado no dia anterior acrescido de 5 reais. Assim, no primeiro dia a multa é de 12 reais; no segundo dia, 17 reais; e no terceiro dia, 22 reais. De quanto será a multa no décimo dia?

7. Elabore:

   a) uma sequência numérica que não seja progressão aritmética.

   b) uma sequência numérica que seja uma progressão aritmética crescente formada por cinco termos, de tal maneira que a soma dos termos seja igual a zero.

   c) um problema que relacione progressão aritmética com medidas dos ângulos internos de um polígono convexo.

8. Considere que uma sequência numérica tem o termo geral dado por $a_n = (n + 1)^2 - (n - 1)^2$, para todo $n \in \mathbb{N}^*$. Responda:

   a) Essa sequência é uma progressão aritmética?

   b) Qual é o maior número com dois algarismos que é um termo dessa sequência?

   c) Todos os múltiplos naturais de 2 são termos dessa sequência?

   d) Essa sequência admite 988 como um de seus termos?

9. Escreva os dez primeiros termos de uma P.A. cujo termo geral é $a_n = 13 - 3n$ e $n \in \mathbb{N}^*$.

10. Se o termo geral de uma P.A. é $a_n = 2n + 1$, com $n \geqslant 1$, qual é o 15º termo?

11. Considere a P.A. (100, 93, 86,...). Qual é a posição do termo de valor 23?

12. Se em uma P.A. de razão $r = 8$ o 17º termo é 79, calcule o primeiro termo dessa progressão.

13. Numa P.A., $a_6 + a_8 = 54$. Calcule a_7.

14. Determine o número de termos da P.A. (4; 7; 10; ...; 136).

15. Na P.A. de razão $r = -7$, com $a_1 = 100$, o termo 37 ocupa qual posição?

16. Em uma P.A., temos $a_6 = 42$ e $a_9 = 33$. Determine a razão dessa P.A. e a_1.

17. Dos números compreendidos entre 100 e 1000, quantos são múltiplos de 6?

18. Em uma P.A. com 18 termos, o primeiro é -20 e o último é 48. Determine o décimo termo.

19. Em um retângulo de perímetro igual a 14 cm, as medidas dos lados e da diagonal formam, nessa ordem, uma progressão aritmética.

   a) Determine a medida dos lados e da diagonal desse retângulo.

   b) Obtenha a razão dessa progressão aritmética.

20. Um estacionamento cobra, para veículos de passeio, R\$ 4,50 pela primeira hora. A partir da segunda hora, cujo valor é R\$ 3,50, até a oitava hora, cujo valor é R\$ 1,10, os preços caem em progressão aritmética. Quanto pagará uma pessoa que deixar seu carro estacionado por um período de 6 horas?

21. Em um desfile comemorativo de Sete de setembro foi organizado um grupo de motoqueiros, dispostos em 6 filas, de modo a formar um triângulo. Na primeira fila havia apenas uma moto, na segunda fila duas motos, e assim por diante, constituindo uma progressão aritmética. Qual é o número total de motos que participaram do desfile?

22. Um atleta corre 20 km na primeira hora de prova. Nas demais horas, seu ritmo segue em progressão aritmética de razão -4 km. Nesse ritmo, em quantas horas ele completará os 56 km da prova?

23. Interpole sete meios aritméticos entre 1 e 25.

24. Os lados de um triângulo retângulo têm suas medidas (em cm) em progressão aritmética de razão $r = 3$, conforme a figura a seguir.

   a) Determine o valor de x.

   b) Obtenha as medidas dos lados desse triângulo.

25. Elabore um problema que relacione uma função afim com progressão aritmética.

26. Elabore um problema que relacione juros simples com progressão aritmética.

Soma dos termos

Leia o texto a seguir.

Carl foi uma das mais notáveis crianças prodígio, dessas que aparecem de raro em raro. Diz-se que com a idade de três anos detectou um erro aritmético no borrador de seu pai. Há uma história segundo a qual o professor de Carl na escola pública, quando ele tinha dez anos de idade, teria passado à classe, para mantê-la ocupada, a tarefa de somar os números de 1 a 100. Quase que imediatamente Carl colocou sua lousa sobre a escrivaninha do irritado professor. Quando as lousas foram finalmente viradas, o professor surpreso verificou que Carl tinha sido o único a acertar a resposta correta, 5 050, mas sem fazê-la acompanhar de nenhum cálculo. Carl havia mentalmente calculado a soma da progressão aritmética $1 + 2 + 3 + \ldots + 98 + 99 + 100$, observando que $100 + 1 = 101$, $99 + 2 = 101$, $98 + 3 = 101$, e assim por diante, com

266   **Unidade 6** Sequências numéricas

os cinquenta pares possíveis dessa maneira, sendo a soma portanto $50 \cdot 101 = 5050$. Mais tarde, quando adulto, Gauss costumava jactar-se de ter aprendido a contar antes de aprender a falar.

Carl Friedrich
Gauss (1777-1855)

Eves, Howard. *Introdução à história da Matemática*. Tradução: Hygino H. Domingues. Campinas: Ed. da Unicamp, 2004. p. 519.

Carl, no texto, é o primeiro nome de Carl Friedrich Gauss, personagem marcante pelas contribuições dadas à Matemática e à Física. O procedimento utilizado por Carl, conforme o texto, para o cálculo da soma dos números naturais de 1 a 100 pode ser utilizado para explicar como obter a soma dos termos de qualquer progressão aritmética, pois representa uma propriedade vista anteriormente:

> Em qualquer progressão aritmética finita, os termos equidistantes dos extremos têm a mesma soma que a dos termos extremos.

Utilizando essa propriedade, vamos agora considerar a soma dos *n* primeiros termos de uma progressão aritmética finita e obter uma fórmula para o cálculo dessa soma:

- Escrevemos a soma dos *n* termos de duas maneiras diferentes:

$S_n = a_1 + a_2 + a_3 + ... + a_{n-2} + a_{n-1} + a_n$ (I)
$S_n = a_n + a_{n-1} + a_{n-2} + ... + a_3 + a_2 + a_1$ (II)

- Adicionando membro a membro (I) e (II), vem:
$2 \cdot S_n = (a_1 + a_n) + (a_2 + a_{n-1}) + (a_3 + a_{n-2}) + ... + (a_{n-2} + a_3) + (a_{n-1} + a_2) + (a_n + a_1)$

- Considerando que as adições entre parênteses têm a mesma soma dos extremos, escrevemos:
$2 \cdot S_n = (a_1 + a_n) + (a_1 + a_n) + (a_1 + a_n) + ... + (a_1 + a_n) + (a_1 + a_n) + (a_1 + a_n)$

n pares à direita da igualdade,

$2 \cdot S_n = (a_1 + a_n) \cdot n$

$S_n = \left(\dfrac{a_1 + a_n}{2}\right) \cdot n$

> A soma dos *n* primeiros termos de uma progressão aritmética finita pode ser calculada pela relação: $S_n = \left(\dfrac{a_1 + a_n}{2}\right) \cdot n$, em que *n* é o número de termos, a_1 é o primeiro termo, e a_n é o último termo dessa sequência.

Exemplos:

1. Vamos calcular a soma dos 100 primeiros números naturais ímpares.

- A sequência é formada pelos seguintes números: $(1, 3, 5, ..., a_{100})$. Assim, precisamos calcular inicialmente o centésimo termo:

$a_n = a_1 + (n-1) \cdot r$
$a_{100} = a_1 + 99r$
$a_{100} = 1 + 99 \cdot 2 \Rightarrow a_{100} = 199$

- Substituindo na fórmula da soma:

$S_n = \left(\dfrac{a_1 + a_n}{2}\right) \cdot n$

$S_n = \left(\dfrac{a_1 + a_{100}}{2}\right) \cdot 100$

$S_{100} = \left(\dfrac{1 + 199}{2}\right) \cdot 100 \Rightarrow S_{100} = 10\,000$

2. Considere que a soma dos *n* termos de uma progressão aritmética seja dada por $S_n = n^2 + 4n$. Vamos obter, de duas maneiras diferentes, o 10º termo dessa sequência.

- Primeiro modo: calculamos o primeiro termo, a razão e, depois, o 10º termo:

$n = 1 \rightarrow S_1 = 1^2 + 4 \cdot 1$
$a_1 = 5$
$n = 2 \rightarrow S_2 = 2^2 + 4 \cdot 2$
$a_1 + a_2 = 12$
$5 + a_2 = 12 \Rightarrow a_2 = 7$
$r = a_2 - a_1 = 7 - 5 = 2$
$a_{10} = a_1 + 9r$
$a_{10} = 5 + 9 \cdot 2 \Rightarrow a_{10} = 23$

- Segundo modo: o 10º termo é igual à soma dos 10 primeiros termos menos a soma dos 9 primeiros termos:

$a_{10} = S_{10} - S_9$
$a_{10} = (10^2 + 4 \cdot 10) - (9^2 + 4 \cdot 9)$
$a_{10} = 140 - 117 \Rightarrow a_{10} = 23$

Progressão aritmética Capítulo 18 267

Exercícios resolvidos

1. Calcule a soma dos termos da P.A. (−23; −19; ...; 121).

Sendo r a razão da P.A., temos que:

$-23 + r = -19 \Rightarrow r = 4$

Sendo $a_n = 121$, temos que:

$a_n = a_1 + (n-1) \cdot r \Rightarrow 121 = -23 + (n-1) \cdot 4 \Rightarrow 4n = 148 \Rightarrow n = 37$

Logo,

$S_n = \dfrac{(a_1 + a_n)n}{2} \Rightarrow S_{37} = \dfrac{(-23 + 121)37}{2} = 1\,813$

Portanto, a soma dos termos da P.A. (−23; −19; ...; 121) é 1 813.

2. Determine a soma dos múltiplos de 3 que estão entre 1 000 e 2 000.

Por inspeção, verificamos que o primeiro e o último múltiplo de 3 no intervalo considerado são, respectivamente, 1 002 e 1 998.

Assim, a P.A. é (1 002; 1 005; ...; 1 998)

Sendo $a_n = 1\,998$, temos que:

$a_n = a_1 + (n-1) \cdot r \Rightarrow 1\,998 = 1\,002 + (n-1) \cdot 3 \Rightarrow 3n = 999 \Rightarrow n = 333$

Logo,

$S_n = \dfrac{(a_1 + a_n)n}{2} \Rightarrow S_{333} = \dfrac{(1\,002 + 1\,998)333}{2} \Rightarrow S_{333} = 499\,500$

Portanto, a soma dos múltiplos de 3 que estão entre 1 000 e 2 000 é 499 500.

Exercícios propostos

1. Qual é o número de termos que deve ter a P.A. (−12; −9; −6; −3; ...) para que a soma de todos os termos seja igual a zero?

2. Considere a P.A. (4, 9, 14, 19,...). Calcule a soma dos trinta primeiros termos.

3. A soma dos 30 primeiros termos de uma P.A. é igual a 1 440, e $a_{10} = 26$. Obtenha essa sequência.

4. Em uma P.A., a soma dos termos é igual a 480; a razão, $r = 2$; e o primeiro termo é 5. Determine a_n.

5. O perímetro de um triângulo retângulo é igual a 24 cm. As medidas dos lados desse triângulo estão em P.A. Se a hipotenusa mede 10 cm, quais são as medidas dos catetos?

6. Considere a soma de todos os números ímpares positivos formados por dois algarismos. Se dessa soma subtrairmos a soma de todos os números pares positivos também formados por dois algarismos, que resultado obteremos?

7. A letra grega Σ (lê-se: sigma) é usada para indicar o somatório de uma sequência. A expressão $\sum_{i=1}^{10} 3i$ representa o somatório dos termos de uma sequência, os quais são obtidos multiplicando 3 por i, com i variando de 1 até 10.
 a) Escreva os termos dessa sequência.
 b) Qual será o resultado obtido ao somarmos todos os termos dessa sequência?

8. As medidas, em graus, dos ângulos internos de um triângulo formam uma progressão aritmética. Se o menor desses ângulos mede 40°, qual deverá ser a medida dos outros dois ângulos?

9. Distribuindo-se bolinhas conforme mostra a figura a seguir, formamos uma sequência, de modo que em cada termo são acrescentadas duas bolinhas. Ao chegarmos ao 13º termo, qual será o total de bolinhas utilizadas em toda a sequência?

→ 1º termo

→ 2º termo

10. Várias agendas, com 2,5 cm de espessura cada uma, serão empilhadas sobre uma prateleira, dispostas da seguinte forma: na primeira pilha será colocada uma agenda e, nas seguintes, acrescenta-se uma agenda a cada nova pilha. Qual deverá ser a altura, em centímetros, da soma das nove primeiras pilhas?

Adilson Secco

11. Calcule o valor de k na equação a seguir, considerando que o primeiro membro é uma P.A.

$27 + 21 + 15 + ... + k = -600$.

12. Elabore dois problemas relacionados à progressão aritmética, conforme sugestão a seguir.
 a) Primeiro problema: relacionando as medidas dos ângulos internos de um quadrilátero com uma progressão aritmética.
 b) Segundo problema: observando uma situação em que a soma dos 9 primeiros termos de uma progressão aritmética seja igual a zero.

PROGRESSÃO GEOMÉTRICA

No capítulo anterior, apresentamos uma situação em que Marta fez um empréstimo de R$ 2 500,00, na modalidade juros simples. E se fossem cobrados dela juros sobre juros, isto é, juros compostos?

Vamos retomar a tabela em que o cálculo foi feito, considerando sempre juros fixos de R$ 50,00, para depois considerarmos juros compostos.

Mês	Juros simples	Dívida
1º	50,00	2 550,00
2º	50,00	2 600,00
3º	50,00	2 650,00
4º	50,00	2 700,00
5º	50,00	2 750,00
6º	50,00	2 800,00
...	...	...

Considerando que queremos agora calcular os juros sempre sobre o saldo devedor, mês a mês, vamos calcular o juro de 2%, isto é:

- 1º mês: 2 500 + 0,02 · 2 500 = = 2 500 + 50 = 2 550
- 2º mês: 2 550 + 0,02 · 2 550 = = 2 550 + 51 = 2 601
- 3º mês: 2 601 + 0,02 · 2 601 = = 2 601 + 52,02 = 2 653,02
- 4º mês: 2 653,02 + 0,02 · 2 653,02 = = 2 653,02 + 53,06 = 2 706,08
- 5º mês: 2 706,08 + 0,02 · 2 706,08 = = 2 706,08 + 54,12 = 2 760,20
- 6º mês: 2 760,20 + 0,02 · 2 760,20 = = 2 760,20 + 55,20 = 2 815,40

Organizando essas informações em uma tabela, temos:

Mês	Juros simples	Dívida
1º	50,00	2 550,00
2º	51,00	2 601,00
3º	52,02	2 653,02
4º	53,06	2 706,08
5º	54,12	2 760,20
6º	55,20	2 815,40

Observando as duas tabelas anteriores, podemos dizer que a dívida cresce em progressão aritmética quando a modalidade é juros simples.

E na modalidade juros compostos, como é o crescimento?

Questões e reflexões

Utilize uma calculadora, se necessário, e procure discutir com os colegas as respostas para as questões a seguir.

1. De quantos por cento é o aumento da dívida, mês a mês, na modalidade juros compostos?
2. Dividindo o valor da dívida em um mês pelo valor da dívida no mês imediatamente anterior, qual é o resultado obtido?

Nosso objetivo aqui não é o estudo de Matemática financeira, pois faremos isso no próximo livro. Entretanto, já é possível diferenciar juros simples de juros compostos. Uma forma é dizer que o saldo devedor (ou credor, conforme o caso), também chamado montante, cresce em progressão aritmética quando a modalidade é juros simples. Já quando a modalidade é juros compostos, o saldo cresce em progressão geométrica.

> **Progressão geométrica** é toda sequência numérica de termos não nulos, na qual cada termo, a partir do segundo, é igual ao termo anterior multiplicado por uma constante. Essa constante é chamada de **razão** da progressão.

Outra maneira de conceituar uma progressão geométrica (representada também por P.G.) é a seguinte: sequência de números na qual o quociente entre cada termo, a partir do segundo, e o termo anterior é constante. Representamos a constante pela letra q (razão da progressão geométrica).

$$(a_1, a_2, a_3, a_4, a_5, a_6, ..., a_n, ...)$$

$$q = \frac{a_2}{a_1} = \frac{a_3}{a_2} = \frac{a_4}{a_3} = ... = \frac{a_n}{a_{n-1}} = ...$$

Exemplo:

São exemplos de progressão geométrica (P.G.):

▶ (10, 20, 40, 80, 160, 320, 640, ...)

É uma progressão geométrica infinita de razão 2 (q = 2). Note que essa P.G. é **crescente**.

▶ $(7\sqrt{2}, 14, 14\sqrt{2}, 28, 28\sqrt{2})$

É uma progressão geométrica finita de razão $\sqrt{2}$ (q = $\sqrt{2}$). Aqui temos uma P.G. **crescente**.

▶ (8, 8, 8, 8, 8, 8, ...)

É uma progressão geométrica infinita de razão 1 (q = 1). Nesse exemplo, a P.G. é dita constante ou **estacionária**. Essa sequência é simultaneamente uma progressão geométrica e uma progressão aritmética (r = 0).

▶ $\left(4, 2, 1, \dfrac{1}{2}, \dfrac{1}{4}, \dfrac{1}{8}, ...\right)$

É uma progressão geométrica infinita de razão $\dfrac{1}{2}$ $\left(q = \dfrac{1}{2}\right)$. Nesse exemplo, a P.G. é dita **decrescente**.

▶ (−4, 8, −16, 32, −64, 128, ...)

É uma progressão geométrica infinita de razão −2 (q = −2). Nesse exemplo, a P.G. é dita **oscilante**.

Observações:

1. Quanto ao crescimento de uma progressão geométrica, portanto, temos as seguintes possibilidades: crescente, decrescente, estacionária (constante) ou oscilante.

2. Quando consideramos três termos consecutivos em progressão geométrica, o termo do meio é, em módulo, a média geométrica dos outros dois. Essa é uma propriedade que pode ser obtida a partir da definição de P.G. Considere, por exemplo, a progressão geométrica (..., a, b, c, ...).

▶ Como um termo dividido pelo seu antecedente resulta na razão da sequência, temos:

$$\frac{b}{a} = \frac{c}{b}$$

$$b^2 = a \cdot c$$

$$\sqrt{b^2} = \sqrt{a \cdot c}$$

↓

$$\sqrt{x^2} = |x|$$

$$|b| = \sqrt{a \cdot c}$$

Termo geral de uma progressão geométrica

Numa progressão geométrica, assim como em progressão aritmética, quando conhecemos o primeiro termo e a razão, podemos obter o segundo termo. A partir do segundo, multiplicando-o pela razão, chegamos ao terceiro termo. Tendo o terceiro, multiplicando-o também pela razão, obtemos o quarto termo, e assim sucessivamente. Imagine agora que queiramos determinar o centésimo termo da P.G. (1, −3, 9, −27, 81; ...). Claro que podemos obter o centésimo termo por construção, um a um. Porém, esse processo será muito trabalhoso. Há uma relação matemática que permite obter qualquer termo da P.G. conhecendo-se apenas o primeiro termo e a razão. Essa relação é chamada de fórmula do termo geral da P.G. Vamos obtê-la:

$$a_2 = a_1 \cdot q$$

$$a_3 = a_2 \cdot q = (a_1 \cdot q) \cdot q = a_1 \cdot q^2$$

$$a_4 = a_3 \cdot q = (a_1 \cdot q^2) \cdot q = a_1 \cdot q^3$$

$$a_5 = a_4 \cdot q = (a_1 \cdot q^3) \cdot q = a_1 \cdot q^4$$

$$\vdots$$

Observando que o expoente da razão, nos casos particulares acima, é uma unidade inferior ao índice do termo considerado, podemos dizer que, de modo geral:

$a_n = a_1 \cdot q^{n-1}$ (fórmula do termo geral)

Nessa relação, temos:

- $a_n \to$ termo geral
- $a_1 \to$ primeiro termo
- $n \to$ número de termos (ou ordem do termo)
- $q \to$ razão da progressão geométrica

Exemplo:

Vamos determinar o 10º termo da progressão geométrica (−1, 2, −4, ...).

- Como a razão da P.G. é igual a −2, o 10º termo é:
$a_{10} = a_1 \cdot q^9$
$a_{10} = (-1) \cdot (-2)^9$
$a_{10} = (-1) \cdot (-512) \Rightarrow a_{10} = 512$

Interpolação geométrica

Numa progressão geométrica finita ($a_1, a_2, a_3, ..., a_n$), os termos a_1 e a_n são chamados termos extremos, enquanto todos os demais são chamados meios. Assim, como ocorre com a progressão aritmética, também podemos considerar uma situação em que fornecemos os dois termos extremos da sequência e desejamos inserir entre eles meios, de modo a obter uma progressão geométrica. Temos aí um problema de **interpolação geométrica.**

> Interpolar ou inserir *k* meios geométricos entre dois números dados (extremos) é obter uma progressão geométrica na qual os dois números dados sejam o primeiro e o último termos.

Exemplo:

Vamos inserir cinco meios geométricos entre 3 e 192. Para isso, devemos obter a razão da progressão geométrica formada por sete termos:

(3, −, −, −, −, −, 192)

- Pela fórmula do termo geral, temos:
$a_n = a_1 \cdot q^{n-1}$
$a_7 = a_1 \cdot q^6$
$192 = 3 \cdot q^6$
$64 = \cdot q^6$
$q = \pm \sqrt[6]{64} \Rightarrow \begin{cases} q = 2 \\ q = -2 \end{cases}$

Assim, existem duas possibilidades para a razão da progressão: 2 ou −2.

Juros compostos

No começo do capítulo abordamos os juros compostos. Na situação apresentada, construímos a tabela a seguir, referente aos juros de 2% cobrados sobre um valor de R$ 2 500,00:

Mês	Juros simples	Dívida
1º	50,00	2 550,00
2º	51,00	2 601,00
3º	52,02	2 653,02
4º	53,06	2 706,08
5º	54,12	2 760,20
6º	55,20	2 815,40

A sequência formada pelos montantes (última coluna) é uma progressão geométrica de razão 1,02. Note que cada termo é 102% do termo anterior, ou seja, 2% a mais que o anterior:

▶ Começando com o valor R$ 2 500,00, a dívida nos meses seguintes, com o acréscimo de 2% na modalidade de juros compostos, é:

$$a_1 = 2500 \cdot 1,02$$

$$a_2 = 2500 \cdot 1,02 \cdot 1,02 = 2500 \cdot 1,02^2$$

$$a_3 = 2500 \cdot 1,02 \cdot 1,02 \cdot 1,02 = 2500 \cdot 1,02^3$$

⋮

Questões e reflexões

Utilize uma calculadora para responder à seguinte questão:
Aumentar mensalmente um valor em 2% é o mesmo que aumentar qual percentual em 1 ano?

OBSERVAÇÃO:
Multiplicar um número por 1,02 equivale a aumentar esse número em 2%.

Exercícios resolvidos

1. Numa P.G., o quarto termo é -24, e o sétimo termo é -192. Determine o segundo termo dessa P.G.

Sendo $a_4 = -24$ e $a_7 = -192$, podemos escrever a_7 como:

$$a_7 = a_4 \cdot q^{7-4} \Rightarrow a_7 = a_4 \cdot q^3$$

Assim:

$$a_7 = a_4 \cdot q^3 \Rightarrow -192 = -24 \cdot q^3 \Rightarrow q^3 = 8 \Rightarrow q = 2$$

Logo:

$$a_4 = a_2 \cdot q^{4-2} \Rightarrow a_4 = a_2 \cdot q^2 \Rightarrow -24 = a_2 \cdot 2^2 \Rightarrow \Rightarrow a_2 = -6$$

Portanto, o segundo termo dessa P.G. é igual a -6.

2. Considere a sequência $(2; x; 27)$. Determine o valor de x para que essa sequência seja uma progressão geométrica.

Temos que:

$$\frac{x}{2} = \frac{27}{x} \Rightarrow x^2 = 54 \Rightarrow x = \pm 3\sqrt{6}$$

Assim, a progressão geométrica pode ser $(2; 3\sqrt{6}; 27)$ de razão $\frac{3\sqrt{6}}{2}$ ou $(2; -3\sqrt{6}; 27)$ de razão $-\frac{3\sqrt{6}}{2}$.

3. O produto de três termos em P.G. é 1 728, e a soma desses três termos é 42. Sabendo que é uma P.G. crescente, escreva os três termos dessa P.G.

Sendo x o termo central e q a razão dessa progressão, podemos escrevê-la como $\left(\frac{x}{q}, x, xq\right)$. Assim,

$$\frac{x}{q} \cdot x \cdot xq = 1728 \Rightarrow x^3 = 1728 \Rightarrow x = 12.$$

Como a soma desses termos é 42, temos que:

$$\frac{12}{q} + 12 + 12q = 42 \Rightarrow 12 + 12q + 12q^2 = 42q \Rightarrow$$

$$\Rightarrow 2q^2 - 5q + 2 = 0 \Rightarrow q = 2 \text{ ou } q = \frac{1}{2} \text{ (Não}$$

convêm, pois a progressão é crescente.)
Portanto, a P.G. é $(6; 12; 24)$.

Exercícios propostos

1. A sequência (6, −12, 24, −48, 96, −192) é uma P.G. de seis termos. Qual é a razão *q*?

2. De acordo com a sequência, cada quadrado tem como medida do lado o dobro da medida do lado do quadrado anterior, e o lado do primeiro quadrado mede 1 cm.

   a) A sequência das medidas dos lados forma uma P.G. O que podemos dizer em relação à sequência dos perímetros dos quadrados?

   b) Como podemos representar o termo geral da sequência das medidas dos lados dos quadrados?

   c) Como podemos representar o termo geral da sequência dos perímetros?

   d) Escreva os oito primeiros termos de cada sequência.

3. Classifique cada P.G. como crescente, decrescente, constante ou oscilante e, em seguida, determine sua razão:

   a) (3, 6, 12, 24, 48, ...)
   b) (−100, −50, −25, ...)
   c) (5, −10, 20, −40, 80, ...)
   d) (3, 3, 3, 3, 3, ...)
   e) (5, 15, 45, 135, ...)
   f) (900, 450, 225, ...)

4. Se $x = 3$ ou $x = \frac{1}{2}$, a sequência (5, 2x + 4, 6x + 2) formará uma P.G. Classifique as progressões nos dois casos.

5. Os termos de uma P.G. são x, y, z, nessa ordem. Temos $x \cdot y \cdot z = 64$ e $x + y + z = -6$. Determine os valores de x, y e z.

6. Verifique se é progressão geométrica a sequência cujo termo geral é:

   a) $a_n = 2 \cdot 3^n$, para $n \in \mathbb{N}^*$.
   b) $a_n = 2 + 3^n$, para $n \in \mathbb{N}^*$.
   c) $a_n = 3 \cdot n^2$, para $n \in \mathbb{N}^*$.

7. Elabore uma progressão geométrica decrescente em que todos os seus termos sejam números reais negativos.

8. Invente um problema com quatro números não inteiros formando uma progressão geométrica.

9. Em uma P.G. finita, de razão $q = \frac{1}{2}$, o primeiro termo é 512. Determine o 7º termo dessa P.G.

10. Para que os números 2x; 6x − 4; 5x + 6 formem, nessa ordem, uma P.G., qual deverá ser o valor de *x*?

11. Escreva uma progressão geométrica:

    a) de quatro termos, em que $a_1 = -3$ e $q = 2$.
    b) de cinco termos, em que $a_1 = 100$ e $q = 0,5$.
    c) de quatro termos, em que $a_1 = 10^{-3}$ e $q = 10^2$.

12. Numa progressão geométrica decrescente, o 4º termo é igual a 64, e o 9º termo é 2. Então:

    a) obtenha a razão dessa progressão geométrica.
    b) determine o primeiro termo.
    c) calcule o sétimo termo.

13. Em cada progressão geométrica a seguir, determine o termo geral a_n:

    a) (7; 49; ...)
    b) (1; 4; ...)
    c) (10; 5; ...)
    d) ($\sqrt{3}$; 3; ...)

14. Considere que o termo geral de uma progressão geométrica seja dado por $a_n = -2 \cdot 3^{n-1}$, sendo *n* um número natural maior que zero. Assim, responda:

    a) Qual é o primeiro termo dessa sequência?
    b) Qual é o valor da razão dessa progressão geométrica?
    c) Qual é o quinto termo dessa sequência?

15. Escreva os seis primeiros termos de uma P.G., sabendo que $a_2 + a_3 = 4$ e $a_5 + a_6 = 108$.

16. Assim como em progressões aritméticas, em progressões geométricas também existem problemas de interpolação. Entre 4 e 4096 devem ser inseridos 9 meios geométricos. Determine:

    a) a razão dessa progressão geométrica.
    b) os termos inseridos.

Funções e progressão geométrica

Há uma relação direta entre uma progressão geométrica e uma função exponencial. Para observar melhor essa relação, vamos considerar, por exemplo, a progressão geométrica (1, 2, 4, 8, 16, ...). Essa sequência é uma função f de domínio $\mathbb{N}^*$ formada pelos índices que indicam a ordem de seus termos, como ilustrado no diagrama a seguir.

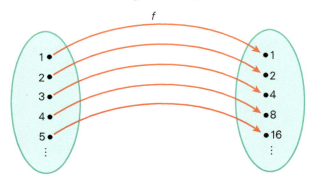

Representando essa função no plano cartesiano, temos um conjunto formado por pontos:

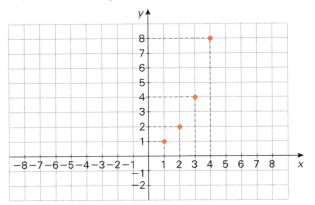

Note que esses pontos estão posicionados de acordo com uma curva exponencial. Utilizando a fórmula do termo geral da progressão geométrica, podemos obter o termo de ordem n em função de n, e essa função é do tipo exponencial com domínio em $\in \mathbb{N}^*$, isto é:

(1, 2, 4, 8, 16, ...)

$a_n = a_1 \cdot q^{n-1}$

$a_n = 1 \cdot 2^{n-1}$

$a_n = \dfrac{2^n}{2} \Rightarrow a_n = f(n) = \dfrac{1}{2} \cdot 2^n$ — Função exponencial com domínio em $\mathbb{N}^*$.

Exemplo:

Vamos considerar a função exponencial definida no conjunto dos reais por $f(x) = \left(\dfrac{1}{5}\right)^x$, e obter a sequência formada por $(f(1), f(2), f(3), f(4), ...)$

▸ Substituindo x na lei de formação da função por valores em $\mathbb{N}^*$, temos:

$f(1) = \left(\dfrac{1}{5}\right)^1 = \dfrac{1}{5}$

$f(2) = \left(\dfrac{1}{5}\right)^2 = \dfrac{1}{25}$

$f(3) = \left(\dfrac{1}{5}\right)^3 = \dfrac{1}{125}$

$f(4) = \left(\dfrac{1}{5}\right)^4 = \dfrac{1}{625}$

⋮

A sequência obtida é $\left(\dfrac{1}{5}, \dfrac{1}{25}, \dfrac{1}{125}, \dfrac{1}{625}, ...\right)$, ou seja, uma progressão geométrica de razão $\dfrac{1}{5}$.

Observações:

1. Uma função exponencial "transforma" valores reais de x que estão em progressão aritmética em valores, na mesma ordem, em progressão geométrica:

$(x_1, x_2, x_3, ...) \to$ P.A. (razão r)

$f(x) = a^x \to \begin{cases} f(x_1) = a^{x_1} \\ f(x_2) = a^{x_2} = a^{x_1 + r} = a^{x_1} \cdot a^r \\ f(x_3) = a^{x_3} = a^{x_1 + 2r} = a^{x_1} \cdot a^{2r} = a^{x_1} \cdot (a^r)^2 \\ \vdots \end{cases}$

$(f(x_1), f(x_2), f(x_3), ...) \to$ P.G. (razão $q = a^r$)

2. Uma função logarítmica "transforma" valores reais positivos de x que estão em progressão geométrica em valores, na mesma ordem, em progressão aritmética:

$(x_1, x_2, x_3, ...) \to$ P.G. (razão q)

$f(x) = \log_a x \to \begin{cases} f(x_1) = \log_a x_1 \\ f(x_2) = \log_a x_2 = \log_a(x_1 \cdot q) = \\ = \log_a x_1 + \log_a q \\ f(x_3) = \log_a x_3 = \log_a(x_1 \cdot q^2) = \\ = \log_a x_1 + 2\log_a q \\ \vdots \end{cases}$

$(f(x_1), f(x_2), f(x_3), ...) \to$ P.A. (razão $r = \log_a q$)

Exemplos:

1. Vamos mostrar que se os números positivos (a, b, c) estão em progressão geométrica, nessa ordem, os seus logaritmos decimais formam na mesma ordem uma progressão aritmética.

▸ Conforme definição de progressão geométrica, podemos escrever:

$$(a, b, c) \text{ P.G.}$$

$$\frac{b}{a} = \frac{c}{b}$$

▸ Aplicando logaritmo decimal aos dois membros e observando a propriedade operatória do logaritmo do quociente, vem:

$$\log\left(\frac{b}{a}\right) = \log\left(\frac{c}{b}\right)$$

$$\log b - \log a = \log c - \log b$$

▸ Como as diferenças são iguais, temos que (log a, log b, log c) forma uma progressão aritmética.

2. Seja a progressão geométrica (1, 4, 16, 64, 256, ...) e a função real definida por $f(x) = \log_2 x$. Vamos determinar as imagens dessa sequência segundo a função dada, ou seja:

$$f(1) = \log_2 1 = 0$$

$$f(4) = \log_2 4 = 2$$

$$f(16) = \log_2 16 = 4$$

$$f(64) = \log_2 64 = 6$$

$$f(256) = \log_2 256 = 8$$

$$\vdots$$

Considerando as imagens nessa ordem, temos uma progressão aritmética de razão igual a 2.

Exercícios resolvidos

1. Um galpão foi alugado por um período de 5 anos. A taxa de reajuste anual é de 10%. Sabendo que o valor inicial do aluguel é de R$ 1 000,00, determine:

a) uma função A(x) que relacione o valor do aluguel com o ano x, sendo $x = 1$ para o valor do primeiro ano do aluguel.

b) o valor do aluguel no quinto ano.

Os valores do aluguel formam uma P.G. de razão 1,1: (1 000; 1 100; ...)

a) Pela relação de termo geral da P.G., temos que: $a_n = a_1 \cdot q^{n-1} \Rightarrow a_n = 1\,000 \cdot 1,1^{n-1}$

Assim, a função é $A(x) = 1\,000 \cdot 1,1^{x-1}$.

b) $A(5) = 1\,000 \cdot 1,1^{5-1} = 1\,000 \cdot 1,1^4 = 1\,461,1$

Portanto, o valor do aluguel no quinto ano será R$ 1 461,10.

2. A produção de camisetas em uma fábrica cresce a uma taxa de 20% a cada ano. Se no ano 2000 a produção dessa fábrica era de 3 000 camisetas, determine:

a) uma função T(c) que forneça o tempo de acordo com a quantidade de camisetas produzidas naquele ano. Considere T = 0 para o ano 2000.

b) o ano em que foram produzidas 5 184 camisetas.

a) A quantidade de camisetas produzidas a partir do ano 2000 forma uma P.G. de razão 1,2: (3 000; 3 600; ...).

Sendo c a quantidade de camisetas fabricadas no ano T, temos que: $c = 3\,000 \cdot 1,2^T \Rightarrow \dfrac{c}{3\,000} = 1,2^T$

Aplicando a definição de logaritmos, temos que:

$$\frac{c}{3\,000} = 1,2^T \Rightarrow \log_{1,2}\left(\frac{c}{3\,000}\right) = T$$

Portanto, a função é $T(c) = \log_{1,2}\left(\dfrac{c}{3\,000}\right)$

b) Queremos saber T(5 184). Assim, $T(5\,184) = \log_{1,2}\left(\dfrac{5\,184}{3\,000}\right) = \log_{1,2} 1,728$

Sendo $\log_{1,2} 1,728 = k$, temos pela definição de logaritmos que: $1,2^k = 1,728$. Por inspeção, chegamos a $k = 3$.

Portanto, a fábrica produziu 5 184 camisetas no ano de 2003.

Progressão geométrica **Capítulo 19**

Exercícios propostos

1. A produção de uma indústria de autopeças, nos três primeiros meses do ano, forma uma P.G. Se a produção, em janeiro, foi de 150 mil peças e, em março, de 181 500 peças, qual foi a produção referente ao mês de fevereiro?

2. Uma empresa que estampa camisetas produziu um total de 400 camisetas no mês de março. Produzindo a metade do mês anterior a mais, a cada mês, qual é o primeiro mês em que a produção ultrapassará 2 000 camisetas?

3. Na tabela a seguir, apresentamos a produção de uma empresa ao longo de alguns anos:

Ano	Produção (em unidades)
2007	15 000
2008	18 000
2009	21 600
2010	25 920
2011	31 104

   a) Qual é o percentual de aumento da produção de 2007 a 2008? E de 2008 a 2009? E de 2009 a 2010? E de 2010 a 2011?

   b) Qual é a razão entre as unidades produzidas em 2008 e 2007, nessa ordem? E entre 2009 e 2008? E entre 2010 e 2009? E entre 2011 e 2010?

   c) A sequência formada pelas unidades produzidas, na ordem apresentada na tabela, é uma progressão geométrica? Qual é a razão?

4. Para transportar sua mudança, Luís contratou uma empresa especializada em desmontar móveis. Ela cobra seus serviços da seguinte forma: uma taxa fixa de R$ 250,00 e um valor por hora de trabalho. A primeira hora custa R$ 120,00, e as demais, 80% da hora anterior. Quanto ele pagará pelo serviço se a empresa levar 4 horas para executá-lo?

5. Suponha que um alpinista, ao escalar uma montanha, suba 100 metros na primeira hora de escalada. Depois disso, a cada hora, ele consegue apenas a metade do que escalou na hora anterior. Quanto tempo ele levará para completar um total de 187,5 metros?

6. Suponha que o preço de um automóvel se desvalorize, em média, 5% ao ano nos seus três primeiros anos de uso. Se esse automóvel, novo, custou R$ 50 000,00, determine seu preço após:

   a) 1 ano de uso.   c) 3 anos de uso.
   b) 2 anos de uso.

7. Considere a sequência (1; 3; 5; 7; ...) e a função exponencial definida por $f(x) = 2^x$. Obtenha a sequência formada pelos valores de (f(1); f(3); f(5); f(7); ...). Em seguida, responda:

   a) Qual é o 10º termo da sequência (1; 3; 5; 7; ...)?

   b) Qual é o 10º termo da sequência (f(1); f(3); f(5); f(7); ...)?

8. Considere a sequência (1; 3; 9; 27; ...) e a função logarítmica definida por $f(x) = \log_3 x$. Obtenha a sequência formada pelos valores de (f(1); f(3); f(9); f(27); ...). Em seguida, responda:

   a) Qual é o 8º termo da sequência (1; 3; 9; 27; ...)?

   b) Qual é o 8º termo da sequência (f(1); f(3); f(9); f(27); ...)?

9. Uma população de bactérias é atualmente dada por A_0 (chamada população inicial). Sabe-se que o crescimento dessa população é de 10% no intervalo de 1 minuto. Indique a população de bactérias em função da população inicial após o intervalo:

   a) de 1 minuto.   c) de 3 minutos.
   b) de 2 minutos.   d) de n minutos.

10. Responda:

    a) Multiplicar um número por 1,10 significa aumentar esse número em quanto por cento?

    b) Multiplicar um número por 0,90 significa diminuir esse número em quanto por cento?

11. A quantia de R$ 80 000,00 foi aplicada numa instituição financeira à taxa fixa de 9% ao ano na modalidade de juros compostos.

    a) Com o auxílio da calculadora, determine os montantes dessa aplicação após cada um dos cinco primeiros anos.

    b) A sequência formada pelos montantes, do primeiro ao quinto ano de aplicação, é uma progressão geométrica? Qual é a razão?

12. Considere a função real definida por $f(x) = 200 \cdot (1{,}03)^{x-1}$. Determine a sequência formada pelos valores de f(1); f(2); f(3); ...

    a) Essa sequência é progressão aritmética ou geométrica?

    b) Qual é a razão?

13. Em uma pesquisa em um município, chegou-se à conclusão de que a cesta básica de alimentos diminuiu de preço aproximadamente 0,5% ao mês durante os seis primeiros meses do ano. Considerando que esse preço era, inicialmente, igual a R$ 250,00, determine:

    a) o valor da cesta básica nos seis primeiros meses daquele ano.

    b) se a sequência formada por esses valores é uma progressão geométrica ou aritmética e qual é a razão.

14. Seja a função logarítmica definida por $f(x) = \log x$ e a sequência $(10^1; 10^3; 10^5; 10^7; 10^9; ...)$.

    a) Essa sequência é uma progressão aritmética ou geométrica? Qual é a razão?

    b) Determine os termos da sequência $(f(10^1); f(10^3); f(10^5); f(10^7); f(10^9); ...)$.

    c) A sequência obtida no item **b** é uma progressão aritmética ou geométrica? Qual é a razão?

276 Unidade 6 Sequências numéricas

Soma dos termos

Agora vamos conhecer uma lenda muito curiosa a respeito da criação do jogo de xadrez.

Conta-se que um rajá da Índia antiga estava muito entediado com os jogos que havia em seu reino. Observava que, em todos eles, acabava prevalecendo a sorte, e não a inteligência do jogador. Queria um jogo novo, que, acima de tudo, enaltecesse a perícia e a habilidade do jogador. Foi então que solicitou a um sábio de sua corte que inventasse um jogo que tivesse como característica principal a valorização de qualidades mais nobres que a sorte.

Algum tempo depois, o sábio se apresentou ao rajá dizendo que havia inventado um jogo conforme o soberano tinha solicitado. Tratava-se de um tabuleiro diferente, todo quadriculado, formado por 64 quadrados de mesmo tamanho e por peças diferentes: bispos (inicialmente eram carros indianos), cavalos, torres (inicialmente eram elefantes), peões (inicialmente eram os soldados indianos), um rei e uma rainha. O tema escolhido para o jogo era a guerra, pois, para o sábio, conforme este explicou ao soberano, era exatamente ali que mais pesava a sabedoria, entre tantas outras habilidades.

O rajá, logo após a apresentação do jogo pelo sábio, ficou encantado. A admiração foi tanta que disse ao sábio para escolher o que quisesse como recompensa. O sábio, entretanto, recusava qualquer prêmio, pois não existia para ele maior recompensa do que ter criado o jogo. Mas a insistência do rajá fez com que o sábio acabasse concordando e fazendo uma solicitação estranhíssima: "Como recompensa, desejo 1 grão de trigo para a primeira casa do tabuleiro, 2 grãos de trigo para a segunda casa, 4 grãos de trigo para a terceira casa, 8 grãos de trigo para a quarta casa, e assim por diante, até a última casa do tabuleiro".

O rajá considerou que tal pedido era muito modesto e até tentou persuadir o sábio, orientando-o a pedir recompensa mais valiosa. Contudo, o sábio insistiu no pedido dizendo que não desejava nada mais do que aquilo. Intrigado, o rajá ordenou que dessem um saco de trigo para o sábio, julgando estar não apenas dando o que este lhe solicitara, como também muito mais grãos de trigo. O sábio insistiu que desejava exatamente a quantidade que havia solicitado, nem um grão a mais nem a menos.

Novamente o rajá estranhou tal solicitação, mas a alegria era tanta pelo novo jogo que resolveu chamar alguém versado na arte de contar e calcular. Incumbiu o calculista de obter exatamente a quantidade de grãos de trigo solicitada pelo sábio.

Após inúmeros cálculos, o rajá foi informado que a quantidade solicitada pelo sábio era extremamente absurda. A conclusão era de que nem todo o trigo produzido na Índia ou no mundo seria suficiente. O calculista chegou à seguinte quantidade:

18 446 744 073 709 551 615 grãos de trigo.

Sem saber o que fazer, o rajá chamou à sua presença o sábio criador do jogo de xadrez. O sábio disse ao soberano que já sabia do resultado e também da impossibilidade de juntar aquela quantidade de grãos. Além disso, informou ao rajá que a quantidade daria para cobrir toda a superfície da Índia com uma camada bem espessa. Tratava-se, apenas, de uma brincadeira com os números, pois essa era uma de suas paixões.

Texto elaborado pelo autor

A curiosidade dessa lenda é numérica: a quantidade de grãos de trigo que foi solicitada é astronômica. Mas como podemos chegar a essa quantidade?

Inicialmente, observe que a sequência formada pelas quantidades nas casas do tabuleiro é uma progressão geométrica de 64 termos e de razão 2:

Casa do tabuleiro	Quantidade de grãos	Termo da PG
1^a	$1 = 2^0$	$a_1 = 2^0$
2^a	$2 = 2^1$	$a_2 = 2^1$
3^a	$4 = 2^2$	$a_3 = 2^2$
4^a	$8 = 2^3$	$a_4 = 2^3$
5^a	$16 = 2^4$	$a_5 = 2^4$
...	...	...
64^a	2^{63}	$a_{64} = 2^{63}$

Para que possamos obter a quantidade total, precisaremos calcular a soma dos termos dessa sequência, isto é:

$2^0 + 2^1 + 2^2 + 2^3 + 2^4 + ... + 2^{63}$ Soma dos termos de uma P.G.

Assim como ocorreu com a progressão aritmética, também temos uma relação que permite calcular a soma S_n dos n termos de uma progressão geométrica finita, conforme mostramos a seguir:

$$S_n = a_1 + a_2 + a_3 + a_4 + ... + a_{n-2} + a_{n-1} + a_n$$

▸ Multiplicamos a igualdade anterior, membro a membro, pela razão da progressão geométrica:

$$S_n \cdot q = a_1 \cdot q + a_2 \cdot q + a_3 \cdot q + a_4 \cdot q + ... + a_{n-2} \cdot q + a_{n-1} \cdot q + a_n \cdot q$$

$$S_n \cdot q = a_2 + a_3 + a_4 + a_5 + ... + a_{n-1} + a_n + a_n \cdot q$$

▸ Observando que $a_2 + a_3 + a_4 + a_5 + ... + a_{n-1} + a_n = S_n - a_1$

$$S_n \cdot q = S_n - a_1 + a_n \cdot q$$

$$S_n \cdot q - S_n = a_n \cdot q - a_1$$

$$S_n \cdot (q - 1) = a_n \cdot q - a_1 \Rightarrow S_n = \frac{a_n \cdot q - a_1}{q - 1}$$

Assim, temos:

▸ A soma dos n termos de uma progressão geométrica finita com razão diferente de 1 ($q \neq 1$) é:

$$S_n = \frac{a_n \cdot q - a_1}{q - 1}$$

▸ A soma dos n termos de uma progressão geométrica finita de razão igual a 1 ($q = 1$) e primeiro termo a_1 é:

$$S_n = n \cdot a_1$$

Observação:

No caso de a razão da progressão geométrica ser diferente de 1, podemos também obter a soma de seus n termos conhecendo-se o número de termos, a razão e o primeiro termo, substituindo na fórmula anterior a_n por $a_1 \cdot q^{n-1}$:

$$S_n = \frac{a_n \cdot q - a_1}{q - 1}$$

$$S_n = \frac{a_1 \cdot q^{n-1} \cdot q - a_1}{q - 1}$$

$$S_n = \frac{a_1 \cdot q^n - a_1}{q - 1} \Rightarrow S_n = \frac{a_1 \cdot (q^n - 1)}{q - 1}$$

Exemplo:

Vamos calcular a quantidade de grãos de trigo correspondente à lenda da criação do jogo de xadrez:

$$2^0 + 2^1 + 2^2 + 2^3 + 2^4 + ... + 2^{63}$$

▸ Como são 64 termos, utilizamos a relação anterior substituindo n por 64:

$$S_n = \frac{a_n \cdot q - a_1}{q - 1}$$

$$S_{64} = \frac{a_{64} \cdot q - a_1}{q - 1}$$

$$S_{64} = \frac{2^{63} \cdot 2 - 1}{2 - 1}$$

$$S_{64} = 2^{64} - 1$$

▸ Apenas para ter ideia dessa quantidade, podemos fazer uma aproximação, considerando que $2^{10} \cong 10^3$. Assim, vamos estimar o valor de 2^{64}:

$2^{64} = 2^4 \cdot 2^{60}$

$2^{64} = 16 \cdot (2^{10})^6$

$2^{64} \cong 16 \cdot (10^3)^6$

$2^{64} \cong 16 \cdot 10^{18}$

$2^{64} \cong 16 \cdot 1\,000\,000\,000\,000\,000\,000$

$2^{64} \cong 16\,000\,000\,000\,000\,000\,000$

Limite da soma

Vamos considerar uma situação que relaciona medidas de segmentos com progressão geométrica:

Um segmento de comprimento L é dividido em três partes iguais. Retira-se a parte central, e os dois segmentos restantes são também divididos em três partes iguais. Retiram-se novamente as partes centrais. Os quatro segmentos restantes são divididos também em três partes iguais e, novamente, são retiradas as partes centrais. Se esse processo continuar indefinidamente (conforme sugere a figura a seguir), pergunta-se: Qual será a tendência da soma dos comprimentos dos segmentos retirados?

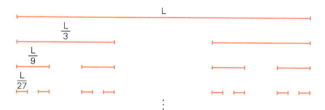

Vamos observar a sequência dos comprimentos dos segmentos que foram retirados:

- Após a 1ª divisão → $\dfrac{L}{3}$
- Após a 2ª divisão → $\dfrac{2L}{9}$
- Após a 3ª divisão → $\dfrac{4L}{27}$
- Após a 4ª divisão → $\dfrac{8L}{81}$

A sequência é uma progressão geométrica infinita de razão $q = \dfrac{2}{3}$. Queremos calcular a tendência da soma dos infinitos termos dessa sequência:

$$\dfrac{L}{3} + \dfrac{2L}{9} + \dfrac{4L}{27} + \dfrac{8L}{81} + \ldots = ?$$

Note que, nessa situação, podemos dizer que quando o número de termos n tende ao infinito, o termo a_n tende a zero. Com base nessa ideia, podemos descobrir para que valor tenderá a soma.

Retornando à relação matemática que fornece a soma dos termos de uma progressão geométrica finita, e considerando que o último termo a_n tende a ser zero, podemos obter intuitivamente a "tendência S da soma dos termos" substituindo a_n por zero (ele tende a ficar tão próximo de zero que pode ser desprezado).

De modo geral, temos que:

> Em uma progressão geométrica em que o número de termos tende ao infinito e o último termo tende a zero, o limite da soma de seus termos é dado por:
>
> $$S_n = \dfrac{a_1}{1 - q}$$
>
> em que a_1 é o primeiro termo, e q é a razão da progressão geométrica.

Observações:

1. O procedimento adotado para chegar à relação $S = \dfrac{a_1}{1 - q}$ é intuitivo. Rigorosamente, essa relação é obtida por meio da teoria dos limites, que não é aqui abordada. Entretanto, pode ser assim descrita:

$$S = \lim_{a_n \to 0} \left(\dfrac{a_n \cdot q - a_1}{q - 1} \right)$$

(Lemos: limite de $\dfrac{a_n \cdot q - a_1}{q - 1}$ quando a_n tende a zero.)

2. Nas progressões geométricas em que $0 < |q| < 1$, constata-se que a soma dos n primeiros termos tem um limite finito quando n tende ao infinito.

Exemplos:

1. Vamos obter agora a tendência da soma dos comprimentos dos segmentos que foram retirados na situação apresentada anteriormente.

- Queremos obter S, sendo:

$$S = \dfrac{L}{3} + \dfrac{2L}{9} + \dfrac{4L}{27} + \dfrac{8L}{81} + \ldots$$

- Utilizando a relação que permite calcular o limite da soma, temos:

$$S = \dfrac{a_1}{1 - q}$$

$$S = \dfrac{\dfrac{L}{3}}{1 - \dfrac{2}{3}}$$

$$S = \dfrac{L}{3} \cdot \dfrac{3}{1} \to S = L$$

Assim, podemos dizer que a tendência é a soma ser o comprimento do próprio segmento, isto é, L.

2. Utilizando o limite da soma dos termos de uma progressão geométrica, vamos obter a fração da geratriz da dízima periódica 0,2323232323...

▸ Vamos expressar essa dízima periódica por meio de uma soma:

$x = 0{,}2323232323...$

$x = 0{,}23 + 0{,}0023 + 0{,}000023 +$
$\quad + 0{,}00000023 + 0{,}0000000023 + ...$

$x = \dfrac{23}{100} + \dfrac{23}{1\,000} + \dfrac{23}{1\,000\,000} + \dfrac{23}{100\,000\,000} +$
$\quad + \dfrac{23}{10\,000\,000\,000} + ...$

▸ A soma indicada é dos termos de uma progressão geométrica. Como são infinitos termos e o termo de ordem n tende a zero, podemos utilizar o limite da soma:

$x = S$

$x = \dfrac{a_1}{1 - q}$

$x = \dfrac{\dfrac{23}{100}}{1 - \dfrac{1}{100}}$

$x = \dfrac{23}{100} \cdot \dfrac{100}{99} \Rightarrow x = \dfrac{23}{99}$

Há um procedimento mais simples para obter a fração geratriz de uma dízima periódica.

$$x = 0{,}2323232323... \qquad (I)$$
$$\downarrow$$
(Multiplicamos os dois lados da igualdade por 100)
$$100x = 23{,}23232323... \qquad (II)$$
$$\downarrow$$
(Como as igualdades I e II têm a mesma parte decimal, subtraímos uma da outra, membro a membro)
$$100x - x = 23{,}23232323... - 0{,}23232323...$$
$$99x = 23 \Rightarrow x = \dfrac{23}{99}$$

Exercícios resolvidos

1. Calcule a soma dos 8 primeiros termos de uma P.G. cuja razão é 2 e o primeiro termo é 3.

$$S_n = \frac{a_1(q^n - 1)}{q - 1} \Rightarrow S_8 = \frac{3(2^8 - 1)}{2 - 1} = 765$$

2. A soma dos n primeiros termos de uma P.G. cuja razão é 3 e o primeiro termo é -2 é igual a -242. Qual é o valor de n?

$$S_n = \frac{a_1(q^n - 1)}{q - 1} \Rightarrow -242 = \frac{-2(3^n - 1)}{3 - 1} \Rightarrow 243 = 3^n \Rightarrow n = 5$$

3. Calcule o limite da soma dos infinitos termos da P.G.:

$$\left(-\frac{5}{2}, -\frac{15}{8}, -\frac{45}{32}, ... \right)$$

Temos que: $q = \dfrac{-\dfrac{15}{8}}{-\dfrac{5}{2}} = \dfrac{3}{4}$.

Logo,

$$S = \frac{a_1}{1 - q} \Rightarrow S = \frac{-\dfrac{5}{2}}{1 - \dfrac{3}{4}} = -10$$

4. Obtenha a fração geratriz da dízima $0{,}898989...$

Observe que $0{,}898989... = 0{,}89 + 0{,}0089 + 0{,}000089 + ... = 0{,}89 + 0{,}89 \cdot 10 - 2 + 0{,}89 \cdot 10 - 4 + ...$.

A dízima $0{,}898989...$ pode ser escrita como uma soma infinita de uma P.G. de razão 10^{-2} e primeiro termo igual a $0{,}89$.

Assim,

$$S = \frac{a_1}{1 - q} \Rightarrow S = \frac{0{,}89}{1 - 0{,}01} = \frac{0{,}89}{0{,}99} = \frac{89}{99}$$

Exercícios propostos

1. Uma empresa foi contratada para escavar um poço com 8 metros de profundidade. O primeiro metro escavado custa R$ 100,00 e, a cada metro que o poço avança, o preço dobra em relação ao preço do metro anterior. Qual será o valor que a empresa receberá ao concluir o trabalho?

2. O vazamento de uma mangueira fez com que fossem desperdiçados 2 litros de água em um único dia. Suponha que o orifício por onde ocorreu o vazamento fosse aumentando, de modo que no segundo dia vazassem 4 litros, no terceiro dia, 8 litros, e assim por diante. Nessas condições, quantos litros de água teriam sido perdidos em 12 dias?

3. Em relação à progressão geométrica $(3; 9; 27; ...; 3^9)$, responda:
   a) Quantos são seus termos?
   b) Qual é a soma dos termos?

4. Na progressão geométrica $(2; 8; 32; ...; 2\,048)$, determine:
   a) o número de termos dessa sequência.
   b) a soma de todos os termos dessa sequência.

5. Calcule o valor de x na igualdade: $x + 2x + 4x + ... + 128x = 765$.

6. Quantos termos devemos considerar na progressão geométrica $(12; 24; 48; ...)$ para que a soma de todos os termos seja igual a 756?

7. Considere que o termo geral da progressão geométrica é $a_n = a_1 \cdot q_n - 1$ e que a soma dos n termos é dada por:
$$S_n = \frac{a_n \cdot q - a_1}{1 - q}.$$
   a) Obtenha a soma dos n termos em função do primeiro termo, da razão e do número de termos.
   b) Se $a_n = 0$, qual é a expressão que fornece a soma dos n termos da progressão geométrica?

8. Em uma potência de base 2, seus divisores naturais são também potências de base 2. Observe o exemplo no quadro a seguir:

   > Os divisores naturais de 2^5, isto é, do número 32, são: 1; 2; 4; 8; 16; 32 (potências de base 2).

   a) Determine a sequência formada pelos divisores naturais de 2^{20}.
   b) Obtenha a soma dos divisores naturais de 2^{20}.

9. Conforme a atividade anterior, encontre a expressão que fornece a soma de todos os divisores naturais de 2^n.

10. Identifique quais das progressões geométricas abaixo são decrescentes:
    a) $(3, 1, \frac{1}{3}, \frac{1}{9}, ...)$
    b) $(\sqrt{2}; 2; 2\sqrt{2}; 4; ...)$
    c) $(-1; -2; -4; -8; ...)$
    d) $(1; 0,1; 0,01; 0,001; ...)$
    e) $\left(3; \frac{3}{\sqrt{3}}; 1; \frac{1}{\sqrt{3}}; ...\right)$
    f) $(-4; 8; -16; 32; -64, ...)$

11. Das sequências que você identificou como decrescentes no exercício anterior, quais têm o termo de ordem n tendendo a zero?

12. Calcule o limite da soma dos infinitos termos de cada progressão geométrica a seguir.
    a) $\left(1; \frac{1}{3}; \frac{1}{9}; \frac{1}{27}; ...\right)$
    b) $\left(16; 4; 1; \frac{1}{4}; ...\right)$
    c) $(0,2; 0,02; 0,002; 0,0002;...)$

13. Na igualdade a seguir, você deverá obter o valor de x, considerando que são infinitas as parcelas no segundo membro da igualdade: $x = 625 + 125 + 25 + 5 + 1 + ...$

14. Utilizando progressão geométrica, obtenha a fração geratriz de cada dízima periódica indicada a seguir.
    a) $x = 0,77777...$
    b) $x = 0,12121212...$
    c) $x = 0,35353535...$
    d) $x = 0,41414141...$

15. Considere um triângulo equilátero de lado medindo 20 cm. Unindo os pontos médios de seus lados, obtemos um segundo triângulo equilátero. Unindo os pontos médios dos lados desse novo triângulo equilátero, obtemos outro triângulo equilátero. Esse processo continua indefinidamente, como sugere a figura a seguir.

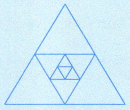

   a) Determine a sequência formada pelas medidas dos lados desses triângulos. Qual é a soma dos termos dessa progressão geométrica infinita (limite da soma)?
   b) Determine a sequência formada pelas medidas dos perímetros desses triângulos. Qual é a soma dos termos dessa progressão geométrica infinita (limite da soma)?

Progressão geométrica Capítulo 19

Vestibulares e Enem

1. (Uerj) Admita a seguinte sequência numérica para o número natural n:

   $$a_1 = \frac{1}{3} \text{ e } a_n = a_{n-1} + 3$$

   Sendo $2 \leq n \leq 10$, os dez elementos dessa sequência, em que $a_1 = \frac{1}{3}$ e $a_{10} = \frac{82}{3}$, são:

   $$\left(\frac{1}{3}, \frac{10}{3}, \frac{19}{3}, \frac{28}{3}, \frac{37}{3}, a_6, a_7, a_8, a_9, \frac{82}{3}\right)$$

   A média aritmética dos quatro últimos elementos da sequência é igual a:

   a) $\frac{238}{12}$ c) $\frac{219}{4}$
   b) $\frac{137}{6}$ d) $\frac{657}{9}$

2. (Uece) Os números reais positivos x, y e z são tais que $\log x$, $\log y$, $\log z$ formam, nesta ordem, uma progressão aritmética. Nestas condições, podemos concluir acertadamente que entre os números x, y e z existe a relação:
   a) $2y = x + z$ c) $z^2 = xy$
   b) $y = x + z$ d) $y^2 = xz$

3. (PUC-RJ) Os números $a_1 = 5x - 5$, $a_2 = x + 14$ e $a_3 = 6x - 3$ estão em P.A.
   A soma dos 3 números é igual a:
   a) 48   c) 72   e) 130
   b) 54   d) 125

4. (Enem) Um ciclista participará de uma competição e treinará alguns dias da seguinte maneira: no primeiro dia, pedalará 60 km; no segundo dia, a mesma distância do primeiro mais r km; no terceiro dia, a mesma distância do segundo mais r km e, assim, sucessivamente, sempre pedalando a mesma distância do dia anterior mais r km. No último dia, ele deverá percorrer 180 km, completando o treinamento com um total de 1560 km.
   A distância r que o ciclista deverá pedalar a mais a cada dia, em km, é:
   a) 3   c) 10   e) 20
   b) 7   d) 13

5. (PUC-RJ) A soma dos números inteiros compreendidos entre 100 e 400, que possuem o algarismo das unidades igual a 4, é:
   a) 1 200   c) 4 980   e) 7 470
   b) 2 560   d) 6 420

6. (Unicamp-SP) Se $(\alpha_1, \alpha_2, ..., \alpha_{13})$ é uma progressão aritmética (P.A.) cuja soma dos termos é 78, então α_7 é igual a:
   a) 6   c) 8
   b) 7   d) 9

7. (UPE) Uma campanha entre microempresas, para ajudar o Hospital do Câncer, arrecadou R$ 16.500,00. A primeira microempresa, a menor entre elas, doou a quantia de R$ 350,00; a segunda doou R$ 50,00 a mais que a primeira, e cada uma das microempresas seguintes doou R$ 50,00 a mais que a anterior. Quantas microempresas participaram dessa campanha?
   a) 8   c) 15   e) 35
   b) 11   d) 20

8. (Uerj)

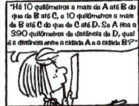

   Adaptado de leceblog.blogspot.com.

   Na situação apresentada nos quadrinhos, as distâncias, em quilômetros, d_{AB}, d_{BC} e d_{CD} formam, nesta ordem, uma progressão aritmética. O vigésimo termo dessa progressão corresponde a:
   a) -50 c) -30
   b) -40 d) -20

9. (PUC-PR) Um consumidor, ao adquirir um automóvel, assumiu um empréstimo no valor total de R$ 42.000,00 (já somados juros e encargos). Esse valor foi pago em 20 parcelas, formando uma progressão aritmética decrescente. Dado que na segunda prestação foi pago o valor de R$ 3 800,00, a razão desta progressão aritmética é:
   a) -300
   b) -200
   c) -150
   d) -100
   e) -350

10. (UFRGS-RS) Para fazer a aposta mínima na Mega Sena, uma pessoa deve escolher 6 números diferentes em um cartão de apostas que contém os números de 1 a 60. Uma pessoa escolheu os números de sua aposta, formando uma progressão geométrica de razão inteira.
    Com esse critério, é correto afirmar que:
    a) essa pessoa apostou no número 1.
    b) a razão da P.G. é maior do que 3.
    c) essa pessoa apostou no número 60.
    d) a razão da P.G. é 3.
    e) essa pessoa apostou somente em números ímpares.

11. (Enem) Uma maneira muito útil de se criar belas figuras decorativas utilizando a matemática é pelo processo de autossemelhança, uma forma de se criar *fractais*. Informalmente, dizemos que uma figura é autossemelhante se partes dessa figura são semelhantes à figura vista como um todo. Um exemplo clássico é o *Carpete de Sierpinski*, criado por um processo recursivo, descrito a seguir:

▸ Passo 1: Considere um quadrado dividido em nove quadrados idênticos (Figura 1). Inicia-se o processo removendo o quadrado central, restando 8 quadrados pretos (Figura 2).

▸ Passo 2: Repete-se o processo com cada um dos quadrados restantes, ou seja, divide-se cada um deles em 9 quadrados idênticos e remove-se o quadrado central de cada um, restando apenas os quadrados pretos (Figura 3).

▸ Passo 3: Repete-se o passo 2.

Figura 1

Figura 2

Figura 3

Admita que esse processo seja executado 3 vezes, ou seja, divide-se cada um dos quadrados pretos da Figura 3 em 9 quadrados idênticos e remove-se o quadrado central de cada um deles. O número de quadrados pretos restantes nesse momento é:
a) 64
b) 512
c) 568
d) 576
e) 648

12. (UEL-PR) Leia o texto a seguir.

Van Gogh (1853-1890) vendeu um único quadro em vida a seu irmão, por 400 francos. Nas palavras do artista: "Não posso evitar os fatos de que meus quadros não sejam vendáveis. Mas virá o tempo em que as pessoas verão que eles valem mais que o preço das tintas".

(Disponível em: <www.naturale.med.br/artes/4_Van_Gogh.pdf>. Acesso em: 2 out. 2013.)

A mercantilização da cultura impulsionou o mercado de artes nos grandes centros urbanos. Hoje, o quadro *Jardim das Flores*, de Van Gogh, é avaliado em aproximadamente 84 milhões de dólares. Supondo que há 61 anos essa obra custasse 84 dólares e que sua valorização até 2013 tenha ocorrido segundo uma P.G., assinale a alternativa que apresenta, corretamente, o valor dessa obra em 2033, considerando que sua valorização continue conforme a mesma P.G.
a) $1{,}68 \cdot 10^9$ dólares.
b) $8{,}40 \cdot 10^9$ dólares.
c) $84{,}00 \cdot 10^7$ dólares.
d) $168{,}00 \cdot 10^6$ dólares.
e) $420{,}00 \cdot 10^7$ dólares.

13. (PUC-MG) Depois de percorrer um comprimento de arco de 7 m, uma criança deixa de empurrar o balanço em que está brincando e aguarda até o balanço parar completamente. Se o atrito diminui a velocidade do balanço de modo que o comprimento de arco percorrido seja sempre igual a 80% do anterior, a distância total percorrida pela criança, até que o balanço pare completamente, é dada pela expressão $D = 7 + 0{,}80 \cdot 7 + 0{,}80 \cdot (0{,}80 \cdot 7) + ...$

Considerando-se que o segundo membro dessa igualdade é a soma dos termos de uma progressão geométrica, é correto estimar que o valor de D, em metros, é igual a:
a) 28
b) 35
c) 42
d) 49

14. (UFRGS-RS) Considere o padrão de construção representado pelo desenho abaixo.

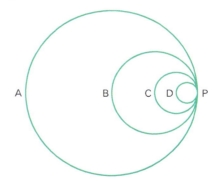

O disco A tem raio medindo 1. O disco B é tangente ao disco A no ponto P e passa pelo centro do disco A. O disco C é tangente ao disco B no ponto P e passa pelo centro do disco B. O disco D é tangente ao disco C no ponto P e passa pelo centro do disco C. O processo de construção dos discos é repetido infinitamente.

Considerando a sucessão infinita de discos, a soma das áreas dos discos é:
a) $\dfrac{\pi}{4}$
b) $\dfrac{\pi}{3}$
c) $\dfrac{2\pi}{3}$
d) π
e) $\dfrac{4\pi}{3}$

Vestibulares e Enem

15. (UFG-GO) Devido às condições geográficas de uma cidade, um motorista, em seu veículo, desloca-se pelas ruas somente nas direções norte-sul e leste-oeste, alternando o deslocamento entre essas direções. Cada um desses deslocamentos foi medido em intervalos iguais de tempo, nas duas direções e com o mesmo número de medições em ambas, obtendo-se os seguintes dados:

▶ direção norte-sul: $x_1 = 1$ km, $x_2 = 3$ km e $x_3 = 5$ km;

▶ direção leste-oeste: $y_1 = 1$ km, $y_2 = 2$ km e $y_3 = 4$ km. Sabendo que o motorista inicia seu deslocamento na direção norte-sul, que este padrão de deslocamento manteve-se ao longo de todo o percurso e que a soma das distâncias percorridas no sentido norte-sul foi de 36 km, determine a soma dos deslocamentos do motorista, em km, no sentido leste-oeste.

16. (Unesp) Para cada n natural, seja o número

$$kn = \underbrace{\sqrt{3 \cdot \sqrt{3 \cdot \sqrt{3 \cdot (...) \cdot \sqrt{3}}}}}_{n \text{ vezes}} - \underbrace{\sqrt{2 \cdot \sqrt{2 \cdot \sqrt{2 \cdot (...) \cdot \sqrt{2}}}}}_{n \text{ vezes}}$$

Se $n \longrightarrow +\infty$, para que valor se aproxima K_n?

17. (UPM-SP) Se os números 3, A e B, nessa ordem, estão em progressão aritmética crescente e os números 3, A − 6 e B, nessa ordem, estão em progressão geométrica, então o valor de A é:

a) 12

b) 15

c) 18

d) 21

e) 24

18. (Fuvest-SP) Dadas as sequências $a_n = n^2 + 4n + 4$, $b_n = 2^{n^2}$, $c_n = a_{n+1} - a_n$ e $d_n = \dfrac{b_{n+1}}{b_n}$, definidas para valores inteiros positivos de n, considere as seguintes afirmações:

I. a_n é uma progressão geométrica;

II. b_n é uma progressão geométrica;

III. c_n é uma progressão aritmética;

IV. d_n é uma progressão geométrica.

São verdadeiras apenas:

a) I, II e III.

b) I, II e IV.

c) I e III.

d) II e IV.

e) III e IV.

19. (UEM-PR) Sejam $(a_1, a_2, a_3, ...)$ e $(b_1, b_2, b_3, ...)$, com a_i, $b_i \in \mathbb{R}$, respectivamente, uma progressão aritmética (P.A.) e uma progressão geométrica (P.G.) infinitas. Nessas condições, assinale o que for correto.

01) Se $a_1 + a_2 + a_3 = 3$ e $a_1 \cdot a_2 = \dfrac{1}{2}$, então a razão da P.A. é $\dfrac{1}{2}$.

02) Se $b_1 = 1$ e a razão da P.G. é -1, e se $n \in \mathbb{N}$, então a soma dos n primeiros termos dessa P.G. é zero.

04) Se todos os a_i forem positivos, então a P.A. é crescente.

08) Se a razão da P.G. for negativa, então a P.G. é decrescente.

16) Se $a_4 = 16 \cdot 10^4$ e $a_{12} = 32 \cdot 10^4$, então $a_{101} = 21 \cdot 10^5$.

20. (UFG-GO) Candidatos inscritos ao vestibular da UFG/2014-1 leram o livro *O cortiço*, com 182 páginas, de uma determinada edição, iniciando-se na página 1. Considere que dois desses candidatos leram o livro do seguinte modo: o primeiro leu duas páginas no primeiro dia e, em cada um dos dias seguintes, leu mais duas páginas do que no dia anterior, enquanto o segundo leu uma página no primeiro dia e, em cada um dos dias seguintes, leu o dobro do número de páginas do dia anterior.

Admitindo-se que os dois candidatos começaram a ler o livro no mesmo dia e que o primeiro acabou a leitura no dia 26 de outubro, determine em qual dia o segundo candidato acabou de ler o livro.

Dado: $\log_2 183 \cong 7,6$.

DESAFIO

(IME-RJ) Em uma progressão aritmética crescente, a soma de três termos consecutivos é S_1 e a soma de seus quadrados é S_2. Sabe-se que os dois maiores desses três termos são raízes da equação $x^2 - S_1 x + \left(S_2 - \dfrac{1}{2}\right) = 0$. A razão desta P.A. é:

a) $\dfrac{1}{6}$

b) $\dfrac{\sqrt{6}}{6}$

c) $\sqrt{6}$

d) $\dfrac{\sqrt{6}}{3}$

e) 1

EXPLORANDO HABILIDADES E COMPETÊNCIAS

A teoria populacional malthusiana foi a principal contribuição do economista inglês Thomas Robert Malthus para a sociedade. Malthus é até hoje considerado o precursor da demografia, que é a ciência que estuda o desenvolvimento quantitativo das populações.

Thomas Malthus (1766-1834).

Thomas Malthus nasceu em 14 de fevereiro de 1766 na Inglaterra e se formou no colégio em 1784. Tornou-se pastor em 1797 e, em 1798, publicou seu primeiro ensaio chamado *Um ensaio sobre o princípio de população*.

Neste livro e no livro seguinte (*Uma pesquisa sobre a causa do presente alto preço dos alimentos*), Malthus desenvolveu sua teoria a partir de dados obtidos acerca do crescimento populacional humano no planeta.

Malthus notou que desde 1650 até sua época a população da Terra tinha praticamente dobrado. Sua teoria defendia que, devido à Revolução Industrial e às melhorias trazidas por ela ao saneamento e ao tratamento de doenças, haveria uma tendência de que a população aumentasse cada vez mais num período menor de tempo, dobrando a cada 25 anos, crescendo em progressão geométrica.

Esse tipo de crescimento se assemelha ao que é considerado "praga biológica", situação em que uma população tem alta taxa de natalidade e baixa taxa de mortalidade, não sendo controlada nem por doenças nem por predadores. Em geral, esse tipo de crescimento populacional descontrolado continua até que a população seja limitada pela escassez de alimentos, que gera morte por competição entre seres da mesma espécie ou pela própria fome.

Malthus defendia a ideia de que esse seria o futuro da humanidade, já que a produção de alimentos só poderia crescer em progressão aritmética, sendo limitada pelo fato de que o território destinado à agropecuária não se reproduz.

O grande economista inglês publicou outros livros até seu falecimento, em 23 de dezembro de 1834, quando ainda defendia a ideia de que a sobrevivência da humanidade dependia do controle de natalidade e que as misérias sociais eram causadas exatamente pelo excedente populacional.

Suas ideias foram refutadas com dados, já que o crescimento da população se mostrou variável e sujeito a inúmeros fatores. Entretanto, suas teorias foram retomadas após a Segunda Guerra Mundial, por volta de 1950.

Veja abaixo uma tabela com uma aproximação do crescimento populacional da humanidade no planeta.

1650	500 milhões
1850	1 bilhão
1950	2,5 bilhões
1960	3 bilhões
1975	4 bilhões
1990	5,3 bilhões
2000	6 bilhões
2012	7 bilhões

Questões e investigações

1. Segundo a teoria de Malthus, se a população crescesse em P.G. a cada 25 anos, a partir do 1 bilhão de pessoas existentes em 1850, qual seria a população mundial no ano 1900?

2. Após 1950, com o fim da Segunda Guerra Mundial, surgiu a teoria neomalthusiana. Suponha que, com o intuito de estudar o crescimento populacional a cada 5 anos e sustentando a ideia de que a população, a partir de 1950, realmente começaria a dobrar a cada 25 anos, tenha sido construída a tabela abaixo.

2,5 bilhões					5 bilhões			
a_1	a_2	a_3	a_4	a_5	a_6	a_7	...	a_n
1950	1955	1960	1965	1970	1975	1980	...	2020

Com base nos dados já colocados, determine a razão da P.G. e a população esperada para 2020.

3. Segundo a teoria de Malthus, se em 1850 a população produzisse alimento suficiente para se manter, essa produção continuaria sendo suficiente nos próximos 25 anos, mas já seria escassa 50 anos depois. Considerando essa afirmação, responda às questões a seguir.

a) Considere que a produção total de alimentos em 1850 tenha sido de x toneladas e que toda essa produção tenha sido consumida. Sabendo que a população teria dobrado em 25 anos e o alimento teria sido exatamente na quantidade suficiente, quantas toneladas de alimento (em função de x) teriam sido produzidas em 1875?

b) Se o aumento da produção aumenta em P.A. a cada 25 anos, de acordo com a resposta do item anterior, determine os 5 primeiro termos dessa P.A. em função de x.

c) Seguindo esse raciocínio, a produção do ano 2000 seria suficiente para alimentar que porcentagem da população?

4. Pesquise sobre quais fatos e períodos históricos influenciaram o crescimento populacional e agrícola, invalidando a teoria de Malthus.

Bibliografia

Leituras complementares

Ao longo desta Coleção, você encontra alguns textos que selecionamos e que versam sobre conteúdos de Matemática, sobre o desenvolvimento da própria Matemática e, também, sobre a vida de importantes personagens, que oferecem valiosas contribuições para esse universo. Caso você queira ampliar um pouco esse contato por meio dos textos relacionados a esses temas, sugerimos algumas referências elaboradas numa linguagem semelhante, algumas vezes, aos romances. São textos que contêm informações e curiosidades diversas relacionadas à história da Matemática.

Boa leitura!

ATALAY, Bulent. *A Matemática e a Mona Lisa*: a confluência da arte com a ciência. Tradução de Mário Vilela. São Paulo: Mercuryo, 2007.

BELLOS, Alex. *Alex no país dos números*: uma viagem ao mundo maravilhoso da Matemática. Tradução de Berilo Vargas e Claudio Carina. São Paulo: Companhia das Letras, 2011.

BENTLEY, Peter J. *O livro dos números*: uma história ilustrada da Matemática. Tradução de Maria Luiz X. de A. Borges. Rio de Janeiro: Jorge Zahar Editor, 2009.

DEVLIN, Keith. *O gene da Matemática*: o talento para lidar com números e a evolução do pensamento matemático. Tradução de Sergio Moraes Rego. Rio de Janeiro: Record, 2004.

_____. *O instinto matemático*: Por que você é um gênio da Matemática. Tradução de Michelle Dysman. Rio de Janeiro: Record, 2009.

DEWDNEY, A. K. *20 000 léguas matemáticas*: um passeio pelo misterioso mundo dos números. Tradução de Vera Ribeiro. Rio de Janeiro: Jorge Zahar Editor, 2000.

DU SAUTOY, Marcus. *A música dos números primos*: a história de um problema não resolvido na Matemática. Tradução de Diego Alfaro. Rio de Janeiro: Jorge Zahar Editor, 2007.

ENZENSBERGER, Hans Magnus. *O diabo dos números*. Tradução de Sérgio Tellaroli. São Paulo: Cia. das Letras, 1997.

GUEDJ, Denis. *O teorema do papagaio*. Tradução de Eduardo Brandão. São Paulo: Cia. das Letras, 1999.

LIVIO, Mario. A *equação que ninguém conseguia resolver*. Tradução de Jesus de Paula Assis. Rio de Janeiro: Record, 2008.

_____. *Razão áurea*: a história de Fi, um número surpreendente. Tradução de Marco Shinobu Matsumura. Rio de Janeiro: Record, 2006.

NETZ, Reviel; NOEL, William. *O codex Arquimedes*. Tradução de Pedro Bernardo e Pedro Elói Duarte. Lisboa: Edições 70, 2007.

SINGH, Simon. *O último teorema de Fermat*: a história do enigma que confundiu as maiores mentes do mundo durante 356 anos. Tradução de Jorge Luiz Califo. Rio de Janeiro: Record, 1998.

Referências bibliográficas

As obras a seguir representam importantes referências para o estudo e a reflexão sobre a Matemática.

ALDER, Ken. *A medida de todas as coisas*: a odisseia de sete anos e o erro encoberto que transformaram o mundo. Tradução de Adalgisa Campos da Silva. Rio de Janeiro: Objetiva, 2003.

CARAÇA, Bento de Jesus. *Conceitos fundamentais de Matemática*. 2. ed. Lisboa: Gradiva, 1998.

BOYER, Carl B. *Histório da Matemática*. Tradução de Elza F. Gomide. São Paulo: Edgard Blücher Ltda., 1999.

EVES, Howard. *Introdução à história da Matemática*. Tradução de H. Domingues. Campinas: Editora da Unicamp, 2007.

COURANT, Richard; ROBBINS, Herbert. *O que é Matemática?* Uma abordagem elementar de métodos e conceitos. Tradução de Alberto da Silva Brito. Rio de Janeiro: Editora Ciência Moderna Ltda., 2000.

DAVIS, P.J.; HERSH, R. *A experiência matemática*. Tradução de João Bosco Pitombeira. 3. ed. Rio de Janeiro: Francisco Alves, 1989.

GARBI, Gilberto G. *A rainha das ciências:* um passeio histórico pelo maravilhoso mundo da Matemática. São Paulo: Livraria da Física, 2006.

_____. *O romance das equações algébricas*. São Paulo: Makron Books, 1997.

HOGBEN, Lancelot Thomas. *Maravilhas da Matemática*: Influência da Matemática nos conhecimentos humanos. [S.l]. São Paulo. Globo, 1958.

LIMA, Elon Lages. *Logaritmos*. 2. ed. Rio de Janeiro: S.B.M., 1996. (Coleção do Professor de Matemática.)

MLODINOW, Leonard. *A janela de Euclides*: a história da Geometria: das linhas paralelas ao hiperespaço. Tradução de Enézio de Almeida. São Paulo: Geração Editorial, 2004.